प्रतिबिंब

आशुतोष चतुर्वेदी

प्रभात प्रकाशन

प्रकाशक • **प्रभात प्रकाशन प्रा. लि.**
4/19 आसफ अली रोड,
नई दिल्ली–110002

संस्करण • प्रथम, 2020
मूल्य • छह सौ रुपए
मुद्रक • आर–टेक ऑफसेट प्रिंटर्स, दिल्ली

PRATIBIMBA *by* Shri Ashutosh Chaturvedi ₹ 600.00
Published by Prabhat Prakashan Pvt. Ltd, 4/19 Asaf Ali Road, New Delhi-2
e-mail: prabhatbooks@gmail.com ISBN 978-81-945109-9-4

दादाजी

पत्रकार शिरोमणि **पं. बनारसीदास चतुर्वेदी**

को समर्पित

भूमिका

भारतीय पत्रकारिता में असली चुनौतियाँ क्षेत्रीय संस्थानों और संपादकों की होती है। आशुतोष चतुर्वेदी ऐसे ही संपादकों में से हैं। वर्षों तक दिल्ली और लंदन में राष्ट्रीय-अंतरराष्ट्रीय पत्रकारिता के अनुभव के बाद 'प्रभात खबर' जैसे प्रमुख अखबार को लोकप्रियता के शिखर पर पहुँचाने में महत्त्वपूर्ण भूमिका निभा रहे हैं। समाचारों की विश्वसनीयता तथा पठनीयता बनाए रखने के साथ अपनी गंभीर संपादकीय टिप्पणियों से पाठकों को प्रभावित करते रहे हैं। संपादक के रूप में आशुतोष चतुर्वेदी तीन पीढ़ियों को जोड़ने का लेखन कर रहे हैं। खासकर युवा वर्ग के पाठकों को हिंदी अखबार से जोड़े रखना अधिक महत्त्वपूर्ण है। राजनीति के साथ समाज, अर्थव्यवस्था, शिक्षा, पर्यावरण, अंतरराष्ट्रीय घटना-चक्र पर उनके नियमित संपादकीय निश्चित रूप से इतिहास के पन्नों की तरह भविष्य के लिए भी उपयोगी रहने वाले हैं। सामाजिक-आर्थिक स्थितियों पर समीक्षा के साथ समाधान के रास्ते भी उनकी टिप्पणियों में मिलते हैं। असली पत्रकारिता भी यही है। केवल आलोचना करना और अपना गुस्सा जाहिर करना हमारा दायित्व नहीं है। हिंदी पत्रकारिता में अज्ञेय, मनोहर श्याम जोशी, राजेंद्र माथुर जैसे संपादकों ने आधुनिक दृष्टि दी और आशुतोष चतुर्वेदी उसी परंपरा को आगे बढ़ा रहे हैं। इस दृष्टि से उनकी लिखी संपादकीय टिप्पणयों की पुस्तक रूप में संकलन होकर आने से देश-विदेश के हिंदी पाठकों के ज्ञान में वृद्धि होगी और यह दस्तावेज के रूप में संग्रहणीय रहेगी।

नई सफलताओं की शुभकामनाओं सहित।

—आलोक मेहता
पद्मश्री
पूर्व अध्यक्ष
एडिटर्स गिल्ड ऑफ इंडिया

प्रस्तावना

मीडिया पर इकतरफा टीका-टिप्पणी करने का इधर चलन बढ़ता जा रहा है। कोई भी और कभी भी पूरे मीडिया-जगत् के विषय में बयान दे देता है और उसकी विश्वसनीयता पर सवाल खड़े कर देता है। मीडिया ही ऐसा माध्यम है, जो आप तक सूचनाएँ पहुँचाता है, आपके मुद्दे और समस्याएँ उठाता है तथा किसी भी विषय पर आपको अपनी राय कायम करने में मदद करता है। हम सब के लिए यह जानना भी जरूरी है कि मीडियाकर्मी कितनी कठिन और प्रतिकूल परिस्थितियों में अपने काम को अंजाम देते हैं। कभी-कभार यह चुनौतीपूर्ण माहौल उनकी जान तक ले लेता है। वह यह चुनौती इसलिए स्वीकार करते हैं, ताकि आप तक निष्पक्ष और सटीक खबरें पहुँच सकें। पत्रकारों को डराना और बदनाम करना एक पसंदीदा रणनीति बन गई है। यह कोई दबा-छुपा तथ्य नहीं है कि मीडियाकर्मियों को कई तरह के दबावों का सामना करना पड़ता है, इसमें राजनीतिक और सामाजिक दबाव शामिल हैं। झारखंड और बिहार के सुदूर इलाकों में रिपोर्टिंग करना तो और भी दुष्कर कार्य है। नक्सलवादियों से लेकर दबंगों तक का निशाना बनने का हमेशा खतरा बना रहता है। मीडिया के हमारे साथी इस चुनौती को स्वीकार कर आप तक खबरें पहुँचाने का जोखिम उठाते हैं। इतने दबावों के बीच आप अंदाज लगा सकते हैं कि खबरों में संतुलन बनाए रखना कितना कठिन कार्य होता है। यह सच है कि मौजूदा दौर में खबरों की साख का संकट है, लेकिन आज भी अखबार खबरों के सबसे प्रामाणिक स्रोत हैं। यह सही है कि हिंदी अखबारों ने जनसरोकार की पत्रकारिता करना और लोगों से जुड़े मुद्दे उठाना कम कर दिया है, पर यह भी सच है कि हिंदी पत्रकारों में राजनीति की समझ अन्य भाषायी पत्रकारों से कहीं अधिक होती है। इसका असर यह रहता है कि हिंदी अखबारों में राजनीतिक टिप्पणियों की भरमार रहती है, लेकिन मेरी कोशिश रही है कि संपादकीय पेज के मेरे लेखों में विषयों की विविधता रहे। मैंने प्रयास किया है कि धोनी, विराट कोहली से लेकर सामाजिक व आर्थिक विषयों पर भी टीका कर सकूँ।

हालाँकि मेरा पसंदीदा विषय युवा मन को समझना रहा है। इसे मैं पुरानी पीढ़ी के लिए एक चुनौती के रूप में मानता हूँ। इस पुस्तक में मेरे 'प्रभात खबर' में प्रकाशित लेख संकलित हैं। उम्मीद है कि पुस्तक आपको पसंद आएगी। कृपया अपनी राय से अवगत अवश्य कराएँ।

15-पी, कोकर इंडस्ट्रियल एरिया, कोकर
राँची-834001, (झारखंड)
इ-मेल : ashutosh.chaturvedi@prabhatkhabar.in

—आशुतोष चतुर्वेदी
प्रधान संपादक
प्रभात खबर

अनुक्रम

अब साइबर फिरौती का दौर

हिंदी पट्टी में अपहरण और फिरौती की घटनाओं से हम सभी लोग वाकिफ हैं। एक दौर था, जब ये घटनाएँ आम थीं, हालाँकि गाहे-बगाहे अब भी ऐसी घटनाएँ सामने आ जाती हैं। जाने-माने फिल्म निर्माता प्रकाश झा ने तो इसी कथानक पर 'गंगाजल' नामक फिल्म ही बना डाली थी। फिल्म चली भी खूब। यह एक दौर की सच्चाई को सामने लाती है। इसके बाद दहेज के तोड़ के रूप में वर का अपहरण कर उसकी जबरदस्ती शादी करा देने का दौर चला। अंतरराष्ट्रीय स्तर पर नजर डालें, तो सोमालिया से ऐसी खबरें पढ़ने को मिलती रहती हैं कि किसी जहाज का सोमालियाई लुटेरों ने अपहरण कर लिया और फिरौती की माँग की है। ऐसी सूचनाएँ हैं कि बहुत बार लोगों को छुड़ाने के लिए फिरौती भी अदा की गई।

मैं इन घटनाओं को इसलिए याद दिला रहा हूँ, क्योंकि पिछले दिनों हमने साइबर हमले के रूप में एक नया दौर देखा। अब तक इंटरनेट पर वायरस से हम सभी वाकिफ हैं, लेकिन इतना बड़ा साइबर हमला हमने पहले कभी देखा-सुना नहीं था। कहा जा रहा है कि रैनसमवेयर नामक इस वायरस के हमले से दुनिया के लगभग 150 देश प्रभावित हुए। कुछेक देशों की सेवाएँ तो बुरी तरह प्रभावित हुईं और भारत जैसे कुछेक देशों पर इसका आंशिक असर रहा, लेकिन गंभीर चिंता का विषय है कि ऐसी पुख्ता सूचनाएँ हैं कि इस वायरस से अपनी प्रणाली को बचाने के लिए अनेक लोगों और संस्थाओं ने फिरौती अदा की। यह अपने तरह का पहला मामला है। ऐसा भी माना जा रहा है कि यह साइबर फिरौती के दौर की शुरुआत है।

जैसी सूचनाएँ आई हैं कि रैनसमवेयर वायरस ने कई सिस्टम्स को बुरी तरह प्रभावित किया। बी.बी.सी. के अनुसार, इससे ब्रिटेन की स्वास्थ्य सेवा और जर्मनी की ट्रेन सेवा बाधित हुई। रूसी गृह मंत्रालय के कंप्यूटर और चीन के पेट्रोल पंप की भुगतान प्रणाली बाधित हुई। निसान, रेनॉ और हिताची की फैक्टरियाँ ठप हो गईं। स्पेन की दूरसंचार प्रणाली और गैस सप्लाई व्यवस्था प्रभावित हुई। भारत पर भी आंशिक असर

हुआ, लेकिन यह आंध्र प्रदेश के पुलिस नेटवर्क तक सीमित रहा। केरल के कुछ सरकारी कार्यालय और निसान का चेन्नई संयंत्र भी प्रभावित हुआ। भारत को भी एक एडवाइजरी जारी करनी पड़ी और कई राज्यों में वायरस के खतरे को देखते हुए एटीएम भी बंद कर देने पड़े, जिससे पैसों का लेन-देन प्रभावित हुआ और लोगों को कठिनाइयों का सामना करना पड़ा।

रैनसमवेयर वायरस केवल उन्हीं कंप्यूटरों को अपना शिकार बनाता है, जो विंडोज ऑपरेटिंग सिस्टम पर काम करते हैं। विशेषज्ञों का कहना है कि यह एक ऐसा प्रोग्राम है, जो कंप्यूटर की किसी फाइल को लॉक कर देता है और फिर बिना फिरौती अदा किए समस्या नहीं सुलझती। हालाँकि इससे प्रभावित अनेक संस्थानों और संगठनों ने यह नहीं बताया है कि इस समस्या से उन्होंने कैसे निजात पाई। विशेषज्ञों का कहना है कि रैनसमवेयर नई चीज नहीं है। यह 'वानाक्राइ' वायरस का ही स्वरूप है, लेकिन इस बार यह हमला बहुत व्यापक था।

इस हमले के बाद आपकी फाइल लॉक हो जाती है, जिसे खोलने के बदले में फिरौती के रूप में 300 डॉलर की रकम माँगी जाती थी और उसे एक ऐसे खाते में डालने के लिए कहा जाता था, जो वर्चुअल करेंसी, बिटकॉइन कहलाता है और तकनीकी भाषा में कहें कि वह इतना एनक्रिपटेड होता है कि उस खाते तक पहुँचना बेहद मुश्किल होता है।

तीन दिन बाद फिरौती की रकम दोगुनी हो जाती है और रकम न चुकाने की दशा में सात दिन बाद फाइल डिलीट हो जाती है। ऐसी अपुष्ट सूचनाएँ हैं कि रैनसमवेयर वायरस द्वारा फिरौती के रूप में एक लाख डॉलर की रकम वसूली गई है।

भारत में डिजिटल इंडिया की कोशिशें तेज हुई हैं। हमारी पूरी बैंकिंग प्रणाली, क्रेडिट कार्ड सिस्टम, आधार कार्ड, कर प्रणाली और अन्य सरकारी व्यवस्थाएँ इंटरनेट से जुड़ी हुई हैं। अकसर सुनने में आता है कि फलाँ संस्था की वेबसाइट हैक हो गई, लेकिन ये वेबसाइटें इतनी चाक-चौबंद नहीं होतीं, जितने बैंकिंग या अन्य सार्वजनिक सेवाओं की प्रणाली चुस्त होती है। हालाँकि निजी कंप्यूटरों पर कम खतरे की बात कही जा रही है।

लेकिन हमारे एटीएम में विंडोज सिस्टम काम करता है और साइबर हमला भी विंडो सिस्टम के माध्यम से किया गया था। उन पर खतरा था, इसी वजह से कई बैंकों ने अपने एटीएम कुछ दिनों के लिए बंद रखे।

एक दिलचस्प तथ्य यह भी सामने आया है कि भारत में अब भी बड़ी संख्या में पाइरेटेड यानी नकली विंडो का इस्तेमाल किया जाता है। इसमें बड़ी संख्या निजी कंप्यूटरों की होती है। अधिकांश संस्थानों में असली सॉफ्टवेयर का ही इस्तेमाल होता है,

लेकिन पाइरेटेड सॉफ्टवेयर असली की तरह नेटवर्क से नहीं जुड़े हुए होते हैं, इनमें कोई अपडेट नहीं आते। यही कारण है कि ये कंप्यूटर ऐसे साइबर हमलों से बच जाते हैं।

इस साइबर हमले का उद्देश्य दुनिया भर में दहशत फैलाना था। यह भी सच्चाई है कि ये हमले अब यहीं रुकेंगे नहीं। यह भारत समेत दुनिया के सभी मुल्कों को चेतावनी भी है कि अब पारंपरिक जंग के अलावा एक नया मोर्चा खुल गया है और उन्हें इस बारे में सोचना होगा और इससे निबटने के लिए रणनीति तैयार करनी होगी अन्यथा सारी अहम व्यवस्थाएँ ठप हो जाएँगी और देश में अफरा-तफरी मच सकती है। भारत में इनको लेकर अभी तक निश्चिंतता का भाव है।

इस दिशा में कोई गंभीर प्रयास होते हुए नजर नहीं आ रहे हैं। वर्ष 2013 में एक राष्ट्रीय साइबर सुरक्षा नीति बनाई गई थी, उसके बाद से इस दिशा में कोई सुनियोजित प्रयास नहीं हुआ है, जबकि आई.टी. के क्षेत्र में दुनिया भर में हमें बड़े सम्मान के साथ देखा जाता है। यदि भारत अपनी विशेषज्ञता से इनसे निबटने में दुनिया की मदद कर पाए तो बेहतर होगा।

22 मई, 2017

□

यू.पी. में सत्ता बदली, लेकिन हालात नहीं

उत्तर प्रदेश इन दिनों कानून-व्यवस्था की समस्या से जूझ रहा है। यू.पी. में भारतीय जनता पार्टी को प्रचंड बहुमत मिला था और गाजे-बाजे के साथ योगी आदित्यनाथ सूबे के मुख्यमंत्री बने थे। योगी के मुख्यमंत्री की कुरसी सँभालने के बाद उम्मीद जताई जा रही थी कि यू.पी. में कानून-व्यवस्था की स्थिति सुधरेगी। यू.पी. के चुनाव में कानून-व्यवस्था एक बड़ा मुद्दा था, लेकिन कानून-व्यवस्था के मोर्चे पर अब तक कोई सुधार नहीं हुआ है। स्थिति जस-की-तस है। यू.पी. में कहीं जातीय संघर्ष की घटनाएँ सामने आ रही हैं, तो कहीं सामूहिक बलात्कार और लूट व हत्याएँ घटित हो रही हैं। पुलिस प्रशासन पुराने रंग-ढंग से ही काम कर रहा है।

पश्चिमी यू.पी. में बुलंदशहर जा रहे एक परिवार के साथ लूट-पाट और सामूहिक बलात्कार की शर्मनाक घटना हुई। पिछले साल अखिलेश सरकार के समय बुलंदशहर में हाई-वे पर हुई लूट और बलात्कार का मामला राज्य सरकार और समाजवादी पार्टी के लिए मुसीबत बन गया था।

अब वैसी ही वारदात दिल्ली से थोड़ी दूर पर स्थित ग्रेटर नोएडा के पास हुई है। बदमाशों ने कार से जा रहे एक परिवार की चार महिलाओं के साथ सामूहिक बलात्कार किया। इस दौरान एक व्यक्ति की गोली मारकर हत्या कर दी गई और पूरे परिवार के साथ लूट-मार की गई। जैसी कि यू.पी. पुलिस की फितरत है कि सबसे पहले वह घटना से ही इनकार करती है। बाद में कुछ लोगों को गिरफ्तार कर केस सुलझाने की घोषणा हो जाती है। इस मामले में भी यू.पी. पुलिस ने बलात्कार की घटना से ही इनकार किया है। इससे पता चलता है कि यू.पी. में सत्ता परिवर्तन भले हो गया हो, पुलिस की फितरत नहीं बदली है। मान के चलिए कि जल्द ही पाँच-छह अपराधियों की गिरफ्तारी के साथ केस सुलझाने की घोषणा होने वाली है। बाद में इस मामले का क्या हश्र होगा, इसका अंदाजा आप लगा सकते हैं।

पिछले साल अखिलेश सरकार के समय बुलंदशहर में हाई-वे पर हुई लूट और

बलात्कार का मामला राज्य सरकार और समाजवादी पार्टी के लिए राजनीतिक रूप से ताबूत की आखिरी कील साबित हुआ था। अब वैसी ही वारदात उसी क्षेत्र के आसपास घटित हुई है। साथ ही, मथुरा में सरेबाजार दो व्यापारियों की हत्या और लूट ने पूरे सूबे को हिला दिया था। विरोध में पूरे सूबे के बाजार बंद रहे।

दूसरी बड़ी घटना सहारनपुर की है, जहाँ जातीय संघर्ष की घटनाएँ घटित हुई हैं और हालात पर अभी तक काबू नहीं पाया जा सका है। स्थिति की गंभीरता का अंदाजा आप इससे लगा सकते हैं कि सहारनपुर की घटनाओं के बाद मुख्यमंत्री योगी आदित्यनाथ पिछले एक महीने में दो बार जिले के डी.एम. और एस.एस.पी. बदल चुके हैं। बहुजन समाज पार्टी की अध्यक्ष मायावती के दौरे के बाद एक बार हिंसा फिर भड़क उठी थी, जबकि मौके पर आला अधिकारी डटे हुए थे।

हालात इतने बिगड़े कि सहारनपुर में इंटरनेट और मोबाइल मैसेजिंग पर रोक लगानी पड़ी। एक महीने के दौरान कई हिंसक घटनाओं से चिंतित केंद्रीय गृह मंत्रालय ने योगी सरकार से सहारनपुर को लेकर रिपोर्ट तलब की है। गृह मंत्रालय ने राज्य सरकार से पूछा है कि प्रशासन इतने दिनों से जारी हिंसा को रोकने में क्यों नाकाम रहा है?

केंद्र सरकार को डर है कि सहारनपुर की जातीय हिंसा कहीं यू.पी. के अन्य स्थानों में न फैल जाए। वैसे तो उत्तर प्रदेश का दलितों के खिलाफ अपराधों का रिकॉर्ड हमेशा से ही खराब रहा है। नेशनल क्राइम रिकॉर्ड ब्यूरो के आँकड़ों के मुताबिक वर्ष 2015 में देश में सबसे ज्यादा 8,358 दलितों पर हुए अत्याचार के मामले यू.पी. में दर्ज हुए।

यू.पी. बड़ा राज्य है और मुख्यमंत्री योगी को सत्ता सँभाले कुछ ही महीने हुए हैं, इसलिए कानून-व्यवस्था के मोर्चे पर सरकार को पूरी तरह से असफल करार देना थोड़ी जल्दबाजी होगी, लेकिन मौजूदा रंग-ढंग से लग रहा है कि सरकार की पुलिस प्रशासन पर पकड़ नहीं है। यू.पी. में पहले जैसा ही 'रामराज' कायम है, यानी जो मरजी आए, करें। कोई रोकने-टोकने वाला नहीं है।

तत्कालीन समाजवादी पार्टी की सरकार और मुख्यमंत्री अखिलेश यादव की सरकार पर सबसे बड़ा आरोप था कि उनके राज में कानून-व्यवस्था की स्थिति जर्जर थी। सपा की हार का एक बड़ा कारण कानून-व्यवस्था की स्थिति ही थी। पुलिस प्रशासन में भारी राजनीतिक दखलअंदाजी की जाती थी। नतीजतन, कानून-व्यवस्था लचर हो गई, जिसकी कीमत मुख्यमंत्री अखिलेश यादव को हार के रूप में चुकानी पड़ी। उत्तर प्रदेश में भाजपा सरकार आने के बाद खुद मुख्यमंत्री योगी ने कानून-व्यवस्था को लेकर बड़े-बड़े वादे किए थे, जो उन पर भारी पड़ते नजर आ रहे हैं।

हालाँकि यू.पी. में बढ़ते अपराध और जातीय हिंसा की घटनाओं पर सी.एम. योगी आदित्यनाथ ने बयान दिया है कि जब भाजपा में सत्ता में आई, तो उसे विरासत में

जंगलराज और अराजकता मिली। गैंगरेप और सहारनपुर जातीय हिंसा पर योगी ने कहा कि ये सभी घटनाएँ बहुत जल्दी ही सामने आ गईं और सरकार जल्द ही उन पर विराम लगाएगी। भाजपा सरकार जल्द ही यू.पी. में कानून का राज स्थापित करेगी। योगी ने घोषणा की है कि अब अपराधियों को राजनीतिक संरक्षण नहीं दिया जाएगा। अपराधियों के साथ अपराधियों की तरह ही सलूक किया जाएगा।

गौर करें, तो भाजपा ने बड़ी मशक्कत के बाद यू.पी. में जीत हासिल की है। यू.पी. जीतने के लिए भाजपा नेताओं ने पूरी ताकत झोंक दी थी। एक ओर पार्टी अध्यक्ष अमित शाह ने मोर्चा सँभाला था, तो दूसरी ओर प्रधानमंत्री नरेंद्र मोदी ने खुद प्रचार की कमान सँभाली थी और पार्टी का धुआँधार प्रचार किया था। यह चुनाव भाजपा के लिए ऐतिहासिक साबित भी हुआ और भाजपा ने 403 सीटों में से 312 सीटों पर जीत दर्ज की थी। सहयोगी दलों ने भी 13 सीटों पर जीत हासिल की थी। एसपी–कांग्रेस 54 सीटों पर ही सिमट गई थीं। बसपा और अन्य दलों की हालत तो और खराब रही।

विधानसभा चुनाव से पहले भाजपा के सभी शीर्ष नेता यू.पी. की जनता से वादा करते थक नहीं रहे थे कि अगर उनकी पार्टी की सरकार सत्ता में आई, तो वे उत्तर प्रदेश की अपराध मुक्त और भयमुक्त कर देंगे, लेकिन अपराध की ताबड़तोड़ घटनाओं ने पुलिस पर लोगों के यकीन को हिलाकर रख दिया है। लोगों के धैर्य की सीमा होती है। पुलिस के खिलाफ लोगों में नाराजगी बढ़ती जा रही है। जिस दिन यह गुस्सा आक्रोश का रूप ले लेगा, उस दिन सरकार की मुश्किलें बढ़ जाएँगी। इसके गंभीर राजनीतिक निहितार्थ भी हैं।

29 मई, 2017

□

कैसे सुधरे शिक्षा-व्यवस्था?

शिक्षा से जुड़ी पिछले कुछ दिनों की खबरों ने निराशा का वातावरण पैदा कर दिया है। बिहार और झारखंड के 10वीं और 12वीं के खराब रिजल्ट ने इस पूरे क्षेत्र में खलबली मचा दी है। बड़ी संख्या में बच्चे फेल हो गए हैं। अभिभावक और बच्चे हताश हैं। भविष्य को लेकर चिंतित हैं।

विशेषज्ञों का मानना है कि जब-जब नकल पर सख्ती की गई है, नतीजे खराब रहे हैं। इसकी एक वजह यह है कि इम्तिहान में सख्ती तो कर दी गई, लेकिन शिक्षा-व्यवस्था में गुणात्मक सुधार नहीं हुआ। नतीजतन, बच्चे फेल हो गए। बताते हैं कि बिहार में सन् 1972-73 के दौरान केदार पांडेय मुख्यमंत्री थे और उन्होंने नकल पर नकेल कस दी थी। नतीजा यह रहा कि रिजल्ट 20 फीसदी से भी कम रहा। पूरे प्रदेश में हाहाकार मच गया।

लेकिन इसका दूसरा पक्ष भी है कि अगर परीक्षा में धांधली होने दी जाए, तो पूरे प्रदेश की छवि पर बट्टा लगता है। लब्बोलुआब यह कि नकल पर नकेल जरूर कसें, लेकिन साथ में शिक्षा-व्यवस्था में व्यापक सुधार हो, तभी रिजल्ट ठीक रहेगा। मुझे लगता है कि कुछ दोष बिहार और झारखंड के शिक्षकों का भी है। अभी तक उनकी कड़ाई से नंबर देने की आदत नहीं छूटी है। दूसरी ओर सीबीएसई पर गौर करिए। बच्चों को ग्रेस मार्क दिए जाते हैं। साथ ही, कितनी उदारता से उन्हें नंबर दिए जाते हैं। 90 फीसदी नंबर लानेवाले बच्चों की बड़ी संख्या है। विज्ञान को तो छोड़िए, आर्ट्स के बच्चे भी 100 में 100 नंबर ले आते हैं।

नतीजा यह होता है, दिल्ली विश्वविद्यालय जैसे संस्थानों में, जहाँ प्रवेश का एक बड़ा आधार नंबर होते हैं, सीबीएसई बोर्ड के बच्चों का बोलबाला रहता है।

किसी भी देश की आर्थिक और सामाजिक प्रगति उस देश की शिक्षा पर निर्भर करती है। अगर देश की शिक्षा नीति अच्छी है, तो उस देश को आगे बढ़ने से कोई रोक नहीं सकता। अगर शिक्षा नीति अच्छी नहीं होगी, तो विकास की दौड़ में देश पीछे छूट

जाएगा। राज्यों के संदर्भ में भी यह बात लागू होती है। यही वजह है कि शिक्षा की वजह से हिंदी पट्टी के राज्यों के मुकाबले दक्षिण के राज्य हमसे आगे हैं।

एक बात हम सभी को समझ लेनी चाहिए कि बच्चों को पढ़ाना कोई आसान काम नहीं है। शिक्षक, शासन, शिक्षार्थी और समाज शिक्षा के अभिन्न अंग हैं। हालाँकि शिक्षक शिक्षा-व्यवस्था की सर्वाधिक महत्त्वपूर्ण कड़ी है। शिक्षा के बाजारीकरण के इस दौर में न तो शिक्षक पहले जैसे रहे, न ही छात्रों से उनका पहले जैसा रिश्ता रहा। पहले शिक्षकों प्रति न केवल विद्यार्थी, बल्कि समाज में भी आदर और कृतज्ञता का भाव रहता था।

अब तो ऐसे आरोप लगते हैं कि शिक्षक अपना काम ठीक तरह से नहीं करते। इसमें आंशिक सच्चाई भी है कि बड़ी संख्या में शिक्षकों ने दिल से अपना काम करना छोड़ दिया है। वे अपने दायित्व का निर्वाह नहीं कर रहे हैं। ऐसे कई उदाहरण हैं कि कुछ स्कूलों के 10वीं अथवा 12वीं के सभी बच्चे फेल हो गए। जाहिर है कि अध्यापकों ने अपने कर्तव्य का पालन नहीं किया। इसकी रोकथाम के उपाय करने होंगे, अध्यापकों को जवाबदेह बनाना होगा। परीक्षा परिणामों को उनकी परफॉर्मेंस और वेतनवृद्धि से जोड़ना होगा। सबसे दुःखद बात है कि बच्चे भाषाओं में फेल हुए हैं।

विज्ञान, गणित, कला में तो पास हैं, लेकिन हिंदी, अंग्रेजी, मैथिली, बांग्ला में फेल हो गए हैं। झारखंड सरकार इस प्रस्ताव पर विचार कर रही है कि जिन शिक्षकों का बोर्ड रिजल्ट अच्छा नहीं रहेगा, उनकी वेतनवृद्धि रोक दी जाएगी।

दूसरी ओर, यह भी सच है कि प्रशासन लगातार शिक्षकों का इस्तेमाल गैर-शैक्षणिक कार्यों में करता है। प्रशासनिक अधिकारी शिक्षा और शिक्षकों को हेय दृष्टि से देखते हैं। यही नहीं, किसी भी देश के भविष्य निर्माता कहे जाने वाले शिक्षक का समाज ने भी सम्मान करना बंद कर दिया है।

उन्हें दोयम दर्जे का स्थान दिया जाता है। आप गौर करें, तो पाएँगे कि टॉपर बच्चे पढ़-लिख कर डॉक्टर, इंजीनियर और प्रशासनिक अधिकारी तो बनना चाहते हैं, लेकिन कोई भी शिक्षक बनना नहीं चाहता। साथ ही, यह इस देश का दुर्भाग्य है कि शिक्षा कभी चुनावी मुद्दा नहीं बनती। इसी उपेक्षा ने हमारी शिक्षा को भारी नुकसान पहुँचाया है।

लेकिन सकारात्मक बात है कि बिहार और झारखंड में माता-पिता बच्चों की शिक्षा को लेकर बेहद जागरूक हैं। उनमें ललक है कि उनका बच्चा अच्छी शिक्षा पाए। यहाँ तक कि बच्चों की शिक्षा के लिए वे अपनी पूरी जमा-पूँजी लगा देने को तैयार रहते हैं। यही वजह है कि बिहारशरीफ अच्छे स्कूलों में प्रवेश की तैयारी के हब के रूप में उभरा है। बच्चे नवोदय विद्यालय, तिलैया के सैनिक स्कूल अथवा देवघर के रामकृष्ण मिशन स्कूल में प्रवेश पा जाएँ, इसके लिए माता-पिता बिहारशरीफ में जाकर रहते हैं और मोटी फीस देकर बच्चों की कोचिंग करवाते हैं।

बिहार में लड़कियों को स्कूल जाने के लिए साइकिल दिए जाने की पहल के बहुत अच्छे नतीजे निकले हैं। ऐसा भी नहीं है कि बिहार और झारखंड में श्रेष्ठ स्कूलों का अभाव है, लेकिन इनकी संख्या बेहद कम है। हर जिले (नए जिलों को छोड़कर) में एक जिला स्कूल है। एक वक्त था, जब इनमें प्रवेश के लिए मारामारी रहती थी और ये माध्यमिक शिक्षा के श्रेष्ठ केंद्र हुआ करते थे।

अब इन्होंने अपनी चमक खो दी है। इनके स्तर में भारी गिरावट आ गई है। हालाँकि इन स्कूलों के अध्यापकों का वेतन सम्मानजनक है, लेकिन शिक्षा की गुणवत्ता गिर गई है। झारखंड का जाना-माना नेतरहाट स्कूल, जिसने इस देश को असंख्य अधिकारी दिए हैं, उसकी गुणवत्ता तक में गिरावट आ गई है। वहाँ के बच्चे परीक्षाओं में टॉप नहीं कर रहे हैं, लेकिन हाल के वर्षों में गुणवत्ता में अपनी पहचान स्थापित करने के भी उदाहरण हैं।

बिहार के जमुई स्थित सिमुलतला आवासीय विद्यालय ने कम समय में ही शिक्षा के क्षेत्र में अपनी अलग पहचान बना ली है। इस विद्यालय के अनेक बच्चे अपनी योग्यता से टॉप कर रहे हैं। आज जरूरत है, बिहार और झारखंड में शिक्षा के ऐसे अनेक श्रेष्ठ केंद्र स्थापित करने की, ताकि छात्र बेहतर शिक्षा पा सकें।

5 जून, 2017

□

कौन बनेगा राष्ट्रपति?

राष्ट्रपति चुनाव का बिगुल बज गया है। इसके लिए 17 जुलाई को मतदान होगा और 20 जुलाई को देश को नया राष्ट्रपति मिल जाएगा। राष्ट्रपति उम्मीदवार के नाम को लेकर भारी अटकलों का दौर चल रहा है। मीडिया में आए दिन नए नाम सामने आ रहे हैं। उम्मीद की जा रही है कि कुछ ही दिनों में एन.डी.ए. और विपक्ष के उम्मीदवारों के नाम सबके सामने आ जाएँगे। वैसे तो राष्ट्रपति चुनाव की प्रक्रिया बेहद नीरस होती है, लेकिन राजनीतिक गहमागहमी ने इसे दिलचस्प बना दिया है। स्थिति यह है कि अब हर अहम मुलाकात को राष्ट्रपति चुनाव के संदर्भ में देखा जा रहा है। 29 मई को भाजपा के अध्यक्ष अमित शाह ने आर.एस.एस. प्रमुख मोहन भागवत से नागपुर में मुलाकात की थी। उसके बाद इन चर्चाओं को बल मिला कि उन्होंने नए राष्ट्रपति के बारे में चर्चा की है।

विपक्ष इसे एकता की पहल के रूप में भी देख रहा है। विपक्ष की ओर से यह पहल बिहार के मुख्यमंत्री नीतीश कुमार ने की थी। उन्होंने कांग्रेस अध्यक्ष सोनिया गांधी से मुलाकात कर विपक्ष की एकजुटता का सुझाव दिया था। इसके बाद सक्रिय हुईं सोनिया गांधी ने विपक्षी नेताओं को भोज पर आमंत्रित किया। नीतीश कुमार ने प्रणव मुखर्जी को दोबारा उम्मीदवार बनाने की बात भी कही, लेकिन वह उत्साहित नहीं लगते। यही वजह है कि राष्ट्रपति प्रणव मुखर्जी ने अपने विदाई प्रक्रिया की शुरुआत कर दी है। उनके करीबी अधिकारी अपने मूल कैडर में वापस जाने लगे हैं। राष्ट्रपति भवन में मीडिया का काम-काज सँभाल रहे वेणु राजमणि वापस विदेश सेवा में चले गए हैं। उन्हें नीदरलैंड में भारत का राजदूत बनाया गया है।

विपक्ष के लिए यह चुनाव सांकेतिक महत्त्व का है। माना जा रहा है कि राष्ट्रपति चुनाव में भले ही विपक्ष हार जाए, लेकिन इससे 2019 के लोकसभा चुनावों में विपक्षी एकता का सूत्रपात हो सकता है। मौजूदा स्थिति में भाजपा नेतृत्व वाले एन.डी.ए. उम्मीदवार की जीत तय लग रही है।

यू.पी. विधानसभा चुनावों में भारी जीत ने भाजपा की स्थिति मजबूत कर दी है। इसके अलावा जगन रेड्डी की वाई.एस.आर. कांग्रेस, तेलगांना में तेलंगाना राष्ट्र समिति और तमिलनाडु में अन्नाद्रमुक के दोनों धड़ों के समर्थन ने एन.डी.ए. की स्थिति खासी मजबूत कर दी है। भाजपा नेताओं को तो ओडिशा के नवीन पटनायक की बीजेडी से भी समर्थन की उम्मीद है, जबकि राज्य में दोनों दल आमने-सामने हैं।

राष्ट्रपति चुनाव में उम्मीदवार का बहुत महत्त्व है। कई बार गठबंधन के दल उम्मीदवार के हिसाब से अपना रुख तय करते हैं। ऐसे उदाहरण हैं, जब सहयोगी दलों ने उम्मीदवार के कारण अपना रुख बदला है। वर्ष 2007 में भाजपा के राष्ट्रपति पद के उम्मीदवार भैंरोसिंह शेखावत थे और कांग्रेस की उम्मीदवार प्रतिभा पाटिल थीं। भाजपा की सहयोगी शिव सेना ने महाराष्ट्र से संबंध होने के कारण भैंरोसिंह शेखावत की बजाय प्रतिभा पाटिल के समर्थन का फैसला किया।

हालाँकि शिव सेना और अकाली दल से भाजपा के रिश्ते तल्ख चल रहे हैं, लेकिन लगता नहीं कि वे बिना किसी मजबूत वजह के भाजपा उम्मीदवार के खिलाफ मतदान करेंगे। सबकी निगाहें भाजपा उम्मीदवार पर हैं। यह तो स्पष्ट है कि उम्मीदवार के चयन में प्रधानमंत्री नरेंद्र मोदी की अहम भूमिका होगी। हालाँकि उम्मीदवार के रूप में भाजपा के वरिष्ठ नेता लाल कृष्ण आडवाणी और मुरली मनोहर जोशी का नाम भी लिया जा रहा है, लेकिन बाबरी मसजिद मामले में आरोप तय होने के बाद इनकी दावेदारी को लेकर संदेह है।

भाजपा की ओर से लोकसभा अध्यक्ष सुमित्रा महाजन, केंद्रीय सूचना प्रसारण और शहरी विकास मंत्री वेंकैया नायडू, विदेश मंत्री सुषमा स्वराज, सामाजिक कल्याण मंत्री थावरचंद गहलोत का नाम भी चर्चा में है। झारखंड की राज्यपाल द्रौपदी मुर्मू का नाम भी जोर-शोर से लिया जा रहा है। मूलरूप से ओडिशा की और आदिवासी समुदाय की द्रौपदी मुर्मू को राष्ट्रपति बनाकर भाजपा समाज के वंचित तबकों को सकारात्मक संदेश दे सकती है। कुछ समय बाद गुजरात, हिमाचल, कर्नाटक और फिर ओडिशा में भी विधानसभा चुनाव होने हैं और इनमें से कुछेक राज्यों में आदिवासी मतदाता अच्छी-खासी संख्या में हैं। कांग्रेस के लिए द्रौपदी मुर्मू का विरोध करना राजनीतिक रूप से काफी मुश्किल होगा।

बीजेडी के सामने तो समर्थन के अलावा कोई विकल्प ही नहीं होगा, लेकिन जैसा कि हम सभी जानते हैं कि प्रधानमंत्री नरेंद्र मोदी चौंकाने वाले फैसलों में यकीन करते हैं। इसलिए उम्मीदवार को लेकर दावे से कुछ नहीं कहा जा सकता।

लगता यही है कि भाजपा के उम्मीदवार के बाद ही कांग्रेस की ओर से विपक्षी उम्मीदवार की घोषणा की जाएगी। हालाँकि ममता बनर्जी का सुझाव था कि सरकार

सभी दलों को स्वीकार्य हो सकने वाले किसी नेता का नाम प्रस्तावित करे, लेकिन न तो भाजपा की इस प्रस्ताव में कोई दिलचस्पी है और न ही कांग्रेस और अन्य विपक्षी दल इससे इत्तेफाक रखते हैं।

अभी तक विपक्षी उम्मीदवार के रूप में गोपाल गांधी का नाम ही सामने आया है। विपक्ष में कांग्रेस, जनता दल-यू, आर.जे.डी., सपा, तृणमूल कांग्रेस, डी.एम.के. और वामपंथी दल मजबूती से खड़े हैं। हालाँकि भाजपा अध्यक्ष अमित शाह ने कहा है कि वह विपक्षी दलों से भी एन.डी.ए. उम्मीदवार के समर्थन के लिए बात करेंगे, लेकिन उन्होंने आम सहमति से उम्मीदवार की बात नहीं कही।

वैसे तो इस चुनावों से उलट-फेर की कोई उम्मीद नहीं है, लेकिन सन् 1969 में ऐसा हो चुका है। जाकिर हुसैन के निधन के बाद उपराष्ट्रपति वी.वी. गिरि कार्यवाहक राष्ट्रपति की भूमिका में थे। इंदिरा गांधी का सिंडिकेट के वर्चस्व वाली कांग्रेस कार्यसमिति से संघर्ष चल रहा था।

कांग्रेस ने नीलम संजीव रेड्डी का नाम राष्ट्रपति पद के लिए घोषित कर दिया। इंदिरा गांधी ने अपने दल के सांसदों और विधायकों से अपनी अंतरात्मा की आवाज पर वोट देने की अपील कर दी। लगभग साफ हो गया था कि वह निर्दलीय उम्मीदवार वी.वी. गिरि को जितवाना चाहती हैं। इंदिरा गांधी की अपील की वजह से वह नीलम संजीव रेड्डी को बेहद कम अंतर से हराने में सफल रहे थे।

12 जून, 2017

□

दहक रहा है दार्जिलिंग

यह सबके लिए एक मिसाल है कि नेता का एक बयान किसी क्षेत्र में कितनी अशांति फैला सकता है, पर नेता इससे कोई सबक लेंगे, ऐसा मुझे नहीं प्रतीत होता है। पश्चिम बंगाल का दार्जिलिंग क्षेत्र इसका ताजा उदाहरण है। पिछले कुछ दिनों से यहाँ हिंसक आंदोलन छिड़ा हुआ है, शांत-सा पहाड़ी क्षेत्र आगजनी, धरने-प्रदर्शन और आंदोलन का केंद्र बना हुआ है।

मई में पश्चिम बंगाल की मुख्यमंत्री ममता बनर्जी ने सार्वजनिक घोषणा की कि पहली कक्षा से ही सभी विद्यार्थियों को बांग्ला भाषा पढ़नी अनिवार्य होगी। हालाँकि बाद में सफाई आई कि दार्जिलिंग में यह अनिवार्य नहीं होगी, लेकिन तब तक गोरखा नेता इसको मुद्‌दा बना चुके थे। दार्जिलिंग के लोग पहले से ही भाषा को लेकर बेहद संवेदनशील हैं। अविश्वास और असंतोष की भावना वहाँ पहले से ही थी। बस, गोरखा जनमुक्ति मोर्चा (जी.जे.एम.) के नेता सड़कों पर उतर आए और पूरा क्षेत्र आग में जलने लगा। बात भाषा की अनिवार्यता से आगे बढ़ गई और पृथक् राज्य पर जा टिकी है। वर्ष 2013 के बाद इस इलाके में इतनी हिंसा कभी नहीं हुई। इस समय पूरा क्षेत्र अशांत है, उद्वेलित है।

मैं इस बात का पक्षधर हूँ कि किसी भी समुदाय पर कोई भाषा थोपी नहीं जानी चाहिए। अगर दार्जिलिंग के लोग नेपाली और हिंदी पढ़ना चाहते हैं, तो उनकी भावनाओं का सम्मान किया जाना चाहिए, लेकिन अपनी बात मनवाने का यह तरीका भी उचित नहीं है। ममता बनर्जी की घोषणा के बाद पहले तो शांतिपूर्ण धरने-प्रदर्शन का दौर शुरू हुआ, उसके बाद दोनों ओर से बयानबाजी का दौर चला, जिसके बाद आंदोलन हिंसक हो उठा। ममता बनर्जी का जो स्वभाव है, उससे हम सब वाकिफ हैं, वह हर बात को नाक का सवाल बना लेती हैं और मजाल है जो उससे वह पीछे हट जाएँ। अब दोनों ओर से सख्त भाषा का इस्तेमाल किया जा रहा है।

ममता बनर्जी ने स्पष्ट कर दिया कि पुलिस बल का इस्तेमाल जारी रखा जाएगा।

ममता का आरोप है कि जब वह दार्जिलिंग अपने मंत्रियों के साथ बैठक कर रही थीं, तब मोर्चे के नेताओं ने हमले की योजना बनाई थी। पता नहीं इसमें कितनी सच्चाई है, लेकिन यह सच है कि गोरखा जनमुक्ति मोर्चा (जी.जे.एम.) समर्थकों ने इस दौरान भारी प्रदर्शन और पथराव किया था। ममता बनर्जी के बयान के बाद जी.जे.एम. नेता बिमल गुरुंग की ओर से व्हाट्सएप पर जवाबी बयान आया कि यह चरम संघर्ष है, वह अंतिम साँस तक लड़ेंगे।

हालाँकि यह भी सच है कि भाषाई घोषणा ने तो बस आग में घी का काम किया, असंतोष और अविश्वास की खाई काफी समय से गहरा रही थी। दिक्कत यह है कि ममता सरकार और जी.जे.एम., दोनों इस मुद्दे को अलग-अलग नजरिए से देखते हैं। राज्य सरकार मानती है कि यह कानून-व्यवस्था का मसला है, जबकि जी.जे.एम. इसे कानून-व्यवस्था की समस्या नहीं, बल्कि राजनीतिक मुद्दा मानता है।

दिलचस्प तथ्य यह भी है कि दार्जिलिंग से सांसद के भाजपा एस.एस. अहलूवालिया हैं। गोरखा मोर्चे की मदद से वह संसद पहुँचे हैं और वही केंद्र सरकार के समक्ष गोरखा प्रतिनिधियों की पैरवी कर रहे हैं। हाल में जी.जे.एम. के महासचिव रोशन गिरि और सांसद एस.एस. अहलूवालिया ने राजनाथ सिंह के समक्ष अपनी माँगें रखीं। हाल में जी.जे.एम. के नेता बिमल गुरुंग के घर की तलाशी ली गई थी। सरकार का कहना है कि बड़ी संख्या में हथियार बरामद किए गए। दूसरी ओर, गिरि का कहना है कि हम आदिवासी हैं। पुलिस ने हमारे परंपरागत उपकरणों को हथियार के रूप में दिखाया है। यही कारण है कि हम गोरखालैंड की माँग कर रहे हैं, क्योंकि हमारी संस्कृति, विरासत और परंपराओं का यहाँ कोई सम्मान नहीं है।

अगर गौर से देखें, तो ऐसा लग रहा है कि 30 साल बाद इतिहास जैसे अपने आपको दोहरा रहा है। 1980 के दशक में गोरखालैंड को लेकर दार्जिलिंग और इसके आसपास का इलाका सुलग उठा था। उस वक्त सुभाष घीसिंग के नेतृत्व में गोरखा नेशनल लिबरेशन फ्रंट इस आंदोलन का नेतृत्व कर रहा था। उन्होंने ही पृथक् गोरखालैंड की माँग रखी थी। इस बार चेहरा बिमल गुरुंग का है और संगठन के रूप में 'गोरखा जनमुक्ति मोर्चा' सामने है। 2011 में जब तृणमूल कांग्रेस सत्ता में आई थी, तो गोरखा जनमुक्ति मोर्चा स्वायत्त पर्वतीय परिषद् के गठन पर सहमत हो गया था। बिमल गुरुंग इसके प्रमुख कार्यकारी बनाए गए।

उस दौरान उनकी दलील थी कि पृथक् राज्य की लड़ाई वह केंद्र सरकार के साथ लड़ेंगे, लेकिन इस बीच तृणमूल कांग्रेस ने दार्जिलिंग में अपनी स्थिति मजबूत करनी शुरू कर दी। सरकार ने कई विकास बोर्ड बनाए और उनमें अलग-अलग जातीय समुदाय के लोगों को जिम्मेदारी सौंप दी। इसे गोरखा जनमुक्ति मोर्चा ने मोर्चे को कमजोर करने

की ममता सरकार की कोशिश माना। मई में जब मिरिक नगरपालिका के चुनाव हुए तो तृणमूल कांग्रेस ने गोरखा जनमुक्ति मोर्चा को हराकर इस पर कब्जा जमा लिया। मोर्चे को अपनी जमीन खिसकती नजर आई और उनके मतभेद शुरू हो गए। इस बांग्ला भाषा की घोषणा ने मोर्चे को आंदोलन का हथियार सौंप दिया।

पिछले दिनों ममता बनर्जी ने क्षेत्र के विकास को लेकर दार्जिलिंग में कैबिनेट की बैठक बुलाई, तो उनका स्वागत प्रदर्शन, नारेबाजी और भारी पथराव से हुआ। हालात की गंभीरता को देखते हुए सेना बुलानी पड़ी।

कैबिनेट के अन्य सदस्य तो चले गए, लेकिन ममता ने दार्जिलिंग में मोर्चा जमा लिया। हालाँकि उस दौरान क्षेत्र में बड़ी संख्या में पर्यटक थे, जो इस इलाके की रोजी-रोटी का सवाल है, इसलिए आंदोलन थोड़ा स्थगित रहा, लेकिन जैसे ही पर्यटक लौटने लगे, आंदोलन ने जोर पकड़ना शुरू कर दिया। अब हालात बेकाबू होते नजर आ रहे हैं और राजनीति इसमें घी का काम कर रही है। दार्जिलिंग को यदि शांत करना है तो राज्य और केंद्र सरकार, दोनों को पहल करनी होगी और राजनीतिक समस्या का मिल-बैठकर राजनीतिक समाधान निकालना होगा। तभी जाकर इस पर्वतीय इलाके की आग शांत होगी।

19 जून, 2017

□

कोच्चि मेट्रो की ऐतिहासिक पहल

मेट्रो की शुरुआत अब एक आम खबर हो गई है। देश के कई राज्यों में मेट्रो दौड़ रही है, लेकिन केरल के कोच्चि शहर की मेट्रो अपने आप में सबसे जुदा है। हाल में वहाँ मेट्रो का उद्घाटन हुआ और वहाँ से दो खबरें आईं—एक, प्रधानमंत्री नरेंद्र मोदी ने वहाँ मेट्रो की शुरुआत की और दूसरा, 23 किन्नरों को मेट्रो में नौकरी दी गई।

लेकिन किन्नरों को नौकरी की खबर को मीडिया ने कोई खास तवज्जो नहीं दी। उसे एक सामान्य खबर की तरह ट्रीट किया गया, जबकि यह अपने आप में अनूठी पहल है। अगर यह प्रयोग सफल रहा तो और स्थानों में भी किन्नरों को नौकरी पर रखा जा सकेगा। एक और महत्त्वपूर्ण बात यह कि उनके चयन के बाद कोच्चि मेट्रो ने यह भी स्पष्ट किया कि चयन प्रक्रिया में कोई ढील नहीं दी गई। चयन आम प्रतियोगी की तरह लिखित परीक्षा और इंटरव्यू के माध्यम से हुआ है। किन्नरों को जरूरी प्रशिक्षण देने के बाद उन्हें मौजूदा सभी 11 स्टेशनों पर तैनात किया जा रहा है और उन्हें टिकट काउंटर से लेकर रख-रखाव तक विभिन्न विभागों में योग्यता के हिसाब से नौकरी दी गई है।

केरल देश का पहला राज्य है, जहाँ किन्नरों को लेकर एक सरकारी नीति है। अन्य राज्यों में उनको लेकर कोई संवेदनशीलता नहीं है। उनके साथ होने वाले दुर्व्यवहार, अपमान और भेदभाव को रोकने के लिए सरकारों के पास कोई कारगर तरीका नहीं है। किन्नरों को मुख्यधारा में लाने की केरल सरकार की यह कोशिश सराहनीय है, जिसकी जितनी भी तारीफ की जाए, वह कम है। मेरा मानना है कि लैंगिक न्याय की दिशा में उठाया गया यह ऐतिहासिक कदम है।

इसके अलावा एक और सराहनीय प्रयास किया गया है कि कोच्चि मेट्रो रेल सेवा में करीब एक हजार महिलाओं को नौकरी दी गई है। मुझे जानकर यह आश्चर्य है कि किन्नरों को नौकरी पर रखनेवाली कोच्चि मेट्रो पहला सरकारी कॉरपोरेशन बन गया है। कोच्चि मेट्रो की अन्य कई खूबियाँ हो सकती हैं, जैसे यह मेट्रोमैन के नाम से जाने जानेवाले श्रीधरन के मार्गदर्शन में तैयार हुई है। दूसरे, यह तकनीक के मामले में अन्य मेट्रो

से आगे है, लेकिन कोच्चि मेट्रो ने जिस मानवीय पहलू को छुआ है, वह बेमिसाल है।

कोच्चि मेट्रो स्टेशनों पर किन्नरों को रोजगार दिया गया है, इसकी चर्चा पहले से ही शुरू हो गई थी और लोगों में इसको लेकर भारी उत्सुकता थी। जिन किन्नरों को मेट्रो में नौकरी दी गई है, उनका एक वीडियो वायरल हो गया था, जिसमें वे जनता से अपील करते दिखाई देते हैं कि लोग जब भी उन्हें देखें, बस एक इनसान की तरह देखें।

हमारे समाज में किन्नरों को 'छक्का', 'हिजड़ा' जैसे अपमानजनक नामों से संबोधित किया जाता है। यह एक ऐसा समाज है, जो हमेशा उपहास और मनोरंजन का पात्र रहा है। लोगों की गालियाँ भी खाता है और तालियाँ बजाता है।

अगर आप गौर करें तो पाएँगे कि अखबारों में भी इनको लेकर हमेशा नकारात्मक खबरें छपती हैं। इस चेहरे के पीछे एक इनसान भी है, इस मानवीय पहलू को हम सभी नजरअंदाज कर देते हैं। किन्नर आर्थिक और सामाजिक रूप से हाशिए पर हैं और इनके साथ इनसानों जैसा बरताव नहीं किया जाता। लंबी कानूनी लड़ाई के बाद सुप्रीम कोर्ट ने वर्ष 2014 में उन्हें थर्ड जेंडर का दर्जा दिया था। सुप्रीम कोर्ट ने कहा था कि शिक्षण संस्थानों में दाखिला लेते वक्त या नौकरी देते वक्त ट्रांसजेंडर्स की पहचान तीसरे लिंग के रूप में की जाए। सुप्रीम कोर्ट ने स्पष्ट शब्दों में कहा था कि किन्नरों के साथ शिक्षा या नौकरी के क्षेत्र में भेदभाव नहीं किया जा सकता। इस फैसले के साथ देश में पहली बार तीसरे लिंग को औपचारिक रूप से पहचान मिली, लेकिन हालात में कुछ खास बदलाव नहीं हुआ है।

यह सच है कि अदालत के एक आदेश से रातोरात किन्नरों के प्रति लोगों की सोच नहीं बदलने वाली। इसमें समय लगेगा, लेकिन जहाँ भी किन्नरों को मौका मिला है, उन्होंने साबित किया है कि वे किसी से कम नहीं हैं। वर्ष 2002 में मध्य प्रदेश के सुहागपुर विधानसभा क्षेत्र से शबनम मौसी देश की पहली किन्नर विधायक बनी थीं, लेकिन सबसे प्रतिष्ठित ट्रांसजेंडर पश्चिम बंगाल की मानबी बंद्योपाध्याय हैं।

उन्होंने पी-एच.डी. की उपाधि हासिल की और पश्चिम बंगाल के एक कॉलेज की प्रिंसिपल बनीं, लेकिन लोगों ने उन्हें इस पद पर टिकने नहीं दिया। पद्मिनी प्रकाश दक्षिण भारत के एक टी.वी. चैनल में जानी-मानी न्यूज एंकर हैं। मधु किन्नर छत्तीसगढ़ के रायगढ़ से निर्दलीय मेयर के चुनाव में उतरीं और विजय रही थीं। समाजसेवा से लेकर फैशन डिजाइन तक के क्षेत्र में कई ट्रांसजेंडर सफलतापूर्वक काम कर रहे हैं। हालाँकि ऐसे लोगों की संख्या गिनी-चुनी है। देखने में यह आया कि उनकी उपलब्धि से सम्मान तो मिला, लेकिन किन्नर होने के कारण तिरस्कार का भाव नहीं गया। कोच्चि मेट्रो में भी किन्नरों को नौकरी तो मिल गई है, लेकिन उन्हें रहने के लिए किराए पर घर नहीं मिल रहा है।

बिहार सरकार ने भी इस समुदाय की सामाजिक स्वीकार्यता बढ़ाने के लिए 'किन्नर सांस्कृतिक महोत्सव' का आयोजन कर सराहनीय पहल की है। इस महोत्सव में अलग-अलग क्षेत्रों में बेहतर काम करनेवाले देश भर के किन्नर हिस्सा लेते हैं। एक दौर था, जब लोग किन्नरों को आमंत्रित करते थे। वे सौभाग्य का प्रतीक माने जाते थे। अब तो वे बिन-बुलाए मेहमान हैं। उनको दुत्कारा जाता है। समाज के उपहास ने उनके व्यवहार में कठोरता ला दी है और आक्रामक बना दिया है। उनके जन्म-मृत्यु से लेकर अंतिम संस्कार तक को लेकर समाज में भ्रांतियाँ हैं।

कई लोगों को लगता है कि किन्नर किसी बीमारी के कारण बनते हैं, कहीं उन्हें 'दूसरा' नाम से संबोधित किया जाता है, यानी जितने मुँह उतनी बातें। ऐसा अनुमान है कि देश में किन्नरों की संख्या करीब 10 लाख तक है। यह सही है कि कोच्चि मेट्रो ने एक ऐतिहासिक पहल की है और किन्नरों के लिए नौकरियों का नया रास्ता खुला है, उम्मीद की एक किरण दिखाई दी है, लेकिन मुश्किल यह है कि समाज ने उन्हें अब भी स्वीकार नहीं किया है और सामान्य जीवन जीने का उनका सपना अब भी बेहद कठिन है।

26 जून, 2017

□

इजराइल के पक्ष में झुकता भारत

प्रधानमंत्री नरेंद्र मोदी के लिए विदेश यात्रा कोई नई बात नहीं है। वे लगातार विदेश यात्रा करते रहते हैं। हाल में वह अमेरिका, नीदरलैंड और पुर्तगाल की यात्रा कर वापस लौटे हैं। अब वह इजराइल की यात्रा पर जाने वाले हैं, लेकिन उनकी इजराइल की यात्रा अन्य यात्राओं से अलग है।

दरअसल, इजराइल की उनकी यात्रा एक तरह से भारत की सार्वजनिक घोषणा है कि फिलीस्तीन के साथ प्रगाढ़ रिश्तों की बात पुरानी हो गई और भारत इजराइल के साथ रिश्तों का एक नया अध्याय शुरू करने जा रहा है। हालाँकि उनकी यात्रा की जमीन काफी समय से तैयार हो रही थी। इसके पहले कई केंद्रीय मंत्रियों ने इजराइल का दौरा किया था और यहाँ तक कि राष्ट्रपति प्रणव मुखर्जी भी इजराइल गए थे और रिश्तों को आगे बढ़ाया था। इसे भाजपा सरकार के सत्ता में आने के बाद एक अहम कूटनीतिक बदलाव के रूप में भी देखा जा रहा है।

दरअसल, भारत ने अब तक इजराइल के साथ अपने रिश्तों को दबा-छुपाकर रखा है। जब राष्ट्रपति प्रणव मुखर्जी ने इजराइल की यात्रा की थी, तो वह जार्डन और फिलीस्तीन होते हुए, तब इजराइल पहुँचे थे। एक तरह से इसमें संदेश था कि भारत इजराइल से संबंध बढ़ा तो रहा है, लेकिन फिलीस्तीन के संबंधों के बिना पर नहीं। मुझे भी राष्ट्रपति प्रणव मुखर्जी के साथ फिलीस्तीन अथॉरिटी और इजराइल यात्रा का अवसर मिला। आपको बता दूँ कि प्रणव मुखर्जी फिलीस्तीन अथॉरिटी में रात गुजारने वाले पहले भारतीय राष्ट्रपति हैं। रमल्ला में रात गुजारने वाले दुनिया के गिने-चुने राष्ट्राध्यक्षों में से वे एक हैं, अन्यथा नेता हेलिकॉप्टर से रमल्ला आते हैं और कुछ घंटे गुजारने के बाद वापस चले जाते हैं। अब तो संघर्ष के कई नए मैदान सामने आ गए हैं, अन्यथा यह स्थान दशकों तक अंतरराष्ट्रीय संघर्ष का सबसे बड़ा केंद्र हुआ करता था।

अब तक परंपरा यही रही है कि जो भी शीर्ष भारतीय नेता इजराइल जाता है, वह फिलीस्तीन अथॉरिटी में जरूर जाता रहा है। यहाँ तक कि इजराइल के अमेरिका जैसे

पक्षकार भी कुछ घंटों के लिए ही सही, फिलिस्तीनी नेताओं से मिल जरूर लेते थे। प्रधानमंत्री मोदी की केवल इजराइल से संदेश साफ है कि भारतीय कूटनीति का पलड़ा किस ओर है? हालाँकि माना जा रहा है कि ऐसे आरोप से बचने और संतुलन साधने के लिए पिछले दिनों फिलीस्तीन अथॉरिटी के राष्ट्रपति महमूद अब्बास की भारत यात्रा आयोजित की गई। वह अपनी यात्रा के दौरान प्रधानमंत्री नरेंद्र मोदी, राष्ट्रपति प्रणव मुखर्जी और विदेश मंत्री सुषमा स्वराज से मिले।

इस दौरान पुराने बातें दोहराई गईं कि भारत और फिलीस्तीन के रिश्तों की बुनियाद पुरानी है। भारत आत्मनिर्भर, स्वतंत्र, अपने पैरों पर खड़े फिलीस्तीन को देखना चाहता है वगैरह, लेकिन फिलिस्तीनी भी भारत की विदेश नीति में आए बदलाव को समझ गए हैं। एक दौर था, जब भारत फिलिस्तीनियों का बहुत करीबी दोस्त था। फिलिस्तीनी राष्ट्र के निर्माण के संघर्ष में भारत ने पूरा साथ दिया है, लेकिन भारत में फिलिस्तीनियों के लिए यह समर्थन लगातार कम होता जा रहा है।

कुछ समय पहले जब गाजा में टकराव बढ़ा था और इजराइली बमबारी में बड़ी संख्या में फिलिस्तीनी मारे गए थे तो संसद में विपक्षी दलों ने गाजा पर एक प्रस्ताव पारित करने की माँग की तो मोदी सरकार का कहना था कि गजा की स्थिति पर बहस देश के हित में नहीं है, क्योंकि दोनों ही पक्षों से भारत के दोस्ताना संबंध हैं। भारी विरोध के बाद संसद में बहस तो हुई, लेकिन सरकार ने किसी तरह का प्रस्ताव पास करने से साफ इनकार कर दिया।

यह मौका था, जब मोदी सरकार ने फिलीस्तीन और इजराइल के साथ रिश्तों को लेकर स्पष्ट संकेत दे दिए थे। अब तक भारत इजराइल के साथ अपने संबंधों को छुपाकर रखता आया है, ताकि अरब देशों से भारत के संबंधों पर असर न पड़े। मौजूदा वक्त में भारत इजराइल से सैन्य साज-सामग्री खरीदने वाला सबसे प्रमुख देश है। रक्षा और राष्ट्रीय सुरक्षा के मामले में ही नहीं डेयरी, सिंचाई, ऊर्जा और बहुत से तकनीकी क्षेत्रों में इजराइल भारत के साथ साझेदारी कर रहा है।

दरअसल, प्रधानमंत्री मोदी इजराइल के साथ गहरे रिश्तों के हिमायती रहे हैं, जबकि विदेश मंत्रालय के नीति-निर्माताओं में यह द्वंद्व रहा है कि इजराइल का कितना साथ दिया जाए? भारतीय विदेश मंत्रालय की पुरानी मान्यता है कि एक देश के साथ गहरे रिश्तों की कीमत 50 अरब मुल्कों की नाराजगी लेकर करना बहुत महँगा सौदा है।

सामान्य मामलों में स्थिति यह है कि यदि आपके पासपोर्ट पर इजराइल का वीजा लग जाता तो अनेक अरब देशों से वीजा के आपके दरवाजे हमेशा के लिए बंद हो जाते हैं। माना जाता है कि विदेश मंत्रालय के अधिकारी राष्ट्रपति प्रणव मुखर्जी के इजराइल दौरे के दौरान जॉर्डन और फिलीस्तीन का दौरा जुड़वाने में कामयाब रहे थे। दूसरी ओर,

इजराइली दबी जुबान में शिकायत करते रहे हैं कि प्रधानमंत्री मोदी तो रिश्तों को मधुर बनाना चाहते हैं, लेकिन भारतीय विदेश मंत्रालय के अधिकारी इसमें बाधा बने हुए हैं।

दरअसल, मध्य-पूर्व में लाखों भारतीय काम करते हैं और भारत तेल आयात के मामले में भी उन पर निर्भर है। ऐसी स्थिति में भारत अरब देशों की नाराजगी मोल नहीं ले सकता। साथ ही, प्रधानमंत्री मोदी इजराइल के साथ अपने संबंधों को दबा-छुपाकर भी नहीं रखना चाहते।

इजराइली प्रधानमंत्री मोदी की यात्रा को लेकर बेहद उत्साहित हैं। उन्हें अमेरिका के अलावा एक अन्य दोस्त की तलाश है, जो अंतरराष्ट्रीय मंच पर उनके साथ खड़ा हो सके। ऐसे में भारत के समक्ष चुनौती संतुलन साधने की है। यही वजह है कि अभी तक सार्वजनिक तौर से भारत बयान देता आया है कि फिलीस्तीन के संबंध में भारत की विदेश नीति बदली नहीं है और न ही भारत इजराइल की तरफ झुका है, लेकिन हकीकत यह है कि प्रधानमंत्री मोदी की यात्रा भारत-इजराइल रिश्तों को सार्वजनिक करनी की दिशा में एक अहम कदम है।

3 जुलाई, 2017

□

अस्तित्व की लड़ाई लड़ रहे हैं लालू

लालू प्रसाद यादव अपने जीवन के ऊषा काल में सबसे कठिन दौर से गुजर रहे हैं। वह चक्रव्यूह में घिर गए हैं और तीन-तीन सरकारी एजेंसियाँ—सी.बी.आई., प्रवर्तन निदेशालय (ईडी) और इनकम टैक्स विभाग उनके पीछे पड़ी हैं। इस बार मुश्किल अकेले नहीं आई है। लालू प्रसाद ने पूरे परिवार को परेशानी में फँसा दिया है। राबड़ी देवी, बेटे, बेटियाँ, दामाद—सब मुश्किल में घिरे हुए हैं।

इस मामले में साम्य देखिए। एक ओर जब सी.बी.आई. की अदालत में वे चारा घोटाले के मामले में रांची में पेश हो रहे थे, तो दूसरी ओर सी.बी.आई. रेलवे घोटाले में उनके 12 ठिकानों पर छापेमारी कर रही थी। चारा घोटाला सामने लानेवाला सबसे पहला अखबार 'प्रभात खबर' ही था और इस मामले में काररवाई करनेवाले अधिकारी राकेश अस्थाना थे। राकेश अस्थाना एक बार फिर सी.बी.आई. में अतिरिक्त निदेशक की रूप में प्रतिनियुक्ति पर हैं और लालू पर छापेमारी उन्हीं के निर्देशन में चली। लालू पर आरोप है कि उन्होंने रेलवे के होटल टेंडर निजी कंपनी को दिए थे और रेल मंत्री के तौर पर निजी कंपनी को फायदा पहुँचाया था।

लालू प्रसाद का कहना है कि प्रधानमंत्री नरेंद्र मोदी और भाजपा अध्यक्ष अमित शाह हमें मिटाना चाहते हैं, लेकिन ऐसे चिल्लर और खटमल का इलाज वह जनता की दवा से इलाज करेंगे। झूठे आरोपों से हमें घेरने का प्रयास कर रहे हैं। हम पर केस किया तो किया, बच्चों और बीवी तक को फँसा दिया है, लेकिन कोर्ट और जनता पर हमें पूरा भरोसा है। वैसे देखा जाए तो लालू पिछले 20 साल से कोर्ट-कचहरी के चक्कर लगा रहे हैं। सामाजिक बदलाव के काम में जो ताकत लग सकती थी, वह कोर्ट-कचहरी में नष्ट हो गई। एक पुरानी कहावत है कि दूसरों को चोर कहकर आप अपनी चोरी ज्यादा समय तक नहीं छुपा सकते।

याद करें, जब 1990 में लालू पहली बार मुख्यमंत्री बने थे तो उन्होंने शपथ लोकनायक जयप्रकाश नारायण की मूर्ति के नीचे गांधी मैदान में ली थी। उन्होंने शपथ

ग्रहण समारोह को राजभवन से बाहर निकाला था और कार्यक्रम को जनता के बीच ले गए थे। उस समय उन्होंने घोषणा की थी कि पैसे को हाथ नहीं लगाएँगे और भ्रष्टाचार को घोर पाप के समान माना था। 1996 आते-आते चारा घोटाले के रूप में सरकारी खजाने से करोड़ों रुपए की लूट सामने आ गई। अक्तूबर 2013 में चारा घोटाले में उन्हें पाँच साल की कैद की सजा सुना दी गई। उनकी संसद की सदस्यता भी चली गई।

1991 का दौर याद करें, जब देश में नई अर्थव्यवस्था की शुरुआत हो रही थी, नया परिदृश्य सामने आ रहा था। अनेक राज्य इसका लाभ उठाना चाह रहे थे। उनमें इसको लेकर प्रतिस्पर्धा थी, लेकिन लालू के नेतृत्व में बिहार इसका लाभ नहीं उठा सका। उद्योगपतियों के कई सम्मेलन हुए, लेकिन कोई पूँजी निवेश नहीं हुआ, कोई कल-कारखाने नहीं खुले। उस समय राज्य कुशासन और भ्रष्टाचार का शिकार था, जबकि कई अन्य राज्यों, खासकर दक्षिण के राज्यों ने नए परिदृश्य का लाभ उठाया और वे विकास और समृद्धि की राह में आगे निकल गए। यह सच है कि लालू के नेतृत्व में बिहार में सामाजिक न्याय का राजनीतिक सपना तो परवान चढ़ा, लेकिन आर्थिक समृद्धि के मामले में राज्य बेहद पीछे छूट गया। जिन पिछड़ों के बलबूते वह जीते थे, उनको आर्थिक रूप से सशक्त करने की कोई बुनियाद उन्होंने खड़ी नहीं की। कांग्रेस के खिलाफ सांस्कृतिक और वैचारिक लड़ाई का कोई पुख्ता मॉडल वह नहीं खड़ा कर पाए।

बिहार की जनता ने 1995 में उन्हें फिर मौका दिया। वह और ज्यादा मजबूत होकर सत्ता में लौटे, लेकिन 1996 आते-आते पशुपालन घोटाला सामने आ गया। 2013 आते-आते वह सजा पा गए। इसके पहले जब उन्हें भ्रष्टाचार के इन मामलों का सामना करना पड़ा था, उस दौरान केंद्र में कोई एन.डी.ए. की सरकार नहीं थी। वह आज भी पुराना संदेश दोहरा रहे हैं कि जो बड़े लोग हैं, वे पिछड़ों को दबा रहे हैं, लेकिन लालू जोरदार शब्दों में भ्रष्टाचार के आरोपों का खंडन करने नजर नहीं आ रहे हैं।

देश में मजबूत अदालती व्यवस्था है, जहाँ किसी भी एकतरफा काररवाई को चुनौती दी जा सकती है। जब वित्तमंत्री अरुण जेटली पर दिल्ली के मुख्यमंत्री अरविंद केजरीवाल ने डी.डी.सी.ए. में भ्रष्टाचार का आरोप लगाया था। जेटली ने उसके बाद केजरीवाल के खिलाफ केस कर दिया था और उसके बाद से केजरीवाल अपना बचाव का रास्ता तलाशते घूम रहे हैं। लालूजी राजनीतिक बयान तो दे रहे हैं, लेकिन भ्रष्टाचार के आरोपों पर कोई पुख्ता बात नहीं कह रहे हैं। इसके विपरीत देखें तो नीतीश कुमार ने अपने मुख्यमंत्रित्व काल में सुशासन और भ्रष्टाचार मुक्त सरकार का एक मॉडल पेश किया है।

सवाल उठता है कि लालू कैसी विरासत अपने बेटे-बेटियों को देकर जा रहे हैं?

1977 में आपातकाल के बाद हुए लोकसभा चुनाव में लालू भारी मतों से जीतकर सांसद बने थे और 1996 में आकर उन पर गंभीर आरोप लगने लगे थे।

लालू के बेटे तो राजनीतिक कॅरियर की शुरुआत में ही सी.बी.आई., ईडी और इनकम टैक्स के चक्कर में आ गए हैं। नीतीश कुमार के नेतृत्व से बेहतर उनकी राजनीतिक ट्रेनिंग नहीं हो सकती थी, लेकिन वे तो लालूजी की बोई फसल काटने के चक्कर में फंस गए लगते हैं। अभी तक तेजस्वी और तेज प्रताप लालू प्रसाद की छत्रच्छाया में ही आगे बढ़ रहे थे और स्वतंत्र रूप से राजनीति करने में सक्षम नहीं हुए हैं। उत्तर प्रदेश से तुलना करें तो अखिलेश यादव मुलायम सिंह के प्रभामंडल से बाहर आ गए हैं और स्वतंत्र रूप से राजनीति करने में सक्षम हो गए हैं। उन्हें मुलायम के सहारे की जरूरत नहीं है, लेकिन तेजस्वी और तेज प्रताप के साथ ऐसा नहीं है। वे लालू की विरासत को अभी पूरी तरह सँभाल नहीं पाए हैं।

लालू प्रसाद कर्पूरी ठाकुर के बाद पिछड़ों के बड़े नेता के रूप में उभरे थे, लेकिन परिवारवाद से उठकर जनकल्याण पर उन्होंने ध्यान नहीं दिया, अन्यथा वे भी आज जननायकों की कतार में खड़े होते। कर्पूरी ठाकुर ने अपना जीवन जनसेवा की भावना के साथ जीया।

वह सदा गरीबों के हक के लिए लड़ते रहे। मुख्यमंत्री रहते हुए उन्होंने पिछड़ों को 26 प्रतिशत आरक्षण दिलवाया। जन कल्याणकारी भाव के कारण ही इतिहास उन्हें जननायक के रूप में याद करता है, लेकिन लालू प्रसाद ने सारे मौके गँवा दिए। यही वजह है कि जीवन के ऊषाकाल में वे अस्तित्व के लिए संघर्षरत एक नेता के रूप में नजर आ रहे हैं।

10 जुलाई, 2017

□

स्टार संस्कृति से कोहली को बचना होगा

जिसकी अटकलें लगाई जा रही थीं, नतीजा वही निकला और रवि शास्त्री को भारतीय टीम का कोच नियुक्त कर दिया गया। यूँ तो टीम के कोच की नियुक्ति कोई बड़ी घटना नहीं है।

लेकिन जिस तरह से भारतीय टीम के कोच अनिल कुंबले की विदाई हुई और उसमें कप्तान विराट कोहली की भूमिका रही, उसके बाद नए कोच का चयन सुर्खियों में बना हुआ है। दरअसल, भारतीय क्रिकेट टीम पर सुपर स्टार संस्कृति हावी होती जा रही है। टीम में कौन खिलाड़ी खेलेगा या नहीं, इस पर कप्तान कोहली की चले, यह बात समझ में आती है, लेकिन कोच कौन होगा, इसमें भी कप्तान की चले, यह अधिकारों का अतिक्रमण है। इसमें कोई शक नहीं कि कोहली शानदार खिलाड़ी हैं, लेकिन उन पर सुपर स्टार संस्कृति होती जा रही है, जो खुद उनके लिए और भारतीय क्रिकेट के लिए शुभ नहीं है।

यह दलील दी जा सकती है कि कोहली ने शास्त्री के लिए किसी से नहीं कहा और न कोई सिफारिश की, लेकिन सत्ता प्रतिष्ठानों में कुछ बातें अलिखित भी चलती हैं। यह सब जानते हैं कि कोच के रूप में विराट कोहली की पहली पसंद रवि शास्त्री ही थे। बेशक रवि शास्त्री सक्षम व्यक्ति हैं और पहले भी वह निदेशक के तौर पर भारतीय टीम के साथ जुड़े रह चुके हैं।

उस दौरान उन्होंने अपनी पहचान कप्तान और टीम के प्रेरक के रूप में बनाई थी, लेकिन ऐसा आरोप है कि वह गेंदबाजी और बल्लेबाजी में सुधार के लिए खिलाड़ियों को कोई खास सलाह नहीं देते हैं। अनुशासन के मामले में भी उन्होंने काफी ढील छोड़ रखी थी। खिलाड़ी समय से प्रैक्टिस के लिए मैदान पर आएँ, देर रात की पार्टियों से परहेज करें, इन पर उन्होंने ज्यादा लगाम नहीं लगाई थी। दूसरी ओर, कुंबले इस मामले में खासे सख्त थे। वे खिलाड़ियों को सलाह देने से नहीं हिचकते थे। प्रैक्टिस के लिए कोहली से लेकर अन्य सभी खिलाड़ियों को मैदान पर समय से आना होगा, इस पर वह कोई

समझौता करने को तैयार नहीं थे।

बताया जाता है कि कोहली और कुंबले में मतभेद की मुख्य वजह यही थी। रवि शास्त्री की सहायता के लिए बॉलिंग कोच के रूप में जहीर खान और बैटिंग कोच के रूप में राहुल द्रविड़ को रखा गया है। अब स्थिति यह है कि टीम में एक नहीं तीन कोच हैं और सभी दिग्गज हैं। इसको लेकर भी बखेड़ा खड़ा हो गया है। कोच रवि शास्त्री ने इन नियुक्तियों पर आपत्ति जताई है।

उनका कहना है कि यह अधिकार कोच का है कि वह अपने पसंदीदा सहयोगियों की नियुक्ति करे। दरअसल, क्रिकेट एडवायजरी कमेटी के सौरभ गांगुली और नवनियुक्त कोच रवि शास्त्री के बीच छत्तीस का आँकड़ा है। खेल के जानकारों का मानना है कि शास्त्री को कोच बनवाने के अलावा गांगुली के पास और कोई विकल्प नहीं था, लेकिन गांगुली ने शास्त्री के आभामंडल को कम करने के लिए जहीर खान और राहुल द्रविड़ को बॉलिंग और बैटिंग कोच नियुक्त करवा दिया। ऐसे शह और मात के खेल का नतीजा अच्छा नहीं निकलने वाला है। इससे नुकसान किसी और का नहीं, बल्कि भारतीय क्रिकेट का ही होगा।

दूसरी ओर, क्रिकेट एडवायजरी कमेटी की स्थिति यह है कि वह एक दिन कोच के नाम की घोषणा इसलिए नहीं कर पाई, क्योंकि विराट कोहली अमेरिका में थे और कमेटी के सदस्यों की उनसे बात नहीं हो पा रही थी। एडवायजरी कमेटी ने सार्वजनिक रूप से कहा था कि विराट कोहली के अमेरिका से लौटने के बाद उनसे बात करने के बाद नए कोच की घोषणा की जाएगी।

दूसरी ओर कमेटी ऑफ एडमिनिस्ट्रेटर्स (सी.ओ.ए.) के चेयरमैन विनोद राय कह रहे थे कि नए कोच का ऐलान तत्काल किया जाए। कुछ समय पहले जाने-माने लेखक रामचंद्र गुहा ने क्रिकेट एडवायजरी कमेटी से इस्तीफा दे दिया था। उन्होंने अपने इस्तीफे में बी.सी.सी.आई. की मौजूदा व्यवस्थाओं पर कई संगीन आरोप लगाए थे। गुहा ने कहा था कि एक खिलाड़ी के कारण अनिल कुंबले के कार्यकाल को आगे नहीं बढ़ाया गया, जबकि कोच के रूप में उनका प्रदर्शन काफी अच्छा रहा था। उनका स्पष्ट तौर से इशारा विराट कोहली की ओर था।

गुहा ने कहा था कि भारतीय क्रिकेट टीम के भीतर सुपर स्टार संस्कृति है। मैं भी इससे पूरी तरह सहमत हूँ। जब भी कोई खिलाड़ी थोड़ा अच्छा प्रदर्शन करता है, उसे इतना चढ़ा दिया जाता है कि वह आपे से बाहर हो जाता है। उसकी तारीफ में इतने कसीदे गढ़े जाते हैं कि किसी भी खिलाड़ी का दिमाग खराब हो जाए। मैं मानता हूँ कि इसमें मीडिया भी बराबर का दोषी है। खिलाड़ी को सुपर स्टार बनाने में उसकी भी महत्त्वपूर्ण भूमिका रहती है।

रही–सही कसर तब पूरी हो जाती है, जब व्यवस्था ऐसे सुपर स्टार को फैसले में वीटो पावर दे देती है। इस तरह की वीटो पावर किसी भी देश के खिलाड़ी को नहीं दी जाती है। रामचंद्र गुहा ने तो एक ओर खतरे की ओर इशारा किया था कि अगर बी.सी.सी.आई. इन सुपर स्टार खिलाड़ियों के सामने ऐसी ही झुकती रही तो मुमकिन है कि अगला नंबर उनका हो। खिलाड़ी उन्हें ही बदलने के लिए अपना हस्तक्षेप करना शुरू कर देंगे। नतीजा यह होगा कि बी.सी.सी.आई. को चलाना मुश्किल हो जाएगा।

आप इस बात का अंदाजा इससे लगा सकते हैं कि ये स्टार खिलाड़ी कितने शक्तिशाली हैं और क्या कुछ करने की क्षमता रखते हैं? कुछ समय पहले आई.पी.एल. कमेंट्री पैनल से हर्षा भोगले को हटा दिया गया था। उनका कसूर केवल इतना था कि उन्होंने कुछ स्टार खिलाड़ियों के खेल पर सवाल उठा दिए थे। नतीजतन, उन खिलाड़ियों ने हर्षा भोगले को कमेंट्री पैनल से ही चलता करवा दिया। बड़ी मुश्किल से हर्षा भोगले की कमेंट्री में वापसी हुई है।

दूसरी ओर, सचिन तेंदुलकर जैसे महान् खिलाड़ी का उदाहरण हमारे सामने है, जिनका विवादों से दूर–दूर तक नाता नहीं रहा है। उनका फोकस हमेशा खेल पर रहा। पार्टियों और विवादों से वह हमेशा बचते रहे, ताकि एकाग्रता पर असर न पड़े। यही वजह है कि वे इतनी लंबी पारी खेल पाए।

ऐसे अनेक उदाहरण हैं कि कैसे प्रतिभावान खिलाड़ियों ने अपना कॅरियर चौपट किया और गुमनामी के अँधेरे में चले गए। विराट कोहली शानदार खिलाड़ी हैं और उनमें ऊँचाइयाँ हासिल करने की क्षमता है। अगर उन्हें लंबी पारी खेलनी है तो उन्हें इन झमेलों से बचना होगा और केवल खेल पर फोकस करना होगा।

17 जुलाई, 2017

□

पाक में लोकतंत्र फिर कमजोर

पाकिस्तान एक बार फिर अनिश्चितता के दौर में है। सुप्रीम कोर्ट ने नवाज शरीफ को अयोग्य ठहरा दिया है। इसके बाद उन्हें प्रधानमंत्री के पद से इस्तीफा देना पड़ा। हालाँकि पाकिस्तान में लोकतांत्रिक तरीके से चुनी सरकारों को बरखास्त किए जाने का इतिहास पुराना है। वहाँ अकसर सेना प्रमुख तख्ता पलट करने के बाद नई पार्टी गठित कर खुद पर लोकतांत्रिक मुलम्मा चढ़ा लेते हैं, लेकिन इस बार मामला कुछ अलग है। इस बार न्यायपालिका के माध्यम से सरकार का तख्ता पलटा गया है।

भारत के संदर्भ में देखें तो पड़ोसी मुल्क में राजनीतिक अस्थिरता उसके हित में नहीं है। पाकिस्तान में लोकतांत्रिक शाक्तियों का कमजोर हो जाना और सेना का मजबूत होना शुभ संकेत नहीं है। आपने गौर किया होगा कि नवाज शरीफ या इसके पहले जब भी किसी राजनेता ने भारत के साथ रिश्ते सामान्य करने की कोशिश की है, सेना ने उसमें पलीता लगाया है। पाकिस्तान में सेना आतंकवादियों को नियंत्रित करती है और ऐसी कोई पहल कामयाब न होने देने के लिए उनका इस्तेमाल करती है।

पाक सेना की हमेशा कोशिश रहती है कि चुना हुआ नेता बहुत लोकप्रिय और ताकतवर न हो जाए। सेना को नवाज शरीफ की प्रधानमंत्री मोदी से मुलाकातें और रिश्ते सामान्य करने की कोशिशें पसंद नहीं आई थीं। कुछ समय पहले पाकिस्तानी अखबार 'डॉन' में एक खबर छपी थी कि नवाज शरीफ ने एक मीटिंग में सेना के अधिकारियों से साफ तौर से कह दिया कि आतंकवादियों की ऐसे ही मदद जारी रही तो पाकिस्तान दुनिया में अलग-थलग पड़ जाएगा। इस पर भारी बवाल मचा। इसके बाद सेना और नवाज शरीफ के बीच तनातनी और बढ़ गई।

नवाज शरीफ ने 2013 चुनाव में बहुमत हासिल कर तीसरी बार पाकिस्तान की सत्ता सँभाली थी, लेकिन विडंबना यह है कि वह देश के अन्य राजनीतिज्ञों की तरह अपना कार्यकाल पूरा नहीं कर पाते हैं। पिछली बार उनके सेना प्रमुख परवेज मुशर्रफ ने उनका तख्ता पलटकर सत्ता पर कब्जा कर लिया था। पिछली बार तत्कालीन भारतीय

प्रधानमंत्री वाजपेयी से उन्होंने मेल-मिलाप की कोशिशें की थीं।

इस पर सेना प्रमुख मुशर्रफ ने कारगिल में संघर्ष छेड़ दिया था। सेना की सत्ता पर मजबूत पकड़ का अंदाजा इस बात से लगता है कि जब सत्ता में वापसी के बाद नवाज शरीफ ने परवेज मुशर्रफ के खिलाफ तख्ता पलट की साजिश और भ्रष्टाचार के मामले चलाए, तो सेना के दबाव में उन्हें मुशर्रफ को देश से बाहर जाने की अनुमति देनी पड़ी। मुशर्रफ अब बड़े ठाठ से लंदन में रह रहे हैं।

नवाज शरीफ की स्थिति नेशनल असेंबली में काफी अच्छी है। शरीफ के बाद इमरान खान की 'पाकिस्तान तहरीके-इनसाफ' पार्टी है, जिसने नवाज के खिलाफ मोर्चा खोला हुआ है। इमरान पर पाक फौज का हाथ है। ऐसा भी नहीं है कि नवाज शरीफ दूध के धुले हों। उन्होंने और उनके परिवार ने अकूत संपत्ति अर्जित की है, लेकिन नवाज शरीफ इस हमाम में अकेले नहीं हैं। इमरान खान पर भी विदेशों से धन स्वीकार करने का आरोप है।

एक और दिलचस्प तथ्य है कि नवाज शरीफ पर पनामा लीक से उजागर हुए भ्रष्टाचार के खुलासे का मामला चल रहा है, लेकिन उन्हें इस आरोप में सत्ता से बेदखल नहीं किया गया है। सुप्रीम कोर्ट ने वजह यह बताई कि यू.ए.ई. में बेटे की कंपनी में बिना वेतन के चेयरमैन रहने की बात नवाज ने चुनावी हलफनामे में छुपाई। इस उठा-पटक के बीच पाकिस्तानी सेना खामोश है, जबकि वह सूत्रधार है। नवाज के खिलाफ भ्रष्टाचार की जाँच के लिए गठित टीम में आई.एस.आई. और सेना की खुफिया इकाई के लोग थे। तब पाक फौज की ओर से दार्शनिक बयान आया था कि जो मुल्क का कानून है, फौज उन्हें पूरा करेगी।

पाकिस्तान में सेना का साम्राज्य फैला हुआ है। वह उद्योग-धंधे चलाती है। उसकी अपनी अलग अदालतें हैं। सेना के फौजी ट्रस्ट के पास करोड़ों की संपदा है। अदालतें उसके इशारे पर फैसले सुनाती हैं, अन्यथा जजों को रुखसत कर दिया जाता है। अब तक के सभी तख्ता पलट को वहाँ के सुप्रीम कोर्ट ने उचित ठहराया है। सेना सत्तारूढ़ दल पर लगाम लगाने के लिए किसी कमजोर विपक्षी दल पर हाथ रख देती है।

अभी इमरान खान की पार्टी को सेना का पूरा समर्थन हासिल है। सन् 1977 में जब जनरल जिया उल हक ने तख्ता पलट कर सत्ता सँभाली, तब देश के बड़े नेता 'पाकिस्तान पीपुल्स पार्टी' के जुल्फिकार अली भुट्टो के खिलाफ कई मामले चलाकर उन्हें फाँसी पर लटकाया गया। तब नवाज शरीफ जिया के साथ और पंजाब सूबे के मुख्यमंत्री थे।

माना जाता है कि उन्होंने ही नवाज शरीफ को अलग दल गठित करने को प्रेरित किया, उसके बाद ही मुसलिम लीग (नवाज) का उदय हुआ। 1980 से 90 का दशक

पाकिस्तान में भारी उथल-पुथल का रहा। इसी दौरान बेनजीर भुट्टो और नवाज शरीफ के बीच सत्ता संघर्ष चला। सेना ने कमजोर नवाज शरीफ पर हाथ रख दिया। 1997 में जब नवाज शरीफ दूसरी बार प्रधानमंत्री बने, तो उनके सेना से रिश्ते खराब हो गए। जब उन्होंने सेना प्रमुख परवेज मुशर्रफ को हटाना चाहा तो उन्होंने नवाज शरीफ का ही तख्ता पलट दिया।

पाकिस्तान में सेना और राजनीतिज्ञों के बीच शह-मात के इस खेल का खामियाजा पड़ोसी होने के नाते भारत को भी झेलना पड़ता है। लोकतांत्रिक रूप से चुनी सरकार से संवाद की गुंजाइश रहती है। सेना पर भी थोड़ा-बहुत अंकुश रहता है। वह खुलेआम आतंकवादियों को बढ़ावा नहीं दे पाती, लेकिन पाक सेना से भारत सरकार के संवाद की गुंजाइश नहीं रहती है।

अब तक के अनुभव के अनुसार, पाकिस्तानी सेना सर्जिकल स्ट्राइक की भाषा ही समझती है। इस पूरे घटनाक्रम से लोकतांत्रिक सरकार कमजोर हो गई है। हालाँकि नवाज शरीफ के करीबी शाहिद अब्बासी को अंतरिम प्रधानमंत्री बना दिया गया है, जो करीब डेढ़ महीने डमी पी.एम. बने रहेंगे। इस दौरान नवाज के भाई और पंजाब के सी.एम. शहबाज शरीफ चुनाव लड़कर सांसद बनेंगे, तब वह सत्ता सँभालेंगे, लेकिन राजनीति में डेढ़ महीने का समय बहुत लंबा होता है। ऊँट किस करवट बैठेगा, पता नहीं। भारत के दृष्टिकोण से यह घटनाक्रम चिंताजनक है।

31 जुलाई, 2017

□

मोबाइल गेम छीन रहा है बचपन

पता नहीं कि आपने गौर किया कि नहीं, पिछले दिनों एक बेहद चिंताजनक खबर आई। मुंबई में 14 साल के लड़के ने अपने घर की सातवीं मंजिल से कूदकर आत्महत्या कर ली। यह लड़का ऑनलाइन गेम 'ब्लू व्हेल' का एडिक्ट था और इसी गेम के प्रभाव में आकर उसने आत्महत्या कर ली। भारत में आत्महत्या की यह अपनी तरह की पहली घटना है।

वह लड़का अँधेरी के एक नामी-गिरामी स्कूल का छात्र था और 9वीं कक्षा का विद्यार्थी था। लड़के ने पहले छत पर चलते हुए सेल्फी ली और उसके बाद छत से नीचे छलाँग लगा दी। मौके पर ही उसकी मौत हो गई। बच्चा ऑनलाइन गेम के कारण आत्महत्या कर ले, यह हम सभी के लिए खतरे की घंटी है।

ब्लू व्हेल गेम के बारे में जो खबरें छपी हैं, वे चौंकाने वाली हैं। ब्लू व्हेल एक अंडरग्राउंड गेम है और इस गेम में खिलाड़ी को 50 टास्क दिए जाते हैं, जिनमें से आखिरी टास्क आत्महत्या का होता है। गेम में देर रात अकेले कमरे में कोई डरावनी फिल्म देखना, हाथ पर ब्लेड से व्हेल की आकृति बनाना जैसे कई विचित्र टास्क शामिल होते हैं।

यह गेम युवाओं में लोकप्रिय है और पता नहीं कि इसमें कितनी सच्चाई है कि रूस में इस गेम के शिकार 100 से ज्यादा युवा हो चुके हैं। दुनिया में ऐसी अनेक कंपनियाँ हैं, जो केवल युवाओं के लिए गेम ही बनाती हैं। बच्चे दिन-रात इन्हीं गेम्स में उलझे रहते हैं, बेगाने हो जाते हैं। इसमें बच्चों का कसूर नहीं, माता-पिता भी दोषी हैं। माँ-बाप को लगता है कि वे बच्चों को सँभालने के आसान तरीके सीख गए हैं। दो-ढाई साल की उम्र के बच्चे को कहानी सुनाने की बजाय मोबाइल पकड़ा दिया जाता है और जल्द ही उन्हें इसकी लत लग जाती है।

हाल में दिल्ली में एक चौंकाने वाला मामला सामने आया। 16 साल के एक बच्चे में वीडियो गेम के एडिक्शन इतना बढ़ गया कि उसे अस्पताल में भरती कराना पड़ा।

एडिक्शन के कारण यह बच्चा स्कूल में फिसड्डी होता जा रहा था। खेलकूद बंद होने और घर से बाहर न निकलने के कारण छह महीनों में इसका वजन लगभग 10 किलो बढ़ गया था।

साथ ही, यह बच्चा आक्रामक हो गया था। जब बच्चे के माँ पर भी आक्रामक होने की घटना सामने आई, तो इसे अस्पताल में भरती कराना पड़ा। यह घटना सभी माता-पिता के लिए एक चेतावनी है कि वे तत्काल बच्चों से संवाद स्थापित करें और मोबाइल को नियंत्रित करें, अन्यथा परिस्थितियाँ हाथ से निकल जाने का खतरा है।

यह जान लीजिए कि टेक्नोलॉजी दोधारी तलवार है। एक ओर जहाँ यह वरदान है, तो दूसरी ओर मारक भी है। यह समस्या केवल भारत की ही नहीं, बल्कि पूरी दुनिया की है। सभी देश इससे जूझ रहे हैं। कई देशों ने इस दिशा में कदम उठाने शुरू कर दिए हैं। अभिभावकों के दबाव के बाद इंटरनेट की जानी-मानी चीनी कंपनी 'टेनसेंट' ने 'किंग ऑफ ग्लोरी' जैसे अपने लोकप्रिय खेल के लिए समय निर्धारित कर दिया है।

12 साल से कम उम्र के बच्चे दिन में केवल एक घंटे तक लॉग-इन कर पाते हैं। बड़े बच्चे केवल दो घंटे तक ही यह गेम खेल सकते हैं। साथ ही, बच्चों के उम्र के दावे की जाँच की भी पुख्ता व्यवस्था की गई है। 'किंग ऑफ ग्लोरी' का दावा है कि दुनिया भर में रोजाना लगभग 5 करोड़ युवा इसको खेलते हैं। बच्चों में इसकी लत पड़ने की शिकायतें लगातार सामने आ रही थीं।

ऐसी भी शिकायतें आई थीं कि बच्चों ने इस खेल के लिए चोरी से माता-पिता के क्रेडिट कार्ड का इस्तेमाल किया। बाद में जब लंबा-चौड़ा बिल आया तो इसका पता लगा। दक्षिण कोरिया में तो रात 12 बजे से सुबह 6 बजे तक 16 साल से कम के बच्चों के ऑनलाइन खेल पर प्रतिबंध है। यह प्रतिबंध वर्ष 2011 से ही लागू है। जापान में तो जब बच्चे जरूरत से ज्यादा समय किसी गेम पर बिताते हैं तो कंप्यूटर पर अपने आप चेतावनी सामने आ जाती है, लेकिन भारत में अब तक इस दिशा में कोई विचार नहीं हुआ है।

थोड़ा करीब से देखें तो पाएँगे कि आज के बच्चे बदल चुके हैं। मोबाइल और इंटरनेट ने बच्चों का बचपन छीन लिया है। उन्हें टेक्नोलॉजी का एडिक्शन होता जा रहा है। वे घर के किसी अँधेरे कमरे में हर वक्त मोबाइल अथवा कंप्यूटर में उलझे रहते हैं। उनकी बातचीत, आचार-व्यवहार सब बदल गया है।

वे बेगाने हो गए हैं। आपके बच्चे के सोने, पढ़ने के समय, हाव-भाव और खानपान, सब बदल चुका है। हम इसको लेकर आँखें मूँदे हैं। बच्चा देर रात तक जगता है। दाल-रोटी और पराँठे-सब्जी के बजाय उसे मैगी, मोमो, बर्गर और पिज्जा प्रिय है। इसे स्वीकारना होगा। कुछ समय पहले मुझे 'प्रभात खबर' के 'बचपन बचाओ

अभियान' के तहत बच्चों से संवाद का मौका मिला। मैंने पाया कि बच्चों में माता-पिता को लेकर अविश्वास का भाव था।

अधिकांश बच्चे परिवार की मौजूदा व्यवस्था से संतुष्ट नहीं थे। उन्होंने सवाल उठाए कि माता-पिता उनकी तुलना दूसरे बच्चों से क्यों करते हैं, वे अपनी सोच बच्चों पर क्यों थोपते हैं, बच्चों पर हरदम शक क्यों किया जाता है ? माता-पिता उनके कॅरियर का फैसला क्यों करते हैं आदि-आदि।

हमें समझना होगा कि यह व्हाट्सएप पीढ़ी है। यह बात नहीं करती, मैसेज भेजती है। लड़के-लड़कियाँ दिन-रात चैट करते रहते हैं। यह जान लीजिए कि टेक्नोलॉजी की ताकत इतनी है कि उसके प्रभाव से कोई भी मुक्त नहीं रह सकता। आप चाहें कि बच्चों को इसकी हवा न लगे, तो यह भूल जाइए। मोबाइल तो उसे आपको देना ही होगा। दिक्कत यह है कि हम सब यह चाहते हैं कि देश में आधुनिक टेक्नोलॉजी आए, लेकिन उसके साथ किस तरह तारतम्य बिठाना है, इस पर कोई विचार नहीं करते।

हमें नई परिस्थितियों से तालमेल बिठाने के विषय में सोचना होगा। बच्चा क्या कर रहा है, किस दिशा में जा रहा है, किस हद तक जा रहा है, इसका हमें पता रखना होगा। परिवर्तन पर आपका बस नहीं है। अब आप जितनी जल्दी हो सके, नई परिस्थितियों से सामंजस्य बिठाएँ, ताकि बच्चों में अविश्वास का भाव न जगे और सबसे जरूरी है कि उनसे संवाद बना रहे।

7 अगस्त, 2017

□

जान ले रही एक अफवाह

जब एक अफवाह लोगों की जान लेने लगे, तो मान लेना चाहिए कि अब पानी सिर से ऊपर बह रहा है और समय आ गया है कि केंद्र और राज्य सरकारें इसमें हस्तक्षेप करें, इसके खिलाफ जागरूकता अभियान चलाएँ। ऐसा कहा जाता है कि अफवाहों के पंख होते हैं। ये उड़ती हैं।

इनकी गति इतनी तेज है कि एक राज्य से दूसरे राज्य की सीमाओं को लाँघते इन्हें समय नहीं लगता। महज दो महीने पहले एक अफवाह राजस्थान से उड़ी थी कि कोई महिलाओं की चोटी काट रहा है। इस अफवाह ने अब हरियाणा, दिल्ली, उत्तर प्रदेश, मध्य प्रदेश, बिहार और झारखंड को अपनी चपेट में ले लिया है। अब तो स्थिति इतनी संगीन हो चुकी है कि चोटीकटवा के शक में हत्याएँ भी होने लगी हैं।

झारखंड के साहिबगंज जिले का मीरनगर गाँव इसका ताजा उदाहरण है। यहाँ भीड़ ने एक महिला की पीट-पीटकर इसलिए हत्या कर दी, क्योंकि उस पर चोटीकटवा गिरोह में शामिल होने का शक था। हुआ यूँ कि गाँव में एक महिला की चोटी कटने की अफवाह पूरे क्षेत्र में फैली। धीरे-धीरे गोलबंद हुए ग्रामीण चोटीकटवा गिरोह की खोज करने लगे। इसी दौरान भीख माँग रही एक महिला को गिरोह का सदस्य समझ पकड़ लिया और उन्मादी भीड़ ने उसे इतना पीटा कि उसकी मौत हो गई।

भीख माँग रहे एक दस वर्षीय बच्चे को भी चोटीकटवा गिरोह का सदस्य समझकर पीट-पीटकर अधमरा कर दिया। उन्माद इतना प्रबल था कि पुलिस के पहुँचने पर भारी पथराव हुआ और पुलिस को हवाई फायरिंग तक करनी पड़ी। दूसरी घटना उत्तर प्रदेश के आगरा जिले की है, जहाँ एक 60 साल की बुजुर्ग महिला को 'चोटीकटवा चुड़ैल' के शक में पीट-पीटकर मार डाला गया। बाद में पता चला था कि वह महिला सुबह-सुबह अँधेरे में शौच करने गई थी, लेकिन रास्ता भूल जाने की वजह से दूसरे गाँव की तरफ चली गई थी।

मनोवैज्ञानिकों का कहना है कि यह एक सामूहिक उन्माद और एक मनोविकार है,

जिसे अफवाह की शक्ल मिल गई है। अखबारों में आई खबरों से सच्चाई सामने आ रही है, लेकिन चिंता की बात है कि सूचनाएँ टुकड़ों में आ रही हैं। साथ ही, लोग उस पर ध्यान नहीं दे रहे। झारखंड के दुमका में महिला की चोटी काटने और उसके दो बच्चों की कुएँ में फेंककर हत्या करने के मामले में हतप्रभ करनेवाली सच्चाई सामने आई है।

दरअसल, चोटीकटवा को आधार बनाकर माँ ने ही अपने दोनों बच्चों को बारी-बारी से कुएँ में फेंक दिया और कैंची से अपने बाल काट लिये थे। पूछताछ के बाद महिला ने अपना अपराध कबूल कर लिया। मनोरोगी यह महिला पहले भी बच्चों को मारने की असफल कोशिश कर चुकी है। राजस्थान के धौलपुर की महिला ने हल्ला मचाया कि उसकी चोटी कट गई है। पुलिस की पूछताछ में महिला ने खुद कबूल किया कि मानसिक तनाव में उसने खुद अपनी चोटी पत्थरों से रगड़कर काट दी। उत्तर प्रदेश के गोरखपुर में खुलासा हुआ कि 14 साल की लड़की ने तांत्रिक के कहने पर खुद अपने बाल काटे और अफवाह फैल दी कि चोटीकटवा आया था।

गुजरात के वापी में चोटीकटवा मामले में तीन ऐसी महिलाओं को गिरफ्तार किया गया है, जिनकी चोटी कट गई थी। तीनों महिलाएँ खुद अपनी चोटी काटकर अफवाह फैला रही थीं। उत्तर प्रदेश के हाथरस से खबर आई कि एक बाबा चोटी काटते पकड़ा गया है। गाँववालों ने दावा किया कि ये बाबा चोटीकटवा है। पुलिस ने छानबीन की तो पता चला कि बाबा तो सिर्फ बहाना था। महिला ने खुद ही अपनी चोटी काट ली थी।

उत्तर प्रदेश के अलीगढ़ से भी हैरान करनेवाली खबरें आईं। एक महिला को लोगों ने चोटीकटवा बताकर पकड़ा और खंभे से बाँध दिया। जब पुलिस मौके पर पहुँची तो पता चला महिला बेगुनाह थी और चोटी काटने की बातें महज अफवाह। उत्तर प्रदेश के जालौन जिले के कैथवां गाँव की सातवीं क्लास में पढ़नेवाली बच्ची ने दावा किया कि सोते वक्त किसी ने उसकी चोटी काट दी। बाद में पता चला कि बच्ची झूठ बोल रही थी। उसने खुद अपनी चोटी काटी थी। कहने का आशय यह कि इन अफवाहों पर ध्यान न दें, ये कोरी अफवाहें हैं।

कभी मंकीमैन, कभी मुँह नोचवा, तो कभी कुछ और। कुल मिलाकर अज्ञानता और अशिक्षा ने अफवाहों को हमेशा बल दिया है। ऐसा देखा गया है कि धर्म के नाम पर अफवाहें बहुत तेजी से फैलती हैं। एक दौर में गणेशजी के दूध पीने की अफवाह चली और नालियों में दूध बहने लगा। फिर मंकीमैन की अफवाह फैली।

दिल्ली की मलिन बस्तियों और पश्चिमी यू.पी. के लोग रातभर जागकर हवा में लाठियाँ भाँजते थे। निर्दोषों लोगों को मंकीमैन बताकर पीटे जाने की घटनाएँ भी सामने आईं। पिछले दिनों पूर्वी उत्तर प्रदेश में सिलबट्टे पर काले निशान को माता मान लिया गया। पेड़ के नीचे रखकर उसकी पूजा होने लगी। इसकी वैज्ञानिक व्याख्या थी कि

गरमी में तापमान के 40 डिग्री सेल्सियस से अधिक हो जाने से पत्थर में मौजूद कार्बन गरम होकर काले निशान के रूप में उभर आता है। यह सामान्य प्रक्रिया है, कोई दैवी प्रकोप नहीं।

कभी अफवाहें अपने आप फैलती हैं, तो कभी सुनियोजित भी होती हैं। मुझे मीडिया, खासकर कुछेक टी.वी. चैनलों से शिकायत है कि उन्होंने चोटीकटवा जैसी अफवाह को जोर-शोर से प्रसारित किया है, उस पर बहसें हो रही हैं।

इस अफवाह को हवा देने में उनकी भी भूमिका है। चोटीकटवा की झूठ साबित होने वाली घटनाओं को उन्होंने कभी जोर-शोर से प्रसारित नहीं किया। हम सब जानते हैं कि यह महज अफवाह है, लेकिन इस सामूहिक उन्माद को वैज्ञानिक दृष्टिकोण से प्रस्तुत नहीं किया जाता। यह नहीं बताया जाता कि इस अफवाह के शिकार केवल निम्न वर्ग के लोग हैं। अभी तक एक भी मामला मध्य वर्ग अथवा उच्च वर्ग की महिला का सामने नहीं आया है।

दरअसल, अफवाहों को रोकने में हम-आप जैसे सभी जागरूक नागरिक मददगार साबित हो सकते हैं। अफवाह जंजीर की कड़ी की तरह होती है। एक कड़ी टूटी तो उसका रास्ता अवरुद्ध हो जाता है। आपके पास कोई अफवाह सोशल मीडिया अथवा किसी अन्य माध्यम से पहुँचे, तो कृपया उसे आगे न बढ़ाएँ। उसका रास्ता रोकने में सहायक बनें और वक्त मिलने पर अपने आसपास के लोगों को सच्चाई बताएँ, उन्हें जागरूक करें। तभी हम इन अफवाहों को रोकने में सफल हो पाएँगे।

21 अगस्त, 2017

□

अंधविश्वास व अंधभक्ति का बाबा

जो व्यक्ति बड़ी-बड़ी विदेशी कारें में चलता हो, फिल्में बनाता हो, उनमें हीरो की भूमिका भी खुद ही निभाता हो, खुद को बाबा कम, रॉक स्टार अधिक मानता हो, जिस पर रेप का आरोप सिद्ध हो गया हो, जिसकी जीवनशैली राजा-महाराजा की तरह हो, जिसमें आध्यात्मिक गुरु का कोई तत्त्व न हो, ऐसा व्यक्ति क्या बाबा कहलाने लायक है ? रेप के आरोप में राम रहीम को दोषी करार दे दिए जाने के बाद यह सवाल मुखर हो उठा है।

भारत में आध्यात्मिक परंपरा बहुत पुरानी है। आदि शंकराचार्य से लेकर महर्षि अरविंद, रामकृष्ण परमहंस, चैतन्य महाप्रभु, विवेकानंद, परमहंस योगानंद, आचार्य शंकर देव जैसे अनगिनत संतों ने भारत की आध्यात्मिक परंपरा को जीवंत बनाए रखा है। इसी तरह पंजाब और हरियाणा में डेरों की परंपरा भी बड़ी पुरानी है। इनका समाज में व्यापक प्रभाव रहा है। समाज सुधार में इनकी भूमिका रही है। सिख समाज जब संघर्ष में होता था, तो ऐसे में डेरे महिलाओं व बच्चों को संरक्षण देते थे। आजादी के बाद इनका स्वरूप बदला और दलित और पिछड़े वर्ग के लोग इनसे बड़ी संख्या में जुड़े, क्योंकि उन्हें यहाँ सामाजिक बराबरी का दर्जा हासिल होता था। 'डेरा सच्चा सौदा' भी इसी परंपरा से आता है।

'डेरा सच्चा सौदा' की स्थापना 1948 में शाह मस्ताना महाराज ने की थी। उसके बाद शाह सतनाम महाराज ने गद्दी सँभाली और 1990 में गुरमीत सिंह को गद्दी मिली। गुरमीत मूल रूप से राजस्थान के श्रीगंगानगर जिले के रहनेवाले हैं। ऐसा दावा किया जाता है कि इसके डेरे के देश-विदेश में फैले अनुयायियों की संख्या करोड़ों में है, लेकिन उनका प्रतिनिधित्व कौन करता है—गुरमीत राम रहीम नामक शख्स, जो कभी इनसान बन जाता है, तो कभी बाबा राम रहीम। वह खुद को भगवान् के संदेशवाहक के रूप में पेश करता है।

वह ऐसे रंगीन कपड़े पहनता है कि बॉलीवुड के हीरो भी शरमा जाएँ। वह गर्व से

बताता है कि उसके छह म्यूजिक एलबम आ चुके हैं। उनके जरा नाम सुनिए—चश्मा यार का, नेटवर्क तेरे लव का, थैंक यू फोर देट, हाई-वे लव चार्जर। वह बुलेटप्रूफ लैंडक्रूजर, मर्सिडीज और निजी विमान से सफर करता है। जिस डेरे का प्रमुख भोग-विलास का प्रतीक हो, उससे समाज को दिशा देने अथवा समाज सुधार की क्या उम्मीद की जा सकती है?

इस बाबा का विवादों से पुराना नाता रहा है। 2007 में गुरमीत सिंह ने गुरु गोबिंद सिंह जैसी वेशभूषा धारण कर फोटो खिंचवाईं, जिसका सिख समाज ने विरोध किया। सिखों और डेरा समर्थकों में टकराव हुआ।

पंजाब की एक स्थानीय अदालत ने डेरा प्रमुख के खिलाफ गैर-जमानती वारंट भी जारी कर दिया था, जिसके बाद पंजाब में जगह-जगह हिंसक प्रदर्शन हुए और माफी के बाद मामला समाप्त हो गया। हरियाणा के सिरसा से प्रकाशित होने वाले स्थानीय अखबार 'पूरा सच' के संपादक रामचंद्र छत्रपति ने अपने अखबार में 'डेरा सच्चा सौदा' से जुड़ी खबरें प्रकाशित की थीं। 24 अक्तूबर, 2002 को छत्रपति की गोली मारकर हत्या कर दी गई। इसकी भी जाँच सी.बी.आई. कर रही है। 17 जुलाई, 2012 को हाईकोर्ट में याचिका दायर कर राम रहीम पर डेरे के 400 साधुओं को नपुंसक बनाए जाने का आरोप लगाया गया।

यह मामला भी अदालत में है। रणजीत सिंह नामक व्यक्ति डेरे की प्रबंधन समिति का सदस्य था और उसकी भी 10 जुलाई, 2003 को हत्या कर दी गई। यह मामला भी अदालत में विचाराधीन है। 2010 में डेरे के ही पूर्व साधु राम कुमार बिश्नोई ने हाईकोर्ट में याचिका दायर कर डेरे के पूर्व मैनेजर फकीर चंद की गुमशुदगी की सी.बी.आई. जाँच की माँग की थी। आरोप था कि फकीर चंद की हत्या की गई थी। सबूत जुटाने में विफल सी.बी.आई. ने क्लोजर रिपोर्ट फाइल कर दी। बिश्नोई ने हाईकोर्ट में उस क्लोजर रिपोर्ट को चुनौती दी है।

अगर इस पृष्ठभूमि पर गौर करें तो पाएँगे कि भारी राजनीतिक और सामाजिक रसूख वाले राम रहीम को सजा दिलवाना कोई आसान काम नहीं था। उसके खिलाफ कोई आवाज उठाने की हिम्मत नहीं करता है।

अकसर डेरे अपने अनुयायियों से किसी खास दल को वोट देने की घोषणा से बचते हैं, लेकिन इस बाबा के राजनीतिज्ञों से गहरे रिश्ते हैं। देखा जाए तो लगभग सभी राजनीतिक दल बाबाओं के राजनीतिक इस्तेमाल में कोई संकोच नहीं बरतते। कुछ समय पहले राम रहीम कांग्रेस के पाले में था, लेकिन पिछले हरियाणा विधानसभा चुनावों में बाबा को भाजपा ने साध लिया। बाबा को जेड प्लस सुरक्षा मिली हुई थी, जिसे अब जाकर वापस लिया गया है। गौर करें कि राजनीतिक दल हिंसा की तो निंदा कर रहे हैं,

लेकिन कोई बड़ा नेता राम रहीम को सीधे निशाने पर नहीं ले रहा।

मीडिया जरूर राम रहीम की कारगुजारियों को सामने ला रहा है। बाबा के समर्थकों ने मीडियाकर्मियों और उनके वाहनों को विशेष रूप से निशाना बनाया है, लेकिन बाबाओं को बढ़ा–चढ़ाकर ईश्वर का नुमांइदा बनाने में मीडिया की भी एक भूमिका रही है। अगर आप याद करें कि जब बाबा की फिल्म रिलीज हो रही थी तो अनेक टी.वी. चैनलों और अखबारों ने राम रहीम को कितना प्रचारित किया था?

ऐसे ताकतवर शख्स के खिलाफ लगभग 15 साल पहले डेरे की एक साध्वी ने प्रधानमंत्री कार्यालय को चिट्ठी लिखी और आरोप लगाने की हिम्मत जुटाई। फिर इस मामले में पंजाब–हरियाणा हाईकोर्ट में अर्जी दाखिल की गई। अदालत के आदेश पर वर्ष 2001 में पूरे मामले की जाँच सी.बी.आई. को सौंपी गई। सी.बी.आई. ने अपनी रिपोर्ट विशेष अदालत को सौंपी।

उसके बाद गवाहियाँ हुईं और लंबी बहसें हुईं। दुष्कर्म की शिकार दो महिलाओं के संघर्ष को याद रखना होगा, जो भारी दबाव के बावजूद पीछे नहीं हटीं। इन महिलाओं के बयानों के आधार पर ही राम रहीम दोषी साबित हुए हैं।

पीड़ित महिलाओं ने अपने बयान में बताया कि अधिकतर लड़कियाँ डेरे में इसलिए भी रहने के लिए मजबूर थीं, क्योंकि उनके परिवारवाले बाबा के अंधभक्त थे। शिकायतों के बावजूद घरवाले उनकी बात सुनने को तैयार नहीं थे। इसका सबक यह है कि किसी भी बाबा के अंधभक्त न बनें और अगर आपके परिवारजन किसी बाबा के बारे में विपरीत बातें कह रहे हैं, तो उसे अवश्य सुनें और उस पर ध्यान दें।

28 अगस्त, 2017

□

रेलवे में व्यापक सुधार जरूरी

दुर्गा पूजा, दीवाली और फिर छठ आनेवाला है और यह एक तरह से रेलवे की परीक्षा की भी घड़ी है। पिछले दिनों हुए दो रेल हादसों ने पूरी रेल-व्यवस्था को हिलाकर रख दिया है। पहले 'उत्कल एक्सप्रेस' और फिर 'कैफियत एक्सप्रेस' की दुर्घटना के बाद रेलवे की कार्यप्रणाली सवालों के घेरे में है। रेलवे हम आप सबसे जुड़ा मामला है, इसलिए चिंता और बढ़ जाती है।

बिहार, झारखंड और पश्चिम बंगाल के लोगों के लिए रेल एक तरह से जीवनरेखा है। देश के अन्य हिस्सों से रेल ही हमें जोड़ती है। इन दुर्घटनाओं ने आम यात्री के मन में डर भर दिया है। यह सच है कि रेल के बड़े अधिकारियों पर काररवाई हुई है। रेलवे बोर्ड के चेयरमैन के.के. मित्तल को अपने पद से इस्तीफा देना पड़ा। इनके अलावा रेलवे के तीन वरिष्ठ अधिकारियों को छुट्टी पर भेजा गया है और तीन अन्य को निलंबित कर दिया गया है। किसी दुर्घटना के बाद वरिष्ठ अधिकारियों पर इतनी व्यापक काररवाई की कम मिसाल है। होता यह है कि जाँच के बाद गाज नीचे के अधिकारियों और कर्मचारियों पर गिरती है, लेकिन यह समस्या का हल नहीं है।

रविवार को केंद्रीय कैबिनेट में हुए फेर-बदल के तहत पीयूष गोयल को रेल मंत्रालय सौंपा गया है। निश्चित तौर पर उनके सामने ट्रेन यात्रा को सुरक्षित और निरापद बनाना तथा आम यात्रियों की अपेक्षाओं पर खरा उतरने की बड़ी चुनौती होगी। आज जरूरत यह भी है कि पूरी रेल-व्यवस्था का ऑडिट हो और उसके आधार पर प्राथमिकताएँ तय कर उस दिशा में समयबद्ध ढंग से काम हो।

रेल-व्यवस्थाओं की पड़ताल के लिए कोई भारी-भरकम सर्वे की जरूरत नहीं है। बिहार, झारखंड, पश्चिम बंगाल के लोगों से बात कर लीजिए, उनके अनुभव सुन लीजिए, तो तसवीर साफ हो जाएगी। रिजर्वेशन खुलता नहीं कि सारी सीटें भर जाती हैं और फिर एक-एक सीट के लिए कैसी मारामारी होती है, यह लोग ही जानते हैं।

दुर्गा पूजा, दीवाली और छठ पर तो बुरा हाल होता है। छठ पर दिल्ली से खुलने

वाली ट्रेनों में यात्रियों की मारामारी की हर साल तसवीरें छपती हैं, वर्षों से छप रही वैसी तसवीर आज तक नहीं बदली है। इस दौरान ट्रेनें और यात्री भगवान् भरोसे ही चलते हैं।

रेल दुर्घटनाओं के बाद लोगों का यह सवाल पूछना जायज है कि रेलवे कितनी सुरक्षित है ? ट्रैक पर भारी ट्रैफिक और मौजूदा इंफ्रास्ट्रक्चर में अपर्याप्त सुधार दुर्घटनाओं के दो मुख्य कारण हैं। हालाँकि रेल दुर्घटनाएँ कई अन्य कारणों से भी हो सकती हैं, जैसे—गलत सिग्नल, कर्मचारी की लापरवाही, खुले फाटक पर सड़क इस्तेमाल करनेवाले की गलती आदि। साथ ही, आतंकवादी और अराजक तत्त्व भी ट्रेनों को निशाना बनाते हैं, लेकिन चिंताजनक बात है कि पिछली दोनों दुर्घटनाएँ रेल कर्मचारियों की चूक वजह से हुई हैं।

इस साल की कुछ बड़ी दुर्घटनाओं पर नजर डालते हैं। उससे थोड़ी तसवीर स्पष्ट होगी। 17 अगस्त, 2017 को उत्तर प्रदेश के मुजफ्फरनगर के पास 'पुरी-उत्कल एक्सप्रेस' के हादसे में 23 लोगों की जान चली गई और 150 से ज्यादा जख्मी हुए। 21 मई, 2017 को उन्नाव स्टेशन के पास 'लोकमान्य तिलक सुपरफास्ट' के आठ डिब्बे पटरी से उतरने से 30 यात्री गंभीर रूप से घायल हो गए थे। 15 अप्रैल, 2017 को 'मेरठ-लखनऊ राजरानी एक्सप्रेस' के आठ डिब्बे रामपुर के पास पटरी से उतर गए। इसमें लगभग एक दर्जन यात्री घायल हो गए थे। 30 मार्च, 2017 को 'महाकौशल एक्सप्रेस' महोबा के पास पटरी से उतर गई।

इसमें 50 से ज्यादा लोग घायल हुए थे। 20 फरवरी, 2017 को दिल्ली जा रही 'कालिंदी एक्सप्रेस' टूंडला जंक्शन पर पटरी से उतर गई थी। इस हादसे में सवारी और मालगाड़ी की आपस में टक्कर हुई थी। तीन दर्जन यात्री घायल हो गए थे। 22 जनवरी, 2017 को आंध्र प्रदेश के विजयनगरम जिले में 'हीराखंड एक्सप्रेस' के आठ डिब्बे पटरी से उतरने की वजह से लगभग 39 लोगों की जान चली गई थी।

इसके अलावा खुली रेलवे क्रॉसिंग की समस्या से अब तक हम निजात नहीं पा पाए हैं। राज्यसभा में एक लिखित जवाब में रेल राज्यमंत्री राजेन गोहिन ने कहा था कि वर्ष 2016-17 में खुली रेलवे क्रॉसिंग पर 20 ट्रेन दुर्घटनाओं में 40 लोगों की जान गई।

यह अच्छी पहल है कि रेलवे भी सोशल मीडिया का इस्तेमाल करता है। ऐसी खबरें भी आती हैं कि ट्वीट पर काररवाई हुई और व्यवस्था सुधरी। ऐसी पहल से यात्री को एहसास होता है कि उनकी कोई सुननेवाला है।

लेकिन चिंताजनक स्थिति यह भी है कि रेलवे में लगभग दो लाख कर्मचारियों की कमी है, जिसमें रखरखाव करनेवाले स्टॉफ की बड़ी संख्या है, यानी कर्मचारियों पर काम का दबाव है, जिससे गलती की संभावना बनी रहती है।

नीति आयोग के एक अध्ययन के हवाले से कहा गया है कि वर्ष 2012 के बाद

से हर 10 में से 6 दुर्घटनाएँ रेलवे कर्मचारियों की गलती से होती हैं। रेलवे ने अपने 66 हजार किलोमीटर के ट्रैक को 1,219 सेक्शन में बाँटा हुआ है, जिसमें से लगभग 500 सेक्शन 100 फीसदी क्षमता पर कार्य कर रहे हैं। कहीं-कहीं तो क्षमता से अधिक ट्रेनों का परिचालन हो रहा है। ट्रेन दुर्घटनाएँ अधिकतर इन्हीं सेक्शन पर होती हैं। दबाव की वजह से ट्रैक के रखरखाव के लिए पर्याप्त समय उपलब्ध नहीं है। ट्रेनें समय पर नहीं चलतीं, सुविधाएँ नाकाफी हैं, यह एक अलग समस्या है। फरवरी 2015 में रेल मंत्रालय ने रेलवे की स्थिति पर एक श्वेत-पत्र प्रकाशित किया था।

इसमें भी पटरियों के रखरखाव को लेकर गंभीर चिंता जाहिर की गई थी। इसमें कहा गया था कि 1,14,907 किलोमीटर पटरी में से 4,500 कि.मी. पटरी का हर साल नवीनीकरण होना चाहिए, लेकिन वित्तीय कमी के कारण पिछले छह साल से नवीनीकरण पर ध्यान नहीं दिया जा रहा है। वर्ष 2014 में 5,300 कि.मी. पटरी को नवीकरण का लक्ष्य निर्धारित किया गया था, जबकि रेलवे 2,100 कि.मी. का लक्ष्य पूरा नहीं कर पा रहा है।

लब्बोलुआब यह कि नवीनीकरण लगातार पिछड़ता जा रहा है। नतीजतन, रखरखाव पर भारी खर्च करना पड़ रहा है और यह दुर्घटनाओं का एक कारण भी बनता है। इन तथ्यों को देखते हुए यात्रियों के मन में रेलवे की व्यवस्था पर सवाल उठना लाजिमी है। रेलवे को अपनी कार्यप्रणाली में सुधार कर इन आशंकाओं को दूर करने की आवश्यकता है।

4 सितंबर, 2017

□

बच्चों के प्रति इतने निष्ठुर क्यों हैं?

पिछले दिनों हरियाणा के गुरुग्राम में दूसरी कक्षा में पढ़नेवाले सात साल के एक बच्चे की स्कूल में हुई हत्या ने पूरे देश को झकझोर दिया। एक मासूम की बड़ी निष्ठुरता के साथ स्कूल के बाथरूम में हत्या कर दी गई थी। इस मामले में स्कूल बस के कंडक्टर को गिरफ्तार किया गया है।

उसने जो बयान दिया है कि वह स्कूल के बाथरूम में बच्चे के साथ दुष्कर्म करना चाह रहा था, लेकिन बच्चा चिल्लाने लगा तो उसने अपनी जेब से चाकू निकाला और उसका गला रेत दिया। इस घटना से पूरा देश स्तब्ध है। लोगों में दुःख और गुस्सा, दोनों है।

इस मामले में सरकार और समाज की ओर से त्वरित प्रतिक्रिया सामने आई है। सरकार की ओर से कहा गया है कि पुलिस सात दिन में चार्जशीट पेश कर देगी। स्कूल की सुरक्षा में लगी एजेंसी का लाइसेंस रद्द कर दिया गया है। स्थानीय बार एसोसिएशन ने घोषणा की है कि कोई भी वकील मासूम की हत्या करनेवाले का केस नहीं लड़ेगा, लेकिन यह घटना सवाल खड़े करती है कि हम बच्चों के प्रति इतने पत्थर दिल क्यों होते जा रहे हैं?

नेशनल क्राइम रेकॉर्ड ब्यूरो के 2015 के आँकड़े हमें चिंतित करते हैं। इन पर गौर करें तो हम पाएँगे कि बच्चों के खिलाफ हिंसा के कुल 94,172 मामले दर्ज किए गए। इनमें से एक-तिहाई मामलों में बच्चों को दुष्कर्म के लिए निशाना बनाया गया था। बाल विशेषज्ञों का मानना है कि यह संख्या और अधिक हो सकती है, क्योंकि ऐसे अनेक मामले भय, पारिवारिक प्रतिष्ठा और जानकारी के अभाव में दर्ज ही नहीं होते हैं।

वर्ष 2015 के आँकड़ों के अनुसार, महाराष्ट्र में सर्वाधिक 13,921, मध्य प्रदेश में 12,859 और उत्तर प्रदेश में 11,420 बाल अपराध के मामले दर्ज किए गए। कुछ साल पहले केंद्रीय महिला एवं बाल कल्याण विभाग ने एक अध्ययन कर पाया था कि बच्चों के खिलाफ यौन शोषण के मामले बढ़ रहे हैं और एक सबसे चौंकाने वाला तथ्य सामने

आया कि अधिकांश मामलों में शोषण करनेवाला परिचित व्यक्ति ही पाया गया। यह तथ्य भी सामने आया है कि यौन शोषण के लिए केवल बच्चियों को निशाना नहीं बनाया जाता, बल्कि बालक भी बड़ी संख्या में निशाना बनाए जाते हैं। गुरुग्राम की घटना ने इस तथ्य को और उजागर किया है।

बाल कल्याण विभाग के अध्ययन से पता चला कि विभिन्न प्रकार के शोषणों में 5 से 12 वर्ष तक की उम्र के छोटे बच्चे सबसे अधिक शिकार होते हैं। इनमें शारीरिक, यौन और भावनात्मक शोषण शामिल है। आमतौर पर माना जाता है कि बाल शोषण का मतलब होता है कि बच्चों के साथ शारीरिक दुर्व्यवहार और यौन शोषण। लेकिन बच्चों से किया गया हर ऐसा व्यवहार भावनात्मक शोषण के दायरे में आता है, जिससे उसके ऊपर बुरा प्रभाव पड़ता हो अथवा जिससे बच्चा मानसिक रूप से भी प्रताड़ित महसूस करता हो। भारत में भावनात्मक शोषण को लेकर असंवेदनशीलता की स्थिति है और इसे सिरे से ही नकार दिया जाता है।

इसे समाज स्वीकार करना ही नहीं चाहता। पुरानी पीढ़ी के लोग अकसर कहते मिल जाएँगे कि मार-पीट ही बच्चों को सुधारने का एकमात्र तरीका है, जबकि जमाना बदल गया है। भावनात्मक शोषण को बच्चियाँ खासतौर से महसूस करती हैं। उनकी पढ़ाई-लिखाई से लेकर स्वास्थ्य तक की परिवार अनदेखी करते हैं और बालकों को प्रमुखता दी जाती है। महिला एवं बाल कल्याण विभाग के अध्ययन में पाया गया है कि उत्तर देनेवाला हर दूसरा बच्चा भावनात्मक शोषण का शिकार है। बालक और बालिकाओं, दोनों ने भावनात्मक शोषण का सामना करने की बात स्वीकार की है। अध्ययन के 83 प्रतिशत मामलों में बच्चों ने माता-पिता पर भावनात्मक शोषण का आरोप लगाया। एक और चौंकाने वाला तथ्य सामने आया कि 48.4 प्रतिशत लड़कियों ने कहा कि अगर वे लड़का होतीं तो अच्छा होता।

बच्चों का स्वास्थ्य एक अन्य गंभीर पहलू है। प्रगति के दावों के बावजूद भारत में बच्चों की स्थिति दयनीय बनी हुई है। भारत में हर साल अकेले कुपोषण से 10 लाख से ज्यादा बच्चों की मौत हो जाती है और विभिन्न कारणों से लगभग 10 करोड़ बच्चों स्कूल नहीं जा पाते हैं। 'सेव द चिल्ड्रेन' दुनिया भर के बच्चों की स्थिति पर एक सूची जारी करता है, जहाँ बच्चे सबसे ज्यादा संकट में है।

भारत इस सूची में 116वें स्थान पर है। यह सूचकांक स्वास्थ्य, शिक्षा समेत आठ पैमानों के आधार पर तैयार किया जाता है। पिछले दिनों खबरें आईं कि बच्चों की ऑक्सीजन की कमी से मौतें हो गईं। ऐसी घटनाओं ने यह भी उजागर किया कि बच्चों को लेकर हमारा तंत्र कितना असंवदेनशील है? ऑक्सीजन कमी थी कि नहीं थी, यह मसला नेताओं की बयानबाजी में इतना उलझ गया कि सच्चाई क्या थी, कोई दावे से

नहीं कह सकता। दु:खद पहलू यह है कि ऐसे हादसों से हम कोई सबक लेने को तैयार नहीं लगते हैं।

यह बात मैंने पहले भी रेखांकित की है कि बच्चों से माता-पिता की संवादहीनता बढ़ी है। यह माता-पिता की जिम्मेदारी है कि वे बच्चों को अच्छे और बुरे स्पर्श का अंतर बचपन से ही बताएँ।

लेकिन टेक्नोलॉजी ने संवादहीनता और बढ़ा दी है। मोबाइल और इंटरनेट ने उनका बचपन ही छीन लिया है। वे बच्चे से सीधे वयस्क बन जाते हैं। शारीरिक रूप से भले ही वे वयस्क नहीं होते, लेकिन मानसिक रूप से वे वयस्क हो जाते हैं। उनकी बातचीत, आचार-व्यवहार में यह बात साफ झलकती है। इधर माता-पिता की अपनी समस्याएँ हैं। नौकरी और कारोबार की व्यस्तताएँ हैं, उसका तनाव है। और जहाँ माँ नौकरीपेशा है, वहाँ संवादहीनता की स्थिति और गंभीर है।

आप अपने आसपास गौर करें तो बच्चों को गुमसुम, परिवार से कटा-कटा सा पाएँगे। वे बात-बात पर चिढ़ने लगते हैं और स्कूल और घर, दोनों में आक्रामक हो जाते हैं। कई बार ऐसे अप्रिय समाचार भी सुनने को मिलते हैं कि किसी बच्चे ने तनाव के कारण आत्महत्या कर ली। यह बेहद चिंताजनक स्थिति है और देश और समाज को इस पर गंभीरता से विचार करना चाहिए।

11 सितंबर, 2017

□

धोनी जैसा कोई नहीं

हाल में एक अच्छी खबर आई कि भारतीय क्रिकेट कंट्रोल बोर्ड (बी.सी.सी.आई.) ने महेंद्र सिंह धोनी का नाम पद्‌म भूषण पुरस्कार के लिए प्रस्तावित किया है। धोनी के लिए पुरस्कार कोई नई बात नहीं है। इससे पहले उन्हें 'खेल रत्न', 'पद्‌मश्री' और 'अर्जुन पुरस्कार' से सम्मानित किया जा चुका है। मुझे व्यक्तिगत रूप से प्रसन्नता इसलिए हुई कि धोनी के खिलाफ कुछ समय पहले, खासकर सोशल मीडिया में एक सुनियोजित अभियान चला था। इसमें यह बताने की कोशिश की गई कि अब वे चुक गए हैं।

धोनी अब पुराने वाले धोनी नहीं रहे और वे टीम पर बोझ बन गए हैं। उनके मुकाबले अन्य खिलाड़ियों को खड़ा करने का प्रयास भी हुआ था। साथ ही यह साबित करने की कोशिश भी की गई थी कि उन्हें अब विदा करने का वक्त आ गया है वगैरह-वगैरह। धोनी के खिलाफ इस तरह के अभियान समय-समय पर चलते रहे हैं, लेकिन हर बार धोनी ने अपनी बल्लेबाजी और विकेट कीपिंग, दोनों से अपने आलोचकों को करारा जवाब दिया है। उन्होंने एक बार फिर यह साबित कर दिया कि भारतीय क्रिकेट जगत् में उनका कोई विकल्प नहीं है।

हाल में धोनी ने श्रीलंका और अब ऑस्ट्रेलिया के खिलाफ शानदार पारियाँ खेलकर भारतीय टीम को न केवल संकट से बाहर निकाला है, बल्कि जीत भी दिलवाई है। साथ ही, उन्होंने शानदार विकेटकीपिंग का प्रदर्शन किया।

चेन्नई में ऑस्ट्रेलिया के खिलाफ खेले गए वन-डे में धोनी ने महत्त्वपूर्ण 79 रनों की पारी खेली, स्टंपिंग की और दो कैच पकड़े, जिसकी वजह से भारत यह मैच जीत पाया। श्रीलंका के साथ दूसरे वन-डे में उन्होंने भुवनेश्वर कुमार के साथ नाबाद 100 रनों की आठवें विकेट की शानदार साझेदारी की, जिसकी वजह से भारतीय टीम जीत सकी। अगले ही मैच में धोनी ने 67 रनों की नाबाद पारी खेली और रोहित शर्मा के साथ 157 रनों की साझेदारी खेली, जिसकी वजह से भारत 218 रनों का लक्ष्य हासिल कर

पाया। आपको शायद याद हो कि इस मैच में एक वक्त भारत की हालत कितनी पतली थी और उसके 61 रन पर चार विकेट गिर गए थे। सभी को लग रहा था कि मैच भारत के हाथ से गया, लेकिन धोनी ने रोहित शर्मा के सहयोग से मैच को फिर भारत के पाले में ला खड़ा किया।

अगर आपने श्रीलंका और ऑस्ट्रेलिया के खिलाफ मैचों को देखा हो तो आप गौर करेंगे कि मैदान में विराट कोहली आधे कप्तान हैं और आधी कप्तानी धोनी कर रहे होते हैं। वह विकेट के पीछे से गेंदबाजों को कैसी और कहाँ गेंद करें, इसकी लगातार हिदायत देते रहते हैं। स्पिनर के वक्त तो उनकी सक्रियता और बढ़ जाती है। इसी का नतीजा है कि हम-आप अपने गेंदबाजों से कुछ शानदार विकेट देख पा रहे हैं, साथ ही धोनी की स्टंपिंग का लुत्फ उठा पा रहे हैं। वह युवा स्पिनरों चहल और कुलदीप यादव को लगातार सलाह देते नजर आए। स्टंप में लगे माइक से उनकी बातें साफ सुनाई दे रही थीं।

यही वजह है कि दोनों स्पिनर ऑस्ट्रेलिया के खिलाफ इतने प्रभावशाली साबित हुए। वह कुलदीप यादव को यह कहते सुनाई दिए—वो मारने वाला गेंद डाल, अंदर या बाहर कोई भी चलेगा। युजवेंद्र चहल को उनकी सलाह थी—घुमाने वाला डाल, घुमाने वाला। जब ग्लेन मैक्सवेल क्रीज पर थे और कुलदीप यादव की लाइन और लेंथ सही नहीं पड़ रही थी और उनकी धुनाई कर रहे थे तो धोनी कुलदीप को सलाह दे रहे थे—न, न इसको इतना आगे नहीं। लाइन लेंथ सही न पड़ने पर धोनी चहल को झिड़कते भी सुनाई दिए—तू भी नहीं सुनता क्या? जैसा कहा, वैसा डाल। इसके बाद दोनों स्पिनर विकेट लेने में कामयाब रहे। ऐसा नहीं है कि धोनी पहली बार स्पिनरों की मदद कर रहे हों। इसके पहले रवींद्र जडेजा और रविचंद्रन अश्विन, उनकी भी धोनी भरपूर मदद करते नजर आते थे। हालाँकि विकेटों का सारा श्रेय गेंदबाजों को मिलता है, लेकिन हम धोनी के योगदान की अकसर अनदेखी कर जाते हैं। यह अनुभव और विशेषता किसी अन्य विकेटकीपर में कहाँ मिलेगी?

जब भी कोई रिव्यू लेने की बात आती है, कप्तान विराट कोहली उनके पास जाते हैं और धोनी का निर्णय अंतिम होता है। यह सही है कि वह विकेट के पीछे रहते हैं और बेहतर स्थिति में होते हैं। दुनिया के सभी विकेटकीपर इसी स्थिति में होते हैं, लेकिन धोनी रिव्यू का सटीक आकलन करते हैं।

यही वजह है कि भारतीय टीम के अधिकतर रिव्यू सफल होते हैं। अगर आप क्रिकेट पर नजर रखते हों तो पाएँगे कि धोनी के नाम एक से बढ़कर एक रिकॉर्ड दर्ज हैं। वह दुनिया के एकमात्र ऐसे कप्तान हैं, जिनके नेतृत्व में किसी टीम ने आई.सी.सी. की तीनों ट्रॉफियाँ जीती हैं। धोनी की कप्तानी में भारत ने 2007 का आई.सी.सी. वर्ल्ड ट्वेंटी-ट्वेंटी, 2011 का वन-डे वर्ल्ड कप और 2013 में आई.सी.सी. चैंपियंस ट्रॉफी का

खिताब जीता है। उन्होंने हाल ही में श्रीलंका के खिलाफ 300 वन-डे खेलने का रिकॉर्ड बनाया। धोनी का वन-डे में औसत 52.34 है।

उनके नाम 10 वन-डे सेंचुरी हैं और सौ से हाफ सेंचुरी हैं। (ये आँकड़े ऑस्ट्रेलिया के खिलाफ रविवार को खेले गए इंदौर वन-डे से पहले के हैं।) वन-डे मैचों में 100 स्टंपिंग करनेवाले वह दुनिया के एकमात्र विकेटकीपर हैं। धोनी अब तक 303 मैचों में कुल 102 स्टंपिंग कर चुके हैं।

उनकी तेजी और फुरती में कोई कमी नहीं है। पलक झपकते ही वह बल्लेबाज की गिल्लियाँ उड़ा देते हैं। यह बात देश और विदेश के सभी के खिलाड़ियों को पता है कि अगर धोनी के हाथ में गेंद आ गई और प्लेयर क्रीज से जरा सा भी बाहर है तो बल्लेबाज किसी भी सूरत में बच नहीं सकता है। ऑस्ट्रेलिया के खिलाफ दूसरे वन-डे में उनकी फुर्ती को हम देख चुके हैं। उन्होंने मैक्सवेल की इतनी तेजी से स्टंपिंग की कि उन्हें वापसी का कोई मौका नहीं मिला। सोशल मीडिया धोनी की ऐसी स्टपिंग से भरा पड़ा है।

इस समय भारतीय क्रिकेट तो क्या, अंतरराष्ट्रीय क्रिकेट जगत् में भी धोनी के समकक्ष कोई नहीं है। धोनी को दुनिया का 'बेस्ट फिनिशिर', 'मिस्टर कूल' और 'मिस्टर डिपेंडेंट' यूँ ही नहीं कहा जाता है। उन्होंने एक बार फिर साबित किया है कि उनको जो नाम दिए गए हैं, वे एकदम उपयुक्त हैं। वर्ष 2019 में होनेवाले क्रिकेट विश्व कप के लिए धोनी एकदम फिट हैं और मुझे पूरा भरोसा है कि वे इसमें महत्त्वपूर्ण भूमिका निभाएँगे।

25 सितंबर, 2017

□

गांधी के पास देने को बहुत कुछ

अनेक विद्वानों का मानना है कि महात्मा गांधी को समझना आसान भी है और मुश्किल भी। दरअसल, गांधी की बातें सरल और सहज लगती हैं, लेकिन उनका अनुसरण करना बेहद कठिन होता है। हम सभी जानते हैं कि महात्मा गांधी भारतीय स्वतंत्रता आंदोलन के एक प्रमुख नेता थे।

वह एक सफल लेखक भी थे। आप उनकी सक्रियता का अंदाजा इस बात से लगा सकते हैं कि 2 अक्तूबर, 1869 में उनका जन्म हुआ और 30 जनवरी, 1948 को उनकी दुःखद हत्या हो गई। इस दौरान उन्होंने जो लिखा और विचार व्यक्त किए, उसे भारत सरकार ने 100 खंडों में प्रकाशित किया है। इसके अलावा ऐसी व्यापक सामग्री और भी है, जो इनमें समाहित नहीं की जा सकी है। सार्वजनिक जीवन की व्यस्तताओं के बीच उन्होंने कई दशकों तक अनेक पत्रों का संपादन किया, जिसमें 'हरिजन', 'इंडियन ओपिनियन' और 'यंग इंडिया' शामिल हैं। उन्होंने 'नवजीवन' नामक पत्रिका निकाली।

अपनी भारी व्यस्तताओं के बावजूद वह हर रोज अनेक लोगों को पत्र लिखते थे और हर पत्र में कोई विचार होता था। समाचार-पत्रों के लिए वह नियमित लेखन भी करते थे। गांधी ने अपनी आत्मकथा भी लिखी—'सत्य के साथ मेरे प्रयोग'। इसके अलावा 'सत्याग्रह' और 'हिंद स्वराज' जैसी पुस्तकें लिखीं। उन्होंने शाकाहार, भोजन और स्वास्थ्य, धर्म, सामाजिक सुधार, कहने का आशय यह कि जीवन के हर प्रश्न पर उन्होंने विस्तार से लिखा। गांधी अधिकतर गुजराती में लिखते थे, लेकिन अपनी किताबों का हिंदी और अंग्रेजी अनुवाद भी खुद कर दिया करते थे।

सन् 1909 में गांधीजी ने एक चर्चित पुस्तक 'हिंद स्वराज्य' लिखी थी। उन्होंने यह पुस्तक इंग्लैंड से अफ्रीका लौटते हुए जहाज पर लिखी थी। जब उनका सीधा हाथ थक जाता था, तो बाएँ हाथ से लिखने लगते थे।

यह पुस्तक संवाद शैली में लिखी गई है। गांधी इसमें लिखते हैं कि हिंदुस्तान अगर प्रेम के सिद्धांत को अपने धर्म के एक सक्रिय अंश के रूप में स्वीकार करे और उसे

अपनी राजनीति में शामिल करे, तो स्वराज स्वर्ग से हिंदुस्तान की धरती पर उतर आएगा। महात्मा गांधी का मानना था कि नैतिकता, प्रेम, अहिंसा और सत्य को छोड़कर भौतिक समृद्धि और व्यक्तिगत सुख को महत्त्व देनेवाली आधुनिक सभ्यता विनाशकारी है। यही कारण है कि वह किसी सभ्यता के साथ थोपे जा रहे प्रभुत्व, हिंसा और सांस्कृतिक दासता का हमेशा विरोध करते थे।

ऐसे भी लोग हैं, जो गांधी को आज के दौर में आप्रसंगिक मान बैठे हैं। वे तर्क देते हैं कि गांधी एक विशेष कालखंड की उपज थे, लेकिन जीवन का कोई ऐसा विषय नहीं है, सामाजिक व्यवस्था का कोई ऐसा प्रश्न नहीं है, जिस पर महात्मा गांधी ने प्रयोग न किए हों और हल निकालने का प्रयास न किया हो।

महात्मा गांधी के पास 'अहिंसा', 'सत्याग्रह' और 'स्वराज' नाम के तीन हथियार थे। सत्याग्रह और अहिंसा के उनके सिद्धांतों ने न केवल भारत, बल्कि पूरी दुनिया के लोगों को अपने अधिकारों और अपनी मुक्ति के लिए संघर्ष करने की प्रेरणा दी। यही वजह है कि इतिहास का सबसे बड़ा आंदोलन अहिंसा के आधार पर लड़ा गया। सबसे बड़ी बात यह है कि गांधी अपने सिद्धांतों से कभी समझौता नहीं करते थे। एक बार वह तय कर लेते थे, तो वह उससे पीछे नहीं हटते थे। विपरीत परिस्थितियाँ भी गांधी को उनके सिद्धांतों से नहीं डिगा पाईं। 'गीता' ने गांधीजी को सबसे अधिक प्रभावित किया था।

यह उनकी प्रिय आध्यात्मिक पुस्तक थी। 'गीता' के दो शब्दों को गांधीजी ने आत्मसात् कर लिया था। इसमें एक था—अपरिग्रह। जिसका अर्थ है, मनुष्य को अपने आध्यात्मिक जीवन को बाधित करनेवाली भौतिक वस्तुओं का त्याग कर देना चाहिए। दूसरा शब्द है—समभाव। इसका अर्थ है, दु:ख-सुख, जीत-हार, सबमें एक समान भाव रखना, उससे प्रभावित नहीं होना।

सफाई के प्रति गांधीजी को विशेष प्रेम था और वह बहुत जल्दी जान गए थे कि हम भारतीयों का सफाई के प्रति नकारात्मक रवैया है। भारतीय सफाई के लिए कोई प्रयास नहीं करते हैं और जो लोग सफाई के काम में जुटे होते हैं, उन्हें हम हेय दृष्टि से देखते हैं। महात्मा गांधी की एक बड़ी खासियत यह थी कि वह लोगों से किसी काम का अनुरोध बाद में करते थे, पहले उस पर खुद अमल करते थे। गांधी अपने मैले की सफाई खुद करते थे और अपने साथियों को भी इसके लिए प्रेरित करते थे। 11 फरवरी, 1938 को हरिपुरा अधिवेशन में सफाई कार्यकर्ताओं को संबोधित करते हुए गांधीजी ने कहा था—मुझे यह देखकर बड़ी खुशी हुई है कि आप लोगों ने यह काम अपने हाथ में ले लिया है। यह काम प्रेम से और बुद्धिमत्तापूर्वक किया जाना चाहिए। प्रेम से इसलिए कि जो लोग गंदगी फैलाते हैं, उन्हें यह नहीं मालूम कि वे क्या बुराई कर रहे हैं और बुद्धिमत्तापूर्वक इसलिए कि हमें उनकी आदत छुड़ानी है और उनका स्वास्थ्य सुधारना है।

गांधीजी ने धार्मिक स्थलों में फैली गंदगी की ओर भी ध्यान दिलाया था। अगर आप गौर करें तो पाएँगे कि आज भी अनेक धार्मिक स्थलों में गंदगी का अंबार लगा रहता है और उनकी सफाई की तत्काल आवश्यकता है। 'यंग इंडिया' के फरवरी 1927 के अंक में उन्होंने बिहार के पवित्र शहर, गया की गंदगी के बारे में भी लिखा था। उनका कहना था कि उनकी हिंदू आत्मा गया के गंदे नालों में फैली गंदगी और बदबू के खिलाफ विद्रोह करती है।

'गांधी वांङ्मय' के अनुसार 1917 के गुजरात राजनीतिक सम्मेलन में गांधी ने कहा था—मैं पवित्र तीर्थ स्थान डाकोर गया था। वहाँ की पवित्रता की कोई सीमा नहीं है। मैं स्वयं को वैष्णव भक्त मानता हूँ, इसलिए मैं डाकोरजी की स्थिति की विशेष रूप से आलोचना कर सकता हूँ। उस स्थान पर गंदगी की ऐसी स्थिति है कि स्वच्छ वातावरण में रहनेवाला कोई व्यक्ति वहाँ 24 घंटे भी नहीं ठहर सकता।

महात्मा गांधी के जन्म दिवस के अवसर पर जाने-माने वैज्ञानिक आइंस्टीन ने कहा था—आनेवाली नस्लें शायद मुश्किल से ही विश्वास करेंगी कि हाड़-मांस से बना हुआ कोई ऐसा व्यक्ति भी धरती पर चलता-फिरता था। यह वाक्य गांधी को जानने-समझने के लिए काफी है। गांधी जयंती का अवसर है। जो बातें और रास्ता समाज के विकास के लिए महात्मा गांधी दिखा गए हैं, उनमें से जो हमें अनुकूल लगे, उसका अनुसरण करें। गांधी को हम सब की यही सच्ची श्रद्धांजलि होगी।

2 अक्तूबर, 2017

□

आतंक की अलग-अलग परिभाषा

अकसर ऐसी खबरें अफगानिस्तान, इराक, सीरिया अथवा पाकिस्तान से आती हैं कि किसी धार्मिक अथवा सांस्कृतिक कार्यक्रम में गोली-बारी हुई और बड़ी संख्या में लोग मारे गए, लेकिन पिछले दिनों ऐसी ही खबर अमेरिका से आई कि लास वेगास शहर में एक संगीत कार्यक्रम में नजदीकी एक होटल से गोलियाँ बरसाई गईं, जिसमें 58 लोगों की जान चली गई और 500 से ज्यादा लोग घायल हो गए।

इसके बाद जब सुरक्षाबलों ने इस शख्स को घेरा, तो उसने खुद को गोली मार ली। स्टीफन पैडक नामक इस शख्स ने घटना को अनजाम दिया था। म्यूजिक कंसर्ट का आनंद लेने आई लगभग 20 हजार लोगों की भीड़ पर हमला कर उसने 58 लोगों की जान ले ली, लेकिन अमेरिका और वहाँ की मीडिया ने अब तक उसे आतंकवादी करार नहीं दिया है।

उसके लिए 'हत्यारा', 'हमलावर', 'बंदूकधारी', 'लोन वुल्फ' जैसे शब्दों का इस्तेमाल किया जा रहा है। किसी म्यूजिक कंसर्ट पर अंधाधुंध गोलीबारी कर सुनियोजित तरीके से 58 लोगों की जान लेने और पूरे अमेरिका में आतंक का खौफ फैला देनेवाले शख्स को आतंकवादी कहने से बचाया जा रहा है, जबकि इसे अमेरिका की हाल की सबसे भयावह गोलीबारी की घटना बताया जा रहा है। इससे पहले जून 2016 में फ्लोरिडा के एक नाइट क्लब में हुई गोलीबारी में 49 लोगों की जान चली गई थी।

इसको लेकर अमेरिका और पश्चिमी देशों के रवैये पर सवाल उठ रहे हैं। दरअसल, यह शख्स गोरा है, मुसलिम अथवा अश्वेत नहीं है और किसी अन्य समुदाय अथवा धर्म से नहीं जुड़ा है। कहा जा रहा है कि अगर यह शख्स मुसलिम होता, तो अब तक इसे आतंकवादी करार दे दिया गया होता।

आई.एस. ने दावा किया कि पैडक उनका सिपाही था। अमेरिकी एजेंसियों ने कहा कि ऐसे कोई प्रमाण नहीं मिले हैं। ठीक बात है कि इसकी जाँच कर लेनी चाहिए, लेकिन यह भी सच है कि आतंकवाद को लेकर दोहरे मापदंड के कारण दुनिया भर में समस्याएँ पैदा हुई हैं।

'आतंकवाद' शब्द का इस्तेमाल पश्चिमी देश अकसर अपनी सहूलियत से करते हैं। अमेरिका और पश्चिमी देशों में साधारण विस्फोट भी आतंकवादी घटना माना जाता है, लेकिन जम्मू-कश्मीर में जानलेवा हमले को पश्चिम और उनका मीडिया आतंकवादी नहीं, चरमपंथी घटना बताता है। जिस तरह से दुनिया आतंकवाद से जूझ रही है, ऐसे में वक्त आ गया है कि आतंकवाद को दोहरे चश्मे से देखने की प्रवृत्ति खत्म होनी चाहिए।

आइए, स्टीफन पैडक की पृष्ठभूमि भी जान लेते हैं। 58 लोगों की जान लेनेवाला स्टीफन पैडक एक अमीर शख्स और बड़ा जुआरी था। वह एकाउंटेंट था, बाद में प्रॉपर्टी और जुए के खेल में आ गया। वह कई फ्लैटों का मालिक था और उसे किराए से भारी आमदनी होती थी। वह अपनी प्रेमिका के साथ दोमंजिले घर में ठाठ से रहता था। घटना को अनजाम देने के लिए पैडक ने होटल के 32वें फ्लोर के एक कमरे को बुक किया था।

पुलिस ने इस कमरे से 24 हथियार बरामद किए हैं, जिनमें राइफल्स, शॉट गंस, टेलिस्कोप और ए.के.-47 शामिल हैं। वह 10 सूटकेस में हथियारों के अलावा हजारों राउंड गोलियाँ लेकर होटल पहुँचा था। गोलियों की बौछार करने के लिए उसने सेमी ऑटोमैटिक हथियारों को ऑटोमैटिक में तब्दील कर लिया था। उसके घर से भी भारी मात्रा में गोला-बारूद मिला है।

उसकी कार से अमोनियम नाइट्रेट मिला है, जिसका इस्तेमाल बम बनाने में किया जाता है। होटल के उसके कमरे में जिस कदर हथियार बरामद हुए, उसे देख अमेरिकी पुलिस अधिकारी भी मान रहे हैं कि हमले को सोच-समझकर और योजना बनाकर अनजाम दिया गया। साथ ही, उसे इसके नतीजे मालूम थे। अमेरिकी कानून लोगों को हथियार खरीदने और रखने की इजाजत देता है। इसके लिए कोई लाइसेंस की जरूरत नहीं होती। लास वेगास के एक जाने-माने होटल में पैडक इतनी बड़ी संख्या में हथियारों से भरे सूटकेस लेकर कैसे पहुँच गया, यह अलग जाँच का विषय है।

यह भी स्पष्ट हो गया है कि न तो वह सनकी था और न ही उसका ऐसा कोई मेडिकल रिकॉर्ड था। आश्चर्य की बात है कि इस सबके बावजूद अमेरिकी सुरक्षा एजेंसियाँ उसे आतंकवादी की श्रेणी में नहीं रख रही हैं।

अमेरिका के सभी प्रांतों की आतंकवाद को लेकर परिभाषा लगभग एक-सी है और इस पर भी एक नजर डाल लेनी चाहिए। अमेरिकी कानून के अनुसार, ऐसा कोई भी काम आतंकवाद की श्रेणी में आता है, जिसमें हिंसा का इस्तेमाल लोगों को मारने या उन्हें भारी शारीरिक नुकसान पहुँचाने के मकसद से किया गया हो। सवाल उठता है कि क्या इस परिभाषा पर यह अपराध खरा नहीं उतरता? लेकिन पुलिस कह रही है कि उन्हें अभी तक नहीं पता कि पैडक ने किस वजह से ऐसा किया?

वह बस इतना ही जानती है कि वह एक लोन वुल्फ हत्यारा था, यानी ऐसी घटना को अकेले अनजाम देनेवाला व्यक्ति। इसलिए उसे आतंकवादी की श्रेणी में नहीं रखा जा सकता। अमेरिका और पश्चिमी देश अकसर भारत और दुनिया भर के अन्य देशों को मानवाधिकारों का ज्ञान देते नजर आते हैं, लेकिन उनके यहाँ भेदभाव कितना गहरा है, इसके उदाहरण भरे पड़े हैं। आतंकवाद को लेकर तो उनका नजरिया पूर्वग्रहों से भरा हुआ नजर आता है।

पश्चिमी देशों को आतंकवाद के प्रति दोहरे मानदंड अपनाना बंद करना होगा। पाकिस्तान आतंकवाद को रणनीतिक हथियार के तौर पर इस्तेमाल करता है। उसको लेकर इन देशों का रवैया हमेशा से ढुलमुल रहा है।

अमेरिका के रवैये में अब जरूर थोड़ा परिवर्तन आया है। एक घटना से स्थिति और स्पष्ट होती है। आई.एस. ने नवंबर, 2015 में फ्रांस पर आतंकवादी हमला किया, जिसमें 130 लोग मारे गए थे। इसके बाद फ्रांस ने इस पेरिस हमले को युद्ध करार दिया था और आई.एस. के सीरिया स्थित ठिकानों पर बमबारी शुरू कर दी थी। इसके पहले रूस सीरिया स्थित आई.एस. ठिकानों पर जब हमले कर रहा था, तो इस काररवाई से कई पश्चिमी देश नाराज थे और अमेरिका तो इसके सख्त खिलाफ था।

अब परिस्थितियाँ इतनी गंभीर हैं कि यह रवैया नहीं चल सकता। वक्त आ गया है कि दुनिया के सभी प्रमुख देश आतंकवाद के खिलाफ एकजुट होकर कड़ा संदेश दें, अपने नफे-नुकसान से रणनीति तय न करें।

9 अक्तूबर, 2017

□

प्रदूषण मुक्त हो दीपावली

अधिकतर परिवारों की कोशिश होती है कि दीपावली पर कुछ नए सामान की खरीदारी की जाए। इस सूची में कपड़े तो हैं ही, लेकिन पिछले कुछ वर्षों से इलेक्ट्रॉनिक सामान की खरीदारी का चलन बढ़ गया है।

मैं रांची रहता हूँ, लेकिन परिवार के अनेक सदस्य दिल्ली-एनसीआर में रहते हैं, जिनमें 83 वर्षीय माँ भी शामिल हैं। उनके लिए दीपावली से लेकर फरवरी-मार्च का समय कड़ी परीक्षा का दौर होता है। इस दौरान क्या उपाय नहीं किए जाते? प्रदूषण कम करनेवाले पौधे, नेबुलाइजर से लेकर छोटे ऑक्सीजन सिलिंडर तक की व्यवस्था की गई है।

इस दौरान उन्हें एलर्जी से बचाव के इंजेक्शन पहले ही लगवा दिए जाते हैं, लेकिन हवा इतनी प्रदूषित है कि कोई उपाय कारगर साबित नहीं होता। हालाँकि पिछले वर्ष भी यह बात उठी थी कि हवा को प्रदूषण मुक्त करने के लिए एयर प्यूरिफायर खरीद लिया जाए और इस बार तो यह तय कर लिया गया था कि धनतेरस पर हवा साफ करने के लिए एयर प्यूरिफायर ही खरीदा जाएगा, लेकिन भला हो सुप्रीम कोर्ट का, जिसने दीपावली पर दिल्ली-एनसीआर में पटाखों पर प्रतिबंध लगाकर हमें थोड़ी राहत दे दी है। परिवार अपने फैसले पर पुनर्विचार कर रहा है और धनतरेस से जुड़े घरेलू पारंपरिक सामान की खरीद का विचार बना रहा है।

जैसा कि हम आप जानते हैं कि हाल में सुप्रीम कोर्ट ने दिल्ली-एनसीआर में पटाखों की बिक्री पर रोक लगा दी है। सुप्रीम कोर्ट ने कहा है कि पटाखों की बिक्री 1 नवंबर, 2017 से दोबारा शुरू हो सकेगी। इस फैसले से यह पता चलेगा कि पटाखों के कारण प्रदूषण पर कितना असर पड़ता है, लेकिन पिछले कुछ दिनों में मैंने देखा कि सोशल मीडिया पर सुप्रीम कोर्ट के फैसले के खिलाफ एक अभियान चलाया जा रहा है, जिसकी शुरुआत जाने-माने लेखक चेतन भगत ने की है। सबसे चिंताजनक बात है कि सुप्रीम कोर्ट के फैसले को धार्मिक रंग देने की कोशिश की गई है।

सुप्रीम कोर्ट के जज जस्टिस ए.के. सीकरी ने कहा कि उन्हें दुःख है कि कुछ लोग हमारे आदेश को सांप्रदायिक और राजनीतिक रंग देने की कोशिश कर रहे हैं। पटाखों पर प्रतिबंध सीमित समय के लिए है और केवल देश के एक हिस्से दिल्ली एनसीआर में है। साथ ही, 1 नवंबर से उनकी बिक्री फिर शुरू हो जाएगी। चेतन भगत मुंबई में रहते हैं और मुझे नहीं लगता है कि उन्हें हाल के वर्षों में दिल्ली की दीपावली देखने का मौका मिला है। मुझे इस मौके पर पुरानी कहावत याद आती है—जाके पाँव न फटी बिवाई, वो क्या जाने पीर पराई।

दिल्ली में यह स्थिति पिछले कई वर्षों से है और इसके खिलाफ दिल्ली-एनसीआर के सभी स्कूलों में पिछले कई वर्षों से 'पटाखों को कहें ना' जैसा अभियान जोर-शोर से चल रहा है और उसका असर भी हुआ है। लेकिन ऐसे बहुत से महानुभाव और उनके परिवारजन हैं, जिन पर इसका कोई असर नहीं हुआ। उनके पटाखे बोरों में आते हैं और उनके लिए रात की समय-सीमा का भी कोई मायने नहीं है। हालाँकि रात 10 बजे से सुबह 6 बजे के बीच पटाखों के उपयोग पर पाबंदी है और यह नियम पूरे देश में लागू है। दीपावली पर कुछ अच्छे अभियान भी चले हैं। चीनी झालर की जगह मिट्टी के दिए जलाने का अभियान चला था।

हम सब इसके समर्थन में हैं, समाचार माध्यमों ने भी इसका साथ दिया है। इस मुहिम को और व्यापक करने की जरूरत है, ताकि इसका फायदा हमारे कुम्हार भाइयों को मिल सके और हम पारंपरिक तरीके से दीपावली मना सकें। एक तर्क दिया जा रहा है कि कोर्ट के फैसले से पटाखा कारोबारियों को एक हजार करोड़ का नुकसान होगा। एक तो पूरे देश में पटाखों पर प्रतिबंध नहीं है, दूसरे, यह देखना होगा कि लोग इसकी कितनी बड़ी कीमत चुका रहे हैं?

गुजरात में शराबबंदी लागू है, राज्य को प्रतिबंध के कारण करोड़ों के राजस्व का नुकसान होता है, लेकिन यह लोगों के स्वास्थ्य और समाज की खुशहाली के मुकाबले कुछ भी नहीं है। बिहार के मुख्यमंत्री नीतीश कुमार ने भी शराब पर पाबंदी लगाई। तर्क दिया जा सकता है कि इससे कारोबारियों को करोड़ों का नुकसान हुआ, लेकिन व्यापक जनहित में यह एक अहम फैसला है, हमें अपनी राय बनाते वक्त इस पक्ष को भी ध्यान में रखना होगा। पटाखों पर प्रतिबंध से यदि लोगों के स्वास्थ्य और जान की रक्षा होती है तो इसके आगे एक हजार करोड़ की रकम कुछ भी नहीं है।

यह सही है कि दिल्ली के प्रदूषण के लिए केवल पटाखे जिम्मेदार नहीं हैं। इसमें अन्य कारकों का भी योगदान है, लेकिन दीपावली के दौरान पटाखों का प्रदूषण बढ़ाने में भारी योगदान रहता है। आइए, देखते हैं कि हाल के दिनों में दिल्ली में रियल टाइम एयर क्वॉलिटी इंडेक्स का क्या हाल रहा है? प्रदूषण को पी.एम. लेवल से मापते हैं। ये

हवा में मौजूद वे कण होते हैं, जिनका आकार 2.5 माइक्रोमीटर से कम होता है। ये साँस के साथ शरीर में जाकर गले में खराश, जकड़न और फेफड़ों को नुकसान पहुँचाते हैं।

इन्हें एम्बियंट फाइन डस्ट सैंपलर यानी पी.एम. 2.5 से मापते हैं। सबसे ज्यादा प्रदूषण का स्तर पूर्वी दिल्ली के आनंद विहार इलाके में दर्ज किया गया। आनंद विहार में पी.एम. 2.5 का स्तर जहाँ औसतन 307 माइक्रोग्राम/घनमीटर के आसपास था, जो कि सामान्य स्तर 60 से पाँच गुना ज्यादा है, वहीं आनंद विहार में पी.एम. 10 का स्तर सबसे ज्यादा 870 दर्ज किया गया। यह सामान्य स्तर 100 से लगभग 9 गुना ज्यादा रह रहा है। आपको बता दूँ कि बिहार और झारखंड के बड़ी संख्या में लोग पूर्वी दिल्ली के ही इलाके में रहते हैं।

सबसे कम प्रदूषण स्तर पी.एम. 2.5 का लेवल 158 माइक्रोग्राम/घनमीटर के करीब रहा, जो सामान्य स्तर से लगभग तीन गुना ज्यादा और खतरनाक है। ऐसे में सबसे कम प्रदूषण स्तर पर भी दिल्ली में हवा जहरीली है। पुराने आँकड़ों पर नजर डालें तो दीपावली के आसपास दिल्ली की आबोहवा रहने लायक नहीं रह जाती है।

आप स्थिति की गंभीरता का अंदाजा इस बात से लगा सकते हैं कि इन दिनों देश में फुटबॉल का अंडर 17 फीफा विश्व कप का आयोजन चल रहा है। आयोजकों ने दिल्ली में दीपावली से पहले चार मैच ही कराने का फैसला किया, ताकि दीपावली के बाद संभावित प्रदूषण से खिलाड़ियों को बचाया जा सके। इसलिए किसी के कहने-सुनने और ट्वीट से राय न बनाएँ। दीपावली साफ-सफाई का भी त्योहार है। आइए, हम सब मिलकर दीपावली पर खुशी के दीये जलाएँ और इस मौके पर पूरे साल अपने आसपास साफ-सफाई और अपनी नदियों-तालाबों को प्रदूषण मुक्त रखने का संकल्प लें।

16 अक्तूबर, 2017

□

आस्था-महापर्व बने स्वच्छता महापर्व

छठ का माहौल बन गया है। छठी मइया के गीत बजने लगे हैं। महिलाओं ने व्रत की तैयारी शुरू कर दी है। लोग अपने गाँव पहुँचने शुरू हो गए हैं। दिल्ली और मुंबई से ट्रेनें भर-भरकर बिहार और अन्य इलाकों में पहुँचनी शुरू हो गई हैं। और ऐसा हो भी क्यों नहीं? 26 अक्तूबर को छठ महापर्व है। छठ पर्व केवल सामान्य आस्था का पर्व नहीं रहा, यह लोक आस्था का महापर्व बन गया है। कुछ अरसा पहले तक छठ बिहार, झारखंड और पूर्वांचल तक ही सीमित था, लेकिन अब यह व्यापक हो गया है। अब यह पर्व न केवल दिल्ली, मुंबई, कोलकाता और बेंगलुरु, बल्कि विदेशों तक जा पहुँचा है। वैसे तो सभी पर्व-त्योहार महत्त्वपूर्ण होते हैं, लेकिन बिहार, झारखंड और पूर्वांचल के लोगों के बीच धर्म और आस्था के प्रतीक के तौर पर छठ सबसे महत्त्वपूर्ण है।

कार्तिक मास के शुक्ल पक्ष की चतुर्थी से सप्तमी तिथि तक चलनेवाला चार दिनों के छठ पर्व को 'मन्नतों का पर्व' भी माना जाता है। छठ सूर्य आराधना का पर्व है और सूर्य को हिंदू धर्म में विशेष स्थान प्राप्त है। देवताओं में सूर्य ही ऐसे देवता हैं, जो मूर्त रूप में नजर आते हैं। कोणार्क का सूर्य मंदिर तो इसका जीता-जागता उदाहरण है। इस पर्व की पूजा-अर्चना सूर्य से जुड़ी है। उगते और अस्त होते सूर्य को नदी अथवा तालाब के किनारे अर्घ्य देना होता है। सूर्य को आरोग्य देवता भी माना जाता है। सूर्य की किरणों में कई रोगों को नष्ट करने और निरोग करने की क्षमता पाई जाती है। माना जाता है कि ऋषि-मुनियों ने छठ के दिन इसका प्रभाव विशेष पाया और यहीं से छठ पर्व की शुरुआत हुई।

छठ व्रत को लेकर अनेक कथाएँ जनश्रुति के रूप में प्रचलित हैं। उनके पीछे उनकी अपनी व्याख्याएँ होती हैं। यह जरूरी नहीं कि उनका कोई ऐतिहासिक अथवा वैज्ञानिक आधार हो। वे जनश्रुति होती हैं और उनमें से कुछेक तो बेहद दिलचस्प होती हैं। एक कथा के अनुसार, जब पांडव अपना सारा राजपाट जुए में हार गए, तब श्रीकृष्ण ने द्रौपदी को छठ व्रत रखने की सलाह दी। इसके उनकी मनोकामनाएँ पूरी हुईं और पांडवों

को राजपाट वापस मिल गया। कुछ कथाएँ लोक परंपरा पर आधारित होती हैं। ऐसी ही एक कथा के अनुसार सूर्यदेव और छठी मइया भाई-बहन हैं और षष्ठी की पहली पूजा सूर्य ने ही की थी। छठ पर्व की वैज्ञानिक व्याख्या भी पढ़ने को मिलती है। षष्ठी तिथि यानी छठ को एक विशेष खगोलीय परिवर्तन होता है। इस समय सूर्य की पराबैंगनी किरणें पृथ्वी की सतह पर सामान्य से अधिक मात्रा में एकत्र हो जाती हैं। इस दौरान होनेवाले अनुष्ठान से इसके संभावित दुष्प्रभावों से रक्षा करने का सामर्थ्य प्राप्त होता है। ज्योतिषीय गणना के अनुसार, यह घटना कार्तिक और चैत्र मास की अमावस्या के छह दिन उपरांत आती है। इसीलिए इसका नाम छठ पर्व रखा गया है। कुल मिलाकर सबकी अपनी अपनी व्याख्याएँ हैं, सबके अपने अपने विश्वास हैं।

स्त्री और पुरुष समान उत्साह से इस पर्व को मनाते हैं, लेकिन जैसा कि आप सभी जानते हैं, इस पुरुष प्रधान समाज में व्रत की जिम्मेदारी महिलाओं पर आ जाती है। इसमें व्रत निर्जला और बेहद कठिन होता है और बड़े विधि-विधान के साथ रखना होता है। पुरुष इसमें सहभागी जरूर होता है। हालाँकि कुछ पुरुष भी इस व्रत को रखते हैं, लेकिन अधिकतर कठिन तप महिलाएँ ही करती हैं। चार दिनों के इस व्रत में व्रती को लगातार उपवास करना होता है। भोजन के साथ ही सुखद शैया का भी त्याग किया जाता है। पर्व के लिए बनाए गए कमरे में व्रती फर्श पर एक कंबल अथवा चादर के सहारे ही रात बिताती हैं। छठ पर्व को शुरू करना कोई आसान काम नहीं है। एक बार व्रत उठा लेने के बाद इसे तब तक करना होता है, जब तक कि अगली पीढ़ी की कोई विवाहित महिला इसके लिए तैयार न हो जाए।

इसके नियम बहुत कड़े हैं। इसमें छूट की कोई गुंजाइश नहीं है। इसका मूल मंत्र है, शुद्धता और पवित्रता। इस दौरान तन और मन, दोनों की शुद्धता और पवित्रता का भारी ध्यान रखा जाता है, लेकिन तकलीफ होती है कि जो शुद्धता और पवित्रता की अपेक्षा इस त्योहार से की जाती है, उसका सार्वजनिक जीवन में ध्यान नहीं रखा जाता। यह महापर्व नदी-तालाबों के तट पर मनाया जाता है, लेकिन दुःखद यह है कि इस मौके पर भी उनकी व्यापक साफ-सफाई नहीं होती। राज्य सरकारों और स्थानीय प्रशासन को नदी और तालाबों की अविलंब सफाई करनी चाहिए। दूसरी बात, छठ के बाद इन स्थलों की स्थिति देख लीजिए, वहाँ गंदगी का अंबार लगा मिलता है। हम स्वच्छता के इस महापर्व के बाद अपने नदियों व तालाबों को और गंदा कर छोड़ देते हैं। दरअसल, हमें स्वच्छता के प्रति अपना नजरिया बदलना होगा। त्योहार में इतनी शुद्धता और पवित्रता का ध्यान, लेकिन अपने आसपास की स्वच्छता को लेकर ऐसा नजरिया किसी भी स्थिति में स्वीकार्य नहीं किया जा सकता।

नदी और तालाबों के किनारे सभी स्थलों पर मेला लगता है। इस दौरान प्रशासन

और स्वयंसेवी संस्थाओं को चाहिए कि घाट के आसपास पर्याप्त रोशनी की व्यवस्था हो। इस बात का विशेष ध्यान रखा जाना चाहिए और सुनिश्चित किया जाना चाहिए कि घाट तक आने-जाने का मार्ग अवरुद्ध न हो। मैं ऐसा इसलिए कह रहा हूँ कि भारी भीड़ की व्यवस्थाओं में हम अकसर कमजोर पड़ जाते हैं, जिसका नतीजा कोई दुर्घटना होती है। शायद आपको याद हो, वर्ष 2012 में पटना में अदालत घाट पर शाम के अर्घ्य के समय भगदड़ मचने से 18 लोगों की जान चली गई थी। वर्ष 2016 में बिहार के दरभंगा में एक दर्दनाक हादसे में छह महिलाओं की ट्रेन से कटकर मौत हो गई थी। ये महिलाएँ छठ पूजा से लौट रही थीं।

ये ऐसी दुर्घटनाएँ हैं, जिनसे थोड़ी सी व्यवस्थाओं को दुरुस्त कर बचा जा सकता था। एक और संभावित दुर्घटनाओं की ओर ध्यान दिला दूँ। छठ के दौरान अनेक स्थानों से लोगों के डूबने की खबरें आती हैं। इनसे बचने के लिए राज्य सरकारों, स्थानीय प्रशासन और स्वयंसेवी संस्थाओं को नदियों-तालाबों के आसपास पर्याप्त संख्या में तैराकों की भी व्यवस्था करनी चाहिए, ताकि डूबते लोगों की जान बचाई जा सके। इन छोटी-छोटी व्यवस्थाओं से हम इस महापर्व को और सुखद बना सकते हैं।

23 अक्तूबर, 2017

□

आप आँख मूँदे कैसे रह सकते हैं?

पिछले दिनों आंध्र प्रदेश के विशाखापट्टनम से दिल दहलानेवाली खबर आई। सड़क के फुटपाथ पर चल रही एक महिला के साथ दिन-दहाड़े रेप किया गया। इस घटना का सबसे शर्मनाक पहलू यह है कि महिला का सरेआम रेप होता रहा और लोग तमाशबीन बने रहे। मदद के लिए एक भी व्यक्ति सामने नहीं आया।

और तो और, एक महोदय पुलिस को खबर करने अथवा मदद की बजाय इसका वीडियो बनाते रहे और जैसा कि आजकल होता है, यह वीडियो वायरल हो गया। यह जरूर है कि इस वीडियो के आधार पर अभियुक्त की गिरफ्तारी भी हुई, लेकिन इससे घटनास्थल पर मौजूद लोगों की जिम्मेदारी कम नहीं होती है।

यह घटना हमें आईना दिखाती है कि हम अपने आसपास घटित हो रही घटनाओं के प्रति कितने संवेदनहीन हैं? दिल दहलानेवाली घटनाओं तक से समाज का कोई सरोकार नहीं रहा। दूसरे, घटना इस बात को भी दरशाती है कि महिलाएँ शहरों में भी सुरक्षित नहीं हैं। वे पुरुषों से बहुत उम्मीद न करें, उन्हें खुद मजबूत होना होगा। इससे एक बात और स्पष्ट होती है कि लोगों का पुलिस पर भरोसा बिल्कुल नहीं है और वे हृदयविदारक घटनाओं तक में पुलिस को सूचित करने से कतराते हैं।

बाद में वीडियो पुलिस तक पहुँचा और अभियुक्त की गिरफ्तारी हुई, लेकिन उन्हें पुलिस पर भरोसा नहीं था कि कहीं वह उन्हें बेवजह परेशान न करे। मोबाइल होते हुए भी उन्होंने पुलिस को सूचित नहीं किया। मीडिया के मुताबिक, वीडियो से पता चला कि उस स्थान से कई लोग गुजरे, लेकिन उन्होंने इस घटना की अनदेखी की। यहाँ तक कि एक सज्जन ने तो रास्ता ही बदल लिया।

चिंता का विषय है कि देश के विभिन्न हिस्सों से रेप की खबरें अकसर सामने आ रही हैं। दिल्ली के निर्भया कांड ने तो पूरे देश को हिलाकर रख दिया था। उसके बाद कई नए दिशा-निर्देश जारी किए गए थे। नाबालिग अपराधी से निबटने को लेकर बहस चली थी।

कानून में संशोधन भी किया गया। राष्ट्रीय अपराध ब्यूरो के आँकड़ों के मुताबिक, वर्ष 2015 में महिलाओं के साथ रेप के 34,651 मामले सामने आए थे। वर्ष 2015 में ही रेप के प्रयास के 4,434 मामले दर्ज हुए, जबकि 2014 में ऐसे 4,232 मामले सामने आए थे। चिंता की बात है कि ऐसे मामलों में लगातार बढ़ोतरी हो रही है। छेड़खानी के मामलों में तो काफी वृद्धि हुई है। वर्ष 2015 में महिलाओं से छेड़खानी के 82,422 मामले दर्ज हुए, जबकि वर्ष 2011 में इनकी संख्या 42,968 मामलों तक ही सीमित थी।

हालाँकि इस घटना से नाबालिग का ताल्लुक नहीं है, लेकिन पिछले कुछ समय से रेप की घटनाओं में नाबालिगों के शामिल होने के अनेक मामले सामने आए हैं। सरकारी आँकड़ों के मुताबिक, भारत में हर चार घंटे में बलात्कार और हर दो घंटे में छेड़खानी के आरोप में कोई-न-कोई नाबालिग गिरफ्तार होता है। 2016 में जनवरी से दिसंबर के बीच 2,054 नाबालिगों को रेप और 1,624 नाबालिगों को छेड़खानी के मामले में गिरफ्तार किया गया।

कहने का आशय यह कि महिलाओं के खिलाफ होनेवाली हिंसा के आँकड़े लगातार बढ़ रहे हैं, जो समाज के लिए गंभीर चिंता का विषय है। हालाँकि सुप्रीम कोर्ट ने कई महत्त्वपूर्ण फैसले सुनाए हैं। अदालत ने फैसला सुनाया है कि 18 साल से कम उम्र की पत्नी के साथ शारीरिक संबंध बनाने को भी रेप माना जाएगा।

फैसला बाल विवाह कानून पर आधारित है, जिसके अनुसार शादी के लिए लड़की की उम्र 18 साल होनी चाहिए, लेकिन आँकड़े कहते हैं कि भारत की शादीशुदा महिलाओं में से 2.4 करोड़ लड़कियों की शादी 18 साल से पहले ही हो गई थी।

पिछले दिनों एक और मामला सुर्खियों में आया। झारखंड हाईकोर्ट ने दुष्कर्म की शिकार 12 साल की बच्ची को गर्भपात की इजाजत देने का उल्लेखनीय फैसला सुनाया। 20 सप्ताह से अधिक के गर्भपात की अनुमति देने का झारखंड में यह पहला आदेश है। इसी साल अक्तूबर में मामला तब प्रकाश में आया, जब जमशेदपुर की एक बच्ची ने हाईकोर्ट में याचिका दायर की कि वह 24 सप्ताह की गर्भवती है। उसके साथ पड़ोसी ने बलात्कार किया था।

लड़की और उसके परिजन गर्भपात कराना चाहते थे, लेकिन जमशेदपुर के अस्पतालों ने कानून का हवाला देते हुए गर्भपात से इनकार कर दिया था। जस्टिस मुखोपाध्याय ने मामले को गंभीरता से लेते हुए कहा कि इसमें थोड़ा भी विलंब नहीं होना चाहिए। रिम्स मेडिकल बोर्ड ने बच्ची की जाँच की।

तत्काल सुनवाई के लिए कोर्ट बैठी और मेडिकल बोर्ड की रिपोर्ट के आधार पर कोर्ट ने गर्भपात की इजाजत दे दी, लेकिन बच्ची को स्वस्थ होने में लंबा समय लगेगा। कोर्ट ने राज्य सरकार को गर्भपात से लेकर बच्ची के पूर्ण स्वस्थ होने तक का पूरा खर्च

वहन करने का आदेश भी दिया। हाल के दिनों में चंडीगढ़, मुंबई और कई अन्य शहरों से ऐसे मामले सामने आए हैं। ये एक और गंभीर पहलू की ओर इशारा करते हैं। बच्चियों से दुष्कर्म करनेवाले अधिकतर मामलों में परिचित और रिश्तेदार दोषी पाए गए। आँकड़ों के अनुसार, बच्चों का शोषण करनेवाले मामलों में 50 फीसदी अपराधी भरोसेमंद लोग होते हैं।

इसका एक और महत्त्वपूर्ण पहलू है। पुलिस पर लोगों का भरोसा न होना जैसा गंभीर सवाल भी इससे जुड़े हैं, जिस पर विचार किया जाना जरूरी है। सड़क दुर्घटनाओं में यह बात बार-बार सामने आई है कि पुलिस के झमेले में न पड़ने के कारण घायलों को लोग अस्पताल नहीं पहुँचाते हैं। इस वजह से करीब 50 फीसदी दुर्घटनाग्रस्त लोगों की घटना स्थल पर ही मौत हो जाती है। सुप्रीम कोर्ट के दिशा-निर्देश और आश्वासन के बावजूद लोगों का भरोसा पुलिस पर नहीं बना है।

अविश्वास की यह धारणा यूँ ही नहीं, लोगों के अनुभव के आधार पर बनी है। यही वजह है कि बड़ी-बड़ी आपराधिक घटनाओं में पुलिस को गवाह नहीं मिलते हैं। पुलिस सुधार की लंबे अरसे से बात की जा रही है, लेकिन इस दिशा में कोई प्रगति नहीं हुई है, खासकर लोगों का भरोसा जीतने की दिशा में तत्काल काम करने की जरूरत है। दूसरे, समाज को हम किस दिशा में ले जा रहे हैं?

किसी महिला पर खुलेआम अत्याचार हो और लोग मूकदर्शक बने रहें, उनकी ओर से कोई हस्तक्षेप न हो, अन्याय के खिलाफ कोई आवाज न उठे, यह स्थिति किसी भी परिस्थिति में स्वीकार्य नहीं की जा सकती। कानून को छोड़ दें, यह समाज की नैतिक और सामाजिक जिम्मेदारी भी बनती है कि ऐसे कृत्य के खिलाफ आवाज उठाए, उसमें हस्तक्षेप करे। जागरूक समाज से इतनी अपेक्षा तो की ही जाती है।

30 अक्तूबर, 2017

□

महिलाओं को सशक्त करने की जरूरत

भारतीय महिलाएँ जिंदगी के सभी क्षेत्रों में सक्रिय हैं। चाहे वह राजनीति का क्षेत्र हो या फिर शिक्षा, कला-संस्कृति अथवा आई.टी. या फिर मीडिया का क्षेत्र, सभी क्षेत्रों में महिलाओं ने सफलता के झंडे गाड़े हैं।

इंदिरा गांधी जैसी सशक्त महिला देश की प्रधानमंत्री रही हैं। भारत का संविधान भी सभी महिलाओं को बिना किसी भेदभाव के समान अधिकार की गारंटी देता है। संविधान में राज्यों को महिलाओं और बच्चों के हित में विशेष प्रावधान बनाए जाने का अधिकार भी दिया है, ताकि महिलाओं की गरिमा बरकरार रहे, लेकिन इन सबके बावजूद देश में महिलाओं की स्थिति अब भी मजबूत नहीं है। उनकी सुरक्षा को लेकर अकसर चिंता जाहिर की जाती है। उन्हें निशाना बनाया जाता है, कानून के बावजूद कार्यस्थलों पर उनके साथ भेदभाव किया जाता है।

हाल में महिला एवं बाल विकास मंत्रालय ने 'प्लान इंडिया' की ओर से तैयार की गई रिपोर्ट को जारी किया। यह रिपोर्ट चौंकाने वाली है। इस रिपोर्ट में कहा गया है कि भारत में महिलाओं के लिए सबसे सुरक्षित राज्य गोवा है, जबकि देश की राजधानी को महिलाओं की सुरक्षा की दृष्टि से खराब राज्यों में से एक बताया गया है।

सुरक्षा के मामले में गोवा के बाद केरल, मिजोरम, सिक्किम और मणिपुर आते हैं। चिंता की बात यह कि जिन राज्यों में महिलाएँ सबसे अधिक असुरक्षित हैं, उनमें बिहार, झारखंड, उत्तर प्रदेश और देश की राजधानी दिल्ली शामिल है। राज्यों के लिए लिंगभेद सूचकांक यानी जेंडर वल्नरेबिलिटी इंडेक्स (जी.वी.आई.) तैयार किया गया और उस कसौटी पर सभी राज्यों को कसा गया। देश के 30 राज्यों की इस सूची में बिहार सबसे निचले पायदान पर है। इससे ऊपर 29वें स्थान पर उत्तर प्रदेश का स्थान है। देश की राजधानी दिल्ली 28वें और झारखंड 27वें स्थान पर है।

इस रिपोर्ट के अनुसार, बिहार में महिलाएँ और बेटियाँ अन्य राज्यों की तुलना में सबसे कम स्वस्थ और असुरक्षित पाई गईं। शिक्षा के मामले में भी वे पिछड़ी हैं। रिपोर्ट

के मुताबिक, 39 फीसदी लड़कियों की विवाह की वैधानिक उम्र (18 वर्ष) से पहले शादी हो जाती है और लगभग 12 फीसदी 15 से 19 वर्ष की उम्र में या तो गर्भवती हो जाती हैं या फिर माँ बन जाती हैं।

लेकिन मैं व्यक्तिगत अनुभव के आधार पर यह कह सकता हूँ कि महिलाओं और बेटियों को लेकर मुख्यमंत्री नीतीश कुमार बेहद संवेदनशील हैं और बिहार सरकार उनकी शिक्षा और स्वास्थ्य को लेकर अनेक कार्यक्रम चला रही है। हालाँकि इस सर्वेक्षण में इसके परिणाम नहीं दिखाई देते हैं, लेकिन मुझे पूरी उम्मीद है कि आगामी कुछ वर्षों में सकारात्मक परिणाम दिखने लगेंगे। लड़कियों की अशिक्षा का सबसे बड़ा कारण गरीबी है।

अभिभावक पोशाक की कमी के कारण लड़कियों को स्कूल नहीं भेजते थे, इसके लिए बिहार सरकार ने मिडिल स्कूल में पढ़ रही बालिकाओं के लिए 'बालिका पोशाक योजना' शुरू की। साथ ही सरकार ने नवीं कक्षा की लड़कियों के लिए 'बालिका साइकिल योजना' की शुरुआत की। आँकड़े बताते हैं कि जिस समय यह योजना शुरू की गई थी, उस समय नवीं कक्षा में लड़कियों की संख्या एक लाख 70 हजार से भी कम थी, जो आज 9 लाख से ज्यादा पहुँच गई है।

झारखंड में भी मूल समस्या गरीबी और अभाव है। पिछले कुछ वर्षों में झारखंड से बच्चियों की तस्करी के कई मामले सामने आए हैं, जिसमें बच्चियों के माँ-बाप को बहला-फुसलाकर उन्हें दिल्ली से सटे गुरुग्राम ले जाया गया है। यहाँ बड़ी मल्टीनेशनल अथवा बड़ी आई.टी. कंपनियों में काम करनेवाले अधिकारी रहते हैं।

महिलाएँ भी अकसर काम करती हैं, उन्हें गृह कार्य के लिए दाइयों की जरूरत होती है। इस इलाके में तमाम प्लेसमेंट एजेंसियाँ हैं, जो उन्हें ये उपलब्ध कराती हैं। ऐसी अनेक घटनाएँ सामने आई हैं कि इनमें से कुछ लड़कियाँ का या तो एजेंसी मालिक अथवा जिनके यहाँ काम करती हैं, उन्होंने इनका शारीरिक शोषण तक किया। अमानवीय व्यवहार की घटनाएँ तो आम हैं। अभी तक इन्हें कामगारों की श्रेणी में नहीं रखा गया है, जिसके कारण उनके अधिकारों की अनदेखी होती है।

सबसे बड़ी समस्या असमान वेतन है। इन्हें अपने काम के अनुरूप वेतन नहीं मिलता। इनका न्यूनतम वेतन, काम के घंटे, छुट्टियाँ, कुछ भी निर्धारित नहीं है। दूसरी गंभीर समस्या अमानवीय व्यवहार है। कानूनन 18 वर्ष से कम उम्र की लड़कियों से घरेलू काम-काज नहीं कराया जा सकता है, लेकिन देश में ऐसे कानूनों की कोई परवाह नहीं करता। यह केवल झारखंड की बच्चियों की समस्या नहीं, यह पूरे देश की बेटियों और महिलाओं का दर्द है।

लेकिन परिदृश्य ऐसा भी नहीं है, जिसमें उम्मीद की कोई किरण नजर न आती हो।

पिछले कुछ वर्षों में सरकारी कोशिशों और सामाजिक जागरूकता अभियानों के कारण महिलाओं की स्थिति में धीरे-धीरे ही सही, मगर सुधार आया है। यह बदलाव शिक्षा से लेकर स्वास्थ्य तक के आँकड़ों में दिखाई देता है।

राष्ट्रीय परिवार स्वास्थ्य सर्वेक्षण के अनुसार, शिक्षा में महिलाओं की भागीदारी बढ़ी है। एक दशक पहले हुए सर्वेक्षण में शिक्षा में महिलाओं की भागीदारी 55.1 प्रतिशत थी, जो अब बढ़कर 68.4 तक पहुँच गई है, यानी शिक्षा के क्षेत्र में 13 फीसदी से अधिक की वृद्धि दर्ज की गई है। बाल विवाह की दर में गिरावट को भी महिला स्वास्थ्य और शिक्षा के लिहाज से महत्त्वपूर्ण माना जा रहा है। कानूनन अपराध घोषित किए जाने और सरकारों के लगातार जागरूकता अभियानों के कारण इसमें कमी तो आई है, लेकिन बाल विवाह का चलन खासकर गाँवों में अब भी बरकरार है।

सर्वेक्षण के अनुसार, सन् 2005-06 में 18 वर्ष से कम उम्र में शादी 47.4 प्रतिशत से घटकर 2015-16 में 28.8 रह गई है। इसका सीधा लाभ महिला स्वास्थ्य पर भी पड़ा है।

मोदी सरकार के मुहिम के कारण बैंकिंग व्यवस्था में भी महिलाओं की भागीदारी बढ़ी है। शिक्षा और जागरूकता का सीधा संबंध घरेलू हिंसा से है। अब इन मामलों में भी कमी आई है। रिपोर्ट के अनुसार, वैवाहिक जीवन में हिंसा का सामना करनेवाली महिलाओं का प्रतिशत 37.2 से घटकर 28.8 प्रतिशत रह गया है। यह सही है कि महिलाओं के सशक्तीकरण की दिशा में प्रगति हुई है, लेकिन अब भी यह नाकाफी है और इस क्षेत्र में व्यापक कार्य किया जाना बाकी है।

6 नवंबर, 2017

□

युवा मन को समझने की चुनौती

पिछले दिनों सी.बी.आई. ने हरियाणा के गुरुग्राम में दूसरी कक्षा में पढ़नेवाले एक छात्र की हत्या के आरोप में स्कूल के ही 11वीं के एक छात्र की गिरफ्तारी कर पूरे देश को चौंका दिया। कुछ दिनों पहले दूसरी कक्षा के छात्र की स्कूल में हुई हत्या ने पूरे देश को हिलाकर रख दिया था।

इसके लेकर धरने-प्रदर्शन हुए, कैंडल मार्च हुए और हरियाणा पुलिस ने आनन-फानन में स्कूल बस के कंडक्टर को गिरफ्तार कर केस सुलझाने का दावा किया था। उसका मीडिया के सामने बयान भी कराया गया था, जिसमें उसने कहा था कि उसने स्कूल के बाथरूम में बच्चे की हत्या की। उसका इरादा ठीक नहीं था और बच्चा चिल्लाने लगा तो उसने अपनी जेब से चाकू निकाला और उसका गला रेत दिया। उसके बयान सुनने के बाद लोगों की भारी प्रतिक्रिया सामने आई और लोग कंडक्टर को फाँसी देने तक की माँग करने लगे थे।

स्थानीय बार एसोसिएशन ने तो कंडक्टर का केस न लड़ने का फैसला कर लिया था। हरियाणा के मुख्यमंत्री मनोहर लाल खट्टर बच्चे के परिवार से मिलने उनके घर गए थे और उसके बाद उन्होंने परिवार की इच्छा को देखते हुए इसकी सी.बी.आई. जाँच की घोषणा की थी।

सी.बी.आई. ने हाल में अपनी जाँच पूरी की और मामला उलट दिया। सी.बी.आई. ने हत्याकांड के जिस पहलू की तरफ गुरुग्राम पुलिस ने देखने की जरूरत भी नहीं समझी थी। सी.बी.आई. ने उन्हीं पहलुओं पर गौर किया। सी.बी.आई. ने इस हत्या की जो वजह बताई है, वह चौंकाने वाली है।

सी.बी.आई. का कहना है कि आरोपी छात्र ने पी.टी.एम. और परीक्षा रद्द कराने के लिए यह हत्या की थी। 11वीं कक्षा के इस बच्चे ने अपने एक दोस्त से कहा था कि वह परीक्षा टलवाने के लिए किसी भी हद तक जाने को तैयार है। यही नहीं, सी.बी.आई. को इस छात्र ने यह भी बताया कि आरोपी छात्र ने यहाँ तक कहा था कि जरूरत पड़ी

तो वह किसी भी छात्र का कत्ल कर सकता है, ताकि परीक्षा टाली जा सके। सी.बी.आई. की शक की सूई का आधार यही बात बनी। इसके बाद आरोपी छात्र ने हत्या की बात कबूल करते हुए सी.बी.आई. को कत्ल में इस्तेमाल चाकू भी बरामद करवा दिया।

इस घटना से दो सवाल उठते हैं। एक तो 11वीं का एक नाबालिग छात्र स्कूल परीक्षा को टलवाने के लिए बच्चे की हत्या जैसी बड़ी वारदात जैसी हद कैसे पार कर जाता है? इस घटना ने युवाओं के साथ संवादहीनता की स्थिति को उजागर कर दिया है। एक तो 11वीं का छात्र एक स्कूली बच्चे की हत्या की योजना बना रहा था और माँ-बाप और स्कूल टीचर्स को इसका आभास तक नहीं था। दूसरे, यह घटना हमारी पुलिस की कार्यप्रणाली पर भी बड़ा सवाल खड़े करती है। सी.बी.आई. का कहना है कि लोगों के दबाव में पुलिस ने कंडक्टर को अपराधी करार कर दिया। उससे अपराध भी कबूल करवा दिया और एक चाकू भी बाहर से लाकर रख दिया, जिससे हत्या बताई गई।

मैं इसे पुलिस का अक्षम्य अपराध मानता हूँ। गुरुग्राम पुलिस ने एक निरीह कंडक्टर को पकड़कर उसे अपराधी घोषित कर दिया। मीडिया के सामने उससे इसकी पुष्टि करा दी। अगर मामला सी.बी.आई. के पास नहीं जाता तो आप अंदाजा लगा सकते हैं कि गरीब कंडक्टर सजा पा गया होता। यह पहला ऐसा मामला नहीं है। अन्य कई मामलों में पुलिस की कार्यप्रणाली पर सवाल उठे हैं।

आरुषि मामले में हाल में उसके माता-पिता कई साल जेल में बिताने के बाद अदालत से बरी हुए हैं। न तो यू.पी. पुलिस और न ही सी.बी.आई. यह साबित करने में कामयाब हो पाई कि आखिर आरुषि की हत्या किसने की थी? अब आते हैं बच्चों की ओर। मेरी हमेशा से दिलचस्पी बच्चों के मनोवैज्ञानिक अध्ययन में रही है। जब भी और जहाँ भी मुझे मौका मिलता है, मैं उनसे संवाद करने की कोशिश करता हूँ। उन्हें जानने-समझने का प्रयास करता हूँ। उसे समाज के सामने लाने की कोशिश भी करता हूँ। मैंने महसूस किया है कि पुरानी पीढ़ी युवा मन को समझ नहीं पा रही है। हम उनसे बिल्कुल कट गए हैं। एक ब्रिटिश मनोविज्ञानी से मुलाकात का मैं फिर उल्लेख करना चाहूँगा।

वह भारत में एक रिसर्च के सिलसिले में आई हुई थीं। मैंने जब उनसे पूछा कि उन्होंने भारत में क्या देखा, तो उन्होंने कहा कि भारतीय माँ-बाप बच्चों को लेकर 'नहीं' का इस्तेमाल बहुत करते हैं। वे बात-बात में ये नहीं, वह नहीं, ऐसा नहीं, वैसा नहीं, यहाँ मत जाओ, ऐसा मत करो, वैसा मत करो, का बहुत अधिक इस्तेमाल करते हैं। इसमें सच्चाई भी है। उनका कहना था कि इसमें माताएँ बहुत आगे हैं, जबकि 'नहीं' शब्द का इस्तेमाल बहुत सोच-समझकर किया जाना चाहिए। इससे एक तो बच्चों में नकारात्मक प्रभाव पड़ता है, उनका मन विद्रोही हो सकता है। दूसरे, अत्यधिक इस्तेमाल से बच्चों पर 'नहीं' का असर समाप्त हो जाता है। जहाँ आवश्यकता हो, इसका जरूर इस्तेमाल करें।

कुछ समय पहले बच्चों को जानने-समझने के लिए 'प्रभात खबर' ने झारखंड में 'बचपन बचाओ अभियान' की पहल आयोजित की थी। हमने मनोवैज्ञानिकों के साथ विभिन्न स्कूली बच्चों के साथ संवाद किया। हम जानना चाहते हैं कि बच्चे क्या सोच रहे हैं, माँ-बाप और शिक्षक के बारे में उनके विचार क्या हैं, उनकी अपेक्षाएँ और महत्त्वाकांक्षाएँ क्या हैं? इस पहल से यह बात निकलकर आई कि माता-पिता और बच्चों में संवादहीनता की स्थिति है।

मेरा मानना है कि बच्चा, शिक्षक और अभिभावक—तीन महत्त्वपूर्ण कड़ियाँ हैं। इनमें से एक भी कड़ी ढीली पड़ने पर पूरी व्यवस्था गड़बड़ा जाती है। यह भी देखा गया है कि माता-पिता बच्चों से कुछ भी कहने से डरते हैं कि कहीं वे कुछ न कर लें। दूसरी ओर टीचर्स के सामने समस्या है कि वह बच्चों को अनुशासित कैसे रखें? इसमें कोई शक नहीं कि नई पीढ़ी के बच्चे अत्यंत प्रतिभाशाली हैं।

हमें यह बात भी स्वीकार करनी पड़ेगी कि बच्चों में बहुत बदलाव आ गया है। आप गौर करें कि युवा पीढ़ी के सोने, पढ़ने के समय, हाव-भाव और खान-पान, सबमें बदलाव आ चुका है। आप सुबह पढ़ते थे, बच्चा देर रात तक जगने का आदी है। उसे मैगी, मोमो, बर्गर, पिज्जा से प्रेम है, आपकी सूई अब भी दाल-रोटी पर अटकी है। यह व्हाट्सएप की पीढ़ी है। यह बात नहीं करती, मैसेज भेजती है। लड़के-लड़कियाँ दिन-रात आपस में चैट करते हैं।

होता यह है कि अधिकांश माता-पिता नई परिस्थितियों से तालमेल बिठाने के बजाय पुरानी बातों का रोना रोते रहते हैं। परिवर्तन तो हो गया, उस पर आपका बस नहीं है। अब जिम्मेदारी आपकी है कि आप जितनी जल्दी हो सके, नई परिस्थिति से सामंजस्य बिठाएँ, ताकि बच्चे से संवादहीनता की स्थिति न आने पाए।

13 नवंबर, 2017

□

आस्था के केंद्रों पर वाजिब चिंता

नेशनल ग्रीन ट्रिब्यूनल (एन.जी.टी.) इन दिनों चर्चा में है, लेकिन दिल्ली में प्रदूषण को लेकर दिल्ली सरकार के संदर्भ में उसकी चर्चा ज्यादा हो रही है। लोगों का ध्यान वैष्णो देवी को लेकर उसके फैसले की ओर कम गया है। हाल में एन.जी.टी. ने वैष्णो देवी मंदिर दर्शन करनेवाले श्रद्धालुओं की संख्या 50 हजार तय कर दी है। एन.जी.टी. ने यह फैसला किसी भी अप्रिय स्थिति से लोगों को बचाने के लिए किया है। लोगों की अधिक संख्या के कारण हमेशा दुर्घटना की आशंका बनी रहती है। यह एक महत्त्वपूर्ण और दूरगामी फैसला है। मेरा मानना है कि इस फैसले के आधार पर राज्य सरकारें भी आस्था के केंद्रों और भीड़-भाड़ वाले स्थलों पर ऐसी ही पहल कर सकती हैं।

अगर गौर करें तो एन.जी.टी. ने कई और महत्त्वपूर्ण निर्देश दिए हैं कि वैष्णो देवी में पैदल चलनेवालों और बैटरी से चलनेवाली कारों के लिए एक विशेष रास्ता खोला जाए। कटरा शहर में सड़कों और बस स्टॉप पर थूकनेवालों पर दो हजार रुपए का जुरमाना भी लगाया जाए। वैष्णो देवी मंदिर की व्यवस्था एक ट्रस्ट करता है। यात्रियों की सुविधाओं का खयाल रखने की जिम्मेदारी भी उसी की होती है। जगमोहन जब जम्मू-कश्मीर के राज्यपाल बने थे, तो उन्होंने श्राइन बोर्ड गठित कर मंदिर की व्यवस्थाओं को सुचारु किया।

आधिकारिक आँकड़ों पर यदि गौर करें तो नवंबर, दिसंबर 2016 और जनवरी, फरवरी 2017 को छोड़कर अब तक के सभी महीनों में मंदिर दर्शन करनेवालों की संख्या 50 हजार से ज्यादा रही है। जून 2017 में श्रद्धालुओं की संख्या एक लाख को पार कर गई थी, यानी क्षमता से दोगुने दर्शनार्थी वहाँ पहुँच गए थे। पहली जनवरी और नव संवत्सर खास महत्त्व के दिन होते हैं और बड़ी संख्या में लोग साल की शुरुआत वैष्णो देवी दर्शन के साथ करने जाते हैं।

इस दौरान श्रद्धालुओं की संख्या 50 हजार से अधिक रहती है। जून और जुलाई में श्रद्धालुओं की हमेशा भारी भीड़ रहती है, क्योंकि इस दौरान स्कूलों में छुट्टियाँ होती हैं

और लोग परिवार सहित दर्शन के लिए जाते हैं। चैत्र नवरात्र और शारदीय नवरात्र, दोनों में वैष्णो देवी की यात्रा पर जानेवाले श्रद्धालुओं की भारी भीड़ देखने को मिलती है। ऐसा अनुमान है कि इस साल दर्शन करनेवालों की संख्या 80 लाख पार कर जाएगी। आप इससे अंदाजा लगा सकते हैं कि 50 हजार की क्षमता वाले मंदिर में लाखों की भीड़ के कारण क्या स्थिति रहती होगी? हालाँकि वहाँ व्यवस्थाएँ बहुत चौकस रहती हैं, इसलिए हम सभी किसी अप्रिय घटना से बचते आए हैं।

आप गौर करें तो पाएँगे कि देश में पूरे वर्ष विभिन्न स्थानों पर धार्मिक आयोजन अथवा मेले लगते रहते हैं। आस्था के इन केंद्रों पर भारी भीड़ जमा हो जाती है और कई बार प्रबंधन फेल हो जाता है, जिसका नतीजा होता है—दुःखद हादसा। हाल में बेगूसराय जिले के सिमरिया में भारी भीड़ के कारण हादसा हुआ और कई लोगों को जान से हाथ धोना पड़ा। बिहार में छठ के दौरान रेल से कटकर कुछ महिलाओं की दुःखद मौत भी हुई। ज्यादातर धार्मिक उत्सव नदी किनारे अथवा किसी ऊँचाई वाले पहाड़ी स्थल पर होते हैं। वहाँ तक पहुँचने के रास्ते सँकरे होते हैं और आवागमन की समुचित व्यवस्था संभव नहीं हो पाती है।

कुंभ जैसे व्यापक मेलों को छोड़ दें तो ऐसे आयोजन की जिम्मेदारी स्थानीय प्रशासन या किसी थाना स्तर पर ही सौंप दी जाती है। इन्हें भीड़ नियंत्रित करने में कोई दक्षता हासिल नहीं होती।

अध्ययनों में पाया गया है कि भारत में लोग पश्चिम की तुलना में एक-दूसरे को स्थान देने की तब तक पूरी कोशिश करते हैं, जब तक कि परिस्थितियाँ हाथ से न निकल जाएँ। स्विट्जरलैंड के प्रोफेसर डिर्क हेलबिंग ने भीड़ के व्यवहार का व्यापक अध्ययन किया है। इन अध्ययनों के मुताबिक, भारत में प्रति वर्ग मीटर में 10 लोग तक अँट जाते हैं, लेकिन इससे ज्यादा में दिक्कत हो जाती है। पश्चिम की तुलना में भारतीय एक-दूसरे को ज्यादा स्थान देते हैं, जबकि अमेरिका अथवा यूरोप में लोग दूसरों पर इतने मेहरबान नहीं होते, लेकिन जब इतनी भीड़ हो कि साँस लेने में ही दिक्कत होने लगे तो समस्या खड़ी हो जाती है।

विकसित देशों में सुरक्षा व्यवस्था का बहुत ध्यान रखा जाता है। स्थानीय प्रशासन से लाइसेंस लेना होता है। प्रशासन आयोजन स्थल की क्षमता देखते हुए सीमित व्यक्तियों के लिए अनुमति प्रदान करता है। भारत में ऐसा कुछ नहीं होता है, बड़े आयोजनों में प्रशासन स्वतः संज्ञान लेते हुए सारी व्यवस्थाएँ करता है। इंटरनेशनल जर्नल ऑफ डिजास्टर रिस्क मैनेजमेंट के एक अध्ययन के अनुसार, भारत में भगदड़ की 79 फीसदी घटनाएँ धार्मिक आयोजनों के दौरान होती हैं।

यहाँ क्षमता से अधिक लोग पहुँच जाते हैं। सुरक्षा के पर्याप्त इंतजाम नहीं होते।

भीड़-नियंत्रण के तय दिशा-निर्देश भी हैं, लेकिन इंतजाम करनेवालों की इनकी समुचित जानकारी नहीं होती। उदाहरण के तौर पर, अधिक भीड़ होने पर उन्हें सर्पीली घुमावदार लाइन में लगवाना, वैकल्पिक रास्तों की व्यवस्था और अगर किसी नेता अथवा अधिकारी के आने से भीड़ के प्रबंधन में दिक्कत आए तो उसे स्पष्ट मना करना। भारत और पश्चिमी देशों में फर्क इतना है कि वहाँ भी भगदड़ से हादसे होते हैं, लेकिन अकसर वे किसी स्टेडियम, संगीत समारोह अथवा किसी नाइट क्लब में होते हैं।

भगदड़ जैसे हादसों की पहली वजह तो प्रशासनिक विफलता होती है। दूसरे, भीड़ का व्यवहार भी महत्त्वपूर्ण होता है। कैसे लोग और किस अवसर पर एकत्रित हुए हैं, आपात स्थिति की क्या व्यवस्थाएँ हैं, यह भी महत्त्वपूर्ण है। दूसरी तरफ आप देखें तो पाएँगे कि स्वर्ण मंदिर जैसे धार्मिक स्थलों में जहाँ रोजाना हजारों लोग आते हैं, व्यवस्थाएँ बेहद सुचारु रूप से काम करती हैं।

दिल्ली की जामा मसजिद में ईद के दिन नमाज पढ़नेवालों की भारी भीड़ रहती है, लेकिन व्यवस्थाएँ दुरुस्त रहती हैं, क्योंकि लोगों का व्यवहार संयत रहता है। देखने में आया है कि कई बार किसी अफवाह के कारण भी भगदड़ मच जाती हैं। भीड़ में अचानक कोई शख्स फिसल जाता है और उसके कारण कभी-कभी भगदड़ की घटनाएँ सामने आई हैं।

कई बार अचानक लाउडस्पीकर से घोषणा और तेज आवाज में गीत भी भीड़ को विचलित कर देता है। मुझे उम्मीद है कि राज्य सरकारें एन.जी.टी. के आदेश को दृष्टिगत रखते हुए भारी भीड़ वाले आस्था के केंद्रों पर कुछ ऐसी ही उपयुक्त व्यवस्था करेंगी, ताकि किसी भी संभावित हादसे को टाला जा सके।

20 नवंबर, 2017

□

बदलते दौर में मीडिया

आप हम सभी यह स्वीकार करते हैं कि तकनीक ने सारा परिदृश्य बदल दिया है। तकनीक ने चुपके से कब हमारे जीवन को परिवर्तित कर दिया, हमें पता ही नहीं चला। अब हम सब मौका मिलते ही मोबाइल के नए मॉडल और पैकेज की बातें करने लगते हैं। व्हाट्सएप और फेसबुक जीवन की जरूरतों में कब शामिल हो गए, हमें पता ही नहीं चला। इन माध्यमों ने खबरों के पेश किए जाने के तौर-तरीकों को भी बदल दिया है। पिछले दिनों मुझे बी.बी.सी. के लंदन में आयोजित मीडिया लीडरशिप इवेंट में हिस्सा लेने का मौका मिला।

तीन दिनों की चर्चा में बी.बी.सी. और ब्रिटेन के विशेषज्ञों ने हिस्सा लिया। इसमें बदलते तकनीकी परिदृश्य में मीडिया की भूमिका कैसी हो, वह इन बदलावों से कैसे सामंजस्य बैठा सके और अपनी मूल उद्देश्य यानी पत्रकारिता को जीवंत कैसे रख सके, इस पर विस्तार से चर्चा हुई। मेरा मानना है कि बी.बी.सी., लंदन पत्रकारिता का सिद्धपीठ है और इतने वर्षों बाद भी उसने अपनी साख बनाए रखी है।

बी.बी.सी. के पत्रकारों और विशेषज्ञों को सुनने में अच्छा लगा कि कैसे पत्रकारिता को जीवित रखते हुए तकनीक को अपनाए जाने का बी.बी.सी. प्रयास कर रहा है। मैं कई वर्षों तक बी.बी.सी. की हिंदी सेवा से जुड़ा रहा हूँ और जानता हूँ कि इतने बड़े पारंपरिक संस्थान में बदलाव लाना आसान नहीं है, लेकिन कई दिनों की बातचीत से लगा कि बी.बी.सी. बदलते दौर के साथ कदमताल करने की कोशिश कर रहा है। ब्रिटेन जैसे देश में, जहाँ मोबाइल और नेटवर्क सर्वसुलभ है, इसका असर अखबारों पर पड़ा है। 'गार्डियन' जैसे प्रतिष्ठित अखबार संघर्ष कर रहे हैं। वहाँ अखबारों का मॉडल दूसरी तरह का है। भारत में अपनी लागत से बहुत कीमत पर लोग अखबार पढ़ना चाहते हैं, पर ब्रिटेन में लोग प्रासंगिक खबरें पढ़ने के लिए पूरी कीमत अदा करने को तैयार रहते हैं। वहाँ एक ओर 'इवनिंग एक्सप्रेस' जैसे अखबार मुफ्त बाँटे जाते हैं, दूसरी ओर 'गार्डियन', 'टाइम्स' और 'इंडिपेंडेंट' जैसे अखबार करीब दो पाउंड यानी

लगभग 170 रुपए में बिकते हैं। हम जानते हैं कि एक अखबार के लिए पाठकों का प्रेम ही उसकी बड़ी पूँजी होती है। मेरा मानना है कि अखबार किसी मालिक या संपादक का नहीं होता है।

उसका मालिक तो अखबार का पाठक होता है। पाठक की कसौटी पर ही अखबार की असली परीक्षा होती है। ऐसा नहीं है कि अखबारों में कमियाँ नहीं हैं। अखबारों ने भी जनसरोकार के मुद्दों को उठाना बंद कर दिया है। अब किसानों के प्रदर्शन की खबरें सुर्खियाँ नहीं बनतीं। बेरोजगारी और पूर्वोत्तर की घटनाएँ मीडिया के एजेंडे में पहले से नहीं हैं। बाजार के दबाव में अखबार भी शहर केंद्रित हो गए हैं। अखबार उन लोगों की अकसर अनदेखी कर देते हैं, जिन्हें उसकी सबसे अधिक जरूरत होती है। दूसरी ओर, सरकारें बड़ी विज्ञापनदाता हो गई हैं, वह दबाव अलग है। सबसे महत्त्वपूर्ण है कि समय के साथ पाठकवर्ग भी बदल गया है। अखबार पहले खबरों के लिए पढ़े जाते थे। मार्केटिंग के इस दौर में अखबार फ्री कूपन और मुफ्त लोटा-बाल्टी के आधार पर निर्धारित किए जाने लगे हैं। पाठकों को भी इस विषय पर गंभीरतापूर्वक विचार करना होगा।

यह सच है कि मौजूदा दौर में खबरों की साख का संकट है, लेकिन इसमें कोई शक नहीं है कि आज भी अखबार खबरों के सबसे प्रामाणिक स्रोत हैं। आपने गौर किया होगा कि सोशल मीडिया पर रोजाना कितनी सच्ची-झूठी खबरें चलती हैं? टी.वी. चैनल तो रोज शाम एक छद्म विषय पर बहसें कराते हैं। चोटीकटवा जैसी अफवाह को जोर-शोर से प्रसारित किया जाता है। इस सामूहिक उन्माद को वैज्ञानिक दृष्टिकोण से प्रस्तुत नहीं किया जाता। यह नहीं बताया जाता कि इस अफवाह के शिकार केवल निम्न वर्ग के लोग हैं। दूसरी ओर, किसानों के धरने की खबरें मीडिया में स्थान नहीं पा पातीं। कभी टी.वी. में महँगी सब्जियों की रिपोर्टिंग पर गौर करें। एंकर उन्हीं सब्जियों की महँगाई पर अपना ध्यान केंद्रित करता या करती है, जो उस सीजन की नहीं होतीं। बेमौसमी सब्जियाँ तो हमेशा से महँगी मिलती हैं, लेकिन इन शहरी नवयुवक अथवा नवयुवतियों को इसका ज्ञान नहीं होता। टी.वी. में एक और विचित्र बात स्थापित हो गई है। वहाँ एंकर जितने जोर से चिल्लाए, उसे उतनी सफल बहस माना जाने लगा है।

मौजूदा दौर की सबसे बड़ी चुनौती है—युवा मन को समझना। बी.बी.सी. की चर्चा का एक सत्र युवाओं को लेकर था। बी.बी.सी. का एक 'चैनल थ्री' युवाओं को समर्पित है और युवा ही उसे संचालित करते हैं। ऐसा मान लिया गया है कि युवाओं की खबरों में कोई दिलचस्पी नहीं है। बी.बी.सी. ने युवाओं पर किए गए एक सर्वे के जरिए कई चौंकाने वाले तथ्य सामने रखे। एक तो यह कि युवाओं में खबरों को लेकर खासी दिलचस्पी है, लेकिन वे पारंपरिक तरीके से इन्हें स्वीकार करने को तैयार नहीं हैं।

'बी.बी.सी. थ्री' के सोशल मीडिया एक्सक्यूटिव हैं, 27 वर्षीय हैरी मूर। उन्होंने बड़े दिलचस्प अंदाज में अपनी बात की शुरुआत की। कहा कि सभी समस्याओं की जड़ हम युवाओं को मान लिया जाता है। कहा जाता है कि युवाओं की खबरों में कोई दिलचस्पी नहीं है, हमारा इनसे कोई सरोकार नहीं। ये सारे तथ्य गलत हैं। खबरों और आजकल की घटनाओं में युवाओं की दिलचस्पी है, लेकिन उन्हें पारंपरिक तरीके से यह स्वीकार्य नहीं है।

ब्रिटेन के चुनाव की सारी दिलचस्प बातें एक कार्टून स्ट्रिप के जरिए उन्होंने 'चैनल थ्री', पर पेश की थीं, जिसे युवाओं ने बेहद पसंद किया। वेबसाइट पर लाखों लोगों ने इस देखा। ब्रिटेन के अखबारों में खास चर्चा रही। कुछ इसके समर्थन में थे, तो कुछ विरोध में, लेकिन यह सही है कि बी.बी.सी. का यह पारंपरिक तरीका नहीं है। पुरानी पीढ़ी को यह पसंद नहीं। कुल मिलाकर यह बात सामने आई कि युवाओं तक खबरें पहुँचाने के लिए उसके तौर-तरीके बदलने होंगे। उनकी तरह सोचना होगा। तकनीक की बात करें तो मीडिया के क्षेत्र में भी खूब प्रयोग हुए हैं। वॉइस से टेक्स्ट जैसे कई सॉफ्टवेयर भी विकसित हुए हैं। ऐसा माना जा रहा है कि बदलते तकनीकी परिदृश्य का असर अखबारों के साथ-साथ टी.वी. पर भी आएगा। लोग वेबसाइट और अन्य नए माध्यमों के जरिए खबरें प्राप्त कर रहे हैं, वे भविष्य में अन्य माध्यमों की अनदेखी कर सकते हैं। मेरा मानना है कि हालाँकि सभी माध्यमों की अपनी एक भूमिका बनी रहेगी। भारत के संदर्भ में भी ये बातें सही हैं। तकनीक ने हमें भी दुनिया से इतना जोड़ दिया है कि अब हम भी इन बदलावों से प्रभावित हुए बिना नहीं रह सकते।

27 नवंबर, 2017

□

कट्टरपंथियों के आगे झुका पाक

पिछले दिनों पाकिस्तान में घटित घटनाएँ चिंतित करनेवाली हैं। सेना ने एक बार फिर सरकार को कमजोर करने का दाँव खेला और उसमें वह सफल रही। सेना ने इसलामी कट्टरपंथियों को हवा देकर लोकतांत्रिक रूप से चुनी सरकार को और कमजोर कर दिया। पाकिस्तान हमारा पड़ोसी मुल्क है। इसलिए चाहते और न चाहते हुए भी वहाँ का घटनाक्रम हमें प्रभावित करता है। पाकिस्तान में लोकतांत्रिक शक्तियों का कमजोर और सेना का मजबूत होना शुभ संकेत नहीं है। पड़ोसी मुल्क की राजनीतिक अस्थिरता भारत के हित में नहीं है।

दरअसल, पाकिस्तान में इसलामी कट्टरपंथियों के धरने-प्रदर्शन को समाप्त करने के लिए कानून मंत्री जाहिद हामिद से इस्तीफा ले लिया गया। 'तहरीक-ए-लब्बैक' या 'रसूल अल्लाह पाकिस्तान' नामक संगठन के नेता खादिम हुसैन रिजवी के नेतृत्व में करीब दो हजार कट्टरपंथी कानून मंत्री के इस्तीफे की माँग पर धरने पर बैठे थे।

प्रदर्शनकारी राजधानी इस्लामाबाद की तरफ जाने वाली सड़क को जाम किए हुए थे। पाकिस्तानी सेना धार्मिक कट्टरपंथियों के साथ खड़ी थी। कट्टरपंथियों की इस जीत से लोकतांत्रिक रूप से चुनी सरकार का निजाम और कमजोर हुआ है। इसे इसलामी कट्टरपंथियों के आगे सरकार का समर्पण भी माना जा रहा है।

दरअसल, चुनाव के लिए नामांकन दाखिल करने से जुड़े एक हलफनामे में पैगंबर मोहम्मद का संदर्भ हटाने के लिए 'तहरीक-ए-लब्बैक' कानून मंत्री को ईशनिंदा का जिम्मेदार बता रहा था। हालाँकि कानून मंत्री ने पहले ही माफी माँग ली थी। साथ ही, हलफनामे को भी उसके मूल स्वरूप में बहाल कर दिया था।

इसके बावजूद प्रदर्शनकारी उनके इस्तीफे से कम पर मानने को तैयार नहीं थे। वे हलफनामे में संशोधन को ईशनिंदा का मामला बता तूल दे रहे थे। पाकिस्तान में ईशनिंदा को लेकर सख्त कानून हैं और इन्हें न्यायसंगत बनाने की माँग उठती रही है। जब भी कोई इस दिशा में कदम उठाता है, उसे ईशनिंदक करार दे दिया जाता है। कट्टरपंथी यही

प्रचारित कर रहे थे कि जायद हामिद ने अल्लाह की शान में गुस्ताखी की है।

इस्लामाबाद को रावलपिंडी से जोड़ने वाले फैजाबाद इलाके में जी.टी. रोड पर धरने पर बैठे कट्टरपंथियों के कारण आवागमन प्रभावित था। सुप्रीम कोर्ट ने इस पर सख्त रुख अपनाया। मजबूरन सरकार ने कट्टरपंथियों को भगाने के लिए पुलिस की मदद ली। इस दौरान टी.वी. चैनलों का प्रसारण रोका गया और सोशल मीडिया पर भी प्रतिबंध लगा दिया गया।

पुलिस मान रही थी कि धरने पर बैठे लोग आसानी से भगा दिए जाएँगे, पर ऐसा नहीं हो पाया, क्योंकि प्रदर्शनकारियों को इसकी पूर्व सूचना थी और वे पूरी तरह तैयार थे। इस काररवाई में छह प्रदर्शनकारी भी मारे गए। पुलिस काररवाई के विरोध में कट्टरपंथी गुट के समर्थक सभी बड़े शहरों में तोड़-फोड़ पर उतर आए। नतीजतन, सरकार ने सेना को उतारने का फैसला किया, लेकिन सेना ने सरकार के आदेश को मानने से इनकार कर दिया।

उसने कट्टरपंथियों को खदेड़ने की बजाय सरकार पर कट्टरपंथियों से समझौता का दबाव डाला। इतना ही नहीं, ऐसे वीडियो सामने आए हैं, जिनमें सेना के अधिकारी धरने पर बैठे लोगों को एक-एक हजार रुपए देते नजर आ रहे हैं। सेना की मध्यस्थता से धरना तो समाप्त हुआ, पर समझौते के तहत कानून मंत्री को इस्तीफा देना पड़ा।

इस घटनाक्रम की एक अन्य कड़ी है। कुछ दिन पहले एक न्यायिक पैनल ने मुंबई हमलों के मास्टरमाइंड हाफिज सईद को नजरबंदी से रिहा करने का आदेश दे दिया। हाफिज सईद को अंतरराष्ट्रीय समुदाय ने भी आतंकवादी घोषित कर रखा है।

ऐसी सूचनाएँ हैं कि हाफिज उनके करीबी लोगों द्वारा शुरू राजनीतिक दल की कमान सँभाल सकते हैं और चुनावी मैदान में उतर सकते हैं। इसी दौरान पूर्व राष्ट्रपति और सेनाध्यक्ष रहे मुशर्रफ लंदन से हाफिज सईद के समर्थन में इंटरव्यू दे रहे थे। आपस में जुड़ीं ये कड़ियाँ इस बात की ओर इशारा कर रही हैं कि सेना सरकार का निजाम लगातार कमजोर करती जा रही है। सेना एक और खेल खेलती है। वह सत्तारूढ़ राजनीतिक दल पर लगाम लगाने के लिए किसी कमजोर विपक्षी दल पर हाथ रख देती है। यह बात सभी जानते हैं कि इस वक्त इमरान खान की पार्टी को सेना का समर्थन हासिल है।

यह सब कुछ अरसे पहले से चल रहा है। आपको याद होगा कि कुछ अरसा पहले सुप्रीम कोर्ट ने पाकिस्तान के प्रधानमंत्री नवाज शरीफ को पद के अयोग्य ठहरा दिया था। इसके बाद उन्हें अपने पद से इस्तीफा देना पड़ा था। नवाज शरीफ के करीबी शाहिद अब्बासी को प्रधानमंत्री बनाया गया। यह सब जानते हैं कि राजनीतिक और प्रशासनिक रूप से वह कमजोर प्रधानमंत्री हैं। हालाँकि पाकिस्तान के लिए ऐसी परिस्थिति कोई नई

नहीं है। पाकिस्तान में लोकतांत्रिक तरीके से चुनी सरकारों को बर्खास्त किए जाने का इतिहास पुराना है।

अकसर सेना तख्ता पलट करती आई है। सेना प्रमुख तख्ता पलट करने के बाद नई पार्टी गठित कर अपने आप पर लोकतांत्रिक मुलम्मा चढ़ा लेते हैं। आपने गौर किया हो, जब भी किसी राजनेता ने भारत के साथ रिश्ते सामान्य करने की कोशिश की है, सेना ने उसमें हमेशा पलीता लगाया है। पाकिस्तान में सेना आतंकियों को नियंत्रित करती है और ऐसे मौकों पर उनका इस्तेमाल करती है, ताकि ऐसी कोई पहल कामयाब न हो पाए। सेना की हमेशा कोशिश रहती है कि चुना हुआ नेता बहुत लोकप्रिय और ताकतवर न हो जाए।

आपको जानकर आश्चर्य होगा कि पाकिस्तान में सेना का साम्राज्य फैला हुआ है। वह उद्योग-धंधे चलाती है। प्रॉपर्टी के धंधे में उसकी खासी दिलचस्पी है। उसकी अपनी अलग अदालतें हैं।

सेना के फौजी ट्रस्ट के पास करोड़ों की संपदा है। उसके सारे काम-धंधे किसी भी जाँच-पड़ताल के दायरे से बाहर हैं। उसके पास लगभग हर शहर में जमीनें हैं। गोल्फ क्लब से लेकर शॉपिंग माल और बिजनेस पार्क तक सेना ने तैयार किए हैं। अदालतें उसके इशारे पर फैसले सुनाती हैं, अन्यथा जजों को ही चलता कर दिया जाता है। एक और दिलचस्प तथ्य है कि अब तक पाकिस्तान में जितने भी तख्ता पलट हुए हैं, उन सभी को वहाँ के सुप्रीम कोर्ट ने उचित ठहराया है।

पिछले कुछ समय से पाकिस्तान में सेना और राजनेताओं के बीच शह-मात का खेल चल रहा है। पड़ोसी होने के नाते इस खेल का खामियाजा भारत को भी झेलना पड़ता है, क्योंकि लोकतांत्रिक रूप से चुनी सरकार से संवाद की गुंजाइश रहती है। सेना पर भी थोड़ा-बहुत अंकुश रहता है। वह खुलेआम आतंकवादियों को बढ़ावा नहीं दे पाती। यही वजह है कि भारत के दृष्टिकोण से यह घटनाक्रम बेहद चिंताजनक है।

4 दिसंबर, 2017

□

किस करवट बैठेगा गुजरात चुनाव?

गुजरात विधानसभा चुनावों पर पूरे देश की निगाहें लगी हुई हैं। नतीजे किस करवट बैठेंगे, इसे लेकर भाजपा और कांग्रेस नेताओं की धड़कनें तेज हैं। वैसे तो हर विधानसभा चुनाव हर दल के लिए चुनौती होता है और सभी दल पूरी ताकत लगाकर उसे जीतने की कोशिश भी करते हैं। भाजपा और कांग्रेस, दोनों दलों ने इस चुनाव में अपने अस्त्रागार में से ऐसा कोई अस्त्र बाकी नहीं रखा है, जो न चला हो। मीडिया हर विधानसभा चुनाव को 2019 के लोकसभा चुनावों का सेमीफाइनल बताएगा। यह भी सेमीफाइनल है और आगामी 2018 के विधानसभा चुनाव भी सेमीफाइनल बताए जाएँगे। यह जुमला अब पुराना हो गया।

साँप-सीढ़ी के खेल से इसकी तुलना उपयुक्त होगी। बचपन में आपने यह खेल खेला होगा। 2019 से पहले का एक-एक विधानसभा चुनाव आपको लोकसभा चुनाव की ऊपरी सीढ़ी के नजदीक ले जाता है। यदि इस विधानसभा की सीढ़ी पर भाजपा और नरेंद्र मोदी सफलतापूर्वक चढ़ते गए, तो उनके लिए 2019 की लोकसभा की सीढ़ी बहुत आसान हो जाएगी।

गुजरात में असफलता उनकी राह मुश्किल बना देगी। गुजरात का एक और अहम पहलू है कि यह प्रधानमंत्री नरेंद्र मोदी और पार्टी अध्यक्ष अमित शाह का घरेलू मामला है। गुजरात की जीत उनकी आन, बान और शान का सवाल है, लेकिन लोगों की नाराजगी भाजपा पर भारी पड़ रही है। पहले चरण में पाटीदारों के इलाके में भारी मतदान की खबरों ने भाजपा नेताओं के माथे पर शिकन डाल दी है। पाटीदार भाजपा से नाराज चल रहे हैं। उनके नेता हार्दिक पटेल भाजपा के खिलाफ और कांग्रेस के पक्ष में चुनाव-प्रचार में जुटे हैं।

कुछ समय पहले तक भाजपा की हार और कांग्रेस की जीत के बारे में कोई चर्चा तक नहीं कर रहा था, लेकिन दबी जुबान से ही सही, चर्चाएँ शुरू हो गई हैं। कांग्रेस के लिए हार कोई नई बात नहीं है। पार्टी कुछ समय से एक के बाद एक लगातार चुनाव हार रही है।

उनके लिए हार कोई बड़ा झटका नहीं है, लेकिन जीत बहुत बड़ी उपलब्धि होगी। यदि जीत हुई तो वह राहुल गांधी को स्थापित कर देगी, क्योंकि अभी तक वे उपहास के पात्र रहे हैं और ऐसा माना जा रहा था कि जनता उन्हें ठुकरा चुकी है। इस बार राहुल एक नए तेवर में नजर आ रहे हैं।

उनके भाषणों में जिन मारक मुद्दों और शब्दों का अभाव दिखता था, इस बार उसमें वह दिखाई दे रहा है। दूसरी ओर, भाजपा की हार पार्टी के लिए बड़ा झटका होगी। भाजपा जीतती है, तो प्रधानमंत्री मोदी के विजय अभियान में वह एक और तमगा होगा। भाजपा के लिए चुनाव आन की लड़ाई जैसा है। वह इस राज्य में पिछले 22 साल से सत्ता में है और यहाँ के मुख्यमंत्री नरेंद्र मोदी रहे हैं। उन्होंने प्रधानमंत्री तक का अपना सफर यहीं से तय किया है।

चुनावी सर्वेक्षणों ने तो धड़कनों को और तेज कर दिया है। हालाँकि चुनाव सर्वेक्षण पूरी तरह से सही नहीं होते, वे केवल एक संकेत भर देते हैं। मैं एक चुनावी सर्वेक्षण का जिक्र करना चाहूँगा। ए.बी.पी. न्यूज–सी.एस.डी.एस. के सर्वे के मुताबिक वोट शेयर में कांग्रेस और भाजपा के बीच मुकाबला बराबरी पर है।

कांग्रेस को 43 प्रतिशत और भाजपा को भी 43 प्रतिशत वोट शेयर मिलने का अनुमान जताया गया है। यह सर्वेक्षण समान वोट शेयर पर भाजपा को बहुमत दिला रहा है, जबकि कांग्रेस उसके आसपास रहेगी। सी.एस.डी.एस. के पिछले सर्वे में एक रुख तो स्पष्ट है कि भाजपा का वोट प्रतिशत लगातार गिरता गया है। सीटों की बात करें तो यहाँ कांग्रेस के लिए एक उम्मीद जगी है। ए.बी.पी. न्यूज के अंतिम ओपिनियन पोल में कांग्रेस को 82 और भाजपा को 95 सीटें मिलने का अनुमान जताया गया है, लेकिन हम सब यह जानते हैं कि ऐसे मतदाता, जो अंतिम समय में तय करते हैं कि उन्हें कहाँ वोट डालना है, वे नतीजों पर असर डालते हैं।

यह सही है कि भाजपा लंबे अरसे से गुजरात में सत्ता में रही है। संगठन के तौर पर कांग्रेस उससे बहुत कमजोर है, लेकिन भाजपा से पाटीदार नाराज हैं, किसानों में नाराजगी है और जी.एस.टी. को लेकर एक बड़ा व्यापारी वर्ग भी नाराज है।

लेकिन देखना होगा कि यह नाराजगी क्या असंतोष में बदली है, यानी मतदाता जब यह सोचने लगे कि इन्हें तो हराना है और इस बात की परवाह न करे कि विपक्ष का उम्मीदवार कैसा है ? नाराजगी में मतदाता या तो वोट देने नहीं जाता और जाता भी है तो इस बात को कोसते हुए कि विपक्षी उम्मीदवार उपयुक्त नहीं है और वोट उसी पार्टी को डाल देता है। मीडिया की विभिन्न रिपोर्टों पर गौर करें तो गुजरात में कहीं-कहीं नाराजगी असंतोष की हद तक नजर आती है, लेकिन यह व्यापक है, ऐसा प्रमाण नहीं है।

पिछले कई चुनावों में प्रधानमंत्री नरेंद्र मोदी और विकास के उनके वादे पर लोगों

ने वोट किया है, लेकिन इस बार चुनाव के मुद्दों पर नजर डालें तो शुरुआत विकास के मुद्दे से हुई थी। फिर 'विकास पगला गया' और उसके बाद 'विकास धार्मिक हो गया'। 'विकास' जमा नहीं तो इस मुद्दे को ही छोड़ दिया गया और उसकी जगह भावनात्मक मुद्दों ने ले ली।

दिलचस्प है कि विकास के मुद्दे पर भाजपा रक्षात्मक नजर आई। पहला चरण समाप्त होते-होते चुनाव सीडी, आरक्षण, राम मंदिर, तीन तलाक से होता हुआ, मणिशंकर अय्यर के 'नीच' और सलमान निजामी तक जा पहुँचा। गुजरात के चुनाव में इस बार बहुत दिलचस्प बातें देखने को आईं। कांग्रेस ने अल्पसंख्यकों से दूरी बनाते हुए नरम हिंदुत्व की राह पकड़ी और राहुल गांधी हर छोटे-बड़े मंदिर में मत्था टेकते नजर आए, जबकि यह भाजपा का कार्यक्षेत्र रहा है। कांग्रेस पर अल्पसंख्यकों की तरफदारी करने का आरोप लगता रहा है।

लेकिन कांग्रेस ने इस बार उनसे दूरी बनाए रखी, जिसके कारण भाजपा को उसे इस मुद्दे पर घेरने का मौका ही नहीं मिला। दिलचस्प है कि इन चुनावों में मुसलिम वोट बैंक कोई मुद्दा नहीं है। उनकी कोई बात नहीं कर रहा, लेकिन 182 सीटों में से 21 पर इस समुदाय का प्रभाव है। सोशल मीडिया में भाजपा का पलड़ा हमेशा भारी रहता था, पर इस बार ऐसा नहीं दिख रहा है। कांग्रेस भी सोशल मीडिया में उतनी ही सक्रिय है। पाटीदार नेता हार्दिक पटेल की जनसभाओं में उमड़ी भीड़ ने भी भाजपा को चिंतित किया है। समय-समय पर उनकी सीडी भी आती रही, लेकिन लगता नहीं कि उसने चुनाव को बहुत प्रभावित किया।

हालाँकि वे इस पूरे चुनाव में चर्चा का केंद्र रहे। कांग्रेस ने आरक्षण, किसानों की नाराजगी, जी.एस.टी. और नोटबंदी के मुद्दे उठाने की कोशिश की, वहीं भाजपा मुद्दों के अलावा अपने मजबूत संगठन के जरिए बूथ लेवल पर काम कर रही है। प्रधानमंत्री नरेंद्र मोदी और पार्टी अध्यक्ष अमित शाह प्रदेश में सक्रिय हैं। सघन प्रचार और ध्रुवीकरण भाजपा के पक्ष में जा सकता है।

11 दिसंबर, 2017

□

2जी घोटाला : नाकाम एजेंसियाँ

पिछले दिनों एक चौंकाने वाला फैसला आया। अब तक जिस मामले को देश के इतिहास का सबसे बड़ा वित्तीय घोटाला माना जा रहा था, उसमें कोई दोषी साबित नहीं हुआ। सी.बी.आई. की विशेष अदालत ने इस मामले के सभी आरोपियों को बरी कर दिया।

विशेष अदालत ने कहा कि सरकारी वकील आरोप साबित करने में नाकाम रहे। इसके पहले तत्कालीन लेखा महानियंत्रक विनोद राय ने स्पेक्ट्रम आवंटन की प्रक्रिया में देश को एक लाख 76 हजार करोड़ रुपए का नुकसान होने का आकलन किया था।

उनका कहना था कि अगर लाइसेंस नीलामी के आधार पर दिए जाते, तो देश के खजाने को कम-से-कम एक लाख 76 हजार करोड़ रुपए आते। उसके बाद यह मामला सुर्खियों में आया। सुप्रीम कोर्ट ने 2जी मामले में सवाल खड़े होने पर 122 स्पेक्ट्रम लाइसेंस रद्द कर दिए थे। साथ ही, पूरे मामले की जाँच के लिए विशेष अदालत गठित करने का निर्देश दिया था। डी.एम.के. नेता और मनमोहन सरकार के दूरसंचार मंत्री ए. राजा और डी.एम.के. की राज्यसभा सदस्य एवं तमिलनाडु के पूर्व मुख्यमंत्री एम करुणानिधि की बेटी कनिमोझी को आरोपों के कारण जेल भी जाना पड़ा था। विशेष अदालत ने अपने फैसले में ए. राजा, डी.एम.के. सांसद कनिमोझी समेत सभी 17 आरोपियों को बरी कर दिया।

सी.बी.आई. की विशेष अदालत के जज ओ.पी. सैनी ने अपने फैसले में कई महत्त्वपूर्ण बातें कहीं। उन्होंने कहा कि वह पिछले सात साल से सभी कामकाजी दिनों में सुबह 10 बजे से शाम 5 बजे तक ओपन कोर्ट में बैठे और इसका इंतजार किया कि कोई कानूनी तौर पर मान्य प्रमाण पेश करेगा, लेकिन यह कोशिश बेकार गई।

जज की यह टिप्पणी बेहद गंभीर है और सी.बी.आई. को कटघरे में खड़ा करती है। आप गौर करें कि ऐसे अनेक उदाहरण हैं। जब भी किसी मामले में नामीगिरामी लोग फँसे हैं, हमारी जाँच एजेंसियाँ सबूत जुटाने में अकसर असफल हो जाती हैं। यह गंभीर चिंता

का विषय है। आर्थिक अपराधों के लिए सजा दिलाने में हम अकसर नाकाम हो जाते हैं।

इस मामले में भी तमिलनाडु के प्रभावशाली नेता और बड़े कारोबारी लपेटे में आ रहे थे और इस मामले का हश्र क्या हुआ, यह हम सबके सामने है।

इस मामले में जो बरी हुए हैं, वे हैं—पूर्व केंद्रीय दूरसंचार मंत्री ए. राजा, करुणानिधि की बेटी और राज्यसभा सदस्य कनिमोझी, पूर्व दूरसंचार सचिव सिद्धार्थ बेहुरा, ए. राजा के निजी सचिव आरके चंदोलिया, स्वॉन टेलिकॉम के प्रबंध निदेशक रहे शाहिद बलवा, उनके भाई आसिफ बलवा, स्वॉन टेलिकॉम के निदेशक विनोद गोयनका, यूनिटेक के प्रबंध निदेशक रहे संजय चंद्रा, राजीव अग्रवाल और सिनेयुग मीडिया और एंटरटेनमेंट के निदेशक करीम मोरानी और अनिल अंबानी समूह के अधिकारी गौतम दोषी, सुरेंद्र पिपारा और हरी नायर।

इस पूरे मामले को समझने की आवश्यकता है कि आखिर मामला क्या था? तत्कालीन दूरसंचार मंत्री ए. राजा ने 2008 में स्पेक्ट्रम लाइसेंसों का आवंटन 2001 में निर्धारित दरों पर 'पहले आओ-पहले पाओ' नीति के आधार पर कर दिया था। आरोप था कि आवंटन में उनकी पसंदीदा कंपनियों को तरजीह दी गई थी।

तत्कालीन लेखा महानियंत्रक विनोद राय का कहना था कि नीलामी न होने के कारण सरकार को एक लाख 76 हजार करोड़ रुपए के राजस्व का नुकसान हुआ। आरोपों के कारण ए. राजा जेल चले गए और लगभग 15 महीनों तक जेल में रहने के बाद उन्हें हाल ही में जमानत मिली। इन लोगों के खिलाफ धारा-409 के तहत आपराधिक विश्वासघात और धारा 120बी के तहत आपराधिक षड्यंत्र के आरोप लगाए गए थे, लेकिन अदालत के समक्ष पर्याप्त सबूत नहीं आए।

यह मामला यू.पी.ए. सरकार के दौरान का है और इसने एक बड़े राजनीतिक विवाद का रूप ले लिया था। वर्ष 2014 के लोकसभा चुनावों में एन.डी.ए. के पास भ्रष्टाचार यू.पी.ए. सरकार के खिलाफ सबसे बड़ा अस्त्र था। अब भी इस मामले पर खूब राजनीति हो रही है। भाजपा और कांग्रेस, दोनों ओर से इसको लेकर खूब बयानबाजी चल रही है। कांग्रेस पार्टी के नेताओं ने इस मामले पर खुशी जताते हुए मौजूदा मोदी सरकार को घेरने की कोशिश की है।

पूर्व प्रधानमंत्री मनमोहन सिंह ने कहा है कि यह फैसला अपने आप ही सब्र कुछ बोल रहा है। मैं खुश हूँ कि कोर्ट ने साफ तौर पर कह दिया है कि यू.पी.ए. के खिलाफ जो दुष्प्रचार किया जा रहा था, उसका कोई आधार नहीं था। उधर, भाजपा नेता और वित्तमंत्री अरुण जेटली ने पलटवार किया कि सुप्रीम कोर्ट ने 2002 में ही यह कह दिया कि कांग्रेस के नेतृत्व वाली सरकार की 2जी नीति भ्रष्ट थी और इसी आधार पर कोर्ट ने सारे आवंटन रद्द कर दिए थे।

कांग्रेसी नेता कपिल सिब्बल ने कहा है कि प्रधानमंत्री को संसद में आकर इस मामले में स्पष्टीकरण देना चाहिए। उन्होंने कहा कि यह सरकार इस आधार पर बनी थी कि यू.पी.ए. की सरकार 2जी और दूसरे घोटालों में शामिल थी, लेकिन अब यह साबित हो गया है कि यह सब विपक्ष का झूठ था। भाजपा को देश से माफी माँगनी चाहिए। 2जी स्पेक्ट्रम आवंटन को यू.पी.ए. ने घोटाला नहीं माना था। तब तत्कालीन दूरसंचार मंत्री कपिल सिब्बल ने कहा था कि जीरो लॉस है, यानी कोई नुकसान नहीं हुआ है। भाजपा ने इस पर खूब छींटाकशी की थी। यू.पी.ए. सरकार में सूचना प्रसारण मंत्री रहे मनीष तिवारी ने कहा कि पूर्व सी.ए.जी. को देश से माफी माँगनी चाहिए।

यह सच है कि इस घोटाले ने यू.पी.ए. की साख को समाप्त कर दिया था। भ्रष्टाचार पर अभी तक कांग्रेस का रवैया रक्षात्मक रहा है, लेकिन इस फैसले के बाद कांग्रेस को भाजपा से मुकाबला करने का नैतिक आधार मिल सकता है।

दूसरी ओर, यू.पी.ए. के कार्यकाल में जब यह मामला सी.बी.आई. के पास गया था, तब डी.एम.के. नेता कांग्रेस से खफा हो गए थे। डी.एम.के. को लग रहा था कि कांग्रेस के नेताओ ने डी.एम.के. को बचाने की कोशिश नहीं की।

फैसले के बाद दोनों दल के बीच दूरियाँ कम हो सकती हैं। इस मामले के दो पहलू हैं—एक नीतिगत और दूसरा प्रक्रियागत। विशेष अदालत का फैसला नीति के बारे में नहीं, बल्कि कथित घपले के बारे में आया है, जो साबित नहीं हो पाया। लेखा महानियंत्रक ने अपनी रिपोर्ट का आधार प्रक्रियागत रखा था। मौजूदा स्थिति में कहा जा सकता है कि आवंटन में पक्षपात हो सकता है, मगर उसके लिए पैसे का लेन-देन हुआ, इसको सबूतों के अभाव में अदालत ने खारिज कर दिया है।

25 दिसंबर, 2017

□

नए साल के नए संकल्प

अमीर कजलबाश का एक दिलचस्प शे'र है—यकुम (पहली) जनवरी है, नया साल है, दिसंबर में पूछूँगा क्या हाल है? वर्ष के 365 दिन कैसे बीत जाते हैं, यह पता भी नहीं चल पाता। पिछले साल के कुछ खट्टे-मीठे अनुभव साथ रह जाते हैं, लेकिन हर साल नई उम्मीदें लेकर आता है। पूरी दुनिया नए साल का जोशोखरोश से स्वागत करती है। बधाइयों के लेन-देन का सिलसिला कई दिनों तक चलता है।

नया साल मनाने के पीछे मान्यता यही है कि साल का पहला दिन अगर उत्साह और खुशी के साथ मनाया जाए, तो पूरा साल उत्साह और खुशियों के साथ बीतेगा, पर हम सब जानते हैं कि वास्तविक जिंदगी में ऐसा होता नहीं है। उतार-चढ़ाव जीवन का अभिन्न अंग है, लेकिन नया साल हमें एक नई शुरुआत करने को प्रेरित अवश्य करता है। भारतीय मनीषियों ने कहा है—बीती ताहि बिसार दे, आगे की सुधि लेय, यानी बीती बातों को पकड़ के बैठने से कुछ हासिल होने वाला नहीं, भविष्य का चिंतन करें। हरिवंश राय बच्चन अपनी कविता में इसी बात को आगे बढ़ाते हैं—जो बीत गई, सो बात गई।

तत्त्व की बात यह कि भविष्य की ओर देखें। अपने और अपने परिवार के दायरे से आगे बढ़ें। दूसरों को कुछ खुशियाँ दे पाए, उम्मीद की किरण जगा पाए, तो मुझे लगता है कि हम अपने मकसद में कामयाब हुए। हरेक जिंदगी का फलसफा अलग होता है, लेकिन मुझे लगता है कि जीवन के कुछ क्षेत्र हैं, जिनमें हस्तक्षेप करने पर हम और आप विचार कर सकते हैं।

नए साल में टेक्नोलॉजी का नियंत्रित इस्तेमाल करें। टेक्नोलॉजी दोधारी तलवार है। यह वरदान है, तो मारक भी। यह देखने में आ रहा है कि मोबाइल एक बीमारी की तरह हम-आप सबको जकड़ता जा रहा है। इस चुनौती से पूरी दुनिया जूझ रही है। मुझे हाल में लंदन में आयोजित बी.बी.सी. के लीडरशिप समिट में हिस्सा लेने का मौका मिला। उसमें एक प्रस्तुतीकरण में जो तथ्य सामने आए, वे चौंकाने वाले हैं। बताया गया कि ब्रिटेन में हर व्यक्ति प्रतिदिन औसतन 2,617 बार अपने मोबाइल फोन को छूता है। भारत में हम थोड़ा ही पीछे होंगे।

दिल्ली में पिछले साल एक युवा की कंप्यूटर, मोबाइल की लत इतनी बढ़ गई कि उसे अस्पताल में भर्ती कराना पड़ा। दिक्कत यह है कि हम सब यह चाहते हैं कि देश में आधुनिक टेक्नोलॉजी आए, लेकिन उसके साथ किस तरह तारतम्य बिठाना है, इस पर हम विचार नहीं करते। हमें नई परिस्थितियों से तालमेल बिठाने के विषय में सोचना होगा।

हमारी दूसरी बड़ी चुनौती युवा मन को समझने की है। थोड़ा करीब से देखें, तो पाएँगे कि आज के बच्चे बदल चुके हैं। उनकी बातचीत, आचार-व्यवहार, उनके सोने-पढ़ने के समय, हाव-भाव और खान-पान, सब बदल चुके हैं। वे बेगाने हो गए हैं। इसे स्वीकारना होगा। कुछ समय पहले मुझे 'प्रभात खबर' के 'बचपन बचाओ अभियान' के तहत बच्चों से संवाद का मौका मिला।

मैंने पाया कि बच्चों में माता-पिता को लेकर अविश्वास का भाव था। अधिकांश बच्चे परिवार की मौजूदा व्यवस्था से संतुष्ट नहीं थे। पीढ़ी के परिवर्तन पर आपका बस नहीं है। जितनी जल्दी हो सके, हमें नई परिस्थितियों से सामंजस्य बिठाना होगा, ताकि बच्चों में अविश्वास का भाव न जगे। सबसे जरूरी है कि उनसे संवाद बना रहे।

मुझे लगता है कि स्वास्थ्य सेवाओं को लेकर भी हमें विचार करना चाहिए। कुछेक निजी अस्पतालों में जिस तरह की लूट है, उसे रोकने के लिए आवाज उठानी चाहिए, ताकि इनको नियंत्रित करने के उपाय किए जा सकें। पिछले दिनों दिल्ली सरकार ने लापरवाही के कारण एक जाने-माने निजी अस्पताल का लाइसेंस निरस्त कर दिया। दूसरी ओर सरकारी अस्पतालों में संसाधनों का भारी अभाव है। चिंता की बात यह है कि स्वास्थ्य सेवाओं का ऑडिट किए जाने को लेकर कोई बहस नहीं होती।

हमें महिलाओं को और सशक्त करने की जरूरत है। भारतीय महिलाएँ जिंदगी के सभी क्षेत्रों में सक्रिय हैं। हमारा संविधान भी महिलाओं को बिना भेदभाव के सामान अधिकार की गारंटी देता है। फिर भी महिलाओं की स्थिति मजबूत नहीं है। उन्हें निशाना बनाया जाता है। कार्यस्थलों पर उनके साथ भेदभाव किया जाता है। हाल में महिला एवं बाल विकास मंत्रालय ने 'प्लान इंडिया' की ओर से तैयार की गई रिपोर्ट जारी की। जिन राज्यों में महिलाएँ सबसे अधिक असुरक्षित हैं, उनमें बिहार, झारखंड, उत्तर प्रदेश और देश की राजधानी दिल्ली शामिल हैं।

हमें वृद्धजनों के प्रति और संवेदनशील होना पड़ेगा। भारत की एक बड़ी आबादी बुजुर्ग हो रही है। बेहतर स्वास्थ्य सेवाओं ने लोगों की उम्र बढ़ा दी है। सामाजिक हालात बदल रहे हैं और संयुक्त परिवार का ढाँचा टूट चुका है। ऐसे में समाज और सरकार की ओर से बुजुर्गों की देखभाल के लिए नई पहल नहीं की गई, तो जल्द यह एक व्यापक समस्या बननेवाली है।

बुजुर्गों के साथ रूखा व्यवहार, उनकी अनदेखी और उन्हें बोझ माना जाना समस्या

का सबसे चिंताजनक पहलू है। अनुमान है कि भारत में अभी 6 फीसदी आबादी 60 साल या उससे अधिक की है, जो वर्ष 2050 तक 20 फीसदी तक हो जाएगी।

हमें बाबाओं के मायाजाल से बचना होगा। पिछले साल कई मामले सामने आए, जिनमें बड़ी संख्या में लोग, खासकर महिलाएँ, बाबाओं के शोषण के शिकार हुए। सबसे प्रमुख मामला डेरा सच्चा सौदा प्रमुख गुरमीत राम रहीम का था। उसे साध्वी के यौन शोषण के मामले में दोषी करार दिया गया। यह कथित बाबा फिल्में बनाता है, जिसमें वह हीरो बनकर आता है। नाम बदलता रहता है। महँगी कारों का शौकीन है। वह बाल-बच्चेदार व्यक्ति है, लेकिन आश्चर्य है कि फिर भी लोग उसके मायाजाल में फँस जाते हैं।

हमें घरेलू सहायकों के प्रति संवेदनशील बनना होगा। कुछ दिनों पहले दिल्ली से सटे नोएडा से खबर आई थी कि घरेलू दाइयों, जिन्हें अंग्रेजी में लोग 'मेड' कहते हैं, और 'मैडम' लोगों में संघर्ष हो गया। यह अपने तरह की अलग घटना है, अन्यथा दाइयाँ घरों में काम करती रहती हैं। उनकी ओर न तो समाज का और न ही सरकारों का ध्यान जाता है। इनका भरपूर शोषण किया जाता है, इनका न्यूनतम वेतन निर्धारित नहीं है, काम के घंटे, छुट्टियाँ, कुछ भी तो निर्धारित नहीं है। साहब और मैडम की मर्जी से ही इनका सब कुछ तय होता है। इनके प्रति हमें संवेदनशील रवैया अपनाना होगा।

पिछले दिनों राँची में हुए 'प्रभात खबर-टाटा साहित्य समागम' में जो बात उभरकर सामने आई कि हमें अपनी भाषा को लेकर जो गर्व होना चाहिए, उसकी बहुत कमी है। हमारा कुलीन वर्ग हिंदी की दुहाई तो बहुत देता है, लेकिन अपनाता अंग्रेजी ही है। हम अंग्रेजी और अन्य जितनी भाषाएँ पढ़ सकते हैं, उन्हें पढ़ना चाहिए, लेकिन मातृभाषा हिंदीहीन है, ऐसी ग्रंथि दिमाग से निकाल देनी चाहिए। नया साल आपके जीवन में अपार खुशियाँ लाए, इसी कामना के साथ आप सबको नव वर्ष की हार्दिक शुभकामनाएँ।

1 जनवरी, 2018

□

भारत-अमेरिका में एच-1बी की फाँस

पिछले दिनों अमेरिकी राष्ट्रपति डोनाल्ड ट्रंप पर अमेरिकी पत्रकार माइकल वूल्फ की एक किताब 'फायर एंड फ्यूरी : इनसाइड द ट्रंप व्हाइट हाउस', सामने आई। इस किताब में ट्रंप को एक ऐसे बेसब्र व्यक्ति के तौर पर दिखाया गया है, जिसकी नीतियों में स्थिरता नहीं है और जो अपनी ही बातें दोहराता रहता है। ट्रंप प्रशासन ने किताब को बाजार में आने से रोकने की पुरजोर कोशिशें कीं। इसके बावजूद इस किताब की बिक्री शुरू हो गई है और यह किताब बेस्टसेलर बन गई है।

हालाँकि इसमें कही गई बातों को ट्रंप प्रशासन ने खारिज किया है। ट्रंप ने ट्वीट कर कहा है कि वह जीनियस हैं। इस किताब से अमेरिकी राष्ट्रपति के व्यक्तित्व की एक झलक तो मिलती ही है। किताब में कहा गया है कि व्हाइट हाउस शिफ्ट होने के बाद ट्रंप किसी को अपना टूथब्रश नहीं छूने देते थे। यहाँ तक कि वह अपनी शर्ट को भी हाथ नहीं लगाने देते थे। दरअसल, उन्हें जहर दिए जाने का डर सताता रहता था।

एक बार हाउसकीपिंग स्टाफ जमीन पर गिरी उनकी शर्ट उठाने लगा, तो उन्होंने डाँटते हुए कहा कि अगर उनकी शर्ट जमीन पर गिरी है, तो इसलिए, क्योंकि वह ऐसा चाहते हैं। इसके बाद उन्होंने व्हाइट हाउस में कुछ नए नियम बनाए कि कोई भी कुछ नहीं छुएगा, खासकर उनका टूथब्रश। साथ ही, जब बेडशीट बदलनी होगी, तो वह खुद हाउसकीपिंग को बताएँगे।

उनका दिमागी फितूर उनके फैसलों में भी दिखाई देता है। उनकी नीतियाँ वैश्वीकरण के खिलाफ हैं और संरक्षणवादी हैं, जबकि अमेरिका अब तक वैश्वीकरण का सबसे बड़ा पक्षधर और हमेशा संरक्षणवाद के खिलाफ रहा है। अमेरिका इसलिए ताकतवर और सफल रहा है कि उसने दुनिया की प्रतिभाओं को अपने यहाँ खुले दिल से आमंत्रित किया और इन प्रतिभाओं ने अपनी मेधा के बल पर अमेरिका को नई ऊँचाइयों तक पहुँचाया, लेकिन ट्रंप के आने के बाद से अमेरिकी प्रशासन ने कई फैसले किए हैं, जो भारत के हित में नहीं हैं। हाल में ट्रंप प्रशासन नए नियम के तहत एच-1बी वीजा के

विस्तार पर रोक लगाने जा रहा है। इससे आई.टी. क्षेत्र के लगभग पाँच लाख भारतीय युवा प्रभावित होंगे। यदि अमेरिकी प्रशासन प्रस्तावित ग्रीन कार्ड का इंतजार कर रहे लोगों के एच-1बी वीजा का विस्तार नहीं करता है, तो इन्हें भारत लौटना पड़ सकता है।

वर्ष 2016 में अपने चुनाव प्रचार के दौरान ही डोनाल्ड ट्रंप ने एक नारा उछाला था 'बॉय अमेरिकन, हॉयर अमेरिकन'। दरअसल, अमेरिकी तकनीकी विशेषज्ञ ट्रंप यह समझाने में कामयाब रहे कि विदेशी आई.टी. विशेषज्ञों के आने-न आने से कोई विशेष फर्क पड़ने वाला नहीं है। साथ ही, अब अमेरिका में तकनीकी कर्मचारियों की कोई कमी नहीं है। और एच-1बी वीजा पर रोक लगाई जाए, जबकि यह माना जाता है कि अमेरिकी आई.टी. सेक्टर को भारतीय ही संचालित करते हैं। आई.टी. सेक्टर के बड़े नाम—माइक्रोसॉफ्ट के सत्य नडेला हों अथवा गूगल के सी.ई.ओ. सुंदर पिचाई, दोनों भारतीय मूल के हैं और आई.टी. की दो सबसे बड़ी कंपनियों को संचालित कर रहे हैं। वे भी एच-1बी वीजा से अमेरिका गए थे।

यह समझ लेना भी जरूरी है कि एच-1बी वीजा होता क्या है ? यह वीजा विशेषज्ञ लोगों को दिया जाता है, जैसे—डॉक्टर और इंजीनियर। अमेरिका में सबसे ज्यादा एच-1बी वीजा भारतीय इंजीनियरों के पास हैं। अप्रैल 2017 में इससे जुड़ा आँकड़ा जारी किया गया था।

इसमें बताया गया था कि 2007 से जून 2017 तक 34 लाख एच-1बी वीजा आवेदन मिले। इनमें भारत से 21 लाख आवेदन थे। सन् 2016 में 1,26,692 भारतीय लोगों को एच-1बी वीजा मिला, जो कुल एच1-बी वीजा का 75 फीसदी है। यह वीजा एक बार में तीन साल अमेरिका में काम करने की अनुमति देता है। जिन एच-1बी वीजा धारकों ने ग्रीन कार्ड के लिए आवेदन किया होता है, उन्हें अंतिम फैसला होने तक अमेरिका में रहने की अनुमति मिल जाती है। यह अनुमति अब बंद होने जा रही है। इनके अलावा एच-1बी वीजा पर गए व्यक्ति की पत्नी अथवा पति को एच-4 वीजा दिया जाता है। अभी तक इनको अमेरिका में काम करने की अनुमति थी। इसे भी बंद किया जा रहा है।

दरअसल, अमेरिका में पिछले 15 साल में आई.टी. में वैसी प्रतिभाएँ सामने नहीं आई हैं, जिनकी आई.टी. इंडस्ट्री में जरूरत होती है। यही वजह है कि अमेरिका के कुल सॉफ्टवेयर कारोबार का करीब 65 फीसदी भारत पर निर्भर है। अमेरिका से भारतीय आई.टी. कंपनियों की आय की बात करें, तो टी.सी.एस. की आय में 50 फीसदी से अधिक, इंफोसिस की आय में 60 फीसदी, विप्रो की आय में 50 फीसदी, एच.सी.एल. टेक की आय में 60 फीसदी, टेक महिंद्रा की आय में लगभग 50 फीसदी अमेरिकी कारोबार का योगदान रहता है।

जाहिर है कि इसका असर भारतीय इंजीनियरों, भारतीय आई.टी. कंपनियों और भारतीय अर्थव्यवस्था पर पड़ेगा। दरअसल, भारतीय जी.डी.पी. में भारतीय आई.टी. कंपनियों का योगदान लगभग 9.5 प्रतिशत है और इन कंपनियों पर पड़ने वाला कोई भी असर सीधे तौर पर भारतीय अर्थव्यवस्था को प्रभावित करेगा। यही वजह है कि भारत सरकार ने भी ट्रंप प्रशासन को अपनी चिंताओं से अवगत कराया है। इस मसले पर केंद्र सरकार और आई.टी. कंपनियों के अधिकारियों के बीच कई बैठकें भी हो चुकी हैं। अमेरिका चैंबर ऑफ कॉमर्स ने भी कहा है कि एच-1बी वीजा का विस्तार समाप्त करना एक खराब नीति होगी। अमेरिका के कुछ सांसदों ने भी ट्रंप की नीति का विरोध किया है, लेकिन जैसा कि ट्रंप का ट्रैक रिकॉर्ड है, वह किसी की सुननेवाले नहीं हैं।

यह बेहद दुर्भाग्यपूर्ण है कि सब देश अपनी अपनी-अपनी सीमाओं में बंद होते जा रहे हैं। यदि आदान-प्रदान नहीं होगा, तो मानव जाति का विकास कैसे होगा? यूरोप में ऐसा हो रहा है और अब अमेरिका भी अपने दरवाजे बंद करता जा रहा है। हमें विचार करना होगा कि हम 21वीं सदी की ओर जा रहे हैं या पीछे लौट रहे हैं? भारतीय नीति निर्धारकों को इस पर भी विचार करना होगा कि हम अमेरिका के साथ लगातार अच्छे रिश्ते बनाने की कोशिश कर रहे हैं। हम लचीला रुख अपनाते हुए कारोबार के क्षेत्र में उन्हें जरूरत से ज्यादा सुविधाएँ प्रदान कर रहे हैं।

बावजूद इसके, अमेरिका के लगातार फैसले भारतीय हितों के खिलाफ जा रहे हैं। मेरा मानना है कि ये फैसले भारत के लिए चुनौती भी हैं और अवसर भी। अब तक भारत प्रतिभा पलायन की बात करता आया है। अगर भारतीय प्रतिभाएँ वापस आती हैं, तो यह अवसर होगा कि हम अपनी प्रतिभाओं को भारत में ही समुचित अवसर और संसाधन प्रदान करें, ताकि वे यहाँ रहकर विदेशों में भारत का परचम लहरा सकें।

8 जनवरी, 2018

□

सुप्रीम कोर्ट में अभूतपूर्व हलचल

किसी भी लोकतांत्रिक देश में जब भी कोई संकट की घड़ी आती है, तो उस दौरान उसके प्रशासनिक प्रतिष्ठानों की एक तरह से परीक्षा होती है। लोकतंत्र का भविष्य इससे तय होता है कि ये प्रतिष्ठान कितने गंभीर झटकों को आत्मसात् कर सकते हैं? इसमें सबसे महत्त्वपूर्ण हैं अदालतें और उसमें भी सर्वोपरि है सुप्रीम कोर्ट। समय-समय पर अन्य सत्ता प्रतिष्ठानों पर भले ही सवाल उठते रहे हों, लेकिन न्यायपालिका पर हमारा भरोसा कभी नहीं डगमगाया है।

इसकी वजह भी हैं। अदालतों ने अनेक ऐतिहासिक फैसले दिए हैं और लोकतंत्र की गरिमा को कायम रखा है। इसकी लंबी-चौड़ी फेहरिस्त है, लेकिन हाल के कुछ अदालती फैसलों का जिक्र करना प्रासंगिक होगा।

हाल में सुप्रीम कोर्ट की संविधान पीठ ने बहुमत के निर्णय से मुसलिम समाज में एक बार में तीन बार तलाक देने की प्रथा को निरस्त कर दिया। मुख्य न्यायाधीश की अध्यक्षता वाली संविधान पीठ ने इस प्रथा पर छह महीने की रोक लगाने की सिफारिश करते हुए सरकार से कहा कि वह इस संबंध में कानून बनाए।

एक अन्य फैसले में सुप्रीम कोर्ट ने समलैंगिकता को कानूनी मान्यता दिए जाने के लिए दायर दो साल पुरानी याचिका पर सुनवाई को तैयार हो गई है। सुप्रीम कोर्ट की नौ जजों की बेंच ने निजता पर फैसले में जस्टिस चंद्रचूड़, जस्टिस नरीमन और जस्टिस कौल ने संविधान के अनुच्छेद 21 में दिए गए जीवन के अधिकार के तहत समलैंगिकता समेत अनेक अधिकारों की चर्चा की थी।

सुप्रीम कोर्ट ने एक अन्य फैसले में कहा था कि निजता का अधिकार मौलिक अधिकार है और यह संविधान के अनुच्छेद 21 (जीने के अधिकार) के तहत आता है। अदालत ने 1954 में 8 जजों की संवैधानिक पीठ के फैसले को पलट दिया। इस बारे में दो फैसले थे, जिनमें निजता को मौलिक अधिकार नहीं माना गया था। केंद्र सरकार ने भी अदालत में कहा था कि निजता मौलिक अधिकार नहीं है। अदालती फैसलों की ये तो कुछ मिसाल भर हैं।

पिछले कुछ दिनों के घटनाक्रम ने इसकी विश्वसनीयता पर असर डाला है। आजाद भारत के इतिहास में ऐसा पहले कभी नहीं हुआ। सुप्रीम कोर्ट के चार जज परंपरा तोड़ते हुए अपनी बात रखने के लिए सार्वजनिक रूप से सामने आए। ये चार जज हैं—जस्टिस जे. चेलमेश्वर, जस्टिस रंजन गोगोई, जस्टिस मदन लोकुर और जस्टिस कुरियन जोसेफ। उन्होंने प्रेस कॉन्फ्रेंस में कहा कि सुप्रीम कोर्ट में पारदर्शिता लाने की अपनी कोशिशों के तहत वे यह कदम उठा रहे हैं। उन्होंने कहा कि सुप्रीम कोर्ट में हालात सही नहीं हैं। जजों ने सुप्रीम कोर्ट के मुख्य न्यायाधीश दीपक मिश्रा की प्रशासनिक कार्यशैली पर सवाल उठाए और एक चिट्ठी जारी की, जिसमें मुख्य न्यायाधीश की कार्यप्रणाली पर गंभीर आरोप लगाए गए हैं।

प्रेस कॉन्फ्रेंस में सुप्रीम कोर्ट के नंबर-दो की हैसियतवाले जस्टिस जे. चेलमेश्वर ने कहा कि वे चारों इस बात पर सहमत हैं कि इस संस्थान को बचाया नहीं गया, तो इस देश में लोकतंत्र जीवित नहीं रह पाएगा। चूँकि हमारे सभी प्रयास नाकामयाब हो गए, यहाँ तक कि हम चारों जाकर चीफ जस्टिस से भी मिले, उनसे आग्रह किया, लेकिन हम अपनी बात पर उन्हें सहमत नहीं करा सके। इसके बाद हमारे पास कोई विकल्प नहीं बचा कि हम देश को मौजूदा परिस्थितियों के बारे में बताएँ। उन्होंने कहा कि वे नहीं चाहते कि 20 साल बाद इस देश का कोई शख्स यह कहे कि चेलमेश्वर, रंजन गोगोई, मदन लोकुर और कुरियन जोसेफ ने अपना जमीर बेच दिया था।

चिट्ठी से इसका आभास होता है कि जजों के गुस्से की मुख्य वजह रोस्टर है। चिट्ठी की भाषा वकील और जज बेहतर समझ सकते हैं। इसमें उन्होंने मुख्य रूप से जजों की बेंच की नियुक्ति का मुद्दा ही उठाया है।

मेमोरेंडम ऑफ प्रॉसिजर की बात करते हुए भी जजों ने बेंच की नियुक्ति पर ही बात की है। इसका केंद्र बिंदु यह है कि मुख्य न्यायाधीश जजों के रोस्टर का मास्टर होता है, जिसकी जिम्मेदारी है कि तर्कसंगत सिद्धांत के आधार पर किसी बेंच को केस सौंपे जाएँ। अगर यह धारणा बन जाए कि मुख्य न्यायाधीश जजों को अपने हिसाब से कोई भी केस दे सकते हैं, तो यह चिंताजनक बात है। सुप्रीम कोर्ट में जितने भी जज हैं, सब बराबर हैं।

लेकिन राष्ट्रीय महत्त्व के जो मामले होते हैं, उन पर सुनवाई की जिम्मेदारी जजों की वरिष्ठता को ध्यान में रखकर सौंपी जाती है। यह पूछने पर कि क्या आप मुख्य न्यायाधीश के खिलाफ महाभियोग चलाना चाहते हैं, जस्टिस चेलमेश्वर ने कहा कि यह देश को तय करना है। ये बयान हालात की गंभीरता को बयाँ करते हैं।

मीडिया इस मुद्दे पर टूट पड़ा है। बहसें हो रही हैं। सोशल मीडिया में कीचड़ उछाल का दौर शुरू हो गया है। चिंता की बात यह है कि मूल मुद्दा पीछे छूट गया है।

हालाँकि अभी तक राजनीतिक दलों ने इस पर संयमित रुख अपनाया है और सीमित बयानबाजी ही हुई है।

लेकिन जैसाकि होता आया है कि पक्ष और विपक्ष लाभ-हानि का गणित बैठा रहा होता है। केंद्र ने पूरे मसले को न्यायपालिका का अंदरूनी मामला बताकर दखल देने से इनकार किया है, लेकिन प्रधानमंत्री के प्रधान सचिव नृपेंद्र मिश्र ने शनिवार को मुख्य न्यायाधीश से मुलाकात की कोशिश की। हालाँकि यह मुलाकात नहीं हो पाई। खबरों के अनुसार, नृपेंद्र मिश्र करीब 5 मिनट तक मुख्य न्यायाधीश के आवास के बाहर खड़े रहे, लेकिन मुलाकात नहीं हो सकी।

एक और खबर आई कि सी.पी.आई. नेता डी. राजा ने प्रेस कॉन्फ्रेंस के बाद जस्टिस चेलमेश्वर से मुलाकात की। चिंता की बात यही है कि यह मसला कहीं राजनीतिक रंग न पकड़ ले। इस विवाद के शांत हो जाने तक राजनीतिज्ञों और न्यायाधीशों को संयम बरतना चाहिए और आपसी मुलाकात से बचना चाहिए।

मसले की गंभीरता को देखते हुए कई स्तरों पर इसे सुलझाने की कोशिशें चल रही हैं। ऐसी भी खबरें आई हैं कि मुख्य न्यायाधीश चारों न्यायाधीशों से मुलाकात कर मामले को सुलझा लेंगे। यह सबसे बुद्धिमत्तापूर्ण हल होगा। बार काउंसिल ऑफ इंडिया के अध्यक्ष मनन मिश्रा ने कहा है कि उनका सात सदस्यों का प्रतिनिधिमंडल सुप्रीम कोर्ट के सभी जजों से मिलेगा। आधे जजों ने सहमति दे दी है और जल्द ही बाकियों से भी सहमति ले ली जाएगी।

दूसरी ओर सुप्रीम कोर्ट बार एसोसिएशन ने भी आपात बैठक में विवाद को जल्द सुलझाने की माँग की। इस विवाद से सुप्रीम कोर्ट की प्रतिष्ठा पर आँच आई है। सवाल उठ खड़े हुए हैं और ये सवाल भी अपने ही लोगों ने उठाए हैं। यह अभूतपूर्व परिस्थिति है। सुप्रीम कोर्ट को ही इस समस्या को जल्द सुलझाने की जरूरत है, ताकि आम लोगों का यकीन डगमगाए नहीं। यह मामला जितना जल्दी सुलझे, उतना देश के हित में होगा।

15 जनवरी, 2018

□

अपने बच्चों को जानिए-समझिए

पिछले दिनों दो बड़ी चिंताजनक घटना सामने आईं। लखनऊ की एक घटना में एक स्कूली बच्ची ने स्कूल में छुट्टी के लिए एक अन्य स्कूली बच्चे को जान से मारने की कोशिश की।

इसके पहले हरियाणा के गुरुग्राम में दूसरी कक्षा में पढ़नेवाले एक छात्र की हत्या के आरोप में स्कूल के ही 11वीं कक्षा के एक छात्र की गिरफ्तारी ने पूरे देश को चौंका दिया था। दूसरी घटना में हरियाणा के यमुना नगर में 12वीं कक्षा के छात्र ने लाइसेंसी रिवॉल्वर से अपने प्रिंसिपल की गोली मारकर हत्या कर दी। खबरों के अनुसार आरोपी छात्र प्रिंसिपल की डाँट से नाराज और क्षुब्ध था।

ताजा मामले में लखनऊ के एक स्कूल में पहली कक्षा के बच्चे पर चाकू से हमले के मामले में पुलिस ने सातवीं कक्षा की एक छात्रा को हिरासत में लिया है। कक्षा सात की इस छात्रा ने कक्षा-एक के छात्र को चाकू से हमला कर लहूलुहान कर दिया था। अस्पताल में होश आने पर छात्र ने जब आपबीती बताई तो सभी के होश उड़ गए। बच्चे ने बताया कि वह अपनी कक्षा में जा रहा था, तभी दीदी ने उसे रोककर उसका नाम पूछा। इसके बाद वह उसे बाथरूम में ले गई। इसके बाद दीदी ने उसे पीटना शुरू कर दिया। फिर दुपट्टे से उसके हाथ बाँधे और दुपट्टे का एक सिरा उसके मुँह में ठूँस दिया।

इसके बाद उसने चाकू से उस बालक पर ताबड़तोड़ वार किए। बच्चे ने बताया कि उसे गिड़गिड़ाते देख छात्रा मुसकराते हुए बोली कि तुम्हें मारा नहीं तो स्कूल में छुट्टी कैसे होगी? छात्रा उसे मरा हुआ समझकर वहाँ से चली गई। होश आने पर उसने बाथरूम के दरवाजे पर लात मारनी शुरू की। खुशकिस्मती से उस वक्त सिक्योरिटी इंचार्ज वहाँ से गुजर रहे थे। आवाज सुनकर उन्होंने दरवाजा खोला और उसे अस्पताल पहुँचाया। वक्त से अस्पताल पहुँचने के कारण बच्चे की जान बच पाई।

ये घटनाएँ बेहद चिंताजनक हैं और युवाओं के साथ संवादहीनता की स्थिति को उजागर करती हैं। यह इस बात को भी विचार करने को मजबूर करती हैं कि अभिभावक

और स्कूल बच्चों की पढ़ाई पर तो काफी ध्यान देते हैं, लेकिन उनकी क्या मनोदशा है, उसको लेकर कोई चिंता नहीं की जाती है।

सीबीएसई ने सभी स्कूलों को निर्देशित किया था कि बच्चों से संवाद के लिए काउंसिलर होने चाहिए, ताकि संवादहीनता की स्थिति न आए, लेकिन मौजूदा स्थिति यह है कि हम बच्चों में क्या परिवर्तन हो रहा है, उसके आकलन में नाकामयाब साबित हो रहे हैं। एक स्कूली बच्चा हत्या की योजना बना ले और माँ-बाप और स्कूल के अध्यापक-अध्यापिकाओं को इसका आभास तक न हो, यह चिंताजनक स्थिति है।

ऐसा देखा गया है कि अभिभावक और स्कूल केवल पढ़ाई पर ही ध्यान देते हैं, बच्चों के अन्य कार्यकलापों की अनदेखी कर देते हैं, लेकिन पढ़ाई को लेकर सर्वे करनेवाली संस्था 'प्रथम एजुकेशन फाउंडेशन' ने हाल में अपनी वार्षिक रिपोर्ट 'असर' यानी 'एनुअल स्टेटस ऑफ एजुकेशन रिपोर्ट' जारी की है।

यह रिपोर्ट चौंकाने वाली है। इस रिपोर्ट के अनुसार, प्राथमिक स्कूलों की हालत तो पहले से ही खराब थी और अब जूनियर स्तर का भी हाल कुछ ऐसा होता नजर आ रहा है। 'असर' की टीमों ने देश के 24 राज्यों के 28 जिलों में सर्वे किया। इसमें 1,641 से ज्यादा गाँवों के 30 हजार से ज्यादा युवाओं ने हिस्सा लिया। सर्वे के लिए देश के करीब 35 संस्थानों के दो हजार स्वयंसेवकों की भी मदद ली गई। 'असर' ने इस बार 14 से 18 वर्ष के बच्चों पर ध्यान केंद्रित किया।

सर्वे में पाया गया कि पढ़ाई की कमजोरी अब बड़े बच्चों यानी 14 से 18 साल के बच्चों में भी देखी जा रही है। सर्वे के अनुसार, 76 फीसदी बच्चे पैसे तक नहीं गिन पाते। 57 फीसदी को साधारण गुणा-भाग नहीं आता। भाषा के मोर्चे पर स्थिति बेहद चिंताजनक है। अंग्रेजी तो छोड़िए, 25 फीसदी अपनी भाषा धाराप्रवाह बिना अटके नहीं पढ़ पाते। सामान्य ज्ञान और भूगोल के बारे में बच्चों की जानकारी बेहद कमजोर पाई गई। 58 फीसदी अपने राज्य का नक्शा नहीं पहचान पाए और 14 फीसदी को देश के नक्शे के बारे में जानकारी नहीं थी। सर्वे में करीब 28 फीसदी युवा देश की राजधानी का नाम नहीं बता पाए। देश को डिजिटल बनाने का जोर-शोर से प्रयास चल रहा है, लेकिन 59 फीसदी युवाओं को कंप्यूटर का ज्ञान नहीं है।

इंटरनेट के इस्तेमाल की भी कुछ ऐसी ही स्थिति है। लगभग 64 फीसदी युवाओं ने कभी इंटरनेट का इस्तेमाल ही नहीं किया है। प्राथमिक की तरह यदि माध्यमिक स्तर के विद्यार्थी भी बुनियादी बातें नहीं सीख रहे हैं, तो यह बात गंभीर होती स्थिति की ओर इशारा करती है। दरअसल, 14 से 18 आयु वर्ग के बच्चे कामगारों की श्रेणी में आने की तैयारी कर रहे होते हैं, यानी इसका सीधा असर अर्थव्यवस्था पर पड़ता है। यदि इन युवाओं को समय रहते तैयार नहीं किया गया, तो जान लीजिए कि इसका असर भविष्य

में देश के विकास पर पड़ेगा। इनकी संख्या अच्छी-खासी है। देश में मौजूदा समय में 14 से 18 साल के बीच के युवाओं की संख्या 10 करोड़ से ज्यादा है।

मेरी हमेशा से दिलचस्पी बच्चों के मनोवैज्ञानिक अध्ययन में रही है। जब भी मुझे मौका मिलता है, मैं इस विषय पर लिखने की कोशिश करता हूँ। मुझे लगता है कि इस विषय पर लगातार लिखा जाना चाहिए। मुझे जब भी अवसर मिलता है, मैं युवाओं को जानने समझने का प्रयास करता हूँ। मैंने महसूस किया है कि पुरानी पीढ़ी युवा मन को समझ नहीं पा रही है।

हम उनसे बिल्कुल कट गए हैं। माता-पिता और बच्चों में संवादहीनता की स्थिति है। मेरा मानना है कि बच्चा, शिक्षक और अभिभावक तीन महत्त्वपूर्ण कड़ियाँ हैं। इनमें से एक भी कड़ी ढीली पड़ने पर पूरी व्यवस्था गड़बड़ा जाती है। ऐसे भी देखा गया है कि बच्चे से माता-पिता कुछ भी कहने से डरते हैं कि वह कहीं कुछ न कर ले। दूसरी ओर अध्यापकों के सामने समस्या है कि वह बच्चों को कैसे अनुशासित रखें। इसमें कोई शक नहीं कि नई पीढ़ी के बच्चे अत्यंत प्रतिभाशाली हैं।

साथ ही हमें यह बात हमें स्वीकार करनी पड़ेगी कि बच्चों में बहुत बदलाव आ गया है। अब जिम्मेदारी आपकी है कि नई परिस्थिति से जितनी जल्दी हो सके सामंजस्य बिठाएँ, ताकि बच्चों के साथ संवादहीनता की स्थिति न आने पाए।

22 जनवरी, 2018

□

सवालों के घेरे में विराट कोहली

भारतीय क्रिकेट इन दिनों में चर्चा में है। अगर आप दक्षिण अफ्रीका के दौरे पर गई भारतीय टीम पर नजर रख रहे हो, तो आप पाएँगे कि बल्लेबाजी में उसकी हालत खस्ता है। हालाँकि भारत ने तीन टेस्ट मैचों की सीरीज में अंतिम टेस्ट जीतकर किसी तरह अपनी इज्जत बचाई है।

पहले दो टेस्ट भारतीय टीम दक्षिण अफ्रीका से हार गई थी। विकेटकीपिंग के मामले में तो टीम की कमजोरी सबके सामने उभरकर सामने आ गई है। पहले टेस्ट में साहा थे, फिर पार्थिव पटेल आए और तीसरे टेस्ट में सब्स्टीट्यूट के रूप में दिनेश कार्तिक विकेटकीपिंग करते दिखाई दिए। दूसरी ओर भारतीय टीम के चयन ने सबको हैरान किया है।

यहाँ तक कि विराट कोहली की कप्तानी पर सवाल उठने लगे हैं। बिना बात की आक्रामकता का प्रदर्शन करते वह नजर आए। एक टेस्ट में तो उनकी मैच फीस में भी कटौती कर दी गई। कप्तान विराट के फैसले से तो सभी अचंभित हैं। कभी बाहरी मैदानों पर सबसे सफल भारतीय बल्लेबाजों में से एक अजिंक्य रहाणे को बाहर कर दिया जाता है, तो कभी पहले टेस्ट के सबसे सफल गेंदबाज भुवनेश्वर कुमार को दूसरे टेस्ट में बाहर बैठा दिया जाता है।

रोहित शर्मा को टीम में शामिल करने का फैसला हो या फिर मुश्किल हालात में पार्थिव पटेल को आगे बल्लेबाजी के लिए भेजने का निर्णय, इन सब पर सवाल उठ रहे हैं। महान् बल्लेबाज और अपनी बेबाक राय रखनेवाले सुनील गावस्कर इन सबसे अचंभित हैं।

सुनील गावस्कर का कहना है कि आप पहले टेस्ट से ही इस टीम के चयन को देखिए। भारतीय क्रिकेट से जुड़े हम सभी लोगों को दुआ करनी चाहिए कि यह जो कर रहे हैं, वह सफल साबित हो जाए। गावस्कर टीम से इतने निराश दिखे कि उन्हें महेंद्र सिंह धोनी की याद आ गई। उन्होंने कहा कि काश! धोनी ने संन्यास नहीं लिया होता। उन्होंने

कहा कि अगर धोनी चाहते, तो वह खेल सकते थे, लेकिन साफ है कि उन पर कप्तानी का बहुत दबाव था। गावस्कर का कहना था कि धोनी को कप्तानी छोड़कर बतौर विकेटकीपर-बल्लेबाज टीम में बने रहना चाहिए था, क्योंकि उनकी सलाह अमूल्य है।

हाल में धोनी को देश के तीसरे सबसे बड़े नागरिक सम्मान 'पद्म भूषण' से भी अलंकृत किया गया है। हालाँकि सम्मान धोनी के लिए यह नई बात नहीं है। इससे पहले उन्हें 'खेल रत्न', 'पद्मश्री' और 'अर्जुन पुरस्कार' से सम्मानित किया जा चुका है। कुछ समय पहले धोनी के खिलाफ सोशल मीडिया में एक सुनियोजित अभियान चला था। इसमें यह बताने की कोशिश की गई कि वे चुक गए हैं। धोनी पुराने वाले धोनी नहीं रहे हैं। उनके मुकाबले अन्य खिलाड़ियों को खड़ा करने का प्रयास भी हुआ था। साथ ही, यह साबित करने की कोशिश भी की गई थी कि उन्हें अब विदा करने का वक्त आ गया है वगैरह-वगैरह। धोनी के खिलाफ इस तरह के अभियान समय-समय पर चलते रहे हैं, लेकिन हर बार धोनी ने अपनी बल्लेबाजी और विकेटकीपिंग, दोनों से अपने आलोचकों को करारा जवाब दिया है। उन्होंने हर बार यह साबित किया है कि भारतीय टीम में अब भी उनका कोई विकल्प नहीं है।

अगर पिछले तीन टेस्ट मैचों पर आम नजर डालें, तो आपको विराट कोहली बेवजह आक्रामक होते दिखाई देते हैं। आक्रामक और अहंकारी होने के बीच बहुत महीन लाइन है। भारतीय कप्तान विराट कोहली इस लाइन को कई बार पार करते नजर आते हैं। वह अकसर विरोधी खिलाड़ियों से उलझते हैं, कई बार विरोधी बल्लेबाज के आउट होने पर उस पर टिप्पणी करते हैं और अंपायर के फैसलों पर सार्वजनिक रूप से प्रतिक्रिया देते नजर आते हैं।

ये बातें क्रिकेट विशेषज्ञों को भी पसंद नहीं आ रहीं। सौरव गांगुली को आक्रामक कप्तान के रूप में याद किया जाता है। उन्होंने भारतीय टीम के सोचने का नजरिया बदला, लेकिन वे कॅरियर में कभी इतने विवादित नहीं रहे, जितने विराट एक साल में नजर आ रहे हैं। चिंता की बात यह है कि कोच रवि शास्त्री भी विराट कोहली को नियंत्रित नहीं करते दिखाई दे रहे हैं।

कुछेक चयनकर्ता तो इसे विराट की खासियत बताते हैं। एक और चिंता की बात है कि टीम में ऐसा कोई खिलाड़ी नहीं है, जो उनके फैसलों से असहमत होने की हिम्मत कर सके। सहवाग ने एक टी.वी. चैनल के कार्यक्रम में कहा कि उन्हें लगता है कि विराट कोहली को एक ऐसे खिलाड़ी की जरूरत है, जो मैदान पर उन्हें उनकी गलतियाँ बता सके। हर टीम में चार-पाँच ऐसे खिलाड़ी होते हैं, जो कप्तान को सलाह देते हैं और उन्हें मैदान पर गलतियाँ करने से रोकते हैं। फिलहाल कोई भी ऐसा खिलाड़ी नहीं है, जो कोहली को गलत फैसला करने से रोक सके। साथ ही सहवाग ने मुख्य कोच रवि शास्त्री

पर भरोसा जताते हुए कहा कि वह जरूर कोहली को सलाह देते होंगे।

इतिहासकार और चार महीने तक सुप्रीम कोर्ट द्वारा गठित क्रिकेट प्रशासकीय कमेटी (सी.ए.सी.) का हिस्सा रहे लेखक रामचंद्र गुहा ने हाल में लिखे एक लेख में विराट कोहली पर सवाल उठाए थे।

हालाँकि उन्होंने विराट कोहली को भारतीय क्रिकेट इतिहास का सर्वश्रेष्ठ बल्लेबाज करार दिया, लेकिन साथ-ही-साथ उन पर कई सवाल भी उठाए थे। रामचंद्र गुहा ने कहा है कि बी.सी.सी.आई. जैसी संस्था विराट कोहली के आगे बौनी पड़ रही है। वह विराट कोहली को अपनी सर्वकालिक सर्वश्रेष्ठ भारतीय टीम का कप्तान बनते देखना चाहते हैं, लेकिन उन्हें बतौर कप्तान अपने अधिकार और अहंकार, दोनों में ही विनम्रता लानी पड़ेगी।

गुहा कहते हैं कि बोर्ड अधिकारी उन मुद्दों को भी विराट कोहली के पाले में डाल देते हैं, जो भारतीय कप्तान के दायरे में नहीं आते। भविष्य के टूर प्रोग्राम तैयार करने पर चर्चा होनी थी, तो बोर्ड के कानूनी सलाहकार ने कहा कि विराट की सहमति हर हाल में ली जानी चाहिए।

जब बेंगलुरु स्थित नेशनल क्रिकेट अकादमी के प्रबंधन का मामला सामने आया, तो बोर्ड के सी.ई.ओ. ने सुझाव दिया कि विराट कोहली की राय अंतिम होनी चाहिए। सी.ए.सी. के चेयरमैन विनोद राय ने विराट कोहली के व्यक्तित्व के आगे अपनी स्वतंत्रता और स्वायत्तता को समर्पित कर दिया।

कुछ ऐसा ही क्रिकेट कमेटी ने भी किया। सचिन तेंदुलकर, सौरव गांगुली, विनोद राय और लक्ष्मण ने टॉम मूडी की अनदेखी कर रवि शास्त्री को चुना, क्योंकि ये दिग्गज विराट कोहली से घबरा गए और इन्होंने संस्था को व्यक्ति विशेष के अधीन कर दिया। गुहा का कहना है कि वर्तमान में कोचिंग स्टॉफ, चयन समिति और प्रशासक, सभी-के-सभी कप्तान विराट कोहली के आगे बौने हैं। हो सकता है कि रामचंद्र गुहा की राय में थोड़ी अतिरंचना हो, लेकिन ये सारे संकेत भारतीय क्रिकेट के लिए शुभ नहीं हैं।

29 जनवरी, 2018

□

उपचुनाव के नतीजों के संकेत

माना जाता है कि उपचुनाव के नतीजे हांडी के एक दाने चावल जैसे होते हैं, जिनसे यह आभास होता है कि ज़नता-जनार्दन के बीच राजनीतिक दलों को लेकर कैसी खिचड़ी पक रही है ?

यह सही है कि उपचुनाव अभियान में राष्ट्रीय नेता नहीं होते। कई बार विधानसभा चुनावों के नतीजे उपचुनाव के परिणामों के एकदम उलट होते हैं, लेकिन जब उसी साल के अंत में विधानसभा चुनाव हों, तो मौजूदा नतीजे महत्त्वपूर्ण हो जाते हैं। राजस्थान में इसी साल विधानसभा चुनाव होने हैं। उपचुनाव के नतीजे भाजपा के खिलाफ आए हैं। खिचड़ी कैसी पक रही है, इसका आभास तो ये नतीजे दे ही देते हैं। भाजपा का हिंदी पट्टी पर राजनीतिक वर्चस्व है, लेकिन राज्यों के नेतृत्व को लेकर लोगों में नाराजगी उभरकर सामने आने लगी है। ऐसा लगता है कि हिंदी पट्टे के कुछ किले दरकने लगे हैं।

बजट के दिन राजस्थान और पश्चिम बंगाल के उपचुनावों के नतीजे आए। बजट की गहमागहमी के कारण चुनावी परिणामों की खबर को प्रमुखता नहीं मिल पाई। चुनाव नतीजे इसलिए गंभीर हैं कि ये एकतरफा हैं। भाजपा के कब्जे वाले राजस्थान में लोकसभा की दो सीटों, अलवर और अजमेर तथा एक विधानसभा की एक सीट मांडलगढ़ के लिए उपचुनाव हुए।

इन तीनों सीटों पर कांग्रेस ने जीत हासिल की। दूसरी ओर पश्चिम बंगाल की उलबेड़िया लोकसभा सीट पर तृणमूल कांग्रेस ने कब्जा बरकरार रखा और कांग्रेस के कब्जे वाली नोआपाड़ा विधानसभा सीट पर भी तृणमूल ने जीत दर्ज की।

संदर्भ समझने के लिए राजस्थान के पुराने चुनाव परिणामों को जानना जरूरी है। लगभग सवा चार साल पहले राजस्थान में विधानसभा चुनाव हुए थे। विधानसभा चुनावों में भाजपा ने 200 में से 163 सीटें जीती थीं, कांग्रेस को केवल 21 सीटें मिली थीं और शेष अन्य के खाते में गई थीं। 2014 के लोकसभा चुनाव में भाजपा ने राजस्थान में 25 में से 25 संसदीय सीटों पर कब्जा कर रिकॉर्ड बनाया था।

लेकिन अलवर और अजमेर लोकसभा सीटों के आए उपचुनाव परिणामों के बाद भाजपा की दो सीटें कम हो गई हैं। अब राजस्थान से उसकी लोकसभा सदस्यों की संख्या में 25 से घटकर 23 रह गई है। पूर्व केंद्रीय मंत्री और भाजपा सांसद सांवर लाल जाट के निधन से अजमेर और चाँद नाथ योगी के निधन से अलवर तथा भाजपा विधायक कीर्ति कुमारी के निधन से मांडलगढ़ विधानसभा सीट खाली हुई थी। अलवर लोकसभा सीट पर कांग्रेस प्रत्याशी कर्णसिंह यादव ने भाजपा उम्मीदवार जसवंत यादव को हराया। जसवंत यादव कोई ऐसे-वैसे उम्मीदवार नहीं थे।

वह वसुंधरा राजे सरकार में कैबिनेट मंत्री हैं। जिन तीन सीटों पर कांग्रेस ने कब्जा जमाया है, वे भाजपा के पास थीं। करीब सात-आठ महीने बाद होने वाले राज्य विधानसभा चुनाव को देखते हुए इन तीनों उपचुनावों को अत्यंत महत्त्वपूर्ण माना जा रहा था। इन दोनों लोकसभा क्षेत्रों के तहत आनेवाली 16 विधानसभा सीटों और एक मांडलगढ़ को मिलाकर कुल 17 सीटों पर कांग्रेस ने जीत दर्ज की है। जाहिर है कि यह भाजपा नेतृत्व के लिए खतरे की घंटी है।

पिछले कुछ समय से लगातार सूचनाएँ आ रही हैं कि लोगों में राजस्थान की मुख्यमंत्री वसुंधरा राजे की कार्यशैली को लेकर नाराजगी है। बेकाबू गौरक्षक हों या करणी सेना का बवाल या फिर किसानों की नाराजगी अथवा आरक्षण को लेकर आंदोलन, वसुंधरा राजे हालात से निबटने में नाकामयाब रही हैं। इस सबने वसुंधरा राजे की स्थिति को कमजोर किया है, लेकिन केंद्रीय नेतृत्व ने इसकी अनदेखी की और अब स्थिति यह है कि वहाँ नेतृत्व परिवर्तन का समय नहीं बचा है। मध्य प्रदेश में भी कमोबेश यही स्थिति है।

कुछ समय पहले शिवराज सिंह सरकार के खिलाफ किसानों का व्यापक आंदोलन चला था। वहाँ भी चित्रकूट उपचुनाव में कांग्रेस ने जीत दर्ज की थी। कई राज्यों में भाजपा नेतृत्व को लेकर लोगों में नाराजगी है, लेकिन लगता है कि बदलाव की हिचकिचाहट के कारण फैसला टाल दिया जाता है। इसका खामियाजा पार्टी को भुगतना पड़ सकता है।

आइए, अब पश्चिम बंगाल उपचुनाव में पर नजर डालते हैं। उत्तर 24 परगना जिले के नोआपाड़ा वि.स. सीट से तृणमूल कांग्रेस के सुनील सिंह को जीत मिली है। उपचुनाव में सुनील सिंह ने अपने निकटतम प्रतिद्वंद्वी भाजपा के संदीप बनर्जी को हराया। माकपा तीसरे स्थान पर और कांग्रेस चौथे स्थान पर रही।

दूसरी ओर, उलबेडिया लोकसभा सीट से तृणमूल कांग्रेस की उम्मीदवार साजदा अहमद ने भाजपा के अनुपम मल्लिक को हराया। माकपा खिसककर नंबर तीन पर आ गई। लब्बोलुआब यह कि पश्चिम बंगाल में तृणमूल की पकड़ कायम है। भाजपा प्रमुख विपक्षी दल बनकर उभरी है, लेकिन पश्चिम बंगाल उपचुनाव के नतीजे इस मायने में

दिलचस्प हैं कि ममता बनर्जी ने वहाँ विकास को लेकर कोई झंडा गाड़ दिया हो या फिर युगांतकारी कदम उठाए हों, ऐसा कुछ भी नहीं है, लेकिन तृणमूल की ताकत लगातार बढ़ती नजर आ रही है।

ये चुनावी नतीजे बेहद अप्रत्याशित भी नहीं हैं, लेकिन इन उपचुनावों का निहितार्थ यह भी है कि इसने विधानसभा के साथ नवंबर में लोकसभा चुनाव की अटकलों को हवा दे दी है। प्रधानमंत्री मोदी लगातार विधानसभा चुनावों के साथ लोकसभा चुनाव कराए जाने की बात कहते आए हैं।

राष्ट्रपति ने भी अपने अभिभाषण में 'एक राष्ट्र, एक चुनाव' की बात कही है। इस साल के अंत में राजस्थान, मध्य प्रदेश, छत्तीसगढ़ और कर्नाटक में विधानसभा चुनाव होने हैं। हिंदी भाषी तीनों राज्यों में भाजपा की सरकारें हैं और उसे यहाँ कांग्रेस से कड़ी चुनौती मिल रही है। हाल में गुजरात में हुए विधानसभा चुनावों में भाजपा को किसानों की नाराजगी झेलनी पड़ी थी।

यही वजह है कि इस बजट में किसानों और गरीबों का विशेष ध्यान रखा गया है और इसे चुनावी बजट माना जा रहा है। एक साथ चुनाव की बात भाजपा शीर्ष नेतृत्व से आ रही है। इसलिए इसे गंभीरता से लिया जाना चाहिए। साथ ही, प्रधानमंत्री मोदी चौंकाने वाले फैसले लेने में माहिर हैं, लेकिन यह देश का दुर्भाग्य है कि सरकारें अपनी असफलताओं से चली जाती हैं। इसमें विपक्ष की कोई अहम भूमिका नहीं होती। कांग्रेस के साथ सबसे बड़ी दिक्कत यही है कि भाजपा सरकारें अपने बोझ से कैसे गिरें, वह उसका इंतजार करती नजर आती है।

सड़कों पर उतरकर सरकार के खिलाफ जनमत जगाने का काम वह नहीं करती। राजस्थान और मध्य प्रदेश में एक बात कांग्रेस के पक्ष में है कि वहाँ उसके पास पायलट और सिंधिया जैसे राज्यस्तरीय युवा नेता हैं, लेकिन जैसा कि कांग्रेसी भी कहते हैं, उन्हें विपक्ष की जरूरत नहीं होती, उनकी अपनी पार्टी के लोग इस कमी को पूरा कर देते हैं।

5 फरवरी, 2018

□

एच.ई.सी. को बचाने आगे आएँ

बिहार और झारखंड की सबसे बड़ी चुनौती है—बड़े उद्योगों का अभाव। आजादी के बाद अनेक स्थानों पर सार्वजनिक क्षेत्र की इकाइयाँ लगीं, लेकिन इस क्षेत्र की अनदेखी कर दी गई। इस पूरे क्षेत्र में सार्वजनिक क्षेत्र की गिनी-चुनी इकाइयाँ हैं, जिनमें से एक है भारी उद्योग निगम (एच.ई.सी.)। निजी और सार्वजनिक क्षेत्र की कंपनियों को लेकर बात करें तो माना जाता है कि झारखंड की दो शान हैं—एक टाटा और दूसरी एच.ई.सी.।

सार्वजनिक क्षेत्र की यह इकाई बड़ी संख्या में लोगों को रोजगार उपलब्ध कराती है। जैसा कि होता है, किसी भी बड़ी इकाई के आसपास एक शहर सा बस जाता है और छोटे-छोटे काम-धंधे करनेवालों को रोजगार का अवसर मिल जाता है। ऐसा अनुमान है कि यह इकाई लगभग 30 हजार लोगों को रोजी-रोटी का अवसर प्रदान करती है। हाल ही में रांची से भाजपा सांसद रामटहल चौधरी एच.ई.सी. सप्लाई मजदूर यूनियन की माँगों को लेकर केंद्रीय भारी उद्योग और सार्वजनिक उपक्रम मंत्री अनंत गीते से मिलने गए थे। बातचीत में अनंत गीते ने उन्हें जानकारी दी कि एच.ई.सी. की स्थिति ठीक नहीं है। अभी सप्लाई मजदूर यूनियन की माँग को पूरा करना संभव नहीं है। साथ ही, गीते ने सांसद को एच.ई.सी. को केंद्र सरकार द्वारा बेचे जाने का संकेत भी दिया। केंद्रीय मंत्री ने बताया कि केंद्र ने एच.ई.सी. को बेचने की प्रारंभिक प्रक्रिया शुरू कर दी है और प्रधानमंत्री कार्यालय भी इस मामले में सक्रिय हो गया है।

यह सूचना पूरे झारखंड के लिए बुरी खबर है। थोड़ा अनंत गीते के बारे में भी बता दूँ कि वह केंद्र सरकार में शिव सेना का प्रतिनिधित्व करते हैं।

सार्वजनिक क्षेत्र के उपक्रम एच.ई.सी.एल. का गठन सन् 1958 में किया गया और 1964 में कंपनी ने उत्पादन शुरू कर दिया था। एच.ई.सी. का मुख्य उद्देश्य था—इस्पात उद्योग को संयंत्र उपलब्ध कराना। दरअसल, वह सार्वजनिक क्षेत्र का दौर था। उस दौरान इस्पात क्षेत्र में सार्वजनिक क्षेत्र की अनेक इकाइयाँ स्थापित की जा रही थीं।

नेहरू ने इन्हें 'आधुनिक भारत का मंदिर' बताया था। उस समय कल्पना की गई थी कि देश में हर साल एक लाख टन क्षमता का एक इस्पात संयंत्र जोड़ा जाएगा। जैसा कि होता है, सरकारी योजनाएँ तो बहुत आकर्षक बनाई जाती हैं, लेकिन वे कभी सिरे नहीं चढ़ पातीं। नतीजा यह रहा कि इतने इस्पात संयंत्र स्थापित नहीं हुए और संयंत्रों की माँग कभी इतनी नहीं रही, जिसकी कल्पना की गई थी, लेकिन एच.ई.सी. ने खुद को नई परिस्थितियों के अनुरूप ढाला और अपने कार्यक्षेत्र का विस्तार कर लिया।

कंपनी खनन, रेलवे और रक्षा क्षेत्रों के लिए उपकरण और संयंत्र बनाने लगी। वर्तमान में कंपनी स्टील, कोयला, सीमेंट, ऊर्जा, रक्षा, एल्युमीनियम, जहाज निर्माण और रेलवे जैसे क्षेत्रों के लिए उपकरण तैयार करती है। एच.ई.सी. देश का सबसे बड़ा एकीकृत इंजीनियरिंग कॉम्प्लेक्स है। 21 लाख वर्ग मीटर के क्षेत्र में फैले एच.ई.सी. में स्टील मेल्टिंग, कास्टिंग, फोर्जिंग, फैब्रिकेशन, मशीनिंग, असेंबली एंड टेस्टिंग की सुविधा उपलब्ध है। कंपनी की उपलब्धियों पर नजर डालें तो इसने इस्पात क्षेत्र के लिए 550 हजार टन से अधिक उपकरणों का निर्माण और आपूर्ति की है। बोकारो और विजांग स्टील संयंत्र की स्थापना में महत्त्वपूर्ण योगदान दिया है। भिलाई इस्पात संयंत्र के विस्तार के लिए उपकरण की आपूर्ति की है। एच.ई.सी. ने ही भारत के लगभग सभी सार्वजनिक क्षेत्रों के इस्पात संयंत्रों का निर्माण किया है।

कंपनी ने भारत के अंतरिक्ष योजना में भी योगदान दिया है। कंपनी ने इसरो के लिए मोबाइल लॉञ्च पैड, विक्रम साराभाई अंतरिक्ष केंद्र के लिए लॉञ्च पैड बनाया। एच.ई.सी. के बनाए लॉञ्च पैड से इसरो ने पी.एस.एल.वी., जी.एस.एल.वी. और चंद्रयान की सफल लॉञ्चिंग की। युद्धपोत आई.एन.एस. राणा के लिए प्रणाली बनाई, आधुनिक टैंक निर्माण में योगदान दिया है।

समय समय पर एच.ई.सी. की उपलब्धियों को सराहा भी गया है। एच.ई.सी. ने उत्कृष्टता और सार्वजनिक क्षेत्र के प्रबंधन में उत्कृष्ट योगदान के लिए 'स्कोप अवॉर्ड' जीता है। भारतीय परमाणु सोसाइटी ने परमाणु क्षेत्र में प्रौद्योगिकी के विकास को प्रोत्साहित करने के लिए एच.ई.सी. के प्रयासों को सराहा है। एच.ई.सी. में कायापलट को मान्यता देने के लिए कंपनी को 2010 के बी.आर.पी.एस.ई. 'टर्नअराउंड पुरस्कार 2010' से सम्मानित किया गया।

यह पुरस्कार सार्वजनिक क्षेत्र के उद्यमों के पुनर्निर्माण बोर्ड (बी.आर.पी.एस.ई.) द्वारा 2011 में दिया गया था। 2012 में एच.ई.सी. द्वारा उद्योग में उत्कृष्ट योगदान के लिए एच.ई.सी. को 'बी.टी.-स्टार पी.एस.यू. एक्सीलेंस अवॉर्ड' से नवाजा गया। कहने का आशय यह कि आधुनिक भारत के निर्माण में एच.ई.सी. ने भारी योगदान दिया है और ये पुरस्कार इसकी पुष्टि करते हैं।

अचानक ऐसा क्या हो गया कि इसे निजी हाथों में सौंपने की नौबत आ गई? दरअसल, वर्षों से इस कंपनी की अनदेखी की जाती रही है। इसके आधुनिकीकरण को लेकर जो प्रयास होने चाहिए थे, वे कभी नहीं हुए। तकनीक बदल गई, उपकरण बदल गए, लेकिन कंपनी 50 वर्ष पुराने उपकरणों से ही काम चला रही है। कंपनी के अधिकारी बताते हैं कि 2,200 करोड़ रुपए की आधुनिकीकरण की एक योजना उद्योग मंत्रालय को सौंपी गई है और अभी उस पर कोई फैसला नहीं हुआ है।

दिलचस्प तथ्य यह है कि कंपनी के पास लगभग 1,200 करोड़ रुपए के ऑर्डर हाथ में हैं और उसकी देनदारी केवल 70 करोड़ रुपए की है। ऐसे में इसे निजी हाथों में सौंपा जाना गले नहीं उतरता। जब कंपनी की स्थापना की गई थी तो झारखंड राज्य बिहार का हिस्सा था। उस समय कंपनी को सात हजार एकड़ भूमि उपलब्ध कराई गई थी। अनेक किसानों ने इस उम्मीद के साथ अपनी जमीन दी थी कि इससे उन्हें और उनकी आगामी पीढ़ियों को रोजगार का अवसर मिलेगा। कंपनी ने इस भूमि पर संयंत्र स्थापित किए, प्रशासनिक कार्यालय और एक पूरा आवासीय परिसर बसाया।

लेकिन कंपनी की लंबी-चौड़ी जमीन ही इसकी मुसीबत बन गई है। माना जा रहा है कि निजी क्षेत्र की कंपनियों की निगाहें इसी जमीन पर हैं। यह सही है कि सांसद और विधायक अपना काम करेंगे और केंद्र और राज्य सरकार के समक्ष एच.ई.सी. को निजी हाथों में न सौंपे जाने का अनुरोध करेंगे; लेकिन पूरा मामला केवल उनके भरोसे नहीं छोड़ा जा सकता।

इस कंपनी से झारखंड के लोगों का सीधा सरोकार और हित जुड़ा है। ऐसे में, इसे बचाने की जवाबदेही जनता की भी है। इस सार्वजनिक उपक्रम को निजी हाथों में जाने से बचाने के लिए जन पहलकदमी की जरूरत होगी। संसदीय लोकतंत्र का अनुभव बताता है कि सरकारें लोगों की भावनाओं की अनदेखी नहीं कर सकतीं। जनभावनाएँ एच.ई.सी. के निजीकरण के खिलाफ हैं और इसके वर्तमान स्वरूप को बनाए रखने के पक्ष में हैं।

12 फरवरी, 2018

□

आम आदमी के पैसे लुटाते बैंक

देश के दूसरे सबसे बड़े सरकारी बैंक—पंजाब नेशनल बैंक में 11 हजार 500 करोड़ रुपए का घोटाला सामने आया है। जो नए तथ्य सामने आ रहे हैं, उनके अनुसार यह घोटाला और बड़ा हो सकता है। इसके पहले कई और सार्वजनिक क्षेत्र के बैंक बड़े कॉरपोरेट घरानों को करोड़ों का कर्ज देकर हाथ जला चुके हैं।

यह मामला तो बेहद गंभीर है। यह घपला पिछले सात साल से चल रहा था। चेयरमैन व प्रबंध निदेशक सुनील मेहता का कहना है कि यह केवल बैंक की एक ब्रांच और दो कर्मियों तक सीमित था और किसी को इसकी भनक नहीं थी। उनका यह तर्क किसी के गले नहीं उतर सकता। सात साल से यह घोटाला चल रहा था, साढ़े 11 हजार करोड़ का चूना केवल दो बैंक कर्मचारियों की मिलीभगत से लग गया और किसी को कानोकान खबर नहीं हुई। पी.एन.बी. को कितना गंभीर आर्थिक झटका लगा है, उसका अंदाजा इस बात से लगाया जा सकता है कि उसका बाजार पूँजीकरण आठ हजार करोड़ रुपए घट गया है, जो पूरे साल के मुनाफे का छह गुना है। मामले में सी.बी.आई. ने ज्वेलरी डिजाइनर नीरव मोदी, उनकी पत्नी, भाई और व्यापारिक भागीदार और उसके मामा मेहुल चोकसी के खिलाफ धोखाधड़ी का मामला दर्ज किया है। शनिवार को सी.बी.आई. ने बैंक के पूर्व डिप्टी मैनेजर गोकुलनाथ शेट्टी, सिंगल विंडो ऑपरेटर मनोज खरात और हेमंत भट्ट को गिरफ्तार कर लिया। नीरव मोदी के पिता हीरा कारोबारी थे और वह बेल्जियम चले गए थे। 19 साल की उम्र में नीरव वापस मुंबई आया।

कहा जाता है कि मुंबई में उसने अपने मामा मेहुल चोकसी से धंधा करना सीखा। पी.एन.बी. घोटाले में आरोपी मेहुल भी विदेश भाग गया है। बैंक ने अपने 18 कर्मचारियों को निलंबित कर दिया है। पी.एन.बी. में हेरा-फेरी की खबर के बाद केंद्र सरकार और बैंकिंग क्षेत्र में हड़कंप है। वित्त मंत्रालय की ओर से कहा गया है कि ऐसी स्थिति नहीं है, जिसे बेकाबू कहा जाए, लेकिन वित्त मंत्रालय के अधिकारी इन खबरों से चिंतित हैं कि इसके तार कुछ दूसरे सरकारों बैंकों से भी जुड़े हुए हैं।

इस मामले पर जमकर राजनीति हो रही है। कांग्रेस और भाजपा एक-दूसरे पर आरोपों के तीर छोड़ यह साबित करने की कोशिश कर रही हैं कि किसकी कमीज ज्यादा सफेद है, क्योंकि यह घोटाला यू.पी.ए. सरकार के दौरान शुरू हुआ था और एन.डी.ए. तक बेरोक-टोक चला आया।

भनक लगते ही और एफ.आई.आर. दर्ज होने से पहले नीरव मोदी, उनकी पत्नी, भाई, मामा और उनका परिवार देश छोड़कर चले गए। दिलचस्प तथ्य यह है कि नीरव मोदी की पत्नी अमेरिकी और भाई बेल्जियम का नागरिक हैं। कुल मिलाकर यह कि उनको भारत पकड़कर लाना बहुत टेढ़ी खीर होगा। हाल में नीरव मोदी स्विट्जरलैंड के दावोस में प्रधानमंत्री मोदी के दौरे के दौरान नजर आया था।

हालाँकि तब उसके खिलाफ एफ.आई.आर. दर्ज नहीं हुई थी। आप कह सकते हैं कि यह बैंक से जुड़ा मामला है, हमारा इससे क्या लेना-देना? पी.एन.बी. सरकारी बैंक है, यानी हम-आप जो आयकर देते और गाढ़ी कमाई जमा करते हैं, उसका पैसा इसमें लगा हुआ है। इसका अर्थ यह है कि नीरव मोदी हमारे-आपके पैसों को चूना लगाकर विदेश भाग गया है। इसके पहले माल्या भी सरकारी बैंकों के पैसे से मौज करके लंदन भाग गया था। अमेरिका और पश्चिमी देशों में वित्तीय गड़बड़ियों के लिए कड़ी सजा का प्रावधान है। साथ ही, दोषियों को सजा जल्द सुना दी जाती है, लेकिन हमारे देश में वित्तीय फ्रॉड कर लोग देश छोड़कर बेरोक-टोक चले जाते हैं। ललित मोदी, विजय माल्या और अब नीरव मोदी का उदाहरण हमारे सामने है।

आइए, देखते हैं कि हीरा कारोबारी नीरव मोदी ने कैसे धोखाधड़ी की? पी.एन.बी. ने नीरव मोदी से जुड़े फर्मों को साख पत्र (लेटर ऑफ अंडरटेकिंग) दिया। इसे उन्होंने विदेशों में विभिन्न बैंकों से भुनाया।

यह कारोबार बैंक के अधिकारियों की साँठगाँठ से वर्ष 2011 से चल रहा था। जब एक उप-महाप्रबंधक रिटायर हुए, तो उनकी जगह आए एक अन्य अधिकारी ने इस मामले को उजागर किया, अन्यथा यह सिलसिला तो अनंत काल तक चलता रहता। नीरव मोदी से जुड़ी तीन फर्मों—डायमंड्स आर यू.एस., सोलर एक्सपोर्ट्र्स, स्टेलर डायमंड्स ने बैंक से संपर्क कर बायर्स क्रेडिट की माँग की, जिससे वे अपने विदेश के कारोबारियों को भुगतान कर सकें। शिकायत के मुताबिक नीरव मोदी, निश्चल मोदी, अमी नीरव मोदी और मेहुल चोकसी इन फर्मों में पार्टनर थे। इन फर्मों को बिना किसी गारंटी के बायर्स क्रेडिट प्रदान कर दिया गया। इसके आधार पर हांगकांग की बैंक शाखाओं में धन का स्थानांतरण किया गया।

बायर्स क्रेडिट छोटी अवधि का क्रेडिट (90 से 180 दिनों) का होता है, जिसे अंतरराष्ट्रीय बैंक प्रदान करते हैं। यह आयात करनेवाले बैंक से प्राप्त पत्र के आधार पर

जारी होता है। इस क्रेडिट नोट के आधार पर नीरव मोदी ने अन्य सरकारी बैंकों से और लोन उठा लिया। खबरों के अनुसार, लगभग तीन हजार करोड़ रुपए इसके आधार पर अन्य बैंकों से उठाए गए हैं। ऐसी सूचनाएँ हैं कि यूनियन बैंक, इलाहाबाद बैंक और निजी क्षेत्र के एक्सिस बैंक ने भी पी.एन.बी. की ओर से जारी साख पत्र (एल.ओ.यू.) के आधार पर कर्ज दिए हैं। हालाँकि इन बैंकों ने अभी इसकी पुष्टि नहीं की है।

घोटाला सामने आने के बाद बैंक और उनके अफसरों व कर्मियों पर भी सवाल उठने लगे हैं। आपको याद होगा कि नोटबंदी के दौरान इन्होंने कितना कोहराम मचाया था? खासकर सरकारी बैंकों ने कॉरपोरेट घरानों को हजारों-करोड़ के कर्जे बाँट रखे हैं और उनसे वसूली नहीं कर पा रहे हैं। अब उन्हें बट्टे खाते में डालकर छुटकारा पाया जा रहा है। 2016-17 के दौरान देश के सबसे बड़े बैंक एस.बी.आई. ने 20,339 करोड़ रुपए और पी.एन.बी. ने 9,205 करोड़ रुपए के कर्ज बट्टे खाते में डाले थे। चालू वित्त-वर्ष के शुरुआती छह माह में अभी तक सरकारी बैंक 53,625 करोड़ रुपए के कर्ज बट्टे खाते में डाल चुके हैं।

एक आम आदमी और छोटे कारोबारी से पूछकर तो देखें, वह बताएगा कि कर्ज लेने में कितनी परेशानी पेश आती है? मेरा निजी अनुभव भी बेहद खराब रहा है। वर्षों पहले जब मैंने एक फ्लैट के लिए कर्ज का आवेदन किया, तो मुझसे मेरी जीवन बीमा पॉलिसी रखवा ली गई और दो गारंटर माँगे गए। यह सब उपलब्ध कराने के बाद ही किसी तरह कर्ज मिला।

हाल में झारखंड में एक शख्स ने मुद्रा लोन न चुका पाने के कारण आत्महत्या कर ली। दूसरी ओर नीरव मोदी जैसे लोग हैं, जिन्हें बिना किसी गारंटी के हजारों करोड़ का कर्ज मिल जाता है और उन्हें इसे चुकाने का कोई तनाव नहीं है। वक्त आ गया है कि केंद्र सरकार पूरी बैंकिंग व्यवस्था में सुधार के लिए आवश्यक कदम उठाए।

19 फरवरी, 2018

□

नौकरशाही व राजनेताओं के रिश्ते

दिल्ली सरकार के मुख्य सचिव अंशु प्रकाश के साथ हाल में हुई कथित मारपीट का मामला सुर्खियों में है। मुख्य सचिव किसी भी राज्य का सबसे बड़ा अधिकारी होता है और उसके साथ मारपीट चिंता का विषय है। यह घटना अफसरशाही और राजनेताओं के संबंधों पर भी सवाल खड़ा करती है।

देखने में आ रहा है कि कई राज्यों अथवा मंत्रालयों में ब्यूरोक्रेसी के साथ राजनेताओं के संबंध तनावपूर्ण रहते हैं। इसकी कई वजहें हो सकती हैं। एक, ब्यूरोक्रेट ईमानदार है और राजनेता को कानून सम्मत रास्ता बता रहा होता है, लेकिन नेता को यह रास्ता पसंद नहीं आता। हालाँकि कुछेक मामलों में तो इसका उल्टा भी है। दोनों के संबंध इतने प्रगाढ़ हो चुके होते हैं कि नौकरशाह निरंकुश हो जाता है। इस गठजोड़ का नतीजा यह होता है कि वह चुनी हुई सरकार पर हावी हो जाता है, साथ-ही-साथ राजनेताओं को भ्रष्टाचार के नित नए तरीके सुझा रहा होता है। ये सारी स्थितियाँ चिंताजनक हैं।

दिल्ली के मुख्य सचिव अंशु प्रकाश के साथ घटित घटना पर नजर डालते हैं। मुख्य सचिव द्वारा दर्ज एफ.आई.आर. के मुताबिक, रात 12 बजे मीटिंग में आने के लिए उन पर दबाव डाला गया था। वहाँ उनको अपशब्द बोले गए और मारपीट भी की गई। एक विधायक ने कहा कि वह उन्हें कमरे से बाहर नहीं निकलने देगा और जातिसूचक शब्द कहने का आरोप लगा देगा। मुख्य सचिव ने आम आदमी पार्टी के दो विधायकों पर उनके साथ मारपीट का आरोप लगाते हुए शिकायत की है कि कमरे में मौजूद किसी भी शख्स ने उन्हें बचाने की कोशिश नहीं की।

गंभीर बात यह है कि यह घटना मुख्यमंत्री अरविंद केजरीवाल के घर पर घटित हुई। दूसरी तरफ आम आदमी पार्टी की ओर से कहा गया कि मुख्य सचिव को राशन पर चर्चा के लिए विधायकों की बैठक में मुख्यमंत्री आवास बुलाया गया था। मुख्य सचिव ने सवालों के उत्तर देने से इनकार कर दिया और कहा कि वह विधायकों और मुख्यमंत्री के प्रति नहीं, बल्कि केवल उपराज्यपाल के प्रति जवाबदेह हैं।

उन्होंने कुछ विधायकों के प्रति अभद्र भाषा का इस्तेमाल किया और सवालों का उत्तर दिए बिना वहाँ से चले गए। मारपीट की इस घटना के विरोध में एकजुट सभी अधिकारियों ने पहले तो काम बंद कर दिया था और अब वे सरकार के मंत्रियों के साथ सिर्फ लिखित संवाद कर रहे हैं। अधिकारियों और नेताओं के बीच मौखिक बातचीत बंद है। अफसरों की माँग है कि मुख्यमंत्री केजरीवाल इस मामले में खेद जताएँ, क्योंकि उनके घर पर यह घटना घटित हुई। अधिकारियों और दिल्ली सरकार के बीच चल रही इस खींच-तान से दिल्ली की जनता का नुकसान होना लाजिमी है। आप अंदाजा लगा सकते हैं कि इस समय दिल्ली में सरकारी काम-काज की क्या स्थिति होगी?

यह घटना नौकरशाहों और राजनेताओं के संबंधों पर तत्काल ध्यान देने की ओर इशारा करती है। हालाँकि नौकरशाही को लेकर आम राय बहुत सकारात्मक नहीं है, लेकिन यह जान लीजिए कि देश का प्रशासन चलाने की जिम्मेदारी इन्हीं पर है। नेता तो पाँच साल के लिए चुनकर आते हैं और चले जाते हैं, लेकिन एक आई.ए.एस. अपने पूरे कार्यकाल के दौरान विभिन्न महत्त्वपूर्ण पदों पर रहता है और पूरी व्यवस्था को चलाता है।

'नौकरशाही' शब्द का जिक्र आते ही दो तरह की छवियाँ उभरती हैं—एक नकारात्मक और दूसरी, सकारात्मक। नकारात्मक से आशय है—लालफीताशाही, भ्रष्टाचार और अहंकारी प्रकृति का शख्स, लेकिन नौकरशाहों की एक दूसरी छवि भी है। इन्हें प्रगति, सामाजिक परिवर्तन और कानून-व्यवस्था के रखवाले के रूप में भी जाना जाता है। एक अनुमान के अनुसार, केंद्र और राज्य सरकारों की लगभग 100 कल्याणकारी योजनाओं को चलाने की जिम्मेदारी एक डी.सी./डी.एम. की होती है। इससे अंदाजा लगा सकते हैं कि किसी भी सरकार के लिए वे कितनी अहम कड़ी हैं?

अंग्रेजी शासकों के दौर में नौकरशाहों को निरंकुश शासन के लिए इस्तेमाल किया जाता था। वे कर वसूली करनेवाले और सरकार के आदेशों को लागू करानेवाले के रूप में जाने जाते थे। आज भी जिला प्रशासकों को आम बोलचाल में 'कलेक्टर' ही कहा जाता है। भारत में भी प्रशासन इन्हीं नौकरशाहों के इर्द-गिर्द घूमता है। कोई भी देश अगर ठीक-ठाक ढंग से चल रहा है, तो जान लीजिए कि उसके पास एक सुदृढ़ और सुव्यवस्थित नौकरशाही की व्यवस्था है। हमारे देश में भी अशोक खेमका जैसे अफसर हैं, जो अपनी ईमानदारी के लिए जाने जाते हैं।

हरियाणा कैडर का यह अधिकारी किसी भी व्यवस्था को रास नहीं आता। कुछ समय पहले अशोक खेमका ने रॉबर्ट वाड्रा के कथित भूमि सौदे उजागर किए थे, जिसके बाद उनका कई बार ट्रांसफर किया गया। सत्ता बदल गई, लेकिन अब भी वह व्यवस्था में फिट नहीं बैठ पाए हैं।

खेमका का 22 साल में 46 बार ट्रांसफर हुआ है, यानी औसतन साल में दो बार उनका तबादला हुआ, जबकि 2013 के सुप्रीम कोर्ट के आदेश के अनुसार एक न्यूनतम कार्यकाल के बाद ही किसी अधिकारी का ट्रांसफर किया जा सकता है। यह भी देखने में आया कि अफसर सत्ता पर आसीन लोगों से इतना परेशान हो जाता है कि वह केंद्र में प्रतिनियुक्ति ले लेता है। मुंबई में अवैध निर्माण के खिलाफ अभियान चलाने के कारण खैरनार चर्चित हुए थे। किरण बेदी जब दिल्ली पुलिस की अधिकारी थीं तो बेहद चर्चित रही थीं।

उन्होंने ट्रैफिक व्यवस्था को सुचारु करने और अवैध वाहनों को हटाने के लिए पहली बार दिल्ली में क्रेन का इस्तेमाल किया था और लोग उन्हें 'क्रेन बेदी' तक कहने लगे थे, लेकिन सत्ता प्रतिष्ठानों को ऐसे अफसर पसंद नहीं आते और उनके बार-बार तबादले हुए थे। देखने में आया है कि कई बार राजनेता नौकरशाहों पर अतर्कसंगत कार्य करने के लिए दबाव डालते हैं। कानूनों को लागू करने की बजाय उनको तोड़ने-मरोड़ने के लिए उनसे कहा जाता है।

लेकिन ऐसा भी नहीं है कि सभी नौकरशाह दूध के धुले हों। कुछ समय पहले 1976 बैच की यू.पी. कैडर की रिटायर्ड आई.ए.एस. अफसर प्रोमिला शंकर ने एक किताब लिखी—'गॉड्स ऑफ करप्शन', यानी भ्रष्टाचार के भगवान्। इसमें उन्होंने यू.पी. के राजनेताओं और नौकरशाही की मिलीभगत से भ्रष्टाचार को रेखांकित किया है। इस किताब ने सत्ता के गलियारों में हलचल मचा दी थी। उन्होंने इसमें बताया कि कैसे कुछ अधिकारी और मंत्री पूरी व्यवस्था को चलाते हैं?

कई ऐसे अधिकारी हैं, जिनके पास दर्जन भर विभागों के चार्ज होते हैं और ये मंत्री को भ्रष्टाचार के नए-नए तरीके सुझाते हैं और अपना भी स्वार्थ सिद्ध करते हैं। कुल मिलाकर नौकरशाहों और राजनेताओं, दोनों के कार्य क्षेत्र स्पष्ट रूप से रेखांकित हैं और दोनों से देश एवं राज्य के हित में कार्य करने की अपेक्षा की जाती है।

26 फरवरी, 2018

□

श्रीदेवी की मौत और मीडिया

जानी-मानी अभिनेत्री श्रीदेवी की अंतिम यात्रा में लगभग 25 हजार लोग शामिल थे। यह बताता है कि श्रीदेवी लोगों के दिलों में बसी हुई अभिनेत्री थीं। जानकारों का कहना है कि हाल-फिलहाल किसी सिने अभिनेता अथवा अभिनेत्री को अंतिम विदाई देने इतने लोग नहीं जमा हुए। इसमें युवा और वयस्क दोनों वर्ग के लोग शामिल थे। श्रीदेवी को 'इंग्लिश-विंग्लिश' जैसी फिल्मों ने युवाओं के बीच लोकप्रिय बना दिया था।

'चाँदनी' से लेकर 'नगीना' जैसी फिल्मों के कारण लाखों लोग पहले से ही उनकी अदा के दीवाने थे।

लेकिन श्रीदेवी की मौत और उसके बाद टी.वी. चैनलों ने जैसा सनसनीखेज कवरेज किया, उस पर गंभीर सवाल उठ रहे हैं। जिस तरह से उनके निधन के बाद दिन-रात चैनलों ने खबरें चलाईं और किस तरह उनकी मौत को लेकर अटकलों को हवा दी, उस पर सवाल उठना लाजिमी है। सवाल मीडिया से भी उठ रहे हैं और आम जन भी उठा रहे हैं। सोशल मीडिया में तो हैशटैग-खबर की मौत नाम से चल रहा था। श्रीदेवी की मौत बाथटब में एक हादसे की वजह से डूबने से दुबई में हुई थी।

यह सही है कि हर शख्स श्रीदेवी के अंतिम पलों के बारे में जानना चाहता था। दुबई के 'खलीज टाइम्स' और 'गल्फ न्यूज' ने बेहद संयत तरीके से खबरें छापीं। अधिकांश चैनलों की खबरों का स्रोत इन अखबारों की वेबसाइट ही थीं। बीच-बीच में वे इन अखबारों के संपादकों और रिपोर्टर से बात कर अपनी खबरों को प्रासंगिक दिखाने की कोशिश करते थे। श्रीदेवी की मौत से पहले के लम्हों के बारे में 'खलीज टाइम्स' ने विस्तृत रिपोर्ट छापी। रिपोर्ट में लिखा है कि बोनी कपूर शनिवार की शाम अपनी पत्नी श्रीदेवी को सरप्राइज डिनर के लिए ले जाने वाले थे, लेकिन जब वह श्रीदेवी के कमरे में पहुँचे तो वह बाथरूम में गिरी हुई मिलीं। बोनी कपूर ने उन्हें होश में लाने की काफी कोशिश की, लेकिन वह सफल नहीं हुए।

इसके बाद उन्हें दुबई के राशिद अस्पताल ले जाया गया, जहाँ उन्हें मृत घोषित कर

दिया गया। श्रीदेवी अपने परिवार के साथ बोनी कपूर के भानजे मोहित मारवाह की शादी में हिस्सा लेने दुबई पहुँची थीं।

जैसे ही दुबई पुलिस ने अपनी फोरेंसिक रिपोर्ट में कहा कि श्रीदेवी की मौत होटल में बाथटब में दुर्घटनाग्रस्त रूप से डूबने से हुई है, उसके बाद तो टी.वी. चैनल जितने तरह के षड्यंत्र हो सकते हैं, वह गिनाने लगे।

उनका इशारा बोनी कपूर की ओर था। टी.वी. चैनलों के दिल्ली और मुंबई स्थित स्टूडियो जैसे घटना के प्रत्यक्षदर्शी बन गए हों। उस दौरान कैसे बोनी कपूर उस वक्त कमरे में मौजूद थे, यह साबित करने की होड़ चल रही थी। टी.वी. चैनलों पर मौत का बाथटब से विशेष कार्यक्रम चल रहे थे। एक चैनल ने तो गजब ही कर दिया। उन्होंने अपने एक रिपोर्टर को टब में लिटा दिया और साबित करने की कोशिश की कि जब उनका रिपोर्टर टब में नहीं डूब सकता है तो श्रीदेवी कैसे डूब सकती हैं?

अधिकांश टी.वी. चैनलों का लब्बोलुआब यह था कि यह सब बोनी कपूर का किया-धराया है और रात-दिन दिखाकर चैनल लोगों के मन में यह भ्रांति पैदा करने में सफल हो गए। शुरुआत में उनकी मौत के कारण के पीछे युवा दिखते रहने के लिए करवाई गई कॉस्मेटिक सर्जरी के प्रभाव को लेकर भी खूब खबरें चलीं, जबकि श्रीदेवी पहले ही कई बार इंटरव्यू में ऐसे किसी भी ऑपरेशन का खंडन कर चुकी थीं। चैनल यहीं तक नहीं रुके। उन्होंने श्रीदेवी की पुरानी निजी जिंदगी की परतें उधेड़नी शुरू कर दीं कि उनका किन-किन लोगों से अफेयर था और कैसे उनकी शादी हुई? हमारे देश में दो-तीन राजनेता हैं, जिनसे आप किसी विषय पर टिप्पणी ले सकते हैं।

वे जब भी मुँह खोलते हैं तो कुछ विवादित बात ही बोलते हैं। टी.वी. चैनलों की तो जैसे मुँह की मुराद पूरी हो जाती है। इनमें से एक महानुभाव ने इसमें दाऊद का एंगल डाल दिया तो दूसरे ने बड़े आत्मविश्वास के साथ कहा कि श्रीदेवी तो शराब पीती ही नहीं थीं। टी.वी. चैनलों को जैसे मन की मुराद पूरी हो गई। उन्हें श्रीदेवी की मौत की खबर में जैसे षड्यंत्र का एंगल मिल गया। दरअसल पोस्टमार्टम रिपोर्ट में आया कि जिस समय श्रीदेवी की मौत हुई, उस समय उनके शरीर में शराब के अंश मिले थे।

टी.वी. चैनलों पर स्वत: नियंत्रण के लिए चैनलों ने न्यूज ब्रॉडकास्टर एसोसिएशन गठित की हुई है। इसके प्रभाव को लेकर समय-समय पर सवाल उठते रहे हैं, लेकिन इस पूरे प्रकरण के दौरान कोई चेतावनी जारी नहीं की गई, किसी तरह का हस्तक्षेप नहीं किया गया। टी.आर.पी. की होड़ में टी.वी. चैनल श्रीदेवी की मौत पर बेरोक-टोक खबरें चलाते रहे।

जहाँ तक श्रीदेवी के फिल्मी कॅरियर का सवाल है, तो उतार-चढ़ाव के बावजूद वह शानदार रहा। श्रीदेवी ने केवल हिंदी ही नहीं, बल्कि तमिल, मलयालम, तेलुगू और

कन्नड़ फिल्मों में भी काम किया था। वह भारतीय सिनेमा की पहली महिला सुपरस्टार मानी जाती हैं। श्रीदेवी ने अपने फिल्मी कॅरियर में अनेक फिल्में कीं।

अपने कॅरियर के दौरान उन्होंने कई दमदार रोल किए। श्रीदेवी ने अपने कॅरियर की शुरुआत फिल्म 'सोलहवाँ सावन' से 1979 में की थी, लेकिन उन्हें बॉलीवुड में पहचान फिल्म 'हिम्मतवाला' से मिली। इस फिल्म के बाद वह हिंदी सिनेमा की सुपरस्टार अभिनेत्री कहलाने लगी थीं। मसाला फिल्मों के अलावा उन्होंने कई आर्ट फिल्मों मे भी काम किया। 80 और 90 के दशक में श्रीदेवी का इतना दबदबा था कि वह सबसे अधिक पारिश्रमिक पाने वाली अभिनेत्री बन गई थीं। श्रीदेवी को राष्ट्रीय और कई फिल्म फेयर पुरस्कार मिले थे। 2013 में भारत सरकार ने उन्हें 'पद्मश्री' पुरस्कार से सम्मानित किया था।

मेरी जानकारी में एक और दिलचस्प तथ्य आया कि श्रीदेवी पाँच भारतीय भाषाएँ बोल लेती थीं, लेकिन अंग्रेजी में उनका हाथ तंग था। एक दौर में बॉलीवुड के अंग्रेजीदाँ तबके में इसको लेकर उनका मजाक भी उड़ाया जाता था।

इतना मजबूत कॅरियर के होते हुए भी श्रीदेवी अंदर से कहीं कमजोर थीं। उनके साथ तेलुगू फिल्म बना चुके फिल्म निर्माता और निर्देशक रामगोपाल वर्मा ने एक लंबी पोस्ट सोशल मीडिया पर साझा की है।

राम गोपाल वर्मा ने लिखा—श्रीदेवी अपने जीवन में कठिन दौर से गुजर चुकी थीं। बाल कलाकार के रूप में कॅरियर की जल्द शुरुआत के कारण जीवन में उन्हें सामान्य गति से बढ़ने का समय कभी नहीं मिला। बाहरी शांति से ज्यादा, उनकी आंतरिक मानसिक स्थिति चिंता का विषय थी। रामगोपाल वर्मा ने फेसबुक पर लिखा कि भविष्य को लेकर अनिश्चितता और उनके निजी जीवन में बेतरतीब बदलाव ने श्रीदेवी के संवेदनशील दिमाग पर गहरे दाग छोड़े, जिससे उन्हें कभी शांति नहीं मिली।

5 मार्च, 2018

□

उपचुनाव का संदेश

हर चुनाव राजनीति का एक नया संदेश देकर जाता है। उत्तर प्रदेश उपचुनावों का संदेश भी साफ है कि भाजपा के खिलाफ यदि पार्टियाँ मिलकर लड़ें, तो उसे हराया जा सकता है। दूसरा संदेश है कि यू.पी. में कांग्रेस की मूर्च्छा टूटी नहीं है। राहुल गांधी भले ही पार्टी के अध्यक्ष बन गए हों, लेकिन यू.पी. में कांग्रेस अपने बूते पर खड़ी नहीं हो पा रही है और उसे एक अदद बैसाखी की जरूरत है।

ये नतीजे राहुल गांधी के यू.पी.ए. नेता के रूप में स्वीकार्यता पर भी सवाल खड़े कर सकते हैं। हालाँकि यह भी सही है कि उपचुनावों के नतीजों से 2019 का निष्कर्ष निकालना राजनीतिक अपरिपक्वता होगी, लेकिन इसमें कोई शक नहीं है कि गोरखपुर और फूलपुर के नतीजे भाजपा के लिए बड़ा झटका हैं। इसका तीसरा संदेश यह है कि विकास और रोजगार अब भी अंतिम व्यक्ति तक नहीं पहुँचा है, जिसकी आस आम जनता को थी। इसे सिर्फ गठबंधन की जीत ठहराना भी उचित नहीं होगा।

इन सीटों की अहमियत हमें जाननी होगी। गोरखपुर लोकसभा सीट वहाँ से सांसद रहे योगी आदित्यनाथ के मुख्यमंत्री बनने के बाद खाली हुई थी। वहीं, फूलपुर सीट उपमुख्यमंत्री केशव प्रसाद मौर्य के इस्तीफे की वजह से रिक्त हुई थी। इन नतीजों पर इसलिए सबकी निगाहें लगी हुई थीं, क्योंकि इनके आधार पर ही यू.पी. में सपा-बसपा के बीच गठबंधन तय होना है।

एक तरह से इन उपचुनावों के जरिए दोनों दल गठबंधन के प्रति जनता का रुख भाँपने की कोशिश कर रहे थे। यू.पी. के इन उपचुनावों में बसपा ने उम्मीदवार नहीं उतारे और सपा उम्मीदवारों के समर्थन की घोषणा की थी। राजनीति में कोई स्थायी दुश्मन नहीं होता और न ही कोई दोस्त। सब जानते हैं कि दोनों पार्टियों में छत्तीस का आँकड़ा रहा है, लेकिन भाजपा की चुनौती के कारण दोनों पार्टियाँ साथ आ गईं।

यू.पी. के इन उपचुनावों में मुख्यमंत्री योगी और उपमुख्यमंत्री मौर्य ने कोई कोर-कसर बाकी नहीं रखी थी। प्रचार के दौरान मतदाताओं को लुभाने के लिए स्थानीय से लेकर राष्ट्रीय मुद्दे तक उठाए।

गोरखपुर सीट तो खुद मुख्यमंत्री योगी आदित्यनाथ के लिए प्रतिष्ठा का प्रश्न थी। योगी यहाँ से 5 बार सांसद चुने जा चुके हैं। पिछले चुनाव में उन्हें लगभग 5 लाख, 40 हजार वोट मिले थे।

इससे पहले उनके गुरु महंत अवैद्यनाथ तीन बार संसद में इस क्षेत्र का प्रतिनिधित्व कर चुके हैं। फिर भी गोरखपुर से भाजपा प्रत्याशी हार गया। दूसरी ओर, कभी देश के प्रधानमंत्री जवाहरलाल नेहरू को संसद में भेजने वाली फूलपुर की जनता ने 2014 में हुए लोकसभा चुनाव में भाजपा प्रत्याशी केशव प्रसाद मौर्य को संसद पहुँचाया था।

फूलपुर ऐतिहासिक सीट रही है। नेहरू को यहाँ से डॉ. लोहिया ने चुनौती दी थी, पर हार गए थे। इस सीट से कभी विजयलक्ष्मी पंडित जीती थीं। यहाँ से कांशीराम ने भी चुनाव लड़ा था। 1971 में यहीं से वी.पी. सिंह चुनाव जीते थे। जनेश्वर मिश्र भी यहाँ से जीते थे। 2014 के लोकसभा चुनाव में मोदी लहर में केशव प्रसाद मौर्य को पाँच लाख से अधिक वोट हासिल हुए थे, लेकिन उपचुनाव में भाजपा हार गई।

यू.पी. के फूलपुर और गोरखपुर लोकसभा उपचुनाव के नतीजों का असर 2019 में होने वाले लोकसभा चुनाव पर हो सकता है। 2014 के लोकसभा चुनाव में भाजपा ने 71 सीटें जीतकर सपा, बसपा और कांग्रेस का सूपड़ा साफ कर दिया था। सपा को पाँच और कांग्रेस को केवल दो सीटें मिली थीं। बसपा खाता भी नहीं खोल पाई। इसके बाद 2017 में हुए विधानसभा चुनाव में भी बसपा की जबर्दस्त हार हुई।

राज्य की 403 विधानसभा सीटों में से भाजपा ने 325 सीटों पर जीत दर्ज की थी, सपा और कांग्रेस गठबंधन को 54 सीटें मिलीं और बसपा 19 सीटों पर ही सिमट गई थी, लेकिन इस सीट पर भाजपा उम्मीदवार हार गया और सपा प्रत्याशी ने जीत दर्ज की। कांग्रेस इस पूरे सियासी खेल से बाहर हो गई, लेकिन एक उपचुनाव से यह मान लेना कि भाजपा यू.पी. के चुनावी खेल से बाहर हो गई, बहुत जल्दबाजी होगी। प्रधानमंत्री मोदीजी की अय्यारी भाजपा के पक्ष में है।

उन्हें विपरीत परिस्थितियों को अपने पक्ष में करने में महारत हासिल है। पार्टी उन्हीं के सहारे चुनावी मैदान में होगी। वैसे तो हर चुनाव एक सियासी इम्तिहान होता है, पर अगला आम चुनाव प्रधानमंत्री मोदी के काम-काज पर जनमत संग्रह जैसा होगा।

15 मार्च, 2018

□

बिहार की गौरवशाली परंपरा

एक राज्य के रूप में अस्तित्व में आए हुए बिहार को 106 साल पूरा होने जा रहा है। यह हम सबके लिए गौरव की बात है, लेकिन देश में बिहार के लोगों की जैसी इज्जत होनी चाहिए, वैसी नहीं है। कुछेक राज्यों में बिहार के लोगों को 'बिहारी' कहकर अपमानित करने की कोशिश की जाती है।

दरअसल, लोगों को बिहार की सैकड़ों साल पुरानी गौरवशाली परंपरा का भान नहीं है। यह मौका है, बिहार की गौरवशाली परंपरा को याद करने और युवा पीढ़ी को इसका एहसास कराने का।

बिहार का इतिहास चार से साढ़े चार हजार साल पुराना है। सारण जिले के चिरांद गाँव को बिहार की सबसे पुरानी बस्ती माना जाता है, जहाँ से बिहार के अस्तित्व की कहानी शुरू होती है और देश-दुनिया में फैलती है। इस कहानी में फिर गौतम बुद्ध जैसे नाम आते हैं, जिनके अनुयायी पूरी दुनिया में फैले हैं। महावीर जैसे विचारक आते हैं, जिनके द्वारा स्थापित जैन संप्रदाय देश का एक प्रमुख धर्म है। यह 24 जैन तीर्थंकरों की कर्मभूमि रही है। सिखों के दसवें गुरु गोबिंद सिंह का जन्म पटना में हुआ था।

आज भी देश-विदेश से बड़ी संख्या में सिख धर्मावलंबी उनके जन्म स्थान पर मत्था टेकने आते हैं। बिहार का उल्लेख वेदों, पुराणों में मिलता है। ईसा पूर्व काल में इस क्षेत्र पर बिंबिसार, पाटलिपुत्र की स्थापना करनेवाले उदयन, चंद्रगुप्त मौर्य और सम्राट् अशोक सहित मौर्य, शुंग तथा कण्व राजवंश के नरेशों ने राज किया।

इसके पश्चात् कुषाण शासकों का समय आया और बाद में गुप्त वंश के चंद्रगुप्त विक्रमादित्य ने बिहार पर राज किया। मध्यकाल में मुसलिम शासकों का इस क्षेत्र पर अधिकार रहा। राजा विशाल का गढ़, जिसे आज वैशाली के रूप में जाना जाता है, वहाँ गणतंत्र ने पहली बार आकार ग्रहण किया था। साढ़े सात हजार से अधिक प्रतिनिधि मिलकर पूरे इलाके का शासन चलाते थे। कहा जाता है कि दुनिया में लोकतंत्र यूरोप से आया।

लेकिन यूरोप से पहले हमें वैशाली में लोकतांत्रिक व्यवस्था का उदाहरण मिलता है। इसके बाद मगध के इर्द–गिर्द एक सत्ता केंद्र विकसित होने लगा, बृहद्रथ के वक्त से, अजातशत्रु उसे बढ़ाते हैं, फिर महापद्मनंद और फिर चाणक्य और चंद्रगुप्त की जोड़ी एक ऐसे मौर्य वंश की नींव डालती है, जो पूरे भारत के इलाके में फैलने लगती है। फिर अशोक जैसा राजा आता है, जो प्रेम से दुनिया को जीतने की बात करता है और दुनिया भर में अपने दूत भेजता है। गुप्तकाल के रूप में भारत का स्वर्णयुग भी बिहार के मगध से ही संचालित होता है।

यहाँ जनक जैसे राजा होते हैं और याज्ञवल्क्य जैसे विचारक, मैत्रेयी और गार्गी जैसी विदुषी महिलाएँ बिहार से ही आती हैं। मिथिला में शंकराचार्य से मंडन मिश्र की पत्नी भारती शास्त्रार्थ करती हैं। यहाँ चाणक्य, वात्स्यायन, आर्यभट्ट, चरक, नागार्जुन जैसे विद्वान् समय–समय पर जन्म लेते हैं और देश और दुनिया को अपने विचारों से दिशा देते हैं। नालंदा, विक्रमशिला जैसे विश्वविद्यालय खड़े होते हैं और दुनिया भर से छात्र यहाँ खिंचे चले आते हैं।

यहीं के कवि विद्यापति अपने मधुर गीतों से जनमानस के हृदय में प्रेम जगाते हैं। कुंवर सिंह अंग्रेजों के खिलाफ गदर कर उनका जीना हराम कर देते हैं।

इसी बिहार में कादंबिनी गांगुली जैसी महिला का जन्म होता है, जो देश ही नहीं बल्कि पूरे ब्रिटिश साम्राज्य की पहली महिला ग्रेजुएट बनती है। रुकैया मुसलिम छात्राओं के लिए स्कूल खोलती हैं। फिर सच्चिदानंद सिन्हा, महेश नारायण जैसे लोग आते हैं, जो बिहारियों के बीच अस्मिता जगाते हैं। नील किसानों को न्याय दिलाने के लिए राजकुमार शुक्ल मोहनदास करमचंद गांधी को चंपारण खींच लाते हैं और सत्याग्रह का अनूठा प्रयोग होता है। बिहार आकर गांधी सामाजिक कुरीतियों के खिलाफ भी आवाज उठाते हैं और इसी धरती से वह गांधी से महात्मा बनते हैं।

बिहार की माटी के सपूत डॉ. राजेंद्र प्रसाद देश के पहले राष्ट्रपति बनते हैं। जयप्रकाश नारायण यहीं से इमरजेंसी के खिलाफ बिगुल फूँकते हैं। यहीं से शुरुआत होती है, मंदिरों में दलितों को पुजारी बनाने की। देश को लेखक, विचारक, प्रशासक, और मेधावी युवक उपलब्ध कराने का सिलसिला आज भी जारी है। जमींदारी उन्मूलन और पंचायतों में महिलाओं को 50 फीसदी आरक्षण देने का कानून बिहार में लागू होता है। बाद में उसे पूरा देश अपनाता है। आशय यह कि बिहार का इतिहास बेहद गौरवशाली रहा है।

लेकिन यह भी सच है कि मौजूदा दौर में बिहार के समक्ष अनेक चुनौतियाँ भी हैं। बिहार को अभी बुनियादी समस्याओं को हल करने का कार्यभार पूरा करना है।

अनेक क्षेत्रों में उल्लेखनीय उपलब्धियों के बावजूद बिहार प्रति व्यक्ति आय के

मामले में पिछड़ा हुआ है। बिहार आज भी शिक्षा, स्वास्थ्य और बिजली की समस्या से जूझ रहा है। बिहार के अधिकांश लोग कृषि से जीवनयापन करते हैं, लेकिन एक बड़ा इलाका हर साल बाढ़ में डूबता है। कोसी, मिथिला और सीमांचल के इलाके को बाढ़ से मुक्ति का इंतजार है। अगर इससे मुक्ति मिल जाए, तो इस पूरे इलाके की तसवीर बदल सकती है। देश का कोई कोना नहीं है, जहाँ बिहार के लोग रहते हों, लेकिन महाराष्ट्र, कर्नाटक, असम, जम्मू-कश्मीर जैसे कई राज्यों की घटनाएँ हमारे सामने हैं, जहाँ बिहार के लोगों को अपमानित किया गया। हमें बिहार में ही शिक्षा और रोजगार के अवसर उपलब्ध कराने होंगे, ताकि लोगों को बाहर जाने की जरूरत ही न पड़े।

आज हर साल दिल्ली और दक्षिण के राज्यों में पढ़ने के लिए बिहार के हजारों बच्चे जाते हैं। साथ ही, राजस्थान के कोटा में बिहार और झारखंड के हजारों बच्चे कोचिंग के लिए जाते हैं। आज जरूरत है कि हम ऐसा ढाँचा विकसित करें कि हमारे बच्चों को पढ़ाई और कोचिंग के लिए बाहर जाने की आवश्यकता न पड़े। स्कूली शिक्षा और उच्च शिक्षा एक-दूसरे के पूरक हैं। आज जरूरत है कि स्कूली शिक्षा को लेकर किए गए प्रयास को उच्च शिक्षा की बेहतरी के लिए भी लागू किया जाए।

दूसरा, बिहार ऐतिहासिक धरोहरों, धर्म, अध्यात्म और संस्कृति का केंद्र रहा है। यहाँ की परंपराएँ, संस्कृति, रीति-रिवाज और पर्व-त्योहार पर्यटकों को आकर्षित करते रहे हैं। राजगीर, नालंदा, वैशाली, बोधगया, पावापुरी जैसी लंबी सूची है। बोधगया तो अंतरराष्ट्रीय पर्यटन का केंद्र है।

पर्यटन के क्षेत्र में काम हुआ है, लेकिन इस पर और ध्यान दिए जाने की जरूरत है। मेरा मानना है कि बिहार और झारखंड, दो सहोदर भाई है। दोनों मिलकर विकास का नया मॉडल स्थापित कर सकते हैं। बिहार के पास उद्योग नहीं है, पर बड़ी संख्या में प्रशिक्षित कामगार हैं।

झारखंड में उद्योग हैं, बिजली है और तेजी से औद्योगीकरण हो रहा है। इसका फायदा बिहार उठा सकता है। इसके लिए दोनों राज्यों को साझा विषयों पर बात करनी होगी। तत्त्व की बात यह कि वक्त आ गया है कि बिहार भविष्य की ओर देखे। पिछले वर्षों में किए गए प्रयास से सीख लेकर उत्साह के साथ आगे बढ़े, भविष्य का चिंतन करें। हमारा विश्वास है कि बिहार आगे बढ़ेगा तो देश भी आगे बढ़ेगा।

19 मार्च, 2018

□

चिंताजनक है संसद का न चलना

संसद लोकतांत्रिक व्यवस्था का आधार स्तंभ है। संविधान निर्माताओं ने ऐसी परिकल्पना की थी कि संसद के माध्यम से कानून बनेंगे और उनके द्वारा जनता की अपेक्षाओं को पूरा किया जाएगा। सदन सार्थक चर्चा और जनता की समस्याओं के निराकरण का मंच भी है।

संसद में गरमागरमी होना एक सामान्य प्रक्रिया है। विभिन्न विचारधाराओं और राजनीतिक दलों के नेताओं का किसी मुद्दे पर नजरिया अलग हो सकता है। इसकी वजह से थोड़े समय के लिए संसद की कारवाई बाधित हो सकती है। यह तो समझ में आता है, लेकिन पिछले कुछ समय से संसद के दोनों सदनों— लोकसभा और राज्यसभा की कारवाई हंगामे के कारण ठप पड़ी है। यह हम सबके लिए चिंता का विषय है। देश की सबसे बड़ी पंचायत में देशहित से जुड़े मुद्दों पर कोई चर्चा ही नहीं हो पा रही है। यह लोकतंत्र के लिए शुभ संकेत नहीं है।

पिछले दो सत्रों में संसद में काफी कम काम-काज हो पाया है। मॉनसून सत्र के पहले हिस्से में लोकसभा में जरूर कुछ काम हुआ, लेकिन इस दौरान राज्यसभा में महज 8.5 घंटे काम हो पाया। विधेयकों के लंबे समय तक लटके रहने से देश की निर्णय व्यवस्था प्रभावित होती है। कई विधेयक तो कई-कई सत्रों तक संसद में लटके रहते हैं।

अकसर देखने में आया है कि व्यवधान के बाद जब कारवाई शुरू होती है, तो विधेयकों को समयाभाव के कारण बिना चर्चा के जस-के-तस पारित कर दिया जाता है। यह और चिंताजनक बात है। विधेयक पर चर्चा हो, उन पर कोई आपत्तियाँ हों, तो उन्हें दर्ज किया जाए। हाल में वित्त विधेयक आनन-फानन में पारित कर दिया गया। ऐसे अनेक विधेयक हैं, जो चर्चा के बिना पारित हो गए। यह जान लीजिए कि संसद की कारवाई हमारे आपके द्वारा जमा किए टैक्स से चलती है। इसके संचालन में जो लंबा-चौड़ा खर्च आता है, उसकी पूर्ति हमारे आपके टैक्स से की जाती है। संसद की प्रति मिनट कारवाई पर औसतन ढाई लाख रुपए खर्च आता है और कारवाई न चलने

की स्थिति में यह खर्च बचता नहीं है, बल्कि सारी राशि पानी में चली जाती है। इस सत्र के 24 में से अधिकांश दिन हंगामे की भेंट चढ़ चुके हैं और लगता नहीं, बाकी बचे दिनों में कुछ विधायी काम हो पाएगा। आप अनुमान लगा सकते हैं कि हमारा आपका कितना पैसा अब तक पानी में जा चुका है ?

संसद में कुछ विधेयक तो ऐसे लंबित हैं, जो लोगों को सीधे प्रभावित करते हैं। राज्यसभा में कम-से-कम 10 ऐसे विधेयक लंबित हैं, जिन्हें लोकसभा पारित कर चुकी है।

अगर राज्यसभा से उन्हें मंजूरी मिल जाए तो ये विधेयक कानून बन जाएँगे और इनका फायदा जनता को मिलेगा। ऐसा ही ग्रैच्युटी से जुड़ा एक विधेयक राज्यसभा में अटका हुआ था। यह विधेयक किसी तरह विपक्ष के सहयोग से पारित हुआ। यह विधेयक हर नौकरीपेशा शख्स से जुड़ा हुआ है। इसके तहत 20 लाख रुपए तक की ग्रैच्युटी को करमुक्त कर दिया गया है।

इस विधेयक के जैसे-तैसे पारित होने के तुरंत बाद विपक्षी दलों के सदस्य सभापति के आसन के समीप आकर नारे लगाने लगे और फिर सारा काम-काज फिर ठप पड़ गया। राज्यसभा में एक और महत्त्वपूर्ण बिल मुसलिम महिला संरक्षण विधेयक भी पारित होने के लिए पड़ा है। ये तो चंद मिसाल भर हैं। सांसद प्रश्नकाल के माध्यम से जनहित के मुद्दों को उठाते हैं और सरकार को जवाब देना होता है। यह सारी प्रक्रिया ठप पड़ी है।

संसद की काररवाई को सुचारु रूप से चलाने की जिम्मेवारी जितनी सरकार की है, उतनी ही विपक्ष की भी है। दूसरी ओर, विपक्ष को साथ लाने और उसकी आपत्तियों पर गौर करने का दायित्व सरकार का है। विरोध करने के बहुत से तरीके हो सकते हैं, लेकिन केवल विरोध के लिए संसद को बाधित करना उचित नहीं है।

दुर्भाग्य यह है कि अब यह मान लिया गया है किसी बात को रखने का सबसे अच्छा और प्रभावी तरीका हंगामा करना है। जब से संसद की काररवाई का सीधा प्रसारण शुरू हुआ है, संसद भवन को पार्टियों ने प्रचार का अखाड़ा मान लिया है।

संसद के बाहर न्यूज चैनलों की भीड़ से सभी पार्टियों को अपने प्रचार का मौका मिल जाता है। हाल में एक पुरुष सांसद अपने राज्य को विशेष दर्जे की भाँग को लेकर महिला का वेश धारण कर संसद भवन परिसर पहुँच गए। यह स्वस्थ परंपरा नहीं है और लोकतंत्र के लिए कतई मुफीद नहीं है। एक दौर था, जब संसद में विभिन्न विषयों पर लंबी गंभीर बहसें होती थीं, लेकिन अब उनका अभाव साफ नजर आता है।

जाहिर है कि पक्ष हो या विपक्ष, किसी की भी रुचि संसद की काररवाई सुचारु रूप से चलाने में नहीं है। विधानसभाओं की स्थिति तो और खराब है। विधानसभाओं के

सत्र लगातार छोटे होते जा रहे हैं। देखने में आया है कि अनेक विधायक बिना तैयारी के कारखाई में हिस्सा लेते हैं। सबसे चिंताजनक पहलू यह है कि विधेयक बिना किसी बहस और हस्तक्षेप के विधानसभाओं से पारित हो जाते हैं।

एक और चिंतनीय विषय है कि सदन में अमर्यादित आचरण और शब्दों का इस्तेमाल बढ़ता जा रहा है। विधानसभा में विधायकों में मारपीट तक की घटनाएँ घटित होने लगी हैं। उपराष्ट्रपति वैंकया नायडू सदन की कारवाई को लेकर बेहद गंभीर हैं।

राज्यसभा में लगातार काम-काज न होने के कारण हाल में उन्होंने सांसदों का भोज स्थगित कर अपनी अप्रसन्नता जाहिर की थी। इसके पहले एक अवसर पर उपराष्ट्रपति नायडू ने बहुत ही स्पष्ट शब्दों में कहा था कि संसद और विधानसभाओं में चंद सदस्यों द्वारा कारखाई बाधित करने के कारण जनता की नजरों में विधायिका का सम्मान कम हुआ है। उपराष्ट्रपति ने कहा कि संसद की अच्छी बहस सरकार को हिला सकती है।

उन्होंने कुछ महत्त्वपूर्ण सुझाव भी दिए, जिनमें राज्य विधायिकाओं की रैंकिंग तय करना, विधायिका के सदस्यों के आचरण और योगदान सुनिश्चित करने के मानक तय करना, विपक्षी दलों के सदस्यों का कोरम तय करना, कारखाई में बाधा उत्पन्न करनेवाले सदस्यों की पहचान करना, सदस्यों का स्वत: निलंबन, स्थायी समितियों का कार्यकाल बढ़ाना, विधायिका के सदस्यों का जनता के साथ मेलजोल बढ़ाना और कारखाई के नियमों का पालन सुनिश्चित करना शामिल है। ये सभी सुझाव अत्यंत महत्त्वपूर्ण हैं। हर सत्र से पहले सरकार और विभिन्न दलों के बीच संसदीय मर्यादा के पालन पर सहमति बनती है, लेकिन होता इसके उलट है। यह बैठक तो जैसे एक तरह की रस्म बनकर रह गई है, उसका पालन कोई पक्ष नहीं करता है। लगातार यह हो रहा है कि पूरा का पूरा सत्र हंगामे की भेंट चढ़ गया और कोई विधायी कार्य नहीं हो पाया। सदनों की कारखाई सुचारु रूप से चले और विधायी कार्य हों, यह स्वस्थ लोकतंत्र और हम सबके लिए जरूरी है।

26 मार्च, 2018

□

जल संकट के लिए तैयार रहें

गरमी शुरू हो गई है। हम सब जानते हैं कि हर साल की तरह हमारे गाँव, कस्बे और शहर पानी की कमी से जूझेंगे, लेकिन इस विषय में हम तभी सोचते हैं, जब समस्या हमारे सिर पर आ खड़ी होती है। न तो सरकारों की ओर से कोई ठोस पहल होती है और न ही समाज की ओर से कोई अभियान छेड़ा जाता है। समस्या केवल कम बारिश की नहीं है।

बारिश होती भी है तो हम जल संरक्षण नहीं करते। जो हमारे तालाब हैं, उनको हमने पाट दिया है। शहरों में तो उनके स्थान पर बहुमंजिले अपार्टमेंट्स और मॉल खड़े हो गए हैं। झारखंड की ही मिसाल लें। यहाँ साल में औसतन 1,400 मिलीमीटर बारिश होती है। यह किसी भी पैमाने पर अच्छी बारिश मानी जाएगी, लेकिन बारिश का पानी बहकर निकल जाता है, उसके संचयन का कोई उपाय नहीं है।

इसे चेक डैम अथवा तालाबों के जरिए रोक लिया जाए तो साल भर खेती और पीने के पानी की समस्या नहीं होगी। हालत यह है कि गरमी ने अभी दस्तक भर दी है और देश के कई राज्यों में जल संकट पैदा हो गया है।

हाल में संयुक्त राष्ट्र की पहल पर दुनिया भर के शहरों का एक सर्वेक्षण कराया गया कि भविष्य में पानी की स्थिति कैसी रहनेवाली है ? इस सर्वे में पाया गया कि दुनिया के 11 बड़े शहर पानी की भारी कमी से जूझने वाले हैं।

इसमें दक्षिण अफ्रीका का केपटाउन शहर पहला बड़ा शहर है, जो पानी के संकट से दो-चार हो रहा है। केपटाउन की हालत इतनी खराब हो गई है कि यहाँ पानी की राशनिंग की स्थिति आ गई है। लोगों को रोजाना पानी नहीं मिलता और मिलता भी है तो सीमित मात्रा में। समस्या इतनी गहरा गई है कि अब इससे बचने का रास्ता निकालने का वक्त ही नहीं रहा।

दुनिया के 500 बड़े शहरों में हुए एक सर्वेक्षण में पाया गया है कि हर चार में से एक शहर पानी की समस्या से जूझ रहा है। जल विशेषज्ञों का मानना है कि 2030 तक

विश्व स्तर पर पीने के पानी की माँग और आपूर्ति में भारी अंतर हो जाएगा। विशेषज्ञ मानते हैं कि इसके तीन प्रमुख कारण हैं—जलवायु परिवर्तन, बेतरतीब विकास और जनसंख्या में भारी वृद्धि, लेकिन हमारी सरकारें और समाज अभी तक इसको लेकर सजग नहीं हैं। हाल के सर्वे में पाया गया कि जल्द ही देश का बेंगलुरु शहर ऐसे ही संकट का सामना करने जा रहा है। बेंगलुरु एक तरह से देश की तकनीकी राजधानी है। कर्नाटक में विधानसभा चुनाव होने जा रहे हैं। बेंगलुरु और राज्य के अन्य अनेक हिस्से जल संकट से जूझ रहे हैं, लेकिन मैंने जितनी भी राजनीतिक बहसें सुनी हैं, उनमें इसका जिक्र नहीं होता। राज्य का झंडा कैसा हो, इस पर बहस चल रही है। भाषायी मुद्दे को हवा दी जा रही है। लिंगायत समाज को विशेष व्यवस्था मिले, क्योंकि इस समाज के वोट बहुत हैं, ऐसे मुद्दे चर्चा में हैं।

दुर्भाग्य है कि जिस राज्य की राजधानी जल संकट की चपेट में है, उसे दूर करने के क्या उपाय होने चाहिए, उसका खाका कोई दल पेश नहीं करता। लोग भी जैसे इसे लेकर उदासीन हैं। मेट्रो स्टेशन के बोर्ड केवल कन्नड़ में लगें, इसको लेकर तो लोग सड़कों पर आ जाते हैं, लेकिन शहर के जल संकट को लेकर कोई बड़ी रैली अथवा प्रदर्शन नहीं होता।

चिंताजनक खबर यह है कि गरमी ने अभी देश में दस्तक भर दी है, जबकि देश के 91 जलाशयों में केवल 34 फीसदी पानी ही बचा है। यह पिछले साल की तुलना में सात फीसदी कम है। देश के उत्तर, मध्य और दक्षिण के ज्यादातर राज्य अभी से जल संकट का सामना कर रहे हैं।

जैसे-जैसे गरमी और बढ़ेगी, देश में जल संकट और बढ़ने की आशंका है। इससे झारखंड, बिहार और पश्चिम बंगाल भी अछूते नहीं हैं। केंद्रीय जल आयोग देश के 91 जलाशयों में पानी के स्तर की मॉनीटरिंग करता है। उसने जानकारी दी है कि जलाशयों में 54.39 घन मीटर पानी है, जो कुल क्षमता का केवल 34 फीसदी है। यह स्थिति इसलिए उत्पन्न हुई है, क्योंकि जनवरी और फरवरी में देश के राज्यों में मामूली बारिश हुई, लेकिन कुछ राज्य ऐसे भी हैं, जिनमें इस दौरान बिल्कुल बारिश नहीं हुई।

इसमें गुजरात का एक बड़ा हिस्सा शामिल है। रबी की फसल के लिए यह बारिश बेहद महत्त्वपूर्ण होती है। साथ ही, जल आपूर्ति में भी इसकी भूमिका अहम रहती है।

मौसम वैज्ञानिकों ने भविष्यवाणी की है कि इस साल देश का औसत तापमान 0.7 डिग्री सेल्सियस बढ़ जाएगा, यानी इस साल पिछले वर्षों की तुलना में अधिक गरमी पड़ेगी। गुजरात के सौराष्ट्र के इलाके में तापमान 38.4 डिग्री पहुँच गया है। यह पिछले साल की तुलना में चार डिग्री अधिक है।

तापमान बढ़ने का सीधा असर खेती-किसानी पर पड़ेगा और पैदावार कम हो

जाएगी। कृषि विशेषज्ञों का कहना है कि देश का एक डिग्री तापमान बढ़ने से गेहूँ, सोयाबीन, सरसों, मूँगफली और आलू की पैदावार में तीन से सात फीसदी की कमी आ जाएगी। पिछले साल के आर्थिक सर्वेक्षण कहा गया था कि मौसम के खराब मिजाज के कारण खेती-किसानी को 62 हजार करोड़ रुपए का नुकसान झेलना पड़ा था।

पानी का मौजूदा संकट सिर्फ पानी की कमी और माँग के बढ़ने की वजह से ही नहीं है। इसमें जल प्रबंधन की कमी का बहुत बड़ा हाथ है। अगर केंद्र व राज्य सरकारों और समाज ने जल-व्यवस्था पर ध्यान नहीं दिया तो भारत के ज्यादातर बड़े शहरों में 2020 तक पानी उपलब्ध नहीं होगा।

मैं बार-बार सरकारों के साथ समाज का जिक्र भी करता हूँ। ऐसा इसलिए कि मुझे मालूम है कि केवल सरकारों के बूते के बात यह नहीं है। समाज को भी इसके लिए आगे आना होगा। हम लोग गाँवों में जल संरक्षण के उपाय करते थे, वे भी हमने करने छोड़ दिए हैं। पर्यावरणविद् दिवंगत अनुपम मिश्र ने तालाबों पर भारी काम किया। उनका मानना था कि जल संकट प्राकृतिक नहीं, मानवीय है। हमारे देश में बस्ती के आसपास जलाशय—तालाब, पोखर आदि बनाए जाते थे।

जल को सुरक्षित रखने की व्यवस्था की जाती थी। यह काम पूरे देश में प्रकृति के अनुकूल किया जाता था। इस काम के विशेषज्ञ थे, लेकिन वे सामान्य लोग ही थे, लेकिन हमने अपने आसपास के तालाब मिटा दिए और जल संरक्षण का काम छोड़ दिया। आज तालाबों को दोबारा जिंदा करने की जरूरत है।

राज्य सरकारें यह काम करें तो बहुत अच्छा, अन्यथा लोगों को इसकी पहल करनी चाहिए। झारखंड सरकार ने तालाबों के निर्माण का काम हाथ में लिया है। इससे लोगों को रोजगार के साथ-साथ जल की आत्मनिर्भरता बढ़ेगी। भू-जल स्तर जिस तरह से नीचे जा रहा है, उसे रोकने का उपाय केवल जल संरक्षण ही है। यह जान लीजिए कि जल संरक्षण सीधे तौर से भोजन की सुरक्षा से भी जुड़ा है। इसलिए इसकी अनदेखी की भारी कीमत चुकानी पड़ सकती है।

2 अप्रैल, 2018

□

नेपाल से मधुर रिश्तों की चुनौती

भारत और नेपाल के रिश्ते सदियों पुराने हैं, लेकिन उनमें उतार-चढ़ाव आता रहा है। भारत और नेपाल के बीच जैसा जुड़ाव है, वैसा दुनिया में किसी अन्य देश के बीच नहीं है। हम भौगोलिक, ऐतिहासिक और सांस्कृतिक हर तरह से एक-दूसरे से जुड़े रहे हैं। भारत और नेपाल ने अपने विशेष संबंधों को 1950 की भारत-नेपाल शांति एवं मैत्री संधि से नई पहचान दी।

इस अंतरराष्ट्रीय संधि के माध्यम से दोनों देशों के संबंधों के आयाम निर्धारित किए गए। संधि के अनुसार दोनों देशों की सीमा एक-दूसरे के नागरिकों के लिए खुली रहेगी और वे उन्हें एक-दूसरे के देशों में बेरोक-टोक आ जा सकेंगे और उन्हें काम करने की छूट होगी। यही संधि दोनों देशों के बीच एक गहरा रिश्ता स्थापित करती है।

प्रधानमंत्री नरेंद्र मोदी ने पद सँभालने के तुरंत बाद पड़ोसी देशों पर विशेष ध्यान देना शुरू किया। वह नेपाल की यात्रा पर भी गए। नेपाल में आए भूंकप के दौरान भारत ने तत्काल मदद के लिए हाथ बढ़ाया और राहत एवं बचाव कार्य में अहम भूमिका निभाई थी। इससे दोनों देशों के संबंध और प्रगाढ़ हुए और लगा कि रिश्ते नए मुकाम तक पहुँचेंगे, लेकिन मधेसी और अन्य मुद्दों को लेकर दोनों देशों के बीच खटास आ गई और हाल के दौर में तो दोनों देशों के बीच अविश्वास और बढ़ गया है।

नेपाली नेतृत्व के चीन की ओर झुकाव को लेकर भारत चिंतित हुआ है। यहाँ तक कि हाल के दिनों में नेपाली प्रधानमंत्री ओली के चीन के साथ नजदीकियों को देखते हुए भारत-नेपाल के बीच संबंध बिगड़ने की आशंका जताई जा रही थी। उनके शुरुआती बयानों से इस आशंका को और हवा मिली।

उन्होंने घोषणा की थी कि नेपाल चीन की 'वन बेल्ट वन रोड' योजना में शामिल होगा, लेकिन चीन के बजाय भारत की पहली विदेश यात्रा कर ओली ने रिश्तों को पटरी पर लाने की दिशा में पहल की है। उन्होंने अपनी इस यात्रा से स्पष्ट संदेश दिया है कि नेपाल की पहली प्राथमिकता भारत है और उसके सहयोग के बिना नेपाल में स्थायी शांति और आर्थिक विकास संभव नहीं है।

प्रधानमंत्री ओली की इस यात्रा के दौरान रेल सेवा पर समझौता हुआ है। इसके तहत काठमांडू और दिल्ली सीधे रेल लाइन से जुड़ जाएँगे। इसके अलावा दोनों देशों के बीच नदी परिवहन के रास्ते खोले जाने पर सहमति हुई है।

दोनों प्रधानमंत्रियों ने मोतिहारी और अमलेखगंज के बीच तेल पाइपलाइन की आधारशिला रखी और बीरगंज में नए इंटीग्रेटेड चेकपोस्ट का उद्घाटन किया। भारत और नेपाल के प्रधानमंत्रियों के बीच हुए तीन समझौतों को दोनों देशों के बीच संबंधों की नई इबारत माना जा रहा है। इनमें सबसे अहम रक्सौल और काठमांडू के बीच रेललाइन बिछाना है। जल परिवहन के लिए बनी सहमति को भी ऐतिहासिक करार दिया जा रहा है। इससे जमीन से घिरे नेपाल को नदियों के माध्यम से समुद्र तक पहुँचने का रास्ता मिल सकता है।

भारत ने नेपाल में कृषि के विकास के लिए मदद का हाथ बढ़ाया है। भारत कृषि के विकास में अपने अनुभवों और नई तकनीकों को साझा करेगा। यात्रा के दौरान प्रधानमंत्री ओली जी.बी. पंत कृषि विश्वविद्यालय भी गए और उन्होंने वहाँ कृषि क्षेत्र में हो रहे प्रयोगों का जायजा भी लिया।

वैसे देखा जाए तो नेपाल की एक बड़ी चुनौती है, वहाँ की राजनीतिक अस्थिरता। राजशाही के बाद पिछले दस वर्षों में नेपाल इतने ही प्रधानमंत्री देख चुका है। इसमें प्रचंड दो बार और ओली भी दोबारा प्रधानमंत्री बने हैं। 2008 में राजशाही समाप्त होने के बाद नेपाल में जनतांत्रिक व्यवस्था कायम हुई, लेकिन यह मजबूती से अब तक पैर नहीं जमा पाया है। वहाँ अब भी राजनीतिक अस्थिरता का बोलबाला है।

नेपाल की अर्थव्यवस्था पूरी तरह से भारत पर निर्भर है। वर्तमान में भारत-नेपाल आर्थिक सहयोग के तहत छोटी-बड़ी लगभग 400 परियोजनाएँ चल रही हैं। वहाँ उद्योग-धंधे नगण्य हैं। भारत में लगभग 50 लाख नेपाली नागरिक काम करते हैं। वे नेपाल में अपने परिवारों को अपनी कमाई का एक हिस्सा भेजते हैं। यह राशि नेपाल की जी.डी.पी. में प्रमुख योगदान देती है।

बिहार का तो नेपाल के साथ रोटी-बेटी का रिश्ता रहा है। नेपाल का दक्षिणी इलाका भारत की उत्तरी सीमा से सटा है। यह तराई वाला इलाका है, जो मधेस के नाम से जाना जाता है। राजनीतिक कारणों से नेपाली नेताओं ने पर्वतीय वासियों और तराई वासियों के बीच एक अविश्वास का भाव रहा है। पिछले दिनों संविधान में उचित प्रतिनिधित्व की माँग को लेकर मधेसी लोगों ने आंदोलन छेड़ दिया था। उन्होंने भारत से नेपाल को रसद और तेल की आपूर्ति के सारे मार्गों की नाकाबंदी कर दी थी।

उसकी वजह से उत्तरी नेपाल में रहनेवाली जनता को रोजमर्रा की आवश्यक वस्तुओं की भारी किल्लत का सामना करना पड़ा था। उस दौरान ओली समेत अन्य

अनेक नेताओं ने इस नाकेबंदी का सारा दोष भारत पर मढ़ दिया था।

इससे नेपाल में भारत विरोधी भावनाओं को बल मिला। भले ही भारत इससे इनकार करे, लेकिन यह कोई रहस्य नहीं है कि नेपाल के राजनीतिक समीकरणों में भारत की अहम भूमिका रहती है, लेकिन इस सबसे भारत-नेपाल संबंधों में कड़वाहट काफी बढ़ गई और चीन ने इस स्थिति का पूरा फायदा उठाने की कोशिश की। भारत-नेपाल के रिश्तों के बीच खटास का एक अन्य प्रमुख कारण नदी जल विवाद भी रहा है।

भारत अरसे से कोसी नदी पर बाँध बनाए जाने की माँग नेपाल से करता आया है। इससे नेपाल में बिजली उत्पादन भी संभव हो पाएगा। इसके लिए भारत ने पूरी मदद का आश्वासन भी दिया है। बिहार का एक बड़ा इलाका हर साल कोसी नदी की बाढ़ की चपेट में आ जाता है। दूसरी ओर, नेपाल का कहना है कि बाँध बनाने से नेपाल की जमीन का एक बड़ा हिस्सा पानी में डूब जाएगा। नेपाल सरकार का हमेशा से इस मामले टाल-मटोल रवैया रहा है।

भारत और नेपाल के दशकों पुराने विशिष्ट संबंध आज तनाव का ताप झेल रहे हैं। चीन तो चर्चा में अभी आया है। भारत का हमेशा से नेपाल पर व्यापक प्रभाव रहा है। यह चिंता का विषय है कि इतने घनिष्ठ और मधुर संबंधों में यह अविश्वास की फांस कैसे पैदा हुई? यह सही है कि भारत ने घोषणा कर रखी है कि वह नेपाल के आंतरिक और राजनीतिक मामलों में कोई हस्तक्षेप नहीं करता है।

लेकिन भारत के नेपाल में इतने हित हैं कि हकीकत में ऐसा होता नहीं है, लेकिन हस्तक्षेप उतना ही हो, जिससे नेपाल की जनता का भरोसा न टूटे और लोगों को यह न लगे कि भारत बड़े भाई की भूमिका निभा रहा है और आंतरिक मामलों पर एक तरह से हुक्मनामा सुना रहा है। भारत को नेपाल से रिश्तों की मधुरता हर हालत में कायम रखनी होगी, ताकि चीन को वहाँ पाँव जमाने का कोई अवसर न मिले।

9 अप्रैल, 2018

□

महिलाओं के प्रति निष्ठुर क्यों हैं?

देश में दुष्कर्म के दो मामले सुर्खियों में हैं। दुर्भाग्य यह है कि दोनों मामलों में भारी राजनीति हो रही है और महिलाओं के सम्मान का मुद्दा पीछे छूट गया है। उत्तर प्रदेश में तो भाजपा के एक विधायक पर ही दुष्कर्म का आरोप है।

हाईकोर्ट और सी.बी.आई. के हस्तक्षेप के बाद उनकी गिरफ्तारी संभव हुई है। दूसरी घटना जम्मू-कश्मीर के कठुआ की है, जहाँ एक आठ वर्षीय बच्ची के साथ दुष्कर्म हुआ। दुर्भाग्य यह है कि दुष्कर्म की खबर के बाद भी लोगों में वह प्रतिक्रिया देखने में नहीं मिली, जो आमतौर पर ऐसे मामलों में दिखाई देती है। जम्मू-कश्मीर में 'निर्भया' जैसी घटना होने के बाद भी समाज उद्वेलित नहीं हैं। लोग सड़कों पर नहीं उतरे हैं। कुछेक लोग तो आरोपियों के पक्ष में खड़े हैं।

इस दुर्भाग्यपूर्ण घटना को राजनीति से लेकर सांप्रदायिक रंग तक दिया जा रहा है, जबकि दोनों घटनाएँ सभ्य समाज को शर्मसार करनेवाली हैं। इन घटनाओं को लेकर राजनीतिक दलों ने तो कैंडिल मार्च किया, लेकिन सामाजिक संगठनों ने ऐसा कुछ नहीं किया। यह हम सब जानते हैं कि राजनीतिक दलों का हर बात में अपना नफा-नुकसान सर्वोपरि होता है। प्रधानमंत्री नरेंद्र मोदी ने भी इन घटनाओं पर चिंता जाहिर की है और कहा है कि ये घटनाएँ सभ्य समाज को शर्मसार करनेवाली हैं। कोई भी दोषी बख्शा नहीं जाएगा, इनसाफ होगा।

भारत का संविधान सभी महिलाओं को बिना किसी भेदभाव के सामान अधिकार की गारंटी देता है। इसके अलावा संविधान में राज्यों को महिलाओं और बच्चों के हित में विशेष प्रावधान बनाए जाने का अधिकार भी दिया है, ताकि महिलाओं की गरिमा बरकरार रहे, लेकिन इन सब के बावजूद देश में महिलाओं की स्थिति अब भी मजबूत नहीं है। उन्हें अकसर निशाना बनाया जाता है। उत्तर प्रदेश में भाजपा विधायक कुलदीप सेंगर को दुष्कर्म के मामले में गिरफ्तार किया गया है।

वह दबंग विधायक माने जाते हैं। मामले ने तूल तब पकड़ा, जब आरोपी के पिता

की अस्पताल में मौत हो गई। उनके साथ मारपीट की गई थी और उनके शरीर पर चोट के निशान पाए गए। दूसरी ओर, कठुआ में आठ साल की मासूम के साथ निर्ममता से दुष्कर्म हुआ और फिर हत्या कर दी गई। यह बच्ची बकरवाल समुदाय से थी, जो जम्मू-कश्मीर का घुमंतू समुदाय है। बकरवाल भेड़-बकरियाँ पालकर अपनी जीविका चलाते हैं। यूँ भी कह सकते हैं कि यह जम्मू-कश्मीर का आदिवासी समुदाय है। यह सदियों से जंगल के संसाधनों का इस्तेमाल करता आ रहा है।

बदलते वक्त के साथ ये लोग जम्मू के आसपास अपना स्थायी ठिकाना बसाने लगे हैं। जम्मू में बकरवाल समुदाय और अन्य स्थानीय लोगों के बीच जमीन को लेकर विवाद है। कहा जा रहा है कि बच्ची से दुष्कर्म के तार इस विवाद से जुड़े हुए हैं। आठ साल की बच्ची से दुष्कर्म सभ्य समाज के माथे पर कलंक है।

हमारे देश में बलात्कार, यौन शोषण और छेड़छाड़ कोई नई बात नहीं है। इन मामलों को बेहतर ढंग से सुलझाने के लिए भारत में 'प्रोटेक्शन ऑफ चिल्ड्रेन फ्रॉम सेक्सुअल ऑफेंसेस' यानी पॉक्सो ऐक्ट बनाया गया। हालाँकि यह ऐक्ट जम्मू-कश्मीर में लागू नहीं है।

पास्को ऐक्ट के तहत 18 साल से कम उम्र के बच्चों और बच्चियों से दुष्कर्म, यौन शोषण और पॉर्नोग्राफी जैसे मामलों में सुरक्षा प्रदान की जाती है। इस कानून में सात साल या फिर उम्र कैद की सजा का प्रावधान है। आशय यह कि हमारे पास एक मजबूत कानून है। बावजूद इसके, ऐसी घटनाएँ रुक नहीं रही हैं। राष्ट्रीय अपराध रिकॉर्ड ब्यूरो, 2017 के अनुसार, मध्य प्रदेश में दुष्कर्म के सबसे ज्यादा मामले दर्ज हुए। इसके बाद नंबर आता है उत्तर प्रदेश का, जहाँ दुष्कर्म के 4,500 से ज्यादा मामले दर्ज हुए।

गैंगरेप के मामलों में उत्तर प्रदेश सबसे ऊपर है। दूसरे नंबर पर राजस्थान है। एन.सी.आर.बी. के अनुसार 2016 में भारतीय अदालतों में दुष्कर्म के 18,552 मामलों पर फैसले सुनाए गए। इनमें 4,739 मामलों में सजा हुई और 13,813 मामलों में आरोपी बरी हो गए। बहुत कम मामलों में सजा होना और बड़ी संख्या में आरोपियों का छूट जाना बेहद चिंताजनक है।

कुछ समय पहले राज्यों के लिए लिंग भेद सूचकांक यानी जेंडर वल्नरेबिलिटी इंडेक्स तैयार किया है और इस कसौटी पर सभी राज्यों को कसा गया। इसके नतीजों के अनुसार गोवा महिलाओं के लिए सबसे सुरक्षित राज्य है, जबकि देश की राजधानी दिल्ली महिलाओं की सुरक्षा की दृष्टि से खराब राज्यों में से एक है। हिंदी भाषी राज्यों का रिकॉर्ड खराब है। झारखंड जैसे राज्यों को कुछ अलग तरह की समस्याओं का सामना करना पड़ रहा है।

पिछले कुछ वर्षों में झारखंड से बच्चियों की तस्करी के कई मामले सामने

आए, जिनमें माँ-बाप को बहला-फुसलाकर बच्चियों को दिल्ली से सटे गुरुग्राम ले जाया गया। यहाँ बड़ी मल्टीनेशनल अथवा बड़ी आई.टी. कंपनियों में काम करनेवाले अधिकारी रहते हैं। उन्हें घरेलू काम के लिए दाई की जरूरत होती है। इस इलाके में तमाम प्लेसमेंट एजेंसियाँ हैं, जो उन्हें यह उपलब्ध कराती हैं।

इनके एजेंट देशभर में सक्रिय हैं। ऐसी अनेक घटनाएँ सामने आई हैं, जिनमें इनमें से कुछ लड़कियाँ का शारीरिक शोषण तक किया गया। कानूनन 18 वर्ष से कम उम्र की लड़कियों से घरेलू काम नहीं कराया जा सकता है, लेकिन देश में ऐसे कानूनों की कोई परवाह नहीं करता।

यह केवल झारखंड की बच्चियों की समस्या नहीं, पूरे देश की बेटियों और महिलाओं का यह दर्द है, लेकिन पिछले कुछ वर्षों में सरकारी कोशिशों और सामाजिक जागरूकता अभियानों के कारण महिलाओं की स्थिति में धीरे-धीरे ही सही, सुधार आया है। राष्ट्रीय परिवार स्वास्थ्य सर्वेक्षण के अनुसार शिक्षा में महिलाओं की भागीदारी बढ़ी है।

शिक्षण संस्थानों तक लड़कियों की पहुँच लगातार बढ़ रही है। मिड-डे-मील योजना बड़ी कारगर साबित हुई है। एक दशक पहले हुए सर्वेक्षण में शिक्षा में महिलाओं की भागीदारी 55.1 प्रतिशत थी, जो अब 68.4 तक पहुँच गई है, यानी शिक्षा के क्षेत्र में 13 फीसदी से अधिक की वृद्धि दर्ज की गई है।

बाल विवाह की दर में गिरावट को भी महिला स्वास्थ्य और शिक्षा के लिहाज से महत्त्वपूर्ण माना जा रहा है। सरकारों के लगातार जागरूकता अभियानों के कारण इसमें कमी तो आई है।

सर्वेक्षण के अनुसार, सन् 2005-06 में 18 वर्ष से कम उम्र में शादी 47.4 प्रतिशत से घटकर 2015-16 में 28.8 रह गई है। इसका सीधा लाभ महिला स्वास्थ्य पर पड़ा है। शिक्षा और जागरूकता का सीधा संबंध घरेलू हिंसा से है। अब इन मामलों में भी कमी आई है, लेकिन जब तक महिलाओं और बच्चियों के प्रति समाज में सम्मान की चेतना पैदा नहीं होगी, तब तक ये सारे प्रयास नाकाफी हैं।

16 अप्रैल, 2018

□

बेगाने होते बच्चे

पहले तनाव सिर्फ वयस्क लोगों में होता था, लेकिन अब इसकी चपेट में बच्चे भी आ गए हैं। बच्चों में तनाव सबसे अधिक पढ़ाई को लेकर है, माता-पिता से संवादहीनता को लेकर है। परिवार, स्कूल और कोचिंग में वे तारतम्य स्थापित नहीं कर पाते और तनाव का शिकार हो जाते हैं।

हमारी व्यवस्था ने उनके जीवन में अब सिर्फ पढ़ाई को ही रख छोड़ा है। रही सही कसर टेक्नोलॉजी ने पूरी कर दी है। मोबाइल और इंटरनेट ने उनका बचपन ही छीन लिया है। वे बच्चे से सीधे वयस्क बन जाते हैं। शारीरिक रूप से भले ही वे वयस्क नहीं होते, लेकिन मानसिक रूप से वे वयस्क हो जाते हैं। उनकी बातचीत, आचार-व्यवहार में यह बात साफ झलकती है।

दूसरी ओर माता-पिता के पास वक्त नहीं है, उनकी अपनी समस्याएँ हैं। नौकरी और कारोबार की व्यस्तताएँ हैं, उसका तनाव है। और जहाँ माँ नौकरीपेशा है, वहाँ संवादहीनता की स्थिति और गंभीर है।

बच्चे माता-पिता से खुलकर बात नहीं कर पाते। आप अपने आसपास गौर करें तो बच्चों को गुमसुम, परिवार से कटा-कटा सा पाएँगे। स्कूल उन्हें अच्छा नहीं लगता, इम्तिहान उन्हें भयभीत करता है। नतीजतन, वे बात-बात पर चिढ़ने लगते हैं और स्कूल और घर, दोनों में आक्रामक हो जाते हैं। कई बार ऐसे अप्रिय समाचार भी सुनने को मिलते हैं कि किसी बच्चे ने तनाव के कारण आत्महत्या कर ली। आई.आई.टी. जैसे संस्थानों के छात्र भी ऐसा कर गुजरते हैं। किसी भी समाज और देश के लिए यह बेहद चिंताजनक स्थिति है।

शायद आपने गौर नहीं किया कि आपके बच्चे में बहुत परिवर्तन आ चुका है। बच्चे का सोने, पढ़ने का समय, हाव-भाव और खानपान सब बदल चुका है।

आप सुबह पढ़ते थे, बच्चा देर रात तक जगने का आदी है। उसे मैगी, मोमो, बर्गर, पिज्जा से प्रेम है, आपकी सूई अब भी दाल-रोटी पर अटकी है। यह व्हाट्सएप की पीढ़ी

है। यह बात नहीं करती, मैसेज भेजती है। लड़के-लड़कियाँ दिन-रात आपस में चैट करते हैं। आप अब भी फोन कॉल पर ही अटके पड़े हैं। पहले माना जाता था कि पीढ़ियाँ 20 साल में बदलती हैं, अब नई व्याख्या है कि 5 साल में पीढ़ी बदल जाती है।

होता यह है कि अधिकतर माता-पिता नई परिस्थितियों से तालमेल बिठाने के बजाय पुरानी बातों का रोना रोते रहते हैं। परिवर्तन तो हो गया, उस पर आपका बस नहीं है। अब जिम्मेदारी आपकी है कि आप जितनी जल्दी हो सके नई परिस्थिति से सामंजस्य बिठाएँ, ताकि बच्चे से संवादहीनता की स्थिति न आने पाए।

इन्हीं चिंताओं की पृष्ठभूमि में 'प्रभात खबर' बिहार में 'बचपन बचाओ आंदोलन' छेड़ने जा रहा है। इसमें 'प्रभात खबर' की टीम विभिन्न स्कूलों में जाएगी, उनके साथ मनोविशेषज्ञ भी होंगे। हम भी जानना चाहते हैं कि बच्चे क्या सोच रहे हैं, कैसे सोच रहे हैं, उनकी महत्त्वाकांक्षाएँ क्या हैं? हमारा मानना है कि बच्चा, शिक्षक और अभिभावक तीन महत्त्वपूर्ण कड़ियाँ हैं। इनमें से एक भी कड़ी के ढीला पड़ने पर पूरी व्यवस्था गड़बड़ा जाती है। 'प्रभात खबर' के इस कार्यक्रम में बच्चों से उनकी समस्याओं को सुना जाएगा और उनके समाधान का प्रयास भी किया जाएगा।

25 अप्रैल, 2018

□

बिना जनचेतना प्रदूषण से मुक्ति नहीं

हाल में विश्व स्वास्थ्य संगठन ने दुनिया के 15 सबसे प्रदूषित शहरों की सूची जारी की, जिसमें 14 शहर भारत के हैं। चिंता की बात है कि इसमें बिहार के तीन शहर हैं। गया चौथे, पटना पाँचवें और मुजफ्फरपुर नौवें स्थान पर है। रिपोर्ट के अनुसार, कानपुर दुनिया का सबसे प्रदूषित शहर है।

इस लिस्ट में दिल्ली छठे नंबर पर है और वाराणसी तीसरे नंबर पर। ये आँकड़े इन शहरों की वायु गुणवत्ता के आधार पर जारी किए गए हैं। पी.एम. (फाइन पर्टिकुलर मैटर) के आधार पर दुनिया के 100 देशों के चार हजार शहरों में अध्ययन के बाद ये आँकड़े सामने आए हैं। इसे हम सबको गंभीरता से लेना चाहिए और स्थितियों को बेहतर करने के उपाय करने चाहिए।

वर्ष 2010 में विश्व स्वास्थ्य संगठन ने प्रदूषित शहरों की सूची जारी की थी, तो दिल्ली सर्वाधित प्रदूषित शहर था और दूसरे और तीसरे नंबर पर पाकिस्तान के पेशावर और रावलपिंडी शहर थे, लेकिन पाकिस्तान ने अपनी स्थिति में काफी सुधार किया। इसी तरह 2013 में दुनिया के 20 सबसे प्रदूषित शहरों में अकेले चीन के पेइचिंग समेत 14 शहर शामिल थे।

लेकिन चीन ने कड़े कदम उठाए और प्रदूषण की समस्या पर काबू पा लिया। कहने का आशय यह है कि अगर हम भी उपाय करें, तो स्थिति पर काबू पाया जा सकता है। डब्ल्यू.एच.ओ. ने एक और गंभीर तथ्य की ओर इशारा किया है और कहा है कि भारत में 34 फीसदी मौतों के लिए प्रदूषण जिम्मेदार है। ये आँकड़े किसी भी देश और समाज के लिए बेहद चिंताजनक हैं।

डब्ल्यू.एच.ओ. का आकलन है कि प्रदूषण के कारण हर साल दुनिया भर में 70 लाख लोगों की मौत हो जाती है, जिनमें 24 लाख भारतीय होते हैं। दरअसल, वायु प्रदूषण से लोग हृदय व साँस संबंधी बीमारियाँ और फेफड़ों के कैंसर जैसे घातक रोगों के शिकार हो जाते हैं।

देश में लंबे अरसे से स्वच्छता परिदृश्य निराशाजनक रहा है। महात्मा गांधी जब दक्षिण अफ्रीका से भारत आए, तो उस दौरान उन्होंने पाया था कि भारतीयों में साफ-सफाई के प्रति चेतना का भारी अभाव है।

चिंताजनक बात यह है कि यह चेतना आज भी कम है। महात्मा गांधी ने 20 मार्च, 1916 को गुरुकुल कांगड़ी में दिए अपने भाषण में कहा था कि बच्चों के लिए स्वच्छता और सफाई के नियमों के ज्ञान के साथ ही, उनका पालन करना भी प्रशिक्षण का एक अभिन्न हिस्सा होना चाहिए। उन्होंने स्कूली और उच्च शिक्षा के पाठ्यक्रमों में स्वच्छता को शामिल करने की आवश्यकता पर जोर दिया था।

गांधीजी जब किसानों की समस्याओं को सुलझाने के लिए चंपारण गए थे, उस दौरान भी उन्होंने स्वच्छता के महत्त्व को बताया था। गांधीजी चाहते थे कि अंग्रेज प्रशासन उनके कार्यकर्ताओं को स्वीकार करे, ताकि वे समाज में शिक्षा और सफाई के कार्यों को भी शुरू कर सकें।

लोग जब गांधीजी के साथ रहने की इच्छा जाहिर करते, तो इस बारे में उनकी पहली शर्त होती थी कि आश्रम में रहनेवालों को आश्रम की सफाई करनी होगी। गांधीजी ने रेलवे के तीसरे श्रेणी के डिब्बे में देशभर की यात्रा की थी। वह भारतीय रेलवे के तीसरे श्रेणी के डिब्बे की गंदगी से स्तब्ध थे।

उन्होंने समाचार-पत्रों में पत्र लिखकर इस ओर सबका ध्यान आकृष्ट किया था। 25 सितंबर, 1917 को लिखे पत्र में उन्होंने कहा था कि जिस तरह की गंदगी और स्थिति इन डिब्बों में है, उसे जारी नहीं रहने दिया जा सकता, क्योंकि वह हमारे स्वास्थ्य और नैतिकता को प्रभावित करती है।

लेकिन अब समय आ गया है कि हम इस विषय में संजीदा हों। एक बात स्पष्ट है कि यह काम केवल केंद्र अथवा राज्य सरकार के बूते का नहीं है। इसमें जन भागीदारी जरूरी है। सरकारें प्रदूषण नियंत्रित करने की जिम्मेदारी अकेले नहीं निभा सकती हैं। प्रदूषण मुख्य रूप से मानव निर्मित है।

इसलिए इसमें सुधार एक सामूहिक जिम्मेदारी है। साथ ही, हमारी जनसंख्या जिस अनुपात में बढ़ रही है, उसके अनुपात में सरकारी प्रयास हमेशा नाकाफी रहनेवाले हैं। हमें प्रदूषण को नियंत्रित करने के प्रयासों में योगदान करना ही होगा, तभी स्थितियों में सुधार लाया जा सकता है। वायु प्रदूषण के स्तर को नियंत्रित करने और पर्यावरण को बेहतर बनाने में हर व्यक्ति कुछ-न-कुछ योगदान दे सकता है।

ठीक है, जिन शहरों के नाम आ गए, उन पर विशेष ध्यान दिया जाना चाहिए, लेकिन बिहार, झारखंड और पश्चिम बंगाल के हमारे अन्य अनेक शहरों की स्थिति भी बहुत अच्छी नहीं है। स्वच्छता और सफाई के काम को करने में सांस्कृतिक बाधाएँ भी

आड़े आती हैं। देश में ज्यादातर धार्मिक स्थलों के आसपास अकसर बहुत गंदगी दिखाई देती है। इन जगहों पर चढ़ाए गए फूलों के ढेर लगे होते हैं।

कुछेक मंदिरों ने स्वयंसेवी संस्थाओं की मदद से फूलों के निस्तारण और उन्हें जैविक खाद बनाने का प्रशंसनीय कार्य प्रारंभ किया है, जिसकी जितनी तारीफ की जाए, कम है। अन्य धर्म स्थलों को भी ऐसे उपाय अपनाने चाहिए।

ऐसा माना जाता है कि बिहार के शहरों के प्रदूषण की एक बड़ी वजह जनसंख्या घनत्व है, लेकिन दुनिया के कई ऐसे शहर हैं, जो उच्च जनघनत्व के बावजूद प्रदूषण से मुक्त हैं।

सिंगापुर दुनिया का आठवाँ सबसे अधिक जनघनत्व वाला शहर है, लेकिन अपने बेहतरीन रखरखाव के कारण यह दुनिया का सबसे साफ-सुथरा शहर है। विदेशी शहरों की तो छोड़ें, अपने देश में ही देखें कि इस सूची में दक्षिण का कोई शहर शामिल नहीं है।

बिहार के शहरों के मुकाबले हैदराबाद, बेंगलुरु जैसे शहर आबादी के लिहाज से बड़े हैं, लेकिन योजनाबद्ध तरीके से विकास और बेहतर परिवहन व्यवस्था की वजह से इन शहरों को प्रदूषण की समस्या से जूझना नहीं पड़ रहा है। यही स्थिति पूर्वोत्तर के राज्यों के शहरों की है। औरों को तो छोड़िए, यदि झारखंड के संथाली गाँवों को देखेंगे, तो आप पाएँगे कि वे किसी भी शहर से ज्यादा सुंदर और साफ-सुथरे हैं। यह सरकारी प्रयासों से नहीं होता, बल्कि जनभागीदारी से संभव हो पाता है।

नागरिकों में जब तक साफ-सफाई और प्रदूषण के प्रति चेतना नहीं आएगी, तब तक कोई उपाय कारगर साबित नहीं होगा। होता यह है कि हम लाखों-करोड़ों रुपए खर्च करके सुंदर मकान बना लेते हैं, पर नाली पर ध्यान नहीं देते। अगर नाली है भी, तो उसे भी पाट देते हैं। कोशिश करते हैं कि मकान के बाहर सरकारी जमीन पर कब्जा कर पार्किंग करते रहें।

हम कूड़ा सड़क पर फेंक देते हैं। साफ-सफाई में नगर निगम की भी अहम भूमिका होती है, लेकिन हम अपने पार्षद से वार्ड की साफ-सफाई के बारे में नहीं पूछते। नगर निगम चुनावों में वोट पार्टी, धार्मिक और जातिगत आधार पर दे आते हैं। कम-से-कम पार्षद चुनने की कसौटी तो जनसुविधाओं के काम को रखिए।

7 मई, 2018

□

बेरोजगारी की गंभीर चुनौती

कुछ दिन पहले बिहार के मुंगेर जिले से एक चौंकानेवाली खबर आई कि रेलवे में नौकरी के लिए बेटे ने अपने पिता की हत्या की सुपारी दे दी। खबर बहुत सुर्खियों में नहीं आ सकी, इसलिए बहुत लोगों का ध्यान इस ओर नहीं गया। रेलवे कर्मचारी को गोली मारकर हत्या के प्रयास में एक दिन बाद पुलिस ने आरोपी बेटे को गिरफ्तार कर लिया। पुलिस के अनुसार, बेटे ने ही अपने पिता की हत्या की योजना बनाई थी। बेटा पिता की जगह रेलवे में नौकरी पाना चाहता था।

वह कई वर्षों से प्रतियोगी परीक्षाओं की तैयारी कर रहा था, लेकिन कामयाबी नहीं मिल पा रही थी। उसके पिता 30 अप्रैल को रिटायर हो रहे थे, इसलिए उसने पिता की हत्या की योजना बनाई, ताकि अनुकंपा के आधार पर उसे रेलवे में नौकरी मिल सके। इसके लिए उसने दो लाख रुपयों की सुपारी दी। मालूम ही होगा कि हाल में रेलवे ने बहुत दिनों बाद 90 हजार पदों पर नियुक्ति के लिए विज्ञापन निकला है। 90 हजार नौकरियों के लिए लगभग 3 करोड़ 80 लाख लोगों ने आवेदन किया है।

यह घटना दो बातों की ओर इशारा करती है। एक तो यह कि बेरोजगारी की स्थिति इतनी भयावह है कि नौकरी के लिए युवा कुछ भी कर गुजरने को तैयार हैं। दूसरी, कि वे संघर्ष करके अवसर का लाभ लेने में सक्षम नहीं हैं तथा बच्चों की परवरिश में हम और आप असफल साबित हो रहे हैं।

कैसे कोई नवयुवक पिता की हत्या करने के बारे में सोच भी सकता है! यह घटना बेहद चिंताजनक हैं और युवाओं की मनोस्थिति को भी उजागर करती है। यह इस बात को भी विचार करने को मजबूर करती है कि अभिभावक नवयुवकों की पढ़ाई पर तो इतना ध्यान देते हैं, लेकिन उनकी क्या मनोदशा है, उसको लेकर कोई चिंता नहीं करते। नवयुवकों में क्या परिवर्तन हो रहा है, हम उसके आकलन में नाकामयाब साबित हो रहे हैं। अकसर ऐसा देखा गया है कि माता-पिता केवल पढ़ाई पर ही ध्यान देते हैं, बच्चों के अन्य कार्यकलापों की अनदेखी कर देते हैं।

जहाँ तक बेरोजगारी की बात है, तो अंतरराष्ट्रीय मुद्रा कोष का भी कहना है कि भारत में बेरोजगारी एक बड़ी चुनौती है। हालाँकि आई.एम.एफ. ने उम्मीद जताई है कि पिछले कुछ वर्षों के आर्थिक सुधारों से नई नौकरियाँ उत्पन्न होंगी। श्रम सुधारों से भी रोजगार के अवसर बढ़ेंगे। हालाँकि उसने यह स्पष्ट कर दिया है कि अवसर रातोरात नहीं बढ़ेंगे, इसमें समय लगेगा। दूसरी ओर, लेबर ब्यूरो के आँकड़ों के अनुसार, भारत दुनिया का सबसे अधिक बेरोजगारों वाला देश बन गया है।

भारत तेजी से तो बढ़ रहा है, लेकिन आर्थिक असमानता और बढ़ती बेरोजगारी उसकी दो सबसे बड़ी चुनौतियाँ हैं। बेरोजगारी का आलम यह है कि पिछले दिनों महाराष्ट्र में सिपाही की भर्ती के लिए एल.एल.बी., इंजीनियरिंग, एम.एड. और बी.एड. डिग्री धारकों ने भी बड़ी संख्या में आवेदन कर सबको हैरान कर दिया।

कुल 4,833 पदों के लिए साढ़े सात लाख से अधिक आवेदन आए। समाचार-पत्रों के मुताबिक, आवेदन करनेवालों में 38 एल.एल.बी., 1,061 इंजीनियरिंग ग्रेजुएट, 87 एम.एड., 158 बी.एड., 13,698 मास्टर डिग्रीधारी और डेढ़ लाख से ज्यादा ग्रेजुएट थे, जबकि इस पद के लिए न्यूनतम योग्यता 12वीं पास थी। बेरोजगारी की गंभीर होती स्थिति का इससे अंदाजा लगाया जा सकता है। देश में हर साल तकरीबन एक करोड़ नए बेरोजगार जुड़ जाते हैं। चिंता की बात यह है कि हमारी शिक्षा प्रणाली रोजगारोन्मुखी नहीं है।

केंद्र सरकार 'कौशल विकास योजना' के अंतर्गत रोजगार के अवसर बढ़ाने की कोशिश कर रही है, लेकिन बेरोजगारों की बढ़ती भारी संख्या देश और सरकार के सामने एक बड़ी चुनौती है। ज्यादा वक्त नहीं गुजरा है, जब इंजीनियरिंग की डिग्री को सम्मान से देखा जाता था। इंजीनियरिंग कॉलेजों में दाखिले के लिए होड़ मची रहती थी। अच्छे कॉलेजों में अब भी प्रतिस्पर्धा है, लेकिन नौकरियों की कमी के कारण बड़ी संख्या में इंजीनियरिंग कॉलेज बंद भी हो रहे हैं।

हर साल 15 लाख से ज्यादा छात्र इंजीनियरिंग कॉलेजों में दाखिला लेते हैं, लेकिन उनमें से नौकरी सिर्फ साढ़े तीन लाख छात्रों को ही मिल पाती है। लगभग 60 फीसदी इंजीनियर बेरोजगार रहते हैं, उन्हें उपयुक्त काम नहीं मिल पाता।

शिक्षा को लेकर सर्वे करनेवाली संस्था 'प्रथम एजुकेशन फांडेशन' ने कुछ समय पहले अपनी वार्षिक रिपोर्ट 'असर' यानी 'एनुअल स्टेटस ऑफ एजुकेशन रिपोर्ट' जारी की थी। यह रिपोर्ट चौंकाने वाली है।

इस रिपोर्ट के अनुसार, प्राथमिक स्कूलों की हालत तो पहले से ही खराब थी और अब जूनियर स्तर का भी हाल कुछ ऐसा होता नजर आ रहा है। 'असर' की टीमों ने देश के 24 राज्यों के 28 जिलों में सर्वे किया। इसमें 1,641 से ज्यादा गाँवों के 30 हजार से

ज्यादा युवाओं ने हिस्सा लिया। सर्वे के लिए देश के करीब 35 संस्थानों के दो हजार स्वयंसेवकों की भी मदद ली गई।

'असर' ने इस बार 14 से 18 वर्ष के बच्चों पर ध्यान केंद्रित किया। सर्वे में पाया गया कि पढ़ाई की कमजोरी अब बड़े बच्चों में भी देखी जा रही है। सर्वे के अनुसार, 76 फीसदी बच्चे पैसे तक नहीं गिन पाते। 57 फीसदी को साधारण गुणा-भाग नहीं आता। भाषा के मोर्चे पर स्थिति बेहद चिंताजनक है। अंग्रेजी तो छोड़िए, 25 फीसदी अपनी भाषा धाराप्रवाह बिना अटके नहीं पढ़ पाते। सामान्य ज्ञान और भूगोल के बारे में बच्चों की जानकारी बेहद कमजोर पाई गई।

58 फीसदी अपने राज्य का नक्शा नहीं पहचान पाए और 14 फीसदी को देश के नक्शे के बारे में जानकारी नहीं थी। सर्वे में करीब 28 फीसदी युवा देश की राजधानी का नाम नहीं बता पाए। देश को डिजिटल बनाने का जोर-शोर से प्रयास चल रहा है, लेकिन 59 फीसदी युवाओं को कंप्यूटर का ज्ञान नहीं है। इंटरनेट के इस्तेमाल की भी कुछ ऐसी ही स्थिति है।

लगभग 64 फीसदी युवाओं ने कभी इंटरनेट का इस्तेमाल ही नहीं किया है। प्राथमिक की तरह यदि माध्यमिक स्तर के विद्यार्थी भी बुनियादी बातें नहीं सीख रहे हैं, तो यह बात गंभीर होती स्थिति की ओर इशारा करती है। दरअसल, 14 से 18 आयु वर्ग के बच्चे कामगारों की श्रेणी में आने की तैयारी कर रहे होते हैं, यानी इसका सीधा असर अर्थव्यवस्था पर पड़ता है।

यदि इन युवाओं को समय रहते तैयार नहीं किया गया तो जान लीजिए, इसका असर भविष्य में देश के विकास पर पड़ेगा। इनकी संख्या अच्छी-खासी है। देश में मौजूदा समय में 14 से 18 साल के बीच के युवाओं की संख्या 10 करोड़ से ज्यादा है। सरकार को बिना वक्त गँवाए इन सभी पहलुओं पर गौर करना होगा, अन्यथा स्थिति विकट हो सकती है।

14 मई, 2018

□

राज्यपालों की भूमिका पर सवाल

कर्नाटक का नाटकीय घटनाक्रम आप सभी ने देखा। कभी विधानसभा, तो कभी उसके बाहर, तो कभी सुप्रीम कोर्ट तक यह संघर्ष चला। संभवत: आप आई.पी.एल. देख रहे होंगे। इसमें कभी कोई टीम जीतती है और कभी दूसरी टीम का पलड़ा भारी होता है। सियासत और क्रिकेट में काफी साम्य है।

क्रिकेट में भी सारे दाँव-पेंच खेल जाते हैं, रणनीति बनती है। मैदान के अंदर बाहर खिलाड़ियों के बीच गरमागरमी भी होती है, लेकिन इसको नियंत्रित करने मैदान में दो अंपायर मौजूद रहते हैं और तीसरा अंपायर मैदान के बाहर कैमरे की मदद से खेल पर नजर रखता है। लोकतंत्र में भी राज्यपाल और राष्ट्रपति की ऐसी ही भूमिका है। न्यायपालिका तीसरे अंपायर की भूमिका में रहती है। अंपायरों से तटस्थता की उम्मीद की जाती है, लेकिन अगर अंपायर की भूमिका पर भी सवाल उठने लगें, तो खेल के निष्पक्ष होने पर संदेह पैदा हो जाता है। सियासत जमकर करें, लेकिन लोकतांत्रिक व्यवस्था पर सवाल नहीं उठने चाहिए। उस पर जनता का भरोसा कम नहीं होना चाहिए।

कर्नाटक के हाल के सियासी घटनाक्रम में राज्यपाल की भूमिका पर सवाल उठ खड़े हुए है। यह पहला मौका नहीं है कि राज्यपाल सवालों के घेरे में आए हैं, लेकिन इस घटनाक्रम ने पुराने जख्मों को हराकर दिया है।

कर्नाटक में जो हुआ, वह कोई नई बात नहीं है। सभी जानते हैं कि राज्यपालों की नियुक्ति राजनीतिक होती है। ज्यादातर केंद्र में सत्तारूढ़ दल से संबद्ध नेता होते हैं। ये प्राय: पार्टी के पुराने निष्ठावान कार्यकर्ता होते हैं। हालाँकि उनसे अपेक्षा की जाती है कि राज्यपाल बनने के बाद वे दलीय राजनीति से ऊपर उठकर कार्य करेंगे, लेकिन व्यवहार में ऐसा होता नहीं है। वे निष्ठावान कार्यकर्ता बने रहते हैं।

यह बात सभी दलों के संदर्भ में लागू होती है। इसमें कोई शक नहीं है कि कांग्रेस के शासन के दौरान राज्यपाल पद का जमकर दुरुपयोग हुआ। गैर लोकतांत्रिक तरीके से अनेक सरकारें बर्खास्त की गईं। राज्यपालों ने अनेक विवादित फैसले सुनाए। राज्यपालों

के असंवैधानिक फैसलों की लंबी फेहरिस्त है। केंद्रीय नेतृत्व को खुश करने के लिए राज्यपालों ने क्या कुछ नहीं किया? बस, यहीं से राज्यपाल पद की गरिमा का क्षरण हुआ, लेकिन कभी तो परिस्थितियाँ बदलें। यह तर्क कि उन्होंने गलत किया तो आपका भी गलत करने का अधिकार बनता है, उचित नहीं है। अगर भाजपा अपने आपको कांग्रेस से अलग दल होने का दावा करती है, तो उसे अपने आचरण में भी यह दिखाना होगा। कर्नाटक के राज्यपाल ने येदियुरप्पा को सरकार बनाने के लिए आमंत्रित किया।

तर्क दिया गया कि वह सबसे बड़े दल के नेता हैं, जबकि स्पष्ट नजर आ रहा था कि उनके पास बहुमत नहीं है। इसके पहले कई राज्यों में तर्क चला कि सबसे बड़े दल के नेता के पास बहुमत नहीं है, इसलिए भाजपा गठबंधन को सरकार बनाने के लिए आमंत्रित किया जाएगा। एक जैसी परिस्थितियों के आकलन के दो तराजू नहीं हो सकते। कर्नाटक के राज्यपाल वजूभाई की पृष्ठभूमि भी जानना जरूरी है।

वह भाजपा के पुराने निष्ठावान कार्यकर्ता हैं। जिस वक्त नरेंद्र मोदी गुजरात के मुख्यमंत्री हुआ करते थे, वजुभाई राज्य के वित्तमंत्री थे। बतौर मुख्यमंत्री नरेंद्र मोदी के 13 साल के कार्यकाल में वजुभाई 9 साल तक इस महत्त्वपूर्ण पद पर रहे। उन्होंने 2001 में मोदी के पहले विधानसभा चुनाव के लिए अपनी राजकोट की सीट छोड़ दी थी।

इसमें कोई शक नहीं है कि लोकतांत्रिक व्यवस्था में राज्यपाल की भूमिका बहुत ही महत्त्वपूर्ण है। राज्यपालों के पास अनेक विवेकाधीन अधिकार होते हैं।

संविधान के अनुच्छेद 155 में है कि राज्यपाल की नियुक्ति राष्ट्रपति द्वारा की जाएगी, लेकिन हकीकत में राष्ट्रपति केंद्र सरकार की सिफारिश के आधार पर ही राज्यपालों की नियुक्ति करते हैं। आजादी के बाद पहले डेढ़ दशक तक राज्यपाल की नियुक्ति से पहले संबंधित राज्य के मुख्यमंत्री से सलाह करने की परंपरा थी। 1967 में कुछ राज्यों में गैर कांग्रेसी सरकारें सत्ता में आ गईं, तो कांग्रेस ने इस परंपरा को ही बंद कर दिया। सरकारिया आयोग की सलाह थी कि राज्यपाल का चयन राजनीति में सक्रिय व्यक्तियों में से नहीं होना चाहिए। आयोग की सिफारिश थी कि राज्यपालों का चयन केंद्र सरकार नहीं, बल्कि एक स्वतंत्र समिति करे, जिसमें प्रधानमंत्री के अलावा लोकसभा अध्यक्ष, देश के उपराष्ट्रपति और राज्य के मुख्यमंत्री भी शामिल हों।

सरकारिया आयोग का कहना था कि संविधान निर्माताओं ने राज्यपाल को केंद्र के प्रतिनिधि के रूप में नहीं, बल्कि संघीय व्यवस्था की एक महत्त्वपूर्ण कड़ी के रूप में देखा था, लेकिन इन सिफारिशों को रद्दी की टोकरी में डाल दिया गया।

राज्यपालों के असंवैधानिक फैसलों का शिकार अधिकांश राज्य रहे हैं। कर्नाटक इसका केंद्र रहा है। राज्य में पहले भी भारी विवाद हुए हैं और मामला सुप्रीम कोर्ट के हस्तक्षेप के बाद जाकर थमा है। कर्नाटक में सन् 1983 में पहली बार जनता पार्टी की

सरकार बनी। रामकृष्ण हेगड़े मुख्यमंत्री बने।

उनके बाद अगस्त, 1988 में एस.आर. बोम्मई कर्नाटक के मुख्यमंत्री बने। कर्नाटक के तत्कालीन राज्यपाल पी. वेंकटसुबैया ने 21 अप्रैल, 1989 को नैतिकता के आधार पर बोम्मई सरकार को बर्खास्त कर दिया। राज्यपाल सुबैया ने कहा कि बोम्मई सरकार विधानसभा में अपना बहुमत खो चुकी है।

बोम्मई ने विधानसभा में बहुमत साबित करने के लिए राज्यपाल से अनुमति माँगी, लेकिन उन्होंने इससे इनकार कर दिया। बोम्मई ने राज्यपाल के फैसले को सुप्रीम कोर्ट में चुनौती दी। सुप्रीम कोर्ट के नौ न्यायाधीशों की संवैधानिक खंडपीठ ने एस.आर. बोम्मई बनाम भारत संघ मामले में बहुचर्चित निर्णय दिया।

इसमें संविधान के अनुच्छेद 356 के दुरुपयोग को रोकने के लिए स्पष्ट दिशा-निर्देश थे। इस निर्णय की बड़ी विशेषता यह है कि इसने अनुच्छेद 356 के प्रयोग को अदालतों द्वारा समीक्षा न कर सकने की परंपरा को उलट दिया। सुप्रीम कोर्ट ने स्पष्ट शब्दों में कहा, "उन सभी मामलों में, जहाँ कुछ विधायकों द्वारा सरकार से समर्थन वापस लेने की बात हो, बहुमत के निर्धारण का उचित तरीका सदन में शक्ति परीक्षण है, न कि किसी व्यक्ति का व्यक्तिगत मत, भले ही वह राज्यपाल हो या राष्ट्रपति।" सुप्रीम कोर्ट के फैसले के बाद बोम्मई सरकार फिर से बहाल हुई।

बोम्मई फैसला भारतीय लोकतांत्रिक व्यवस्था में अहम फैसला माना जाता है। ऐसी उम्मीद की गई थी कि इस फैसले के बाद राज्यपालों के मनमाने रवैये पर लगाम लगेगी, लेकिन ऐसा हुआ नहीं। इसके बाद भी राज्यपालों की भूमिका पर गंभीर सवाल उठते रहे हैं। वक्त आ गया है कि राज्यपालों के लिए लक्ष्मण रेखा का निर्धारण हो, ताकि लोकतांत्रिक व्यवस्था को कोई आघात न पहुँचे।

21 मई, 2018

□

शिक्षा की चिंताजनक स्थिति

किसी भी देश की आर्थिक और सामाजिक प्रगति उस देश की शिक्षा पर निर्भर करती है। शिक्षित समाज ही आगे बढ़ता है। अच्छी शिक्षा के बगैर बेहतर भविष्य की कल्पना नहीं की जा सकती। अगर देश की शिक्षा नीति अच्छी है, तो उस देश को आगे बढ़ने से कोई रोक नहीं सकता। अगर शिक्षा नीति अच्छी नहीं होगी, तो विकास की दौड़ में वह देश पीछे छूट जाएगा। राज्यों के संदर्भ में भी यह बात लागू होती है।

यही वजह है कि शिक्षा की वजह से हिंदी पट्टी के राज्यों के मुकाबले दक्षिण के राज्य हमसे आगे हैं। हम सब यह बात बखूबी जानते हैं, बावजूद इसके पिछले 70 वर्षों में हमने अपनी शिक्षा-व्यवस्था की घोर अनदेखी की है।

हाल में झारखंड, बिहार और सी.बी.एस.ई. समेत अनेक बोर्डों के नतीजे आए हैं, लेकिन एक गंभीर बात उभरकर सामने आई है कि इस बार विज्ञान में उत्तीर्ण होने वाले छात्रों का प्रतिशत बहुत कम है। बिहार में 12वीं की परीक्षा में विज्ञान में लगभग 45 फीसदी छात्र उत्तीर्ण हो पाए हैं। यही स्थिति झारखंड की है।

यहाँ भी 12वीं में विज्ञान पढ़नेवाले लगभग 48 फीसदी छात्र पास हो पाए हैं, यानी बिहार और झारखंड, दोनों राज्यों में विज्ञान पढ़नेवाले आधे से अधिक छात्र फेल हो गए हैं। यह चिंताजनक स्थिति है, क्योंकि देश के अधिकांश बच्चे विज्ञान पढ़ रहे हैं और इंजीनियर बनना चाहते हैं।

दूसरी ओर आई.टी. क्षेत्र की जानी-मानी कंपनी टेक महिंद्रा के सी.ई.ओ. सी.पी. गुरनानी ने बहुत गंभीर बयान दिया है। उनका कहना था कि आई.टी. क्षेत्र के 94 फीसदी इंजीनियरिंग ग्रेजुएट बड़ी भारतीय आई.टी. कंपनियों के काबिल ही नहीं हैं। गुरनानी कहते हैं कि नई तकनीक के क्षेत्र में प्रवेश करना भारतीय आई.टी. कंपनियों के लिए बड़ी चुनौती है, लेकिन जब इन सब बातों को देखते हुए नौकरी की बात आती है, तो बड़ी आई.टी. कंपनियाँ 94 फीसदी आई.टी. ग्रेजुएट भारतीयों को इसके योग्य नहीं पाती हैं।

गुरनानी का कहना हैं कि नासकॉम के अनुसार, 2022 तक साइबर सुरक्षा में

लगभग 60 लाख लोगों की जरूरत पड़ेगी, लेकिन हमारे पास दक्ष लोगों की कमी है। देश के लिए ये संकेत अच्छे नहीं हैं। देश में अब भी बहुत बड़ी संख्या में बच्चे इंजीनियरिंग की पढ़ाई करते रहे हैं। हालाँकि पहले की तुलना में इसमें कमी आई है।

इसकी एक वजह गली-कूचों में खुले इंजीनियरिंग कॉलेज तो हैं ही, इंजीनियरों की माँग में भारी कमी भी इसकी वजह है। तकनीकी शिक्षा की नियामक संस्था 'ऑल इंडिया काउंसिल फॉर टेक्निकल एजुकेशन' के अनुसार, हाल में लगभग 200 इंजीनियरिंग कॉलेजों ने बंद करने के लिए आवेदन किया है। इन कॉलेजों के बंद हो जाने के बाद इंजीनियरिंग की तकरीबन 80 हजार सीटों में कमी आ जाएगी। ऐसा आकलन है कि पिछले चार वर्षों में इंजीनियरिंग कॉलेजों में तकरीबन 3.1 लाख सीटें कम हुई हैं, क्योंकि इंजीनियरिंग की पढ़ाई करनेवाले छात्रों की संख्या में लगातार कमी आ रही है।

ए.आई.सी.टी.ई. के अनुसार, इंजीनियरिंग की पढ़ाई करनेवाले हर साल लगभग 75 हजार छात्र कम हो रहे हैं। कुल मिलाकर, हालात यह बता रहे हैं कि शिक्षा-व्यवस्था में व्यापक सुधार का वक्त आ गया है। आप गौर करें कि हमारे यहाँ हर साल एक कहानी दोहराई जाती है कि किसी-न-किसी बोर्ड में कोई परचा लीक हो जाता है।

इस बार सी.बी.एस.ई. की 12वीं की परीक्षा में पर्चा लीक हुआ और बच्चों को अर्थशास्त्र का इम्तिहान दोबारा देना पड़ा। पेपर लीक करने के पीछे कोई गैंग पूरी योजनाबद्ध तरीके से काम करता है और हमारी व्यवस्था उससे निबटने में नाकामयाब रहती है, लेकिन हम इससे सबक लेते नजर नहीं आते। अकसर हम बोर्ड परीक्षाओं की अनियमितताओं पर रोकने में असफल हो जाते हैं। यह खबर न केवल बच्चों, बल्कि उनके माता-पिता के लिए भी तनाव पैदा करती है। ये परीक्षाएँ कितनी अहम हैं कि इसका अंदाजा इस बात से लगाया जा सकता है कि बच्चों को परीक्षा दिलवाने के लिए माता-पिता अपने दफ्तरों से छुट्टी लेते हैं।

हम सब जानते हैं कि 10वीं और 12वीं की परीक्षाओं को लेकर बच्चे भारी तनाव में रहते हैं। कई बार यह तनाव दु:खद हादसों को जन्म दे देता है, लेकिन हमारी व्यवस्था बच्चों के भविष्य से खिलवाड़ करनेवाले अपराधियों को कड़ी सजा नहीं दिलवा पाती। हमारे विभिन्न बोर्डों में कोई एकरूपता भी नहीं है। सी.बी.एस.ई. के छात्रों के नंबर देखिए। उन्हें कितनी उदारता से नंबर दिए जाते हैं।

टॉपर 500 में 499 नंबर ला रहे हैं। 90 फीसदी नंबर लानेवाले बच्चों की संख्या बड़ी है। विज्ञान को तो छोड़िए, आर्ट्स के बच्चे भी 100 में 100 नंबर लाते हैं। दूसरी ओर, बिहार और झारखंड बोर्ड के नंबरों से उनकी तुलना करें, तो वे आसपास भी नहीं है। बिहार और झारखंड के शिक्षकों की कड़ाई से नंबर देने की आदत अभी तक छूटी नहीं है। नतीजा यह होता है, दिल्ली विश्वविद्यालय जैसे संस्थानों में जहाँ प्रवेश का एक

बड़ा आधार नंबर होते हैं, वहाँ सी.बी.एस.ई. बोर्ड के बच्चों का बोलबाला रहता है।

हम सब यह बात जानते हैं कि बच्चों को पढ़ाना कोई आसान काम नहीं है। बच्चे, शिक्षक और अभिभावक शिक्षा की तीन महत्त्वपूर्ण कड़ियाँ हैं। इनमें से एक भी कड़ी के ढीला पड़ने पर पूरी व्यवस्था गड़बड़ा जाती है।

हालाँकि शिक्षक शिक्षा-व्यवस्था की सर्वाधिक महत्त्वपूर्ण कड़ी हैं। शिक्षा के बाजारीकरण के इस दौर में न तो शिक्षक पहले जैसे रहे और न ही छात्रों से उनका पहले जैसा रिश्ता रहा। पहले शिक्षक के प्रति न केवल विद्यार्थी, बल्कि समाज का भी आदर और कृतज्ञता का भाव रहता था।

अब तो ऐसे आरोप लगते हैं कि शिक्षक अपना काम ठीक तरह से नहीं करते। इसमें आंशिक सच्चाई भी है कि बड़ी संख्या में शिक्षकों ने दिल से अपना काम करना छोड़ दिया है। वे अपने दायित्व का निर्वाह नहीं कर रहे हैं। इसकी रोकथाम के उपाय करने होंगे और अध्यापकों को जवाबदेह बनाना होगा।

परीक्षा परिणामों को उनकी परफॉर्मेंस और वेतनवृद्धि से जोड़ना होगा, पर यह भी सच है कि प्रशासन लगातार शिक्षकों का इस्तेमाल गैर शैक्षणिक कार्यों में करता है। प्रशासनिक अधिकारी शिक्षा और शिक्षकों को हेय दृष्टि से देखते हैं। यही नहीं, किसी भी देश के भविष्य निर्माता कहे जाने वाले शिक्षक का समाज ने भी सम्मान करना बंद कर दिया है। उन्हें दोयम दर्जे का स्थान दिया जाता है।

आप गौर करें तो पाएँगे कि टॉपर बच्चे पढ़-लिखकर डॉक्टर, इंजीनियर और प्रशासनिक अधिकारी तो बनना चाहते हैं, लेकिन कोई शिक्षक नहीं बनना चाहता। साथ ही, इस देश का यह दुर्भाग्य है कि शिक्षा कभी चुनावी मुद्दा नहीं बनती। इसी उपेक्षा ने हमारी शिक्षा को भारी नुकसान पहुँचाया है।

11 जून, 2018

□

अवसाद की फैलती महामारी

आत्महत्या करने से बड़ा कोई अपराध नहीं है। हाल में तीन जाने-माने लोगों ने आत्महत्या की है। इसके अलावा ऐसी भी कई खबरें सामने आईं कि 10वीं और 12वीं के नतीजों के बाद कुछ बच्चों ने भी आत्महत्या कर ली। जब-तब किसानों के भी आत्महत्या करने की खबरें आती रहती हैं। यह प्रवृत्ति गंभीर रूप धारण करती जा रही है। हाल में आध्यात्मिक गुरु भय्यूजी महाराज ने इंदौर स्थित अपने घर पर खुद को गोली मारकर आत्महत्या कर ली। उन्हें तत्काल अस्पताल ले जाया गया, लेकिन तब तक उनकी मौत हो चुकी थी।

भय्यूजी की पहचान आध्यात्मिक गुरु के रूप में थी, लेकिन उनका राजनीति में खासा रसूख था। 2011 में जब अन्ना हजारे ने लोकपाल के समर्थन में दिल्ली के रामलीला मैदान में आंदोलन शुरू किया था, तो भय्यूजी महाराज ने अनशन समाप्त कराने में अहम भूमिका अदा की थी। 2011 में ही भय्यूजी ने ही नरेंद्र मोदी की सद्भावना यात्रा में जारी उपवास को जूस से तुड़वाया था। हाल में मध्य प्रदेश की शिवराज सिंह सरकार ने उन्हें मंत्री का दर्जा दिया था। ये बातें बताती हैं कि भय्यूजी कितने प्रभावशाली शख्स थे, लेकिन ऐसा व्यक्ति इतना कमजोर निकला कि आत्महत्या कर ली। उनकी आत्महत्या की मुख्य वजह अवसाद बताई जा रही है।

भय्यूजी के घर से एक सुसाइड नोट भी बरामद हुआ, जिसमें उन्होंने लिखा था कि वह जा रहे हैं, बेहद तनाव में हैं और उकता गए हैं। भय्यूजी का आत्महत्या करना गंभीर मामला है, क्योंकि जिस आध्यात्मिक गुरु पर लोगों का जीवन तनाव और अवसाद मुक्त करने का जिम्मा था, वह खुद ही अवसाद से ग्रसित था और आत्महत्या की हद तक चला गया।

दूसरी घटना उत्तर प्रदेश की है। यू.पी. पुलिस के एटीएस में अपर पुलिस अधीक्षक के पद पर तैनात राजेश साहनी ने अपने कार्यालय में गोली मारकर आत्महत्या कर ली। गोली चलने की आवाज सुनकर एटीएस कार्यालय में तैनात कर्मचारी कमरे की तरफ

दौड़े। यहाँ उन्होंने खून से लथपथ अधिकारी को देखा और उन्हें अस्पताल ले जाया गया, जहाँ उनकी मौत हो गई। राजेश साहनी मूल रूप से पटना के रहनेवाले थे। राजेश साहनी की गिनती उत्तर प्रदेश पुलिस के काबिल अधिकारियों में होती थी। हाल में उन्होंने आई.एस.आई. एजेंट की गिरफ्तारी समेत कई बड़े ऑपरेशन को अंजाम दिया था। ऐसे ऊर्जावान शख्स ने आत्महत्या क्यों कर ली, यह चिंतनीय है।

तीसरी घटना में महाराष्ट्र के जाने-माने पुलिस अधिकारी और एटीएस के पूर्व प्रमुख हिमांशु रॉय ने खुदकुशी कर ली। अगर आपको उनकी छवि याद हो, तो हिमांशु रॉय लंबे-चौड़े और प्रभावशाली व्यक्ति थे। हिमांशु रॉय कैंसर से पीड़ित थे। 1988 बैच के आई.पी.एस. अधिकारी हिमांशु रॉय बीमारी के कारण पिछले दो वर्ष से ऑफिस नहीं जा पा रहे थे। ऐसे पुलिस अफसर, जिसने आई.पी.एल. स्पॉट फिक्सिंग केस को सुलझाया और दाऊद की संपत्ति को जब्त करने में जिसकी प्रमुख भूमिका थी, उसका आत्महत्या करना पूरे देश को चौंकाता है। बाहर से इतना मजबूत दिखनेवाला शख्स अंदर से इतना कमजोर कैसे हो सकता है?

हाल में बिहार और झारखंड की बोर्ड परीक्षाओं नतीजे आए हैं और कई बच्चों के आत्महत्या करने की खबरें आईं। यह चिंताजनक स्थिति है। पहले तनाव और अवसाद सिर्फ वयस्क लोगों में होता था, लेकिन अब इसकी चपेट में बच्चे भी आ गए हैं। बच्चों में तनाव सबसे अधिक पढ़ाई और माता-पिता से संवादहीनता को लेकर है। परिवार, स्कूल और कोचिंग में वे तारतम्य स्थापित नहीं कर पाते और तनाव का शिकार हो जाते हैं। हमारी व्यवस्था ने उनके जीवन में अब सिर्फ पढ़ाई को ही रख छोड़ा है। रही-सही कसर टेक्नोलॉजी ने पूरी कर दी है।

मोबाइल और इंटरनेट ने उनका बचपन ही छीन लिया है। वे शारीरिक रूप से भले ही वयस्क नहीं होते, लेकिन मानसिक रूप से वयस्क हो जाते हैं। दूसरी ओर माता-पिता के पास वक्त नहीं है। उनकी अपनी समस्याएँ हैं और जहाँ माँ नौकरीपेशा है, वहाँ संवादहीनता की स्थिति और गंभीर है। बच्चों को स्कूल अच्छा नहीं लगता। इम्तिहान उन्हें भयभीत करता है। नतीजतन, वे बात-बात पर चिढ़ने लगते हैं और स्कूल और घर, दोनों में आक्रामक हो जाते हैं। यही वजह है कि बच्चे तनाव और अवसाद के कारण आत्महत्या कर लेते हैं।

आई.आई.टी. जैसे संस्थानों के छात्र भी ऐसा कर गुजरते हैं। दूसरी ओर, देश में किसानों की आत्महत्या का सिलसिला जारी है। खेती-किसानी का संकट व्यापक है और इसकी चपेट में अनेक राज्यों के किसान आ गए हैं। दरअसल, अवसाद नए दौर की महामारी के रूप में उभरकर सामने आ रहा है। किसी भी समाज और देश के लिए यह बेहद चिंताजनक स्थिति है। कोई शख्स आत्महत्या को आखिरी विकल्प क्यों मान रहा है?

विश्व स्वास्थ्य संगठन की एक रिपोर्ट के अनुसार, भारत में लगभग पाँच करोड़ लोग अवसाद से पीड़ित हैं।

अमेरिका में सबसे अधिक लोग अवसाद से पीड़ित हैं। इसके बाद जापान, नाइजीरिया और चीन का नंबर आता है, लेकिन चिंताजनक बात यह है कि पीड़ित लोगों में से केवल आधे लोगों का इलाज हो पाता है। आत्महत्या के आँकड़े और भी चौंकाने वाले हैं। दुनिया में हर 40 सेकंड में एक शख्स आत्महत्या करता है। हालाँकि दुनिया भर में आत्महत्या दर में कमी आई है, लेकिन भारत में स्थिति चिंताजनक है और आत्महत्या की दर में इजाफा हुआ है। हालाँकि एकदम ताजा आँकड़े उपलब्ध नहीं हैं, लेकिन मौजूदा आँकड़ों के अनुसार दुनिया भर में लगभग आठ लाख लोगों ने आत्महत्या की। इनमें एक लाख 35 हजार भारतीय थे।

ऐसा नहीं है कि लोग आत्महत्या सिर्फ आर्थिक परेशानियों के कारण ही करते हों, अन्य कारणों से भी जान दे देते हैं। मौजूदा दौर की गलाकाट प्रतिस्पर्धा में लोगों को भारी मानसिक दबाव का सामना करना पड़ रहा है। कई लोग संघर्ष करने की बजाय हार मानकर आत्महत्या का रास्ता चुन लेते हैं। यह बेहद दुर्भाग्यपूर्ण है कि परीक्षा में असफल होने, नौकरी छूटने अथवा बीमारी जैसी छोटी-छोटी वजहों से भी लोग आत्महत्या कर लेते हैं। सबसे बड़ी समस्या यह है कि भारत में अवसाद को बीमारी नहीं माना जाता।

इलाज तो दूर, पीड़ित व्यक्ति का लोग उपहास उड़ाते हैं। कई बार तो पढ़े-लिखे लोग भी झाड़-फूँक के चक्कर में फँस जाते हैं। दरअसल, भारत में परंपरागत परिवार का ताना-बाना टूटता जा रहा है। व्यक्ति एकाकी हो गया है और नई व्यवस्था में उसे आर्थिक और सामाजिक सहारा नहीं मिल पाता है, जबकि कठिन वक्त में उसे इसकी सबसे ज्यादा जरूरत होती है। यही वजह है कि अनेक लोग अवसाद से ग्रस्त हो जाते हैं और आत्महत्या जैसे अतिरेक कदम उठा लेते हैं।

18 जून, 2018

□

चिंतित करतीं तीन घटनाएँ

पिछले दिनों तीन गंभीर घटनाएँ हुईं। ये घटनाएँ हम सबके लिए चिंताजनक हैं, क्योंकि ये संकेत देती हैं कि देश किस दिशा में जा रहा है? ये घटनाएँ बताती हैं कि अविश्वास का भाव कितने गहरे तक जा पहुँचा है? इन घटनाओं से सीधे तौर से हम और आप जैसे आम लोग जुड़े हैं, प्राथमिक रूप से इनसे कोई राजनेता नहीं जुड़ा है। पहली घटना में ईद मनाने के बाद पत्रकार असद अशरफ ने दक्षिणी दिल्ली के जामिया नगर स्थित अपने घर जाने के लिए ओला कैब ली। बता दें कि दिल्ली का जामिया नगर मुसलिम बहुल इलाका है। कैब में बैठने के थोड़ी देर बाद ही उन्हें लगा कि ड्राइवर गलत दिशा में ले जा रहा है। असद अशरफ ने जब इस बारे में कैब के ड्राइवर से पूछा, तो उसने कहा कि वहाँ अजीब लोग रहते हैं और वह गंदा इलाका है, इसलिए वह वहाँ नहीं जाएगा। असद का कहना है कि इसके बाद ड्राइवर उन्हें एक सुनसान जगह पर उतारकर भाग गया। घटना के एक दिन बाद ओला कैब ने माफी माँगी और ट्वीट कर कहा कि वे किसी भी तरह के भेदभाव को स्वीकार नहीं करते हैं और घटना में शामिल ड्राइवर को सेवा से हटा दिया गया है।

दूसरी घटना टेलीकॉम कंपनी एयरटेल से संबंधित है। एक लड़की ने एयरटेल को ट्वीट किया—मैंने डी.टी.एच. से जुड़ी एक शिकायत की, लेकिन सर्विस इंजीनियर ने मेरे साथ बुरा सलूक किया। इस ट्वीट पर एयरटेल की तरफ से जवाब दिया गया—हम जल्द आपसे इस शिकायत के संदर्भ में बात करेंगे—शोएब। एयरटेल की तरफ से अगर किसी उपभोक्ता की शिकायत पर जवाब दिया जाता है, तो अंत में वह शख्स भी अपना नाम लिखता है, जिसने एयरटेल की तरफ से जवाब दिया हो। इसके जवाब ने लड़की ने ट्वीट किया—प्रिय शोएब, आप मुसलिम हैं और मुझे आपके काम की नैतिकता पर यकीन नहीं है''' इसलिए एयरटेल से मेरा अनुरोध है कि मुझे एक हिंदू प्रतिनिधि उपलब्ध कराया जाए। इसके बाद एयरटेल की ओर से एक हिंदू शख्स ने जवाब दिया। सोशल मीडिया पर लोगों का कहना है कि मुसलिम प्रतिनिधि से बात न करने की वजह से

एयरटेल ने हिंदू प्रतिनिधि से जवाब दिलवाया। एयरटेल के बीच हुई इस बातचीत का स्क्रीनशॉट वायरल हो गया और दोनों तरफ से इस पर प्रतिक्रियाएँ आने लगीं। कुछ लोग लड़की के पक्ष में खड़े थे, तो कुछ उसके विरोध में थे। एयरटेल ने सफाई देते हुए कहा कि वह अपने किसी भी कस्टमर या कर्मचारी के साथ जाति या धर्म के नाम पर भेदभाव नहीं करती। कंपनी ने सभी से गुजारिश की कि इस घटना को मजहबी रंग न दिया जाए।

तीसरी घटना उत्तर प्रदेश की राजधानी लखनऊ की है, जहाँ एक पासपोर्ट अधिकारी ने एक मुसलिम-हिंदू दंपती से बदसलूकी की, क्योंकि वे अलग-अलग धर्मों से थे। लखनऊ की तन्वी सेठ ने 2007 में अनस सिद्दीकी से शादी की थी। उनकी छह साल की बच्ची भी है। तन्वी सेठ का कहना है कि वे तीनों पासपोर्ट सेवा केंद्र पासपोर्ट बनवाने गए। शुरुआती दो काउंटरों पर उनके आवेदन की प्रक्रिया पूरी हो गई, लेकिन जब वह तीसरे काउंटर पर पासपोर्ट अधिकारी के पास गईं, तो उसने मुसलमान शख्स से शादी के बारे में सवाल-जवाब शुरू कर दिए। पासपोर्ट अधिकारी के पास तकनीकी सवाल पूछने की छूट थी, लेकिन लगता है कि वह अधिक उत्साहित थे। तन्वी सेठ के मीडिया में आए बयानों से लगता है कि अधिकारी शादी के बाद किसको कौन सा धर्म अपनाना चाहिए, ऐसी सलाह बिना माँगे दे रहे थे। मुझे लगता है कि यह घटना भी पहली दो घटनाओं की कड़ी में है।

आसपास की घटित हो रही इन घटनाओं से आभास होता कि अविश्वास की यह भावना समाज में कितने गहरे तक जा पहुँची है, जबकि असहिष्णुता भारतीय लोकतंत्र की मूल भावना नहीं है। भारतीय लोकतंत्र धार्मिक समरसता और विविधता में एकता की मिसाल है। यहाँ अलग-अलग जाति, धर्म, संस्कृति को मानने वाले लोग वर्षों से बिना किसी भेदभाव के रहते आए हैं। भारत जैसी विविधता दुनिया में कहीं देखने को नहीं मिलती। यह भारत की बहुत बड़ी पूँजी है और यह हम सबकी जिम्मेदारी है कि इसे बचाकर रखें, लेकिन दुर्भाग्य यह है कि ऐसे मामले रह-रह कर हमारे सामने आ रहे हैं। जब किसी की सर्विस के मामले में धार्मिक आधार पर फैसला किया जाने लगे, तो निश्चित रूप से यह गहरी चिंता का विषय है। हमारे आसपास लोगों को पीट-पीटकर मार दिया जाता है, लेकिन उससे भी समाज उद्वेलित नहीं होता। लोगों में चिंता नहीं जगती। ऐसी घटनाएँ हमें सोचने को मजबूर नहीं कर करतीं कि भीड़ तंत्र हमें किस दिशा में ले जाएगा?

ऐसे में यह सवाल उठना लाजिमी है कि इससे निकलने का रास्ता क्या है? मेरा मानना है कि जब कोई रास्ता नहीं सूझ रहा हो, कोई राह नहीं दिखाई दे रही हो, तो ऐसे में एक ही व्यक्ति राह दिखा सकता है और वे हैं—महात्मा गांधी। ऐसे भी लोग हो सकते हैं, जो गांधी को आज के दौर में अप्रासंगिक मान बैठे हों। वे तर्क दे सकते हैं कि मौजूदा

दौर में अहिंसा का सिद्धांत अव्यावहारिक है। यह सही है कि गांधी एक विशेष कालखंड की उपज थे। मेरा मानना है कि गांधी से आज भी लेने के लिए बहुत कुछ है। सन् 1909 में गांधीजी ने एक चर्चित पुस्तक 'हिंद स्वराज्य' लिखी थी। उन्होंने यह पुस्तक इंग्लैंड से अफ्रीका लौटते हुए जहाज पर लिखी थी। जब उनका एक हाथ थक जाता था, तो दूसरे हाथ से लिखने लगते थे। यह पुस्तक संवाद शैली में लिखी गई है। गांधी इसमें लिखते हैं कि हिंसा हिंदुस्तान के दुःखों का इलाज नहीं है। उनका कहना था कि हिंदुस्तान अगर प्रेम के सिद्धांत को अपने धर्म के एक सक्रिय अंश के रूप में स्वीकार करे और उसे अपनी राजनीति में शामिल करे, तो स्वराज स्वर्ग से हिंदुस्तान की धरती पर उतर आएगा।

यह सही है कि अंतरराष्ट्रीय परिदृश्य पर अगर नजर डालें, तो हम पाएँगे कि पूरी दुनिया उथल-पुथल के दौर से गुजर रही है, खासकर मध्य-पूर्व के कुछ हिस्सों में धार्मिक विचारधारा के आधार पर भौगोलिक सत्ता कायम करने की कोशिश की जा रही है। हमारा यह सौभाग्य है कि अब तक हम इस सबसे प्रभावित नहीं हुए हैं, लेकिन यह बात भी हम सब लोगों को साफ होनी चाहिए कि आर्थिक हो या फिर सामाजिक, किसी भी तरह की प्रगति शांति के बिना हासिल करना नामुमकिन है। इसलिए यह हम सबके हित में है कि अपने सामाजिक ताने-बाने को हर कीमत पर बनाए रखें।

25 जून, 2018

□

पाक चुनावों में सेना का खेल

पाकिस्तान में 25 जुलाई को होनेवाले संसदीय चुनावों पर सबकी निगाहें लगी हुई हैं। भारत के लिए चुनाव इसलिए महत्त्वपूर्ण है कि पाकिस्तान में बननेवाली सरकार सीधे तौर से भारत को प्रभावित करती है।

इस बार भी मुख्य मुकाबला सत्तारूढ़ नवाज शरीफ की पार्टी पाकिस्तान मुसलिम लीग और इमरान खान की पार्टी 'पाकिस्तान तहरीके-इनसाफ' के बीच है, लेकिन इस बार पाकिस्तानी सेना इमरान खान को जिताने के लिए पूरा जोर लगा रही है। गैलप पोल के अनुसार, नवाज शरीफ की पार्टी के सबसे बड़े दल के रूप में उभरने की संभावनाएँ हैं, लेकिन इस पोल के जवाब में तुरंत एक पोल आया, जिसमें इमरान खान की पार्टी 'तहरीके इनसाफ' को जीतता हुआ बताया गया है।

और तो और, चुनाव से ठीक पहले भ्रष्टाचार के एक मामले में नवाज शरीफ को 10 साल और उनकी बेटी मरियम को 7 साल की जेल की सजा सुना दी गई। पाक सुप्रीम कोर्ट ने पनामा पेपर लीक मामले में नवाज शरीफ पर सरकारी या पार्टी में कोई पद लेने पर पहले से ही रोक रखी है, लेकिन अब भी वे पार्टी का चेहरा हैं।

तीसरी सबसे बड़ी पार्टी 'पाकिस्तान पीपुल्स पार्टी' यानी पी.पी.पी. है, जिसकी बागडोर बिलावल भुट्टो जरदारी के हाथ में है। बिलावल भुट्टो बेनजीर भुट्टो और आसिफ अली जरदारी के बेटे हैं, लेकिन इन्हें सत्ता की दौड़ में नहीं माना जा रहा है। तीनों पार्टियों की तुलना करें, तो नवाज इनमें सबसे शरीफ हैं, लेकिन वह भी कोई दूध के धुले हों, ऐसा भी नहीं है। फिर भी, सेना इनको नापसंद करती है। खबरों के अनुसार, इन्हें सेना ने ही पनामा मामले में लपेटकर सत्ता से बेदखल करवा दिया।

दूसरी ओर इमरान खान हैं, जो भारत और कश्मीर मुद्दे पर पाकिस्तानी सेना की जुबान बोलते हैं। ऐसी भी आशंका है कि किसी एक पार्टी को बहुमत न मिल पाए। ऐसे में छोटी पार्टियों के समर्थन से पाकिस्तान में नई सरकार का गठन हो सकता है। दुर्भाग्य यह है कि पाकिस्तान में ज्यादातर छोटी पार्टियाँ कट्टरपंथी विचारधारा की समर्थक हैं।

यदि वे सरकार में हिस्सेदार बनेंगी, तो सरकार का रुख और अधिक भारत विरोधी रहेगा। छोटी पार्टियों में पाकिस्तान के पूर्व सैन्य शासक परवेज मुशर्रफ की 'ऑल पाकिस्तान मुसलिम लीग' और मुंबई हमले का मास्टरमाइंड हाफिज सईद की पार्टी 'मिल्ली मुसलिम लीग' जैसी पार्टियाँ शामिल हैं। हालाँकि हाफिज सईद की पार्टी को तो चुनाव लड़ने की अनुमति नहीं मिली है, इसलिए वह अपने उम्मीदवारों को 'अल्लाह-हू-अकबर' तहरीक के टिकट पर चुनाव लड़वा रहा है।

इस बार सेना ने चुनाव प्रचार तक पर अपना शिकंजा कस दिया है। जो भी पत्रकार, चैनल अथवा अखबार नवाज शरीफ के पक्ष में खड़ा नजर आ रहा है, खुफिया एजेंसियाँ उन्हें निशाना बना रही हैं।

पाकिस्तान के सबसे बड़े टी.वी. प्रसारक 'जियो टी.वी.' को हफ्तों तक आंशिक रूप से ऑफ एयर रहना पड़ा। इसी तरह 'डॉन' अखबार लोगों तक नहीं पहुँच पा रहा है, क्योंकि उसने बीच में नवाज शरीफ का पक्ष लिया था। खुफिया एजेंसियों की धमकी के कारण एजेंट और हॉकर उसे बाँट नहीं रहे हैं।

भारत के संदर्भ में देखें, तो पड़ोसी मुल्क में राजनीतिक अस्थिरता, लोकतांत्रिक शाक्तियों का कमजोर होना और सेना का मजबूत होना शुभ संकेत नहीं है।

नवाज शरीफ या फिर इसके पहले जब भी किसी राजनेता ने भारत के साथ रिश्ते सामान्य करने की कोशिश की है, सेना ने उसमें हमेशा पलीता लगाया है। सेना को नवाज शरीफ की पी.एम. मोदी से मुलाकातें और रिश्ते सामान्य करने की कोशिशें पसंद नहीं आई थीं। कुछ समय पहले वहाँ के अखबार 'डॉन' में एक खबर छपी थी कि नवाज शरीफ ने एक मीटिंग में सेना के अधिकारियों से साफ तौर से कह दिया कि आतंकवादियों की ऐसे ही मदद जारी रही, तो पाकिस्तान दुनिया में अलग-थलग पड़ जाएगा। इस पर भारी बवाल मचा और सेना-शरीफ के बीच तनातनी इतनी बढ़ गई कि उन्हें पी.एम. पद तक गँवाना पड़ा।

पाकिस्तान में सेना का साम्राज्य फैला हुआ है। वह उद्योग-धंधे चलाती है। प्रॉपर्टी के धंधे में उसकी खासी दिलचस्पी है। उसकी अपनी अलग अदालतें हैं। सेना का एक फौजी ट्रस्ट है, जिसके पास करोड़ों की संपदा है। खास बात यह है कि सेना के सारे काम-धंधे सभी तरह की जाँच-पड़ताल के दायरे से बाहर हैं। कोई उन पर सवाल नहीं उठा सकता है।

कराची और लाहौर में तो डिफेस हाउसिंग अथॉरिटी के पास लंबी-चौड़ी जमीनें हैं। गोल्फ क्लब से लेकर शॉपिंग मॉल और बिजनेस पार्क तक सेना ने तैयार किए हैं। अदालतें उसके इशारे पर फैसले सुनाती हैं, अन्यथा जजों को रुखसत कर दिया जाता है। अब तक पाकिस्तान में जितने भी तख्ता पलट हुए हैं, सभी को वहाँ के सुप्रीम कोर्ट ने

उचित ठहराया है। सेना हमेशा से दबे-छुपे ढंग से चुनावों में खेल खेलती आई है, लेकिन इस बार खुला खेल फर्रुखाबादी है।

इस बार इमरान खान की पार्टी को सेना का पूरा समर्थन हासिल है। 1977 में जब जनरल जिया-उल-हक ने तख्ता पलटकर सत्ता सँभाली, उस दौरान 'पाकिस्तान पीपुल्स पार्टी' के जुल्फिकार अली भुट्टो बड़े नेता हुआ करते थे। जिया ने उनके खिलाफ कई मामले चलाकर उन्हें फाँसी पर लटकवा दिया। उस दौरान नवाज शरीफ जिया के साथ हुआ करते थे और पंजाब सूबे के मुख्यमंत्री थे। जिया का नवाज शरीफ पर हाथ था और माना जाता है कि उन्होंने ही नवाज शरीफ को अलग दल मुसलिम लीग (नवाज) गठित करने को प्रेरित किया।

जिया की मौत के बाद पी.पी.पी. की नेता बेनजीर भुट्टो और नवाज शरीफ के बीच सत्ता संघर्ष चला। बेनजीर लोकप्रिय नेता थीं और नवाज शरीफ उनके आगे कहीं नहीं टिकते थे। शह-मात के खेल में सेना ने कमजोर नवाज शरीफ पर हाथ रख दिया। आज इमरान खान सेना की शह पर नवाज शरीफ के खिलाफ अभियान छेड़े हुए हैं।

उस दौरान नवाज शरीफ सेना की शह पर बेनजीर की सरकार के पीछे हाथ धोकर पड़े थे। आज इतिहास अपने आपको दोहरा रहा है, लेकिन 1997 में जब नवाज शरीफ दूसरी बार प्रधानमंत्री बने, तो उनके सेना से रिश्ते खराब हो गए। जब उन्होंने सेना प्रमुख परवेज मुशर्रफ को हटाना चाहा, तो उन्होंने नवाज शरीफ का ही तख्ता पलट दिया। उन्हें भ्रष्टाचार और देशद्रोह के आरोप में जेल भेज दिया गया। बाद में नवाज शरीफ को देश निकाला दे दिया गया।

पाकिस्तान में सेना और राजनीतिज्ञों के बीच शह-मात के इस खेल का खामियाजा भारत को भी झेलना पड़ता है। लोकतांत्रिक रूप से चुनी सरकार से संवाद की गुंजाइश रहती है, सेना पर भी थोड़ा-बहुत अंकुश रहता है। वह खुलेआम आतंकवादियों को बढ़ावा नहीं दे पाती, लेकिन अब तक का जो अनुभव रहा है, उसके अनुसार पाकिस्तानी सेना केवल सर्जिकल स्ट्राइक की भाषा ही समझती है। भारत के दृष्टिकोण से यह स्थिति चिंताजनक है।

9 जुलाई, 2018

□

चुनौतियों से जूझता मीडिया

मीडिया के खिलाफ एकतरफा फैसला सुनानेवाले आपको बहुत से लोग मिल जाएँगे। मीडिया पर टीका-टिप्पणी करना एक फैशन-सा हो गया है, लेकिन हम सब के लिए यह जानना जरूरी है कि मीडियाकर्मी कितनी कठिन परिस्थितियों में अपने काम को अनजाम देते हैं? पिछले दिनों एक व्हाट्सएप मैसेज वायरल हुआ—पहले अखबार छप के बिका करते थे, अब बिक के छपा करते हैं।

इस संदेश में मीडिया की विश्वसनीयता पर सवाल खड़े कर दिए गए हैं। हाल में एक दु:खद खबर भी सामने आई कि एक अखबार के समूह संपादक की मौत हो गई। इस दु:खद घटना पर भी गौर करना जरूरी है। यह घटना दिखाती है कि मीडियाकर्मी कितने दबाव और प्रतिकूल परिस्थितियों में काम करते हैं और यह दबाव उनकी जान भी ले सकता है। वह यह चुनौती इसलिए स्वीकार करते हैं, ताकि आप तक निष्पक्ष और सटीक खबरें पहुँच सकें। उनके काम करने के घंटे निर्धारित नहीं होते। वे सुबह नौ से शाम पाँच बजे तक की सुकून भरी नौकरी नहीं करते। अखबार में न्यूज जुटाने का काम दिनभर चलता है और फिर अखबार को तैयार करने का काम देर शाम शुरू होकर आधी रात तक चलता है।

जब आप सो रहे होते हैं, तब मीडियाकर्मी आपके लिए अखबार तैयार कर रहे होते हैं। आपको हर रोज सुबह अखबार चाहिए और टी.वी., वेबसाइट पर ताजातरीन खबरें चाहिए, इसलिए मीडियाकर्मी लगभग 365 दिन काम करते हैं।

हाल में श्रीनगर में 'राइजिंग कश्मीर' के संपादक शुजात बुखारी की आतंकवादियों ने गोली मारकर हत्या कर दी। त्रिपुरा में पिछले साल दो पत्रकारों की हत्या कर दी गई थी। बेंगलुरु में गौरी लंकेश की हत्या तो चर्चित रही ही है, लेकिन छोटी जगहों पर पत्रकारिता करना और चुनौतीपूर्ण होता है।

वहाँ माफिया से टकराना आसान नहीं होता। मध्य प्रदेश के भिंड इलाके में रेत माफिया और पुलिस का गठजोड़ उजागर करने पर एक पत्रकार को ट्रक से कुचलकर

मार दिया गया। यह कोई दबा-छुपा तथ्य नहीं है कि मीडियाकर्मियों को कई तरह के दबावों का सामना करना पड़ता है। इसमें राजनीतिक और सामाजिक दबाव, दोनों शामिल हैं। कश्मीर में रिपोर्टिंग करना तो भारी जोखिम भरा कार्य है। आतंकवादियों का निशाना बनने का हमेशा खतरा बना रहता है।

इतने दबावों के बीच आप अंदाजा लगा सकते हैं कि खबरों में संतुलन बनाए रखना कितना कठिन कार्य होता है ? इंटरनेशनल फेडरेशन ऑफ जर्नलिस्ट के अनुसार, 2016 में पूरी दुनिया में 122 पत्रकार मारे गए। रिपोर्ट्स विदाउट बॉर्डर्स के अनुसार, दुनिया भर में पत्रकारों और स्वतंत्र मीडिया पर दबाव बढ़ रहा है।

मेरा मानना है कि अखबार किसी मालिक या संपादक का नहीं होता है। उसका मालिक तो अखबार का पाठक होता है। पाठक की कसौटी पर ही अखबार की असली परीक्षा होती है। 'प्रभात खबर' की ही मिसाल लें तो यह अखबार हमेशा सामाजिक सरोकारों के प्रति प्रतिबद्ध रहा है।

यह यूँ ही नहीं है। इसका एक पूरा इतिहास है। जहाँ भी आम आदमी, समाज और राष्ट्र के विरुद्ध कुछ गलत दिखा, उसके खिलाफ 'प्रभात खबर' एक मजबूत और निष्पक्ष चौथे स्तंभ के रूप में खड़ा हुआ है। जिन घपलों-घोटालों को शासन-प्रशासन ने छुपाकर रखना चाहा, उसे सबके सामने उजागर किया। हम गर्व के साथ कह सकते हैं कि 'प्रभात खबर' ने सबसे अधिक घपले-घोटाले उजागर किए हैं, जिसके कारण कई पूर्व मुख्यमंत्रियों और मंत्रियों तक को जेल तक जाना पड़ा। चारा घोटाला सबसे पहले 'प्रभात खबर' ने उजागर किया।

'प्रभात खबर' की परंपरा रही है कि वह समाज के हर वर्ग की आवाज बने, जोर-शोर से उनके मुद्दे उठाए। इस कार्य में कई प्रकार की बाधाओं का भी सामना करना पड़ता है, लेकिन हमें अपने पाठकों का नैतिक समर्थन हर बार मिला है। हम जानते हैं कि एक अखबार के लिए पाठकों का प्रेम ही उसकी बड़ी पूँजी होती है।

यह सच है कि खबरों के बहुत से स्रोत हो गए हैं और मौजूदा दौर में खबरों की साख का संकट है, लेकिन आज भी खबरों के सबसे प्रामाणिक स्रोत अखबार हैं। सोशल मीडिया पर रोजाना कितनी सच्ची-झूठी खबरें चलती हैं। टी.वी. चैनल तो रोज शाम एक छद्म विषय पर बहसें कराते हैं।

शिर्डी में दीवार पर साईं बाबा प्रकट हुए जैसी अफवाहों को जोर-शोर से प्रसारित किया जाता है, लेकिन इस सामूहिक उन्माद को वैज्ञानिक दृष्टिकोण से प्रस्तुत नहीं किया जाता। दूसरी ओर, किसानों के धरने की खबरें मीडिया में स्थान नहीं पा पातीं। टी.वी. में एक ओर विचित्र बात स्थापित हो गई है। वहाँ एंकर जितने जोर से चिल्लाए, उसे उतना सफल माना जाने लगा है। ऐसा नहीं है कि अखबारों में कमियाँ नहीं हैं। अखबारों ने भी

जनसरोकार के मुद्दों को उठाना बंद कर दिया है। अब किसानों के प्रदर्शन की खबरें सुर्खियाँ नहीं बनतीं। बेरोजगारी और पूर्वोतर की घटनाएँ मीडिया के एजेंडे में पहले से नहीं हैं। बाजार के दबाव में अखबार भी शहर केंद्रित हो गए हैं।

अखबार उन लोगों की अकसर अनदेखी कर देते हैं, जिन्हें उसकी सबसे अधिक जरूरत होती है। दूसरी ओर, सरकारें बड़ी विज्ञापनदाता हो गई हैं, वह दबाव अलग है। हाल में तकनीक के विस्तार ने अखबारों के समक्ष नई चुनौती पेश की है। इसका असर देश-विदेश के सभी अखबारों पर पड़ा है। मुझे ब्रिटेन में रहने और बी.बी.सी. के साथ काम करने का अनुभव रहा है। ब्रिटेन के प्रतिष्ठित 'गार्जियन' जैसे प्रतिष्ठित अखबार संघर्ष कर रहे हैं, जबकि ब्रिटेन के अखबारों का मॉडल दूसरी तरह का है।

वहाँ लोग खबरें पढ़ने के लिए पूरी कीमत अदा करने को तैयार रहते हैं। वहाँ 'गार्जियन', 'टाइम्स' और 'इंडिपेंडेंट' जैसे अखबार हैं, जो लगभग दो पाउंड यानी लगभग 180 रुपए में बिकते हैं, लेकिन भारत में हिंदी पाठक अखबार के लिए बहुत अधिक कीमत अदा करने के लिए तैयार नहीं होते, जबकि एक अखबार को तैयार करने में 20 से 25 रुपए की लागत आती है।

इधर, अखबारी कागज के दाम लगभग तीन गुना तक बढ़ गए हैं, उसका दबाव अलग है। दुनिया में संभवत: यह एकमात्र उत्पाद है, जो अपनी लागत से कहीं कम मूल्य पर बिकता है। विज्ञापनों के जरिए इस लागत को पूरा करने की कोशिश की जाती है, लेकिन उसकी कीमत भी अदा करनी पड़ती है। यह बात अब कोई दबी-छुपी नहीं रह गई है कि अखबार को चलाना अब बड़ी पूँजी का खेल हो गया है।

जाहिर है कि इसके लिए मीडिया को बाजार के अनुरूप ढलना पड़ता है। सबसे गंभीर बात है कि समय के साथ पाठक भी बदल गए हैं। अखबार पहले खबरों के लिए पढ़े जाते थे, लेकिन मार्केटिंग के इस दौर में अखबार फ्री कूपन और मुफ्त लोटा-बाल्टी के आधार पर निर्धारित किए जाने लगे हैं। पाठकों को भी इस विषय में गंभीरतापूर्वक विचार करना होगा।

16 जुलाई, 2018

□

हिमा दास को तो बख्श दीजिए

हिमा दास आज देश में जाना-पहचाना नाम है। ग्रामीण और गरीब पृष्ठभूमि से आई इस लड़की को अब से कुछ समय पहले तक कोई नहीं नहीं जानता था। भारत की 18 वर्षीया इस धाविका ने हाल में फिनलैंड में आयोजित विश्व जूनियर एथलेटिक्स चैंपियनशिप में 400 मीटर की दौड़ में स्वर्ण पदक जीता है। उन्होंने 51.46 सेकेंड का शानदार समय निकालते हुए यह स्वर्णिम सफलता हासिल की। हिमा दास ट्रैक प्रतियोगिता में भारत के लिए अंतरराष्ट्रीय स्तर पर पदक जीतने वाली पहली एथलीट बन गई हैं। इसके पहले भी उनकी अनेक उपलब्धियाँ रही हैं।

कॉमनवेल्थ खेलों की 400 मीटर की स्पर्धा में हिमा दास छठे स्थान पर रही थीं। कॉमनवेल्थ खेलों की 4×400 मीटर स्पर्धा में भी उन्होंने 7वाँ स्थान हासिल किया था। गुवाहाटी में हुई अंतरराज्यीय चैंपियनशिप में भी हिमा ने स्वर्ण पदक जीता था, लेकिन उनकी यह उपलब्धि सबसे अहम है।

असम के ढींग जिले की रहनेवाली हिमा के पिता एक गरीब किसान हैं। बचपन से आज तक उनका जीवन संघर्षपूर्ण रहा। सबसे महत्त्वपूर्ण बात कि हिमा ने बिना सुविधाओं के और विपरीत परिस्थितियों में यह मुकाम हासिल किया है।

उनकी उपलब्धियों पर पूरे देश को गर्व है। मैंने वह वीडियो देखा है और शायद आपने भी देखा हो, जिसमें वह जीतने के बाद कैसे तिरंगे को खोज रही हैं और पदक दिए जाने एवं राष्ट्रगान के वक्त किस तरह उनकी आँखों से आँसू बह रहे हैं। यह वीडियो देखकर कोई भी व्यक्ति भावुक हो सकता है।

लेकिन हिमा के जीतने के बाद गूगल से जो जानकारी आई, वह विचलित करनेवाली थी। गूगल में लोग उनके प्रोफाइल को खोजने के बजाय उनकी जाति को ढूँढ़ने में लगे थे।

जीत के बाद हिमा दास की गूगल पर जो जानकारी सबसे ज्यादा खोजी जा रही थी, वह उनकी जाति थी। लोग यह नहीं जानना चाह रहे थे कि कैसे एक छोटे स्थान से

निकली लड़की ने सभी बाधाओं को पार करते हुए बुलंदियों को छूआ। मुझे पता चला कि ऐसा वर्ष 2016 ओलिंपिक के दौरान भी हुआ था, जब पी.वी. सिंधु बैडमिंटन कोर्ट पर कड़ी टक्कर दे रही थीं, तब लोग सिंधु की जाति जानना चाह रहे थे।

यह और कुछ नहीं, हमारे समाज की मानसिकता और उसमें घुले जाति के जहर को दरशाता है। और तो और, पदक जीतने के बाद एथलेटिक्स फेडरेशन ऑफ इंडिया ने भी हिमा दास की अंग्रेजी को लेकर मजाक उड़ाया और उनकी टूटी-फूटी अंग्रेजी में दिए इंटरव्यू के वीडियो को पोस्ट कर दिया और बाद में जब इस पर लोगों की तीखी प्रतिक्रिया आई, तब ए.एफ.आई. को माफी माँगनी पड़ी।

हाल में एक और खबर सामने आई कि उत्तर प्रदेश में कासगंज जिले के निजामपुर गाँव में पुलिस की सुरक्षा में एक दलित की शादी कराई गई। लगभग 350 पुलिसकर्मियों की मौजूदगी में यह शादी संपन्न हुई। इस गाँव में पहली बार किसी दलित शख्स को घोड़े की बग्घी पर बिठाकर बारात निकली। निजामपुर गाँव के ऊँची जाति के लोगों ने धमकी दी थी कि अगर गाँव में घोड़े पर बैठाकर दलित की बारात निकाली गई, तो इसके गंभीर परिणाम हो सकते हैं। इसलिए इतनी बड़ी संख्या में सुरक्षा देनी पड़ी। इस शादी को लेकर पिछले छह महीने से विवाद चल रहा है।

संजय जाटव चाहते थे कि वह घोड़े पर बैठकर अपनी बारात ले जाएँ, लेकिन गाँव के ऊँची जाति के लोग इस बात का विरोध कर रहे थे। छह पुलिस स्टेशनों से 350 से ज्यादा पुलिसकर्मी, पी.ए.सी. जवान, एक ए.एस.पी. और दो सर्किल ऑफिसर शादी के दौरान दलित परिवार की सुरक्षा में लगे हुए थे। जिस रास्ते से बारात गुजर रही थी, उस रास्ते में घरों की छतों पर पुलिसवाले हथियारों के साथ मौजूद थे, ताकि कोई समस्या न खड़ी हो। पूरा निजामपुर गाँव और आसपास का इलाका पुलिसवालों से भरा हुआ था।

संजय का संगीनों के साये में विवाह हो तो गया, लेकिन गंभीर प्रश्न छोड़ गया कि आजादी के 70 साल बाद भी अगर दलित समाज के दूल्हे को हम घोड़ी पर नहीं बैठने नहीं देंगे, तो समाज में समरसता कैसे पैदा होगी? इससे बड़ी दुर्भाग्य की बात कोई हो ही नहीं सकती है। अगर आपने गौर किया हो, तो आप पाएँगे कि बीच-बीच में मध्य प्रदेश, राजस्थान, गुजरात और हरियाणा में दलितों की बारात रोकने की घटनाएँ सामने आती रहती हैं।

आजादी के पहले और बाद में भी भारत में जाति आधारित विषमताओं को समाप्त करने के लिए कई आंदोलन चले। महात्मा गांधी ने दलितों के प्रति लोगों का दृष्टिकोण बदलने के लिए कई पहल कीं। उन्होंने इनके लिए 'हरिजन' शब्द का इस्तेमाल करना शुरू किया था। 19वीं सदी के मध्य में ज्योतिराव फुले ने दलितों के लिए आंदोलन शुरू किया। इस दिशा में बाबा साहब डॉ. भीम राव आंबेडकर का योगदान बहुत महत्त्वपूर्ण है।

उन्होंने भारत में दलितों की स्थिति सुधारने के लिए आरक्षण की एक व्यवस्था भी बनाई, लेकिन इतने प्रयासों के बावजूद आज भी समाज में जाति-व्यवस्था मजबूत है। आज भी अगड़ी जातियों के लोग पिछड़ी और दलित जातियों के साथ रोटी-बेटी का संबंध नहीं रखना चाहते।

जाति-व्यवस्था का विवाह और धार्मिक कर्मकांडों में आज भी बोलबाला है। मंदिरों में दलितों के साथ भेदभाव और दुर्व्यवहार के अनेक मामले सामने आते रहते हैं। हाल में उत्तराखंड हाईकोर्ट में एक याचिका सुनवाई के लिए आई कि हरिद्वार में ऊँची जाति के पुजारी निचली जातिवाले लोगों से भेदभाव करते हैं और उन्हें आरती और प्रसाद चढ़ाने से रोक दिया जाता है।

इस पर अदालत को हस्तक्षेप करना पड़ा और ऊँची जातिवाले पुजारियों से सभी मंदिरों में निचली जातियों के लोगों की तरफ से पूजा-समारोह और धार्मिक कार्य कराने से इनकार न करने के निर्देश दिया। हाईकोर्ट ने अपने आदेश में कहा कि किसी भी जाति से संबंधित सभी व्यक्तियों को बिना किसी भेदभाव के मंदिर में जाने की अनुमति है और किसी भी जाति का प्रशिक्षित और योग्य व्यक्ति मंदिरों में पुजारी हो सकता है।

यह आदेश मंदिरों में भेदभाव को खत्म करने की दिशा में एक महत्त्वपूर्ण कदम माना जा रहा है, लेकिन ऐसी पहल अदालत की बजाय समाज की ओर से होनी चाहिए थी। और तो और, कुछ दिन पहले खबर आई कि देश के प्रथम नागरिक महामहिम राष्ट्रपति रामनाथ कोविंद के साथ ओडिशा के जगन्नाथ मंदिर में वहाँ के पंडों ने अभद्रता की थी।

उन्हें और उनकी धर्मपत्नी को मंदिर के सेवादारों ने दलित होने की वजह से गर्भगृह तक जाने से रोक दिया था। ऐसी घटनाएँ देश के माथे पर कलंक हैं। हालाँकि समय के साथ समाज और परिस्थितियों में परिवर्तन हुआ है, लेकिन इस दिशा में आज भी बहुत कार्य करने की आवश्यकता है, ताकि जाति पर आधारित असमानता को समाज से उखाड़ फेंका जा सके।

23 जुलाई, 2018

□

यह दाग अच्छा नहीं है

बिहार के मुख्यमंत्री नीतीश कुमार ने मुजफ्फरपुर में बालिका गृह में दुष्कर्म मामले में सी.बी.आई. जाँच का उचित फैसला किया है, जिसे सराहा जाना चाहिए। इससे उनकी मंशा स्पष्ट होती है कि वह इस मामले में कुछ दबाना-छुपाना नहीं चाहते, जबकि बिहार पुलिस के बयानों से ऐसा लग रहा था कि वह सी.बी.आई. जाँच के पक्ष में नहीं थी। कुछ दिन पहले ही बिहार के पुलिस महानिदेशक ने कहा था कि वह पुलिस जाँच से पूरी तरह संतुष्ट हैं और उन्हें इसमें कोई खामी नजर नहीं आ रही है, इसलिए सी.बी.आई. या अन्य किसी एजेंसी से इसकी जाँच किए जाने की जरूरत नहीं है। सी.बी.आई. जाँच के फैसले के बाद उम्मीद की जा रही है कि जो भी अपराधी हैं, वे जल्द ही सलाखों के पीछे होंगे, ताकि लोगों तक यह स्पष्ट संदेश जाए कि ऐसे घृणित अपराध करनेवाले लोग बचकर निकल नहीं सकते।

मुजफ्फरपुर की घटना सिर्फ कानून-व्यवस्था से जुड़ा मामला नहीं है। यह घटना समाज के पतन को भी दरशाती है। आपने देखा होगा, आए दिन देश के किसी-न-किसी हिस्से से दुष्कर्म की खबर सामने आती है, लेकिन सबसे चिंताजनक बात यह है कि समाज में इसको लेकर खास प्रतिक्रिया नहीं होती है। मौजूदा दौर में नैतिकता का पतन हो गया है, लोगों ने संस्कार और मूल्यों को तिलांजलि दे दी है। बेसहारा बच्चियों से दुष्कर्म समाज में बढ़ती संवेदनहीनता और अवमूल्यन को दरशाता है। यह घटना पूरे बिहार के दामन पर एक दाग है। ऐसे संवेदनशील विषय पर राजनीति नहीं होनी चाहिए। यह बिहार की प्रतिष्ठा से जुड़ा मामला है। सभी राजनीतिक दलों और सर्व समाज को इस पर गंभीरतापूर्वक विचार करना चाहिए कि कैसे यह वर्षों तक चलता रहा और इसकी भनक तक नहीं लगी। सूचनाक्रांति के इस दौर में भी इसका सामने न आना अचंभित करता है। जब मुंबई की संस्था टाटा इंस्टीट्यूट ऑफ सोशल साइसेंज के एक दल ने मुजफ्फरपुर के बालिका गृह का सोशल ऑडिट किया, तब लड़कियों के यौन शोषण का खुलासा हुआ। इस घटना की गंभीरता का अंदाजा इस बात से लगाया जा सकता है कि बालिका

गृह की 42 में से 34 बच्चियों से दुष्कर्म की बात सामने आई है। दुष्कर्म की घटना ऐसी जगह पर हुई है, जो अनाथ और बेसहारा बच्चियों का आश्रय स्थल था, जहाँ सरकार और एन.जी.ओ. की मदद से उनको अपने पैरों पर खड़े होने में मदद की जानी थी।

देश में बच्चों के खिलाफ हिंसा और यौन शोषण के मामलों पर गौर करें, तो वे चिंतित करते हैं। नेशनल क्राइम रिकॉर्ड ब्यूरो के वर्ष 2015 के आँकड़ों के अनुसार, बच्चों के खिलाफ हिंसा के कुल 94,172 मामले दर्ज किए गए। इनमें से एक-तिहाई मामलों में बच्चों को दुष्कर्म के लिए निशाना बनाया गया था। विशेषज्ञों का मानना है कि यह संख्या और अधिक हो सकती है, क्योंकि ऐसे अनेक मामले भय, पारिवारिक प्रतिष्ठा और जानकारी के अभाव में दर्ज ही नहीं होते हैं। वर्ष 2015 के आँकड़ों के अनुसार, महाराष्ट्र में सर्वाधिक 13,921, मध्य प्रदेश में 12,859 और उत्तर प्रदेश में 11,420 ऐसे अपराध के मामले दर्ज किए गए। कुछ साल पहले केंद्रीय महिला एवं बाल कल्याण विभाग ने एक अध्ययन में पाया था कि अधिकांश मामलों में शोषण करनेवाला परिचित व्यक्ति ही होता है। यह तथ्य भी सामने आया है कि यौन शोषण के लिए बड़ी संख्या में बालक भी निशाना बनाए जाते हैं।

बाल कल्याण विभाग के अध्ययन में पता चला कि विभिन्न प्रकार के शोषण में पाँच से 12 वर्ष तक की उम्र के छोटे बच्चे सबसे अधिक शिकार होते हैं। इसमें शारीरिक, यौन और भावनात्मक शोषण शामिल है। आमतौर पर माना जाता है कि बाल शोषण का मतलब होता है—बच्चों के साथ शारीरिक दुर्व्यवहार और यौन शोषण, लेकिन बच्चे के साथ किया गया हर ऐसा व्यवहार भावनात्मक शोषण के दायरे में आता है, जिससे उसके ऊपर बुरा प्रभाव पड़ता हो अथवा जिससे बच्चा मानसिक रूप से भी प्रताड़ित महसूस करता हो। भारत में भावनात्मक शोषण को लेकर असंवेदनशीलता की स्थिति है और इसे सिरे से ही नकार दिया जाता है। पुरानी पीढ़ी के लोग अकसर कहते मिल जाएँगे कि मारपीट ही बच्चों को सुधारने का एकमात्र तरीका है, जबकि जमाना बदल गया है। भावनात्मक शोषण को बच्चियाँ खासतौर से महसूस करती हैं। उनकी पढ़ाई-लिखाई से लेकर स्वास्थ्य तक की परिवार अनदेखी करते हैं और बालकों को प्रमुखता दी जाती है। महिला एवं बाल कल्याण विभाग के अध्ययन में पाया गया है कि बालक और बालिकाओं, दोनों ने भावनात्मक शोषण का सामना करने की बात स्वीकार की। अध्ययन के 83 प्रतिशत मामलों में बच्चों ने माता-पिता पर भावनात्मक शोषण का आरोप लगाया। 48.4 प्रतिशत लड़कियों ने कहा कि अगर वे लड़का होतीं, तो अच्छा होता।

कुछ समय पहले महिला एवं बाल विकास मंत्रालय ने 'प्लान इंडिया' की ओर से तैयार की गई रिपोर्ट जारी की। इस रिपोर्ट में कहा गया है कि भारत में महिलाओं के लिए

सबसे सुरक्षित राज्य गोवा है। सुरक्षा के मामले में इसके बाद केरल, मिजोरम, सिक्किम और मणिपुर आते हैं। चिंता की बात यह कि जिन राज्यों में महिलाएँ सबसे अधिक असुरक्षित हैं, उनमें बिहार, झारखंड, उत्तर प्रदेश और देश की राजधानी दिल्ली शामिल हैं। राज्यों के लिए लिंग भेद सूचकांक यानी जेंडर वल्नरेबिलिटी इंडेक्स (जी.वी.आई.) तैयार किया और उस कसौटी पर सभी राज्यों को कसा गया। इसके नतीजों के अनुसार गोवा महिलाओं के लिए सबसे सुरक्षित राज्य है, जबकि देश की राजधानी को महिलाओं की सुरक्षा की दृष्टि से खराब राज्यों में से एक है। गोवा का स्थान न सिर्फ महिलाओं की सुरक्षा की दृष्टि से सबसे ऊपर है, बल्कि शिक्षा, स्वास्थ्य और आजीविका के मामले में भी वह अव्वल है। केरल दूसरे नंबर पर है। महिला सुरक्षा के मामले में बिहार काफी पीछे है। इस रिपोर्ट के अनुसार, बिहार में महिलाएँ और बेटियाँ अन्य राज्यों की तुलना में सबसे असुरक्षित और कम स्वस्थ पाई गईं। शिक्षा के मामले में भी वे पिछड़ी हैं। रिपोर्ट के मुताबिक, 39 फीसदी लड़कियों की शादी विवाह की वैधानिक उम्र (18 वर्ष) से पहले शादी हो जाती है और लगभग 12 फीसदी 15 से 19 वर्ष की उम्र में या तो गर्भवती हो जाती हैं या फिर माँ बन जाती हैं, लेकिन यह भी सही है कि महिलाओं और बेटियों को लेकर मुख्यमंत्री नीतीश कुमार बेहद संवेदनशील हैं और बिहार सरकार उनकी शिक्षा और स्वास्थ्य को लेकर अनेक कार्यक्रम चला रही है। हालाँकि इस सर्वेक्षण में इसके परिणाम दिखाई नहीं देते हैं, लेकिन उम्मीद है कि आगामी सर्वेक्षणों में सरकार के प्रयासों के सकारात्मक परिणाम दिखने लगेंगे।

30 जुलाई, 2018

□

आत्महत्या से बड़ा अपराध नहीं

मेरा मानना है कि आत्महत्या, और उसमें भी सामूहिक आत्महत्या से बड़ा कोई अपराध नहीं है। पिछले दिनों सामूहिक आत्महत्या की कई घटनाएँ सामने आईं, जो चिंतित करती हैं। इनमें से अधिकांश मामले आर्थिक परेशानियों से जुड़े हुए थे। राँची में आर्थिक तंगी से परेशान दो सगे भाइयों, दीपक कुमार झा और रूपेश कुमार झा ने पहले परिवार के पाँच सदस्यों की हत्या कर दी और फिर दोनों ने फाँसी लगाकर आत्महत्या कर ली।

जिनकी हत्या हुई, उनमें दीपक झा की पत्नी सोना देवी, 15 माह का बेटा जंगु, 6 वर्षीय बेटी दृष्टि के अलावा पिता 65 वर्षीय सच्चिदानंद झा और 60 वर्षीया माँ गायत्री देवी शामिल हैं। आत्महत्या की इस घटना ने पूरे रांची को स्तब्ध कर दिया। पुलिस को घर से सुसाइड नोट मिला, जिससे यह स्पष्ट हो पाया कि इतने लोगों की क्यों जान गई?

जो जानकारी मिली, उसके अनुसार, दीपक झा का परिवार कर्ज में डूबा था। करीब छह महीने से मकान का किराया भी नहीं दे पा रहा था। दीपक परिवार का इकलौता कमाऊ सदस्य था। बताते हैं कि दीपक के बेटे के इलाज पर 20 लाख रुपए खर्च हो गए थे और अब भी उसका इलाज चल रहा था, बेटा भी ठीक नहीं हुआ और कर्ज भी बढ़ गया। दीपक एक फैक्टरी भी लगाने का प्रयास कर रहा था।

उसके लिए भी उसने कुछ कर्ज ले रखा था। दीपक के कर्ज के कारण चिंतित रहता था। काफी कोशिशों के बावजूद पैसों का इंतजाम नहीं हो पाया, इससे निराश होकर दीपक झा ने सामूहिक आत्महत्या की योजना बनाई, लेकिन इसमें मासूम बच्चों और बूढ़े माता-पिता का कुसूर क्या था? उनसे जीने का अधिकार छीनने से बड़ा अपराध और क्या हो सकता है? इसके पहले झारखंड के हजारीबाग में एक ही परिवार के छह लोगों ने सामूहिक रूप से आत्महत्या कर ली थी। बताया जा रहा है कि यह परिवार भी कर्ज में दबा हुआ था।

पुलिस को मौके से सुसाइड नोट भी मिला था। इस मामले की जाँच अब भी जारी

है। देश की राजधानी दिल्ली में एक ही परिवार के 11 लोगों ने फाँसी लगाकर आत्महत्या कर ली थी। हालाँकि आर्थिक रूप से मजबूत इस परिवार के ऐसा करने की क्या वजह थी, यह अब भी रहस्य बना हुआ है। इसी तरह का मामला मुंबई में सामने आया, जहाँ एक परिवार के सभी सदस्यों ने खुदकुशी करने की कोशिश की थी।

हमारे पूर्वजों ने वर्षों के अध्ययन और मनन के बाद एक बात कही थी—तेते पाँव पसारिये, जेती लांबी सौर अर्थात् जितनी लंबी चादर है, उतने ही पैर फैलाएँ; लेकिन हम इस जीवन दर्शन को भूल गए और आर्थिक चकाचौंध में फँस गए हैं। यह सही है कि बाजार की भोगवादी आर्थिक प्रवृत्तियों का संबंध कहीं-न-कहीं हमारी आर्थिक नीतियों से है, जिनके कारण हमारा जीवन दर्शन बदल गया है।

हमारी लालसाएँ बेलगाम हो गई हैं। विदेश से पूँजी निवेश आएगा, तो उसके साथ खानपान, पहनावे और विदेशी संस्कृति को आने से कोई रोक नहीं सकता। सांस्कृतिक बदलाव किस तरह आता है, इसका एक उदाहरण देना चाहूँगा। वर्षों पहले मुझे बी.बी.सी. लंदन में काम करने का प्रस्ताव मिला। मेरे पिता का जल्दी निधन हो गया था और मेरी माँ मेरे साथ रहती हैं और मुझ पर आश्रित हैं। मैंने बी.बी.सी. के मानव संसाधन विभाग से अनुरोध किया कि पत्नी और बच्चों की तरह माँ को भी आश्रित माना जाए, तो विभाग का जवाब था कि पश्चिम में परिवार की परिभाषा होती है, पति-पत्नी और 18 साल के कम उम्र के बच्चे। माता-पिता और 18 साल से अधिक के बच्चे परिवार का हिस्सा नहीं माने जाते हैं ?

यह भारतीय परंपरा के एकदम उलट है। आप गौर करें कि भारत में जिन विदेशी इंश्योरेंस कंपनियाँ ने पूँजी निवेश किया है, उन्होंने भारतीय परिवार की परिभाषा को ही बदल दिया है। इसमें माता-पिता परिवार का हिस्सा नहीं हैं। कुछेक ने तो इसमें बस इतना परिवर्तन किया है कि 18 साल के स्थान पर आश्रित बच्चे की उम्र 21 तक कर दी है।

कहने का आशय यह कि जितनी चादर है, उतने ही पैर फैलाएँ, जैसे चिंतन को भूलकर अब हम उधार लेकर घी पीने के पश्चिमी चिंतन के मायाजाल में फंस गए हैं। जाहिर है कि ऐसी परिस्थिति में जीवन में ऐसे अनेक अवसर आएँगे, जब व्यक्ति आर्थिक कारणों से तनाव का शिकार होगा।

इसका एक दूसरा पक्ष भी है। खेती-किसानी में संकट व्यापक है और इसकी चपेट में अनेक राज्यों के किसान आ गए हैं। यही वजह है कि आर्थिक कारणों से अब तक सैकड़ों किसान आत्महत्या कर चुके हैं। किसानों की आत्महत्या का सिलसिला अब थोड़ा थमा है, लेकिन अब भी बीच-बीच में ऐसी दुर्भाग्यपूर्ण घटनाएँ सामने आ जाती हैं। दरअसल, अवसाद और आत्महत्याएँ नए दौर की महामारी के रूप में उभरकर सामने आ रही है। किसी भी समाज के लिए यह बेहद चिंताजनक स्थिति है।

कोई शख्स आत्महत्या को आखिरी विकल्प क्यों मान रहा है? विश्व स्वास्थ्य संगठन की एक रिपोर्ट के अनुसार, भारत में लगभग पाँच करोड़ लोग अवसाद पीड़ित हैं। इनमें से ही अनेक लोग आत्महत्या जैसा रास्ता चुन लेते हैं। ऐसा नहीं है कि केवल निराशा और अवसाद से पीड़ित भारत में ही हों। अमेरिका में सबसे अधिक लोग अवसाद से पीड़ित हैं।

इसके बाद जापान, नाइजीरिया और चीन का नंबर आता है, लेकिन चिंताजनक बात यह है कि पीड़ित लोगों में से केवल आधे लोगों का इलाज हो पाता है। आत्महत्या के आँकड़े और भी चौंकाने वाले हैं। दुनिया में हर 40 सेकंड में एक शख्स आत्महत्या कर लेता है। हालाँकि दुनियाभर में आत्महत्या की दर में कमी आई है, लेकिन भारत में स्थिति चिंताजनक है और आत्महत्या की दर में इजाफा हुआ है।

ऐसा नहीं है कि लोग आत्महत्या सिर्फ आर्थिक परेशानियों के कारण ही करते हों, अन्य सामाजिक कारणों से भी लोग अपनी जान दे देते हैं। मौजूदा दौर की गलाकाट प्रतिस्पर्धा के कारण लोगों को जीवन में भारी मानसिक दबाव का सामना करना पड़ता है और वे अवसाद में चले जाते हैं।

यह बेहद दुर्भाग्यपूर्ण है कि परीक्षा अथवा प्रेम में असफल होने, नौकरी छूटने अथवा बीमारी जैसी छोटी-छोटी वजहों से भी लोग आत्महत्या कर लेते हैं। सबसे बड़ी समस्या यह है कि भारत में अवसाद को बीमारी नहीं माना जाता। इलाज तो दूर, पीड़ित की मदद करने की बजाय लोग उसका उपहास उड़ाते हैं। कई बार तो पढ़े-लिखे लोग भी झाड़-फूँक के चक्कर में फँस जाते हैं।

दरअसल, भारत में परंपरागत परिवार का ताना-बाना टूटता जा रहा है। व्यक्ति एकाकी हो गया है और नई व्यवस्था में उसे आर्थिक और सामाजिक सहारा नहीं मिल पाता है, जबकि कठिन वक्त में उसे इसकी सबसे ज्यादा जरूरत होती है। यही वजह है कि अनेक लोग अवसाद ग्रस्त हो जाते हैं और आत्महत्या जैसे अतिरेक कदम उठा लेते हैं।

6 अगस्त, 2018

□

कब तक जपेंगे क्रिकेट की माला?

खेल के क्षेत्र में कई नई उपलब्धियाँ सामने आईं, लेकिन हम भारतीयों की दिक्कत यह है कि हम खेलों में क्रिकेट से आगे कभी सोचना ही नहीं चाहते। यह सही है कि क्रिकेट की उपलब्धियों पर हम गर्व कर सकते हैं और स्पष्ट कर दूँ कि मैं क्रिकेट के कतई खिलाफ नहीं हूँ, लेकिन यह तथ्य हमारी शर्मिंदगी को कम नहीं कर सकता कि हम अन्य खेलों में अंतरराष्ट्रीय स्तर पर कहीं नहीं ठहरते हैं।

यह दु:खद है कि किसी अन्य खेल में हमारी कितनी भी शानदार उपलब्धि हो, हम उसका जश्न तक नहीं मनाते। इंग्लैंड के खिलाफ दूसरा टेस्ट चल रहा है और आपको अपने आसपास ऐसे लोग बड़ी संख्या में मिल जाएँगे, जो मैच का आँखों-देखा हाल सुना देंगे और हार-जीत का विश्लेषण भी कर देंगे।

हाल में विश्व कप फुटबॉल समाप्त हुआ और इसको देखने और पढ़नेवाले लोग भारत में बड़ी संख्या में थे। अखबारों ने इस पर विशेष आयोजन किए और लाखों लोगों ने टी.वी. पर मैचों का आनंद उठाया, लेकिन यह सवाल जोर-शोर से नहीं उठा कि स्विट्जरलैंड और स्वीडन जैसे देश फुटबॉल विश्व कप तक पहुँच सकते हैं, तो इतनी बड़ी जनसंख्या वाला भारत क्यों नहीं क्वालीफाई कर पाता? लेकिन जब फुटबॉल के क्षेत्र में दो उपलब्धियाँ सामने आईं, तो इसको लेकर खामोशी थी, कोई जश्न का माहौल नहीं था। भारत की अंडर-16 फुटबॉल टीम ने शानदार प्रदर्शन किया।

जॉर्डन के अम्मान में आयोजित पाँच देशों की अंडर-16 चैंपियनशिप में यमन की मजबूत टीम को भारत ने 3-0 से करारी शिकस्त दी। इससे पहले भारत ने इराक पर जीत हासिल कर तहलका मचा दिया था। किसी भारतीय फुटबॉल टीम की इराक के खिलाफ किसी भी फॉर्मेट में यह पहली जीत थी। इसके पहले भारत ने अंडर-16 के पहले मैच में जॉर्डन को 4-0 से पराजित किया था।

दूसरी ओर स्पेन के वेलेंशिया में आयोजित कोटिफ कप में भारत ने छह बार फीफा अंडर-20 वर्ल्ड कप का खिताब जीतने वाली अर्जेंटीना की टीम को 2-1 से हरा

दिया। भारत में ज्यादातर लोग विश्व फुटबॉल को अर्जेंटीना और ब्राजील से ही जोड़ते हैं। भारत की किसी टीम ने मेसी के देश को फुटबॉल में हरा दिया। यह हम सबके लिए बड़ी उपलब्धि है। अर्जेंटीना के खिलाफ जीत से निश्चित रूप से हमारे युवा खिलाड़ियों का मनोबल बढ़ा होगा। इससे जाहिर होता है कि भारतीय युवा फुटबॉल खिलाड़ियों में दमखम है।

कुछ दिनों पहले भारतीय फुटबॉल के जाने-माने खिलाड़ी सुनील छेत्री को एक भावुक वीडियो के माध्यम से लोगों से फुटबॉल मैच देखने की अपील करनी पड़ी। कुछ समय पहले भारत ने अंडर-17 फीफा विश्व कप का आयोजन कर एक अच्छी पहल की थी, लेकिन यह भी सच्चाई है कि भारत में खिलाड़ियों से ज्यादा खेल संघों के सिर फुटव्वल की खबरें सुर्खियाँ बनती हैं।

हालाँकि टाटा जैसे कई कॉरपोरेट घराने फुटबॉल को बढ़ावा देने के लिए आगे आए हैं और उससे उम्मीद बँधी है, लेकिन कई और कॉरपोरेट घरानों के आगे आने की जरूरत है।

हमारे प्रसार के तीनों राज्यों—झारखंड, बिहार और पश्चिम बंगाल में फुटबॉल खूब खेली जाती है। हाल में झारखंड से अच्छी खबर आई कि पहली बार राज्य के 15 युवा फुटबॉलरों का चयन नेशनल कैंप के लिए किया गया। इन 15 फुटबॉलरों में से पाँच का अंडर-19 के लिए, जबकि 10 का अंडर-15 के लिए चयन किया गया है।

फुटबॉल फेडरेशन की योजना फी़फा अंडर-17 वर्ल्ड कप क्वालीफिकेशन 2019, एशियाई खेल और ओलिंपिक के लिए टीम तैयार करना है। इसी के तहत प्रतिभा खोज अभियान पूरे देश में चल रहा था। राष्ट्रीय शिविर के लिए झारखंड से एक साथ 15 खिलाड़ियों का चयन होना एक अच्छी खबर है। इसमें खूंटी, गुमला, और जामताड़ा जैसी छोटी जगहों के भी नवयुवक शामिल हैं। आनेवाले दिनों में ये फुटबॉलर ही देश का प्रतिनिधित्व करेंगे। दुनिया भर में ज्यादातर श्रेष्ठ खिलाड़ी निम्न मध्यवर्ग से आते हैं।

मैं हिमा दास का जिक्र करना चाहूँगा। ग्रामीण और गरीब पृष्ठभूमि से आईं 18 वर्षीया इस धाविका ने हाल में फिनलैंड में आयोजित विश्व जूनियर एथलेटिक्स चैंपियनशिप में 400 मीटर की दौड़ में स्वर्ण पदक जीता। हिमा दास ट्रैक प्रतियोगिता में भारत के लिए अंतरराष्ट्रीय स्तर पर पदक जीतने वाली पहली एथलीट बन गईं, लेकिन हिमा के जीतने के बाद गूगल में लोग उनके प्रोफाइल को खोजने के बजाय उनकी जाति को ढूँढ़ने में लगे थे। इससे दुःखद बात और क्या हो सकती है ?

कई बार संसद से भी अच्छी खबरें मिलती हैं। हाल में मणिपुर में 524 करोड़ रुपए की लागत से देश के पहले राष्ट्रीय खेल-कूद विश्वविद्यालय की स्थापना के प्रावधान वाले एक विधेयक को संसद की मंजूरी मिल गई है।

लोकसभा में यह विधेयक पहले ही पारित हो चुका था। इस खेल-कूद विश्वविद्यालय में खेलों के समस्त आयामों को संचालित किया जाएगा। इसके क्षेत्रीय केंद्र देश में विभिन्न राज्यों और विदेशों में भी खोले जा सकेंगे। इनमें खिलाड़ियों, रेफरियों और अंपायरों को भी प्रशिक्षण दिया जाएगा। यह एक अच्छी पहल है और उम्मीद है कि इससे नए खिलाड़ियों को आगे आने में मदद मिलेगी।

लेकिन आपने अब तक एक और खबर पर गौर नहीं किया कि 18 अगस्त से इंडोनेशिया में एशियाई खेल शुरू होने जा रहे हैं, जिनमें भारत के 572 खिलाड़ी हिस्सा ले रहे हैं। ये 36 खेलों में देश का प्रतिनिधित्व करेंगे।

होता यह है कि चार साल बाद जब ओलिंपिक अथवा एशियाई खेल होते हैं, तभी हम सब यह सवाल उठाते हैं कि हम बड़ी संख्या में पदक क्यों नहीं जीत पाते हैं? भारत ने 2014 में हुए एशियाई खेलों में 11 स्वर्ण, 9 रजत और 37 कांस्य, कुल 57 पदक जीते थे। चीन, जापान और दक्षिण कोरिया एशिया के खेल क्षेत्र की महाशक्तियाँ मानी जाती हैं।

इस बार भारत भी पूरे दम-खम के साथ उतर रहा है तथा खिलाड़ियों का प्रदर्शन और बेहतर होने की उम्मीद की जा रही है। हम आशा करते हैं कि एशियाई खेलों में खिलाड़ियों की उपलब्धियों को हम सब सराहेंगे और उन्हें प्रोत्साहित करेंगे। दरअसल, हमारी सबसे बड़ी समस्या यह है कि हमारे खेल संघों पर नेताओं ने कब्जा कर रखा है। देश में खेल संस्कृति पनपे, इसके लिए खेल प्रशासन पेशेवर लोगों के हाथ में ही होना चाहिए, लेकिन हुआ इसके उलट।

नतीजतन, अधिकांश खेल संघ राजनीति का अखाड़ा बन गए। खेल संघों में फैले भाई-भतीजावाद, भ्रष्टाचार और निहित स्वार्थों ने खेलों और खिलाड़ियों का भारी नुकसान किया है। यही वजह है कि हम आज भी अंतरराष्ट्रीय स्तर पर कहीं नहीं ठहरते। हमारे देश में प्रतिभा की कमी नहीं है। यदि बेहतर माहौल तैयार किया जाए और उचित प्रक्रिया द्वारा चयन किया जाए, तो हम खेलों के हर क्षेत्र में बहुत अच्छा प्रदर्शन कर सकते हैं।

13 अगस्त, 2018

□

केरल में बाढ़ की विभीषिका

दक्षिणी राज्य केरल पिछले 100 साल की सबसे विनाशकारी बाढ़ से जूझ रहा है। केरल में अच्छी बारिश होती है, लेकिन इस बार जैसी तबाही की बारिश हुई है, वैसी पहली कभी नहीं हुई थी। पूरा राज्य भारी बारिश और बाढ़ से बुरी तरह प्रभावित है। हर तरफ तबाही का मंजर है।

वहाँ अब तक लगभग 350 से अधिक जानें जा चुकी हैं। 200 से अधिक लोगों की तो पिछले 10 दिन में मौत हो गई है। फसल व संपत्ति को भारी नुकसान पहुँचा है। राज्य में बिजली, पानी, रेल और सड़क व्यवस्था, सब ठप है। सड़कें पानी में डूब गई हैं। दूर-दराज के इलाकों में लोग घरों की छतों या फिर पेड़ों पर फँसे हुए हैं। उम्मीद की जा रही है कि इन लोगों तक जल्द मदद पहुँच पाएगी। सारे रास्ते बंद हैं, जिसके कारण राज्य में खाने-पीने के सामान की आपूर्ति नहीं हो पा रही है।

स्कूल-कॉलेज बंद हैं और परीक्षाएँ स्थगित कर दी गई हैं। लगभग सवा तीन लाख लोग राहत शिविरों में रह रहे हैं। राज्य के 14 में से 13 जिलों में बाढ़ के कारण रेड अलर्ट जारी कर दिए गए हैं। पेरियार नदी के किनारे स्थित कोच्चि हवाई अड्डे तक पानी पहुँच गया है और वहाँ से उड़ानें फिलहाल स्थगित हैं। पलक्कड, वायनाड और कोच्चि जिलों ने कभी ऐसी किसी आपदा का सामना ही नहीं किया था। मौसम विभाग ने आगामी कुछ दिनों में मूसलाधार बारिश की चेतावनी दी है, जिसके कारण बाढ़ की स्थिति और चुनौतीपूर्ण हो सकती है।

वैसे तो हर साल केरल में देश के अन्य राज्यों की तुलना में अधिक बारिश होती है, लेकिन इस बार औसत से लगभग 37 फीसदी अधिक बारिश हुई है। अधिक पानी के कारण केरल सरकार को मुल्लापेरियार, चेरुथोनी, इदुक्की, इदामलयार सहित सभी छोटे-बड़े 27 बाँध खोलने पड़ गए हैं। इस वजह से खेतों में पानी भर गया है और केरल की इलायची, रबड़, कॉफी और अन्य मसालों की मौसमी फसलें तबाह हो गई हैं।

प्रत्यक्षदर्शियों का कहना है कि हर तरफ पानी-ही-पानी है। खेत तो नजर ही नहीं

आ रहे हैं। सेना के जवान कोझिकोड और वायनाड में फंसे लोगों को सुरक्षित बाहर निकालने के लिए छोटे-छोटे पुलों का निर्माण कर रहे हैं। थल, वायु और नौसेना के साथ एन.डी.आर.एफ. की टीमें दिन-रात बचाव और राहत कार्य में जुटी हैं और हर बार की तरह सराहनीय कार्य कर रही हैं, लेकिन केरल में जैसी चिंताजनक स्थिति है, उसकी पूरी तसवीर प्रमुखता से सामने नहीं आ पा रही है।

अखबारों और हिंदी टी.वी. चैनलों को देखकर केरल की बाढ़ की विभीषिका का अंदाजा नहीं लगता है। प्रधानमंत्री नरेंद्र मोदी ने केरल का दौरा किया है और 500 करोड़ रुपए की सहायता की घोषणा की है। बिहार के मुख्यमंत्री नीतीश कुमार, झारखंड के मुख्यमंत्री रघुवर दास और अन्य अनेक मुख्यमंत्री केरल की मदद के लिए आगे आए हैं।

केरल के मुख्यमंत्री पिनरई विजयन का कहना है कि इससे पहले केरल के लोगों को कभी ऐसे हालात का सामना नहीं करना पड़ा है। उन्होंने सभी देशवासियों से मुख्यमंत्री सहायता कोष में मदद की अपील की है। संकट की इस घड़ी में हम सब को उनकी मदद के लिए आगे आना चाहिए।

अपने देश में पर्यावरण की अनदेखी आम बात है। केरल में भारी बारिश और बाढ़ से वह इलाका अधिक प्रभावित हुआ है, जिसे इकोलॉजी पैनल ने पर्यावरण की दृष्टि से संवदेनशील घोषित किया हुआ है। इस पैनल के प्रमुख जाने-माने परिस्थितिविज्ञानी माधव गाडगिल हैं और उनकी अध्यक्षता वाली समिति ने सिफारिश की थी कि एक लाख 40 हजार किलोमीटर लंबे पश्चिमी घाट को तीन हिस्सों में बाँट दिया जाए और यहाँ पर्यावरण संरक्षण के कड़े उपाय किए जाएँ।

समिति ने कुछ इलाकों में खनन और निर्माण पर सख्त प्रतिबंध लगाने की सिफारिश की थी। यह रिपोर्ट 2011 में केरल सरकार को सौंपी गई थी, जिसे राज्य सरकार ने पूरी तरह खारिज कर दिया था। अगर हम अपने आसपास देखें, तो हम पाएँगे कि नदी के किनारों पर अवैध कब्जे हो रहे हैं और उनके आसपास इमारतें खड़ी होती जा रही हैं। इसके कारण नदी के प्रवाह में दिक्कतें आती हैं।

वैसे तो जलवायु परिवर्तन के दंश को पूरे देश को झेलना पड़ रहा है। ज्यादा बारिश होने के कारण कर्नाटक, उत्तराखंड, हिमाचल, असम और ओडिशा के लोगों को भी भारी परेशानी का सामना करना पड़ा है, तो दूसरी ओर झारखंड और बिहार में बारिश कम हुई है। झारखंड के बड़े इलाके में धान का रोपा नहीं हो पाया है और जहाँ रोपा भी गया है, वहाँ कम बारिश के कारण संकट उत्पन्न हो गया है। समस्या केवल कम या अधिक बारिश की नहीं है। बारिश होती भी है, तो हम जल संरक्षण नहीं करते हैं। तालाब पाट दिए गए हैं। उनके स्थान पर बहुमंजिले अपार्टमेंट्स और मॉल खड़े हो गए हैं। झारखंड की ही मिसाल लें।

यहाँ साल में औसतन 1,400 मिलीमीटर बारिश होती है, लेकिन बारिश का पानी बहकर निकल जाता है। इसे चेक डैम अथवा तालाबों के जरिए रोक लिया जाए, तो साल भर खेती और पीने के पानी की समस्या नहीं होगी। होता यह है कि मॉनसून में तो अच्छी बारिश होती है, लेकिन गरमी के मौसम में जल संकट उत्पन्न हो जाता है। बिहार में महज 20 साल पहले तक लगभग ढाई लाख तालाब थे।

आज इनकी संख्या घटकर लगभग 90 हजार रह गई है। शहरों के तालाबों पर भू-माफियाओं की नजर पड़ गई और डेढ़ लाख के अधिक तालाब काल-कलवित हो गए। उनके स्थान पर इमारतें खड़ी हो गईं। नतीजा यह हुआ कि शहरों का जलस्तर तेजी से घटने लगा। दरभंगा जैसे शहर में, जहाँ बहुत कम गहराई पर पानी मिलता होता था, जलस्तर दो सौ फीट तक पहुँच गया। यही स्थिति दूसरे शहरों की भी है। बिहार के तालाबों में सैकड़ों किस्म की मछलियाँ होती थीं।

वह खत्म हो गईं। बिहार जैसे जल संसाधन संपन्न राज्य में हर जगह आंध्र प्रदेश से लाई गई मछलियाँ बिकने लगीं। हम लोग गाँवों में जल संरक्षण के उपाय करते थे, वे हमने करने कब के छोड़ दिए हैं। बस्ती के आसपास जलाशय- तालाब, पोखर आदि बनाए जाते थे। जल को संरक्षित करने की व्यवस्था की जाती थी, लेकिन हमने जल संरक्षण का काम छोड़ दिया। एक और चिंताजनक खबर है।

मौसम वैज्ञानिकों के अनुसार, जलवायु परिवर्तन के कारण देश का औसत तापमान 0.7 डिग्री सेल्सियस बढ़ रहा है। इसका सीधा असर खेती-किसानी पर पड़ेगा और पैदावर कम हो जाएगी। कृषि विशेषज्ञों का कहना है कि देश का एक डिग्री तापमान बढ़ने से पैदावार में तीन से सात फीसदी की कमी आ जाती है।

पिछले साल के आर्थिक सर्वेक्षण में कहा गया था कि मौसम के खराब मिजाज के कारण खेती-किसानी को 62 हजार करोड़ रुपए का नुकसान झेलना पड़ा था। यह जान लीजिए कि पर्यावरण का मसला सीधे तौर से खाद्य सुरक्षा से जुड़ा है। इसलिए इसकी अनदेखी की भारी कीमत चुकानी पड़ सकती है।

21 अगस्त, 2018

□

बुजुर्गों को बोझ न समझें

पिछले दिनों एक तसवीर वायरल हुई, जिसमें एक वृद्ध महिला एक बच्ची से मिलकर रोती हुई दिखाई दे रही है। शायद आप तक भी पहुँची हो। यह तसवीर किसी को भी भावुक कर सकती है। सोशल मीडिया पर चली इस तसवीर को कोई पटना का बता रहा है, तो कोई कोलकाता का, तो कोई वृंदावन का।

वृद्धाश्रम में रोती दादी-पोती की तसवीर हजारों बार शेयर की जा चुकी है। इस तसवीर पर लोग भावुक टिप्पणियाँ कर रहे हैं। इस तसवीर के साथ संदेश है कि स्कूल में पढ़नेवाली एक बच्ची जब वृद्धाश्रम पहुँची, तो उसे वहाँ अपनी दादी मिल गई। इसके बाद दादी-पोती एक-दूसरे से लिपटकर रोने लगे। यह सही है कि तसवीर दादी-पोती की है, लेकिन यह 11 साल पुरानी है और हाल में विश्व फोटोग्राफी दिवस पर बी.बी. सी. की वेबसाइट ने इसे प्रभावशाली तसवीरों के रूप में इस्तेमाल किया था। वहाँ से यह तसवीर वायरल हो गई। यह तसवीर अहमदाबाद की है और इसके फोटोग्राफर हैं, कल्पित बचेच।

इस तसवीर से जुड़ी कहानी भी सही है। बच्चों को अहमदाबाद के एक वृद्धाश्रम ले जाया गया था। फोटोग्राफर के रूप में कल्पित भी वहाँ मौजूद थे। हाथों में प्ले कार्ड लिये बच्चे-बच्चियाँ एक तरफ बैठे थे और आश्रम की महिलाएँ दूसरी तरफ थीं। कल्पित ने अनुरोध किया कि अगर बच्चे और महिलाएँ एक साथ बैठेंगे, तो तसवीर अच्छी बनेगी, लेकिन इसी दौरान एक बच्ची एक वृद्धा से मिलकर जोर-जोर से रोने लगी। वहाँ मौजूद लोग समझ नहीं पाए कि माजरा क्या है?

पता चला कि वे तो दादी-पोती हैं और बच्ची को पता ही नहीं था कि दादी वृद्धाश्रम में रह रही है। माता-पिता ने बच्ची से झूठ बोला था कि दादी उन्हें छोड़कर गाँव चली गई है। कल्पित ने यह भावुक कर देनेवाली तसवीर 12 सितंबर, 2007 को अहमदाबाद स्थित एक वृद्धाश्रम में ली थी। तसवीर छपने के कुछ दिनों बाद खबर आई कि उस महिला को उसका परिवार आश्रम से ले गया, लेकिन कुछ साल बाद यह महिला

फिर वापस आश्रम आ गई थी। यह ठीक है कि तसवीर पुरानी है, लेकिन इस तसवीर ने भारत में वृद्धजनों की स्थिति के संदर्भ में गंभीर सवाल खड़ा कर दिया है।

भारत की एक बड़ी आबादी बुजुर्ग हो रही है। बेहतर स्वास्थ्य सेवाओं ने लोगों की उम्र बढ़ा दी है, लेकिन सामाजिक हालात बदल रहे हैं और संयुक्त परिवार का ढाँचा टूट चुका है।

ऐसे में बुजुर्गों की देखभाल एक बड़ी सामाजिक समस्या के रूप में सामने आ रही है। समस्या यह है कि मौजूदा दौर में बुजुर्गों के पास जीवन का विशद अनुभव है, लेकिन युवा पीढ़ी कुछ सीखना नहीं चाहती और न ही उनकी राय को महत्त्व देती है। समाज का बुजुर्गों के साथ रूखा व्यवहार और उन्हें बोझ की तरह माना जाना, यह समस्या का सबसे चिंताजनक पहलू है। ऐसा अनुमान है कि भारत में अभी 6 फीसदी आबादी 60 साल या उससे अधिक की है, लेकिन वर्ष 2050 तक बुजुर्गों की यह संख्या बढ़कर 20 फीसदी तक होने का अनुमान है।

हर वर्ष 'अंतरराष्ट्रीय वृद्ध दिवस' 1 अक्तूबर को मनाया जाता है, ताकि वृद्ध लोगों के प्रति सम्मान का भाव जगे। पश्चिमी देशों में वृद्धजनों के सामने अलग किस्म की चुनौती है। उनके लिए पर्याप्त पेंशन की व्यवस्था है, जिससे उनको आर्थिक संकट का सामना नहीं करना पड़ता है। उनके सामने स्वास्थ्य के अलावा मुख्य समस्या एकाकीपन की है। वयस्क होने पर बच्चे अलग रहने लगते हैं और केवल विशेष अवसरों पर ही उनसे मिलने आते हैं। कभी-कभी परिवार को आपस में मिले वर्षों गुजर जाते हैं।

जब भी मौका मिलता है, मैं अपने इस अनुभव को साझा करता हूँ। बी.बी.सी. में नौकरी के दौरान मुझे लंदन में रहने का अवसर मिला। बी.बी.सी. बेहद प्रतिष्ठित और उदार मीडिया संस्थान है।

उस दौरान पूरे परिवार को लंदन जाने के लिए आश्रित वीजा और हवाई यात्रा का टिकट मिला तो मैंने कहा कि कि मेरी माँ मुझ पर निर्भर है और मैं अकेला बेटा हूँ। उन्हें भी आश्रित वीजा और यात्रा का टिकट चाहिए। बी.बी.सी. ने बताया कि पश्चिम के सभी देशों में परिवार की परिभाषा है—पति-पत्नी और 18 साल से कम उम्र के बच्चे।

माँ-बाप और 18 साल से अधिक उम्र के बच्चे परिवार का हिस्सा नहीं माने जाते। अगर आप गौर करें तो पाएँगे कि भारत में भी अनेक संस्थान और यहाँ तक हेल्थ इंश्योरेंस कंपनियाँ भी परिवार की इसी परिभाषा पर काम करने लगी हैं। सामाजिक व्यवस्था में आए इस बदलाव को हमने नोटिस नहीं किया है।

दरअसल, जब भारत के ग्लोबलाइज होने का दौर शुरू हुआ था, तो इसके असर के बारे में गंभीर विमर्श नहीं हुआ। अगर वैश्वीकरण के फायदे हैं, तो नुकसान भी हैं।

यह संभव नहीं है कि आप केवल विदेशी पूँजी की अनुमति दें और संस्कृति में कोई

बदलाव न आए। कुछ समय पहले तक भारत में संयुक्त परिवार की व्यवस्था थी, जिसमें बुजुर्ग परिवार के अभिन्न हिस्सा थे और उनकी देखभाल हो जाती थी। यह खंडित हो गई। नई व्यवस्था में परिवार एकल हो गए—पति-पत्नी और बच्चे। यह पश्चिमी देशों का मॉडल है।

इसमें माता-पिता का कोई स्थान नहीं है। मैं ऐसे बहुत से लोगों को जानता हूँ कि जिनके बेटे-बेटी विदेश में हैं और आर्थिक रूप से बुजुर्ग आत्मनिर्भर हैं, लेकिन वे एकाकीपन के शिकार हैं। खासकर महानगरों में जब ऐसे बुजुर्ग गंभीर रूप से बीमार पड़ते हैं तो उनकी देख-रेख की कोई व्यवस्था नहीं होती।

एक प्रतिष्ठित व्यक्ति के बेटे-बेटी विदेश में हैं और उन्होंने एक बार बच्चों पर चर्चा के दौरान बहुत सहज ढंग से कहा कि उन्हें मालूम है कि जब भी उनका निधन होगा, उन्हें दो दिन फ्रीजर में रहना होगा, क्योंकि विदेश से बच्चों को आने में इतना वक्त लग जाएगा। यह नए भारत की कड़वी सच्चाई है।

नयी अर्थव्यवस्था और टेक्नोलॉजी के साथ भारत भी ग्लोबल हो रहा है, लेकिन समस्या यह है कि पश्चिम के देशों में बुजुर्गों की देखभाल के लिए ओल्ड एज होम जैसी व्यवस्था है, लेकिन भारत में ऐसी कोई ठोस व्यवस्था नहीं है।

पश्चिमी देशों की आबादी कम है, छोटे देश हैं, वहाँ ऐसी व्यवस्था करना आसान है। भारत जैसे बड़ी आबादी और बड़े भू-भाग वाले देश में ऐसी व्यवस्था करना बेहद कठिन काम है। बुजुर्ग आर्थिक रूप से आत्मनिर्भर नहीं हुए, तो समस्या जटिल हो जाती है। उम्र के इस पड़ाव पर स्वास्थ्य पर खर्च बढ़ जाता है। संगठित क्षेत्र में काम करनेवाले लोगों को तो पेंशन अथवा रिटायरमेंट के बाद की अन्य आर्थिक सुविधाएँ मिल जाती हैं।

असंगठित क्षेत्र में काम करनेवाले लोगों की स्थिति सबसे अधिक चिंताजनक है। हालाँकि केंद्र और राज्य सरकारें वृद्धावस्था पेंशन देती हैं, लेकिन उसकी राशि इतनी कम है कि वह नाकाफी होती है। जैसाकि अनुमान है कि आगामी कुछ वर्षों में यह समस्या और व्यापक और गंभीर होती जाएगी। मुझे नहीं लगता कि इसका समाधान सरकारों के बस की बात है, इसमें सामाजिक संस्थाओं को जुटना होगा, तभी कोई रास्ता निकल पाएगा।

27 अगस्त, 2018

□

ई.वी.एम. पर बेवजह की बहस

जब भी चुनाव नजदीक आते हैं, ई.वी.एम. का जिन्न बाहर आ जाता है। जैसे-जैसे तीन राज्यों में विधानसभा और लोकसभा चुनाव नजदीक आ रहे हैं, कुछेक दलों ने इलेक्ट्रॉनिक वोटिंग मशीन (ई.वी.एम.) को मुद्दा बनाना शुरू कर दिया है।

हाल में चुनाव आयोग ने ई.वी.एम. को लेकर सर्वदलीय बैठक बुलाई थी। इसमें ई.वी.एम. अथवा मतपत्र से चुनाव कराए जाने पर विस्तार से चर्चा हुई, लेकिन कोई आम सहमति नहीं बन पाई। कई राजनीतिक दल ई.वी.एम. की विश्वसनीयता पर सवाल उठा रहे हैं और इसके बदले मतपत्र से चुनाव कराने की माँग कर रहे हैं।

कांग्रेस, सपा, बसपा और आप जैसी पार्टियाँ मतपत्र से चुनाव कराने की माँग कर रही हैं, वहीं भाजपा व कई अन्य दलों का कहना है कि अगर ऐसा किया गया, तो बूथ कैप्चरिंग की घटनाएँ बढ़ जाएँगी। आपको याद होगा कि कैसे कई-कई दिनों तक मतपत्रों की गिनती चलती रहती थी और कितनी देर में पूरे नतीजे आ पाते थे। और कहीं गिनती पर विवाद हो गया, तो फिर पूरी प्रक्रिया दोहराई जाती थी।

बैठक में ई.वी.एम. के साथ परची वाली मशीन वी.वी.पैट को जोड़ने की माँग भी उठी। वी.वी.पी.टी. के लिए केंद्र सरकार धनराशि जारी करने पर सहमत हो गई है। वीवीपैट ई.वी.एम. की तरह ही होती है, लेकिन इसमें वोटिंग के समय एक पर्ची निकलती है, जिसमें यह जानकारी होती है कि मतदाता ने किस उम्मीदवार को वोट डाला है? इससे मतदाता को यह पता चल जाता है कि उसका वोट सही उम्मीदवार को गया या नहीं?

लोकतंत्र का बुनियाद तत्त्व है कि मतदान प्रक्रिया निष्पक्ष हो और जिसमें मतदाता को यह भरोसा हो कि उसका वोट वहीं पड़ा है, जहाँ वह देना चाहता था। ई.वी.एम. में गड़बड़ी के आरोपों में भले ही कुछ दम नहीं है, लेकिन बार-बार इसकी विश्वसनीयता पर सवाल उठाए जाने से लोगों के मन में संशय उत्पन्न हो जा रहा है।

जब बैलेट पेपर का इस्तेमाल होता था, तो सही स्थान मुहर न लगने के कारण

लगभग चार से पाँच फीसदी वोट रद्द हो जाते थे। वहीं उत्तर प्रदेश, बिहार और पश्चिम बंगाल में बूथ कैप्चरिंग एक बड़ी समस्या थी। ई.वी.एम. के इस्तेमाल से बूथ कैप्चरिंग संभव नहीं रही। कुछ समय पहले भी कुछेक राजनीतिक दलों ने ई.वी.एम. के निष्पक्षता पर सवाल उठाए थे। चुनाव आयोग ने इन भ्रांतियों को दूर करने के लिए सभी दलों को इसे हैक कर दिखाने की चुनौती दी थी, लेकिन कोई ऐसा नहीं कर पाया।

चुनाव आयोग ने चुनौती देनेवालों को मशीनों को खोलकर देखने की भी अनुमति दी थी। विशेषज्ञों का कहना है कि एक तो ई.वी.एम. मशीनें इंटरनेट से जुड़ी नहीं होती हैं और न ही इनमें ऐसा कोई प्रावधान होता है। इसलिए रिमोट या कोई एक कमांड देकर इनको कब्जे में नहीं किया जा सकता है।

दूसरे, लाखों मशीनों को खोलकर उनमें हेर-फेर करना संभव नहीं है, जबकि अंतिम समय तक यह पता नहीं होता कि कौन सी मशीन कहाँ इस्तेमाल की जाएगी? सबसे गंभीर बात है कि इस बहाने चुनाव आयोग जैसी संवैधानिक संस्था को भी निशाना बनाया जा रहा है, जबकि चुनाव आयोग ई.वी.एम. पर लोगों का भरोसा कायम रखने के लिए सारे सवालों का जवाब दे रहा है, सभी राजनीतिक दलों की बैठक बुला रहा है। बावजूद इसके, कुछेक राजनीतिक दल इसको तूल दे रहे हैं। वे जब भी चुनाव हारते हैं, तो जिम्मेदार ई.वी.एम. को ठहरा देते हैं। ऐसा प्रतीत होता है कि राजनीतिक दल चुनाव हार जाने के बाद मूल मुद्दों से ध्यान हटाने के लिए ऐसे हथकंडे अपनाते हैं।

यह दिलचस्प है कि जो पार्टी जीतती है, वह इसके पक्ष में खड़ी हो जाती है और जो हारती है, वह इसके विरोध में। आम आदमी पार्टी की दिल्ली विधानसभा चुनावों में इसी ई.वी.एम. से भारी जीत हुई थी, तब उसे इससे कोई शिकायत नहीं थी। ज्यों ही दिल्ली नगर निगम और पंजाब का चुनाव हारी, तो आम आदमी पार्टी को इसमें खामियाँ नजर आने लगीं। उत्तर प्रदेश विधानसभा चुनावों में मिली करारी हार के बाद बसपा और सपा ने हार का जिम्मेदार ई.वी.एम. को ठहरा दिया था।

हम सबने देखा है कि चुनाव के पहले यादव कुनबे में कितना सिर फुटव्वल हुआ था? उनकी हार का एक बड़ा कारण कुनबे की लड़ाई भी थी, लेकिन जब हार की वजह की बात आई, तो अखिलेश यादव ने ई.वी.एम. पर संदेह जताया, लेकिन जब गोरखपुर, फूलपुर और कैराना उपचुनावों भारी जीत मिली, तो उन्होंने ई.वी.एम. की तारीफ में एक शब्द नहीं कहा।

कर्नाटक में भी विपक्ष की सरकार इसी ई.वी.एम. के माध्यम से बनी। गुजरात में भी इसी ई.वी.एम. के माध्यम से विपक्ष ने भाजपा को नाकों चने चबवा दिए थे। तब इस मशीन की विश्वसनीयता पर किसी ने एक शब्द नहीं कहा था। यह दलील कैसे चलेगी कि जब आप जीतें, तो मशीन ठीक और जब हारें तो मशीन खराब है?

पुराना भाजपा नेतृत्व भी ई.वी.एम. की विश्वसनीयता पर सवाल उठा चुका है। वर्ष 2009 में लोकसभा चुनावों में हार के बाद भाजपा के वरिष्ठ नेता लालकृष्ण आडवाणी ने ई.वी.एम. पर सवाल उठाए थे। आडवाणी ने मतपत्रों की वापसी की माँग तक की थी और पार्टी ने इसके खिलाफ एक अभियान भी चलाया था। भाजपा नेता जी.वी.एल. नरसिम्हाराव ने तो 2009 में ई.वी.एम. के खिलाफ एक किताब ही लिख डाली थी, जिसका शीर्षक था—'डेमोक्रेसी एट रिस्क, कैन वी ट्रस्ट अवर इलेक्ट्रॉनिक वोटिंग मशीन', यानी लोकतंत्र खतरे में है, क्या हम अपनी इलेक्ट्रॉनिक वोटिंग मशीन पर भरोसा कर सकते हैं?

इस किताब की भूमिका लालकृष्ण आडवाणी ने लिखी थी। सुब्रमण्यम स्वामी तो इस मामले में सुप्रीम कोर्ट तक गए थे। इसी जनहित याचिका पर सुप्रीम कोर्ट ने 2013 में वीवीपैट वाली ई.वी.एम. के इस्तेमाल का आदेश दिया था।

समय-समय पर अन्य दल भी अपनी सहूलियत के अनुसार इस पर अपना रुख बदलते रहे हैं। कांग्रेस में दिलचस्प स्थिति है। मध्य प्रदेश, राजस्थान और छत्तीसगढ़ के कांग्रेसी नेताओं का कहना है कि उनका ई.वी.एम. पर भरोसा नहीं है।

दूसरी ओर उन्हीं की पार्टी के नेता और पंजाब के मुख्यमंत्री कैप्टर अमरिंदर सिंह को ई.वी.एम. की शिकायत करते आप ने कभी नहीं सुना होगा। एक तर्क दिया जाता है कि यूरोप के देशों में अब भी मतपत्र की व्यवस्था जारी है। ये सभी छोटे-छोटे मुल्क हैं, जिनकी जनसंख्या हमारे एक बड़े राज्य से भी कम है।

साथ ही, इन देशों में बूथ लूटने और अन्य चुनावी धांधलियों जैसी कोई समस्या नहीं है। चुनाव आयोग के अनुसार, भारत में 81 करोड़ से अधिक मतदाता हैं। यह संख्या अमेरिका, यूरोप के सभी मतदाताओं मिला दें, तो उनसे भी ज्यादा है। हमारी चुनौतियाँ एकदम भिन्न हैं। इसलिए नेताओं को चाहिए कि ई.वी.एम. पर बेवजह के सवाल उठाने तत्काल बंद करें, ताकि जनता के मन में कोई संशय पैदा न हो।

10 सितंबर, 2018

□

पॉलीथिन के खिलाफ जन आंदोलन की जरूरत

सामान्य-सी दिखनेवाली और बहु-उपयोगी पॉलीथिन हम सबके जी का जंजाल बन गई है। यह पर्यावरण के लिए बेहद खतरनाक है और इसमें वह जहर घोल रही है। इनसान, जानवर और पेड़-पौधों—इसने किसी को नहीं छोड़ा है। प्रकृति के लिए यह अत्यंत घातक है। माना जाता है कि पॉलीथिन अजर-अमर है और इसको नष्ट होने में एक हजार साल लग जाते हैं। इसके नुकसान की लंबी-चौड़ी सूची है। जलाने पर यह ऐसी गैसें छोड़ती है, जो जानलेवा होती हैं। यह जल चक्र में बाधक बनकर बारिश को प्रभावित करती है। नदी-नालों को अवरुद्ध करती है।

यह खेती की उर्वरा शक्ति को प्रभावित करती है। पशु, खासकर गायें इसको खा जाती हैं और यह जाकर उनकी आँतों में अटक जाती है और उनकी मौत का कारण बन जाती है। हम लोग अकसर खाने की वस्तुएँ पॉलीथिन में रख लेते हैं जिससे कैंसर की संभावना बढ़ जाती है।

हाईकोर्ट के आदेश के बाद बिहार सरकार ने इस पर प्रतिबंध की पहल की है। इसमें सहयोग के लिए हम सबको आगे आना होगा और यह प्रण करना होगा कि पॉलीथिन का इस्तेमाल नहीं करेंगे, तभी यह प्रतिबंध प्रभावी होगा। यह जान लीजिए कि जब तक राज्य के लोग साफ-सफाई और पर्यावरण के प्रति चेतन नहीं होंगे, तब तक कोई उपाय कारगर साबित नहीं होने वाले हैं। कूड़े का उदाहरण हमारे सामने है। हम रास्ता चलते कूड़ा सड़क पर फेंक देते हैं। उसे कूड़ेदान तक नहीं पहुँचाते।

आज समय की माँग है कि हम इस विषय में संजीदा हों। केवल नगर निगमों के सहारे यह काम नहीं छोड़ा जा सकता है। कई राज्यों में प्रतिबंध लगाया गया, लेकिन जब तक जनता पॉलीथिन मुक्त मुहिम से नहीं जुड़ी, तब तक योजना सफल नहीं हुई। अपने पर्यावरण को बचाना एक सामूहिक जिम्मेदारी है। हमें पॉलीथिन को नियंत्रित करने के प्रयासों में योगदान करना ही होगा, तभी स्थितियों में सुधार लाया जा सकता है।

15 सितंबर, 2018

□

फायदे और नुकसान का गोरखधंधा

हम भारतीयों की एक दिक्कत है कि हम अपने सदियों पुराने ज्ञान पर भरोसा करने की बजाय पश्चिम के लोगों की बातों पर अधिक यकीन करते हैं। पश्चिम ने फसलों का उत्पादन बढ़ाने के लिए रासायनिक उर्वरकों का इस्तेमाल शुरू किया, तो हमने अपनी जैविक खाद का तिरस्कार कर उसे अपना लिया। जल्द ही पश्चिमी देशों को रासायनिक उर्वरकों के इस्तेमाल से सेहत पर खतरा नजर आने लगा। इनके अंधाधुंध इस्तेमाल से कैंसर के मामले बढ़ गए और उन्होंने जैविक खाद का इस्तेमाल शुरू कर दिया।

उन्होंने अब इससे तैयार उत्पादों को नाम दिया—ऑर्गेनिक उत्पाद। उसके बाद हमें भी समझ आया कि हमारी खाद ही ठीक थी और हमने 'लौट के बुद्धू' की तरह वापस जैविक खाद को अपनाना शुरू कर दिया है, लेकिन इस दौरान पंजाब में रासायनिक उर्वरकों का अंधाधुध इस्तेमाल हुआ और वहाँ कई इलाके हैं, जहाँ जल स्रोतों तक यह जहर जा पहुँचा है और कैंसर के मामले बढ़ गए हैं।

इसी तरह कुछ समय पहले पश्चिम ने कहा कि दूध, मक्खन और पनीर सेहत के लिए नुकसानदेह हैं और इनसे हृदय रोग का खतरा बढ़ जाता है। पश्चिमी शोध ने यह धारणा बना दी थी कि दुग्ध उत्पाद सेहत के लिए ठीक नहीं होते।

हम लोगों ने तत्काल मान लिया और दूध, दही, मक्खन और पनीर का सेवन या तो कम कर दिया या फिर एकदम छोड़ दिया। हम भी वसा निकालकर दूध बेचने लगे। पिछले हफ्ते अमेरिकी वैज्ञानिकों ने दावा किया कि दूध से बने उत्पाद, जैसे पनीर, मक्खन या फिर पूर्ण वसा वाले दूध के सेवन से हृदय रोग का जोखिम नहीं है।

इस अध्ययन में दूध या दूध से बने उत्पादों और दिल की बीमारी से होने वाली मौत के बीच कोई संबंध नहीं पाया गया। अध्ययन में पाया गया कि इसके उलट डेयरी उत्पाद में मौजूद वसा गंभीर हृदय आघात से सुरक्षा मुहैया कराती है। अमेरिका की यूनिवर्सिटी ऑफ टेक्सास के प्रोफेसर मार्सिया ओटो ने कहा कि उनका शोध इस बात की पुष्टि

करता है कि डेयरी फैट दिल की बीमारी के खतरे को नहीं बढ़ाता है।

उनका यह अध्ययन 'अमेरिकन जर्नल ऑफ क्लिनिकल न्यूट्रीशन' पत्रिका में प्रकाशित हुआ है। यह कोई एक दिन का अध्ययन नहीं है, बल्कि लगभग 22 साल शोधकर्ताओं ने डेयरी फैट में मौजूद फैटी एसिड का दिल की बीमारी को देखने के लिए अध्ययन किया। किसी भी फैटी एसिड का हृदय रोग से कोई संबंध नहीं पाया गया। अब विशेषज्ञों का कहना है कि डेयरी उत्पाद में मौजूद फैट गंभीर हृदय आघात से सुरक्षा मुहैया कराता है। इस शोध के बाद अब हमें भी अपनी धारणाओं पर पुनर्विचार करने की जरूरत है।

पिछले कुछ समय में भ्रामक और फर्जी दावों के कई मामले सामने आए हैं। कुछ समय पहले विटामिन-डी की कमी की भरपाई के लिए दवा प्रोमोट करने का घोटाला सामने आया। 'न्यूयॉर्क टाइम्स' में छपी जाँच रिपोर्ट में बताया गया है कि अमेरिकी दवा निर्माता कंपनियों ने विटामिन-डी को प्रोमोट करने के लिए एक शोधकर्ता डॉक्टर को करोड़ों रुपए का भुगतान किया था। डॉक्टर ने इसकी लोगों में भारी कमी को रेखांकित करते हुए शोध रिपोर्ट पेश की। इसके बाद दुनिया भर में विटामिन-डी की खपत बढ़ गई और दवा कंपनियों को करोड़ों रुपए का मुनाफा कमाने का मौका मिल गया।

देखा जाए, तो पश्चिम के वैज्ञानिक शगूफे छोड़ने में माहिर हैं। हम सब जानते हैं कि सदियों से दक्षिण भारत में नारियल का तेल खूब इस्तेमाल होता है। उनका अधिकतर खाना इसी तेल में तैयार होता है। स्वास्थ्य के लिए भी यह बेहद अच्छा बताया जाता है, लेकिन हार्वर्ड यूनिवर्सिटी में टी.एच. चैन स्कूल ऑफ पब्लिक हेल्थ के प्रोफेसर कैरिन मिशेल्स ने नारियल तेल को जहर करार दे दिया है। उनका कहना है कि खाने में इस्तेमाल होने वाली सबसे बुरी वस्तुओं में से एक नारियल का तेल है।

इस तेल में सेचुरेटेड फैट की मात्रा बहुत अधिक होती है और यह हमारी धमनियों में खून का प्रवाह रोक सकती है। प्रोफेसर कैरिन कहते हैं कि नारियल तेल में 80 प्रतिशत से अधिक सेचुरेटेड फैट होता है। इसके बाद नारियल के तेल के फायदे और नुकसान को लेकर देश और दुनिया में बहस छिड़ गई है। दक्षिण भारत के लोगों में इस शोध पर खासी प्रतिक्रिया हुई है। सोशल मीडिया पर तो इसको लेकर शोधकर्ता की काफी लानत-मलामत की गई।

दक्षिण भारतीयों का दावा है कि वे लोग वर्षों से इसका इस्तेमाल कर रहे हैं और उनकी सेहत पर इसका कोई नुकसान नहीं हुआ है। कई लोगों ने कहा है कि उनके दादा-दादी सौ साल तक जीवित रहे और वह जीवनभर इस कथित जहर का ही प्रयोग करते रहे, मगर उन्हें कभी कुछ नहीं हुआ।

अभी तक धारणा रही है कि नारियल के तेल में सेचुरेटेड फैट की काफी कम मात्रा

होती है, जो स्वास्थ्य के लिए लाभप्रद हैं। तलने में भी नारियल तेल अच्छा माना जाता है। पीढ़ी–दर–पीढ़ी विरासत में मिली वाली जानकारी के अनुसार, नारियल तेल शरीर में आसानी से नहीं जमता, जितना कि अन्य तेल शरीर में ठहरते हैं। लोग तो इसका इस्तेमाल वजन कम करने तक के लिए करते हैं। इसके पक्ष में वैज्ञानिक तर्क भी सामने हैं।

केरल में इसका सर्वाधिक इस्तेमाल होता है और केरल में लोगों की औसत आयु दर देश के अन्य राज्यों की तुलना में कहीं अधिक है। भारत में ही नहीं, कई अन्य देशों के लोगों ने भी प्रोफेसर के इस दावे को गलत बताया है। भारत की तरह फिलीपींस और थाइलैंड में भी सदियों से इस तेल का इस्तेमाल होता आया है।

अगर यह तेल वाकई जहर होता, तो दक्षिण भारत और इन देशों के लोगों को तो जीवित ही नहीं बचना चाहिए था। यहाँ तो खाने का लगभग हर सामान नारियल के तेल में तैयार किया जाता है। हमारी दादी–नानी बताती आई हैं कि नारियल का तेल गुणों से भरा है। यह त्वचा और बालों को स्वस्थ बनाए रखने में बेहद मददगार है। इसकी बैक्टीरिया और फंगस के खिलाफ की खासियत इसे बाकी तेलों से खास बनाती है।

नारियल के तेल में फैटी एसिड के साथ ही, विटामिन–ई भी होता है, जो इसे त्वचा के लिए बेहद उपयोगी बनाना है। इस तेल से रूखी त्वचा भी मुलायम बन जाती है। दरअसल, खाद्य तेलों को लेकर पश्चिमी वैज्ञानिकों ने भ्रम का माहौल बना दिया है। अगर आप बाजार जाएँ, तो आप दर्जनों तरह के तेल दुकानों में सजे पाएँगे और हरेक का दावा होगा कि उनका तेल दिल के लिए औरों से बेहतर है। पश्चिम के देश अपने यहाँ इस्तेमाल किए जाने वाले ऑलिव ऑयल पर फिदा हैं और हम उनसे बहुत जल्द प्रभावित भी हो जाते हैं।

सरसों का तेल हमारे किचन में सदियों से इस्तेमाल होता आया है और गुणों से भरा हुआ है, लेकिन मध्य और उच्च वर्ग में इसे हेय दृष्टि देखा जाने लगा है। लब्बोलुआब यह कि आप किसी झांसे में न आएँ। जो ज्ञान हमें पीढ़ी–दर–पीढ़ी विरासत में मिला हैं, उस पर गौर करें।

17 सितंबर, 2018

□

जलोटा पर हंगामा है क्यों बरपा?

आजकल सोशल मीडिया पर अनूप जलोटा ने सबको मात दे रखी है। कुछ समय पहले तक चुटकुलों के लिए राहुल गांधी, अरविंद केजरीवाल सोशल मीडिया पर छाये रहते थे, लेकिन आजकल अनूप जलोटा ने सबको पीछे छोड़ दिया है।

वह इन दिनों सोशल मीडिया के निशाने पर हैं। इसकी वजह है, 'बिग बॉस' में अनूप जलोटा और उनकी मित्र जसलीन मथारू का प्रवेश। बिग बॉस के मंच पर पहली बार अनूप जलोटा और उनकी छात्रा जसलीन मथारू ने अपने प्यार का इजहार किया। 65 साल के अनूप जलोटा ने कबूला कि वह अपने से 37 साल छोटी जसलीन के साथ रिश्ते में हैं। सलमान खान के सामने अनूप जलोटा और जसलीन ने रहस्योद्‌घाटन किया कि उन्होंने 'बिग बॉस' में आने से पहले तक अपने रिश्ते को पोशीदा रखा था और वे छुप-छुपकर मिला करते थे। सलमान खान भी अनूप जलोटा के प्रेम पर चुटकी लेते हुए दिखे। जसलीन ने बताया कि वे दोनों अब तक इस रिश्ते के बारे में बताने के लिए तैयार नहीं थे, लेकिन अब वे अपने प्यार को दुनिया के सामने लाने के लिए तैयार हैं।

अगर प्रेम करनेवाले वयस्क हैं, तो उसमें उम्र की कोई भूमिका नहीं है। इसमें किसी को ताक-झाँक का अधिकार भी नहीं है। मेरी भी मंशा इस बारे में कोई नैतिक ज्ञान देने की नहीं है। अनूप जलोटा जसलीन मथारू या किसी अन्य से रिश्ते रखने के लिए स्वतंत्र हैं, लेकिन यह एक मिसाल भी है कि भोगवादी संस्कृति हमारे समाज में कितनी हावी हो गई है?

'बिग बॉस' जैसे टी.वी. कार्यक्रम इनसानी रिश्तों को बाजार में ला खड़ा कर दे रहे हैं और इसका मोहरा अनूप जलोटा जैसे जाने-माने लोग भी बन रहे हैं। जाहिर है कि इसमें पैसे की महत्त्वपूर्ण भूमिका रही होगी। जसलीन की बात तो गले उतर सकती है, वह युवा है और उसे बॉलीवुड की दुनिया में स्थापित होने की चाहत होगी। अनूप जलोटा तो स्थापित व्यक्ति हैं। उन्हें अपने प्रेम को एक टी.वी. शो में सार्वजनिक करने की क्या जरूरत थी?

अगर आप आपस में प्रेम करते हैं तो उसको 'बिग बॉस' जैसे कार्यक्रम की टी.आर.पी. बढ़ाने के लिए इस्तेमाल करने देने की क्या जरूरत थी ? आपको याद हो, तो टी.वी. चैनल टी.आर.पी. के लिए शो पर शादियाँ तक करा चुके हैं, लेकिन बाजारवाद की खासियत है कि वह इनसान की तृष्णा को कभी खत्म नहीं होने देता। एक पवित्र रिश्ते को बाजार के हवाले कर देना बाजार की दृष्टि से भले ही उचित हो, लेकिन नैतिक दृष्टि से कतई उचित नहीं है।

सोशल मीडिया पर अनूप जलोटा की काफी लानत-मलामत की जा रही है। भद्रता की सभी सीमाएँ पार कर दी जा रही हैं। मैं कुछ पेश की जा सकने वाली प्रतिक्रियाओं को ही यहाँ स्थान दे पा रहा हूँ—ऐसी लागी लगन, जलोटा हो गए मगन। एक अन्य प्रतिक्रिया थी कि भजन गानेवाले के लिए ऊपर वाले के यहाँ देर हैं, मगर अँधेर नहीं है।

एक ने लिखा—गंगाजी के कछुए जब जलोटा का इंतजार कर रहे हैं, उस वक्त वह शादी रचा रहे हैं। इतनी तीखी प्रतिक्रियाओं की एक बड़ी वजह है, अनूप जलोटा की पृष्ठभूमि। भारतीय समाज में सबके लिए एक खांचा फिट है। उससे बाहर निकलना बेहद कठिन है। अनूप जलोटा की छवि भजन गानेवाले संस्कारी गायक की है। वे 'भजन सम्राट्' कहे जाते हैं।

उन्हें 'पद्मश्री' पुरस्कार मिल चुका है। उनका नाम गिनीज बुक ऑफ वर्ल्ड रिकॉर्ड में भी दर्ज है। उनकी यह छवि उनके आड़े आ रही है और लोग इसके कारण बेहद तीखी प्रतिक्रिया व्यक्त कर रहे हैं। जलोटा इससे पहले तीन बार शादी कर चुके हैं। मौजूदा विवाद के पहले तक यह बात बहुत कम लोगों को मालूम होगी। उनकी पहली पत्नी गायिका सोनाली सेठ थीं। सोनाली सेठ से तलाक के बाद उन्होंने बीना भाटिया के साथ विवाह किया, लेकिन इनसे भी उनका तलाक हो गया।

इसके बाद उन्होंने तीसरी शादी पूर्व प्रधानमंत्री इंद्र कुमार गुजराल की भतीजी मेधा गुजराल से रचाई, लेकिन बाद में उनकी भी मौत हो गई। इस शादी से उनका एक बेटा भी है। दूसरी ओर, जसलीन पेशे से गायिका हैं और वे काफी समय से अनूप जलोटा से संगीत की शिक्षा ले रही हैं। जसलीन के मुताबिक, संगीत सीखने के दौरान ही उन्हें अपने गुरु से प्यार हो गया। वे एक संपन्न परिवार से ताल्लुक रखती हैं।

उन्होंने परिवार से अनूप जलोटा के साथ अपने रिश्तों को छुपाकर रखा था। हालाँकि यह भी कहा जा रहा है कि यह टी.वी. शो के लिए रचा गया नाटक है। अगर यह बात सच है, तो और भी गंभीर है, लेकिन इसका दूसरा पहलू भी है, जो अनूप जलोटा के पक्ष में जाता है। उन्होंने अपने प्रेम को सार्वजनिक रूप से स्वीकार किया। किसी ढोंगी बाबा की तरह उस नवयुवती का शोषण तो नहीं करते रहे। वे भजन सम्राट् हैं, पर आम जन बने रहे और उसमें जो अच्छाइयाँ या कमियाँ होती हैं, उसी के अनुसार उनका

आचरण रहा है। भारत में प्रेम का मामला हमेशा नाजुक होता है।

यहाँ जाति, धर्म, सामाजिक हैसियत और यहाँ तक कि समान गोत्र होने पर भी प्रेमी-प्रेमिका की शामत आ जाती है। यहाँ तक कि उन्हें अपनी जान से भी हाथ धोना पड़ जाता है। फिर यह तो 65 साल के गुरु और 28 साल की शिष्या के रिश्ते का मामला है। इसके पहले बॉलीवुड के अन्य अनेक लोगों ने ऐसी शादियाँ की हैं, पर उस पर कभी इतना तूफान नहीं खड़ा हुआ है। पुराने दौर को याद करें तो सायरा बानो ने अपने से 22 वर्ष बड़े दिलीप कुमार से शादी की थी। कबीर बेदी ने अपने से 28 वर्ष छोटी परवीन दुसांज से शादी की है।

जब उन्होंने विवाह किया, उस समय उनकी उम्र 70 साल थी। जाने-माने सितार वादक पंडित रविशंकर ने अपने से 34 वर्ष कम उम्र की सुकन्या राजन से विवाह किया, पर कोई हंगामा नहीं हुआ। प्रियंका चोपड़ा और निक जोनास की उम्र को लेकर भी सोशल मीडिया में हल्की-फुल्की प्रतिक्रिया हुई थी। प्रियंका निक जोनास से 10 साल बड़ी हैं।

आप 'प्रभात खबर' उठा लें और शादी के विज्ञापनों पर नजर डालें, तो आप पाएँगे कि 28-30 वर्ष के हर नवयुवक को 20-22 साल की गोरी नवयुवती चाहिए।

उम्र का यह अंकगणित गलत हो या सही, समाज में स्थापित है, लेकिन जीवन के किसी अन्य पड़ाव पर किसी ने शादी का मन बनाया, तो ये नियम कहाँ चलनेवाले हैं, लेकिन सबसे दुःखद है कि इस हंगामे की काली छाया अनूप जलोटा के संगीत के क्षेत्र में योगदान पर पड़ रही है। दिलचस्प यह है कि वह भजनों के अलावा गजल में भी उतने ही सिद्धहस्त हैं। संगीत के जानकारों का मानना है कि अनूप जलोटा को भजनों को मंदिरों से मंच तक ले जाने का श्रेय जाता है।

उनके भजन-ऐसी लागी लगन···, मैया मोरी मैं नहीं ही माखन खायो··· और जग में सुंदर हैं दो नाम··· जैसे भजनों की पहुँच घर-घर तक है। उन्होंने भजनों की लोकप्रियता को नए मुकाम पर पहुँचाने में भारी योगदान दिया है और इस विधा को पुनः स्थापित किया है।

24 सितंबर, 2018

□

गांधी को कैसे दें श्रद्धांजलि?

राष्ट्रपिता महात्मा गांधी की 150वीं जन्मशती शुरू हो रही है। गांधी का व्यक्तित्व बहुआयामी और विराट् था और उन्हें अलग-अलग तरीके से श्रद्धांजलि दी जा सकती है।

मसलन, जन्मशती वर्ष पर केंद्र सरकार ने महात्मा के संदेशों का प्रचार-प्रसार करने के लिए राष्ट्रीय और अंतरराष्ट्रीय स्तर पर कार्यक्रम आयोजित करने का फैसला किया है। प्रधानमंत्री मोदी सत्ता में आने के बाद से ही महात्मा गांधी के स्वच्छ भारत के सपने को पूरा करने का अभियान छेड़े हुए हैं। इसके लिए वह लगातार प्रयास कर रहे हैं। प्रधानमंत्री देश को खुले में शौच से मुक्त बनाने के लिए राष्ट्रपिता महात्मा गांधी को प्रेरणा का बड़ा स्रोत मानते हैं।

राष्ट्रपिता महात्मा गांधी की 150वीं जयंती पर देश को साफ-सुथरा बनाने के तहत हर राज्य और यहाँ तक कि जिले में व्यापक प्रयास किए जा रहे हैं। ये प्रयास सराहनीय हैं। आप को लगता है कि कुछ अन्य तरीके से महात्मा को श्रद्धांजलि दी जा सकती है, तो आप वह उपाय अपना सकते हैं, लेकिन यह जान लीजिए कि मौजूदा दौर में गांधी के आदर्शों और उनके दिखाये रास्ते पर चलने की जरूरत एक बार फिर शिद्दत से महसूस की जा रही है।

यह सच है कि सफाई के प्रति गांधीजी को विशेष प्रेम था और वह बहुत जल्दी जान गए थे कि हम भारतीयों का सफाई के प्रति नकारात्मक रवैया है। भारतीय लोग सफाई के लिए कोई प्रयास नहीं करते हैं और जो लोग सफाई के काम में जुटे होते हैं, उन्हें हम हेय दृष्टि से देखते हैं। महात्मा गांधी की एक बड़ी खासियत यह थी कि वह लोगों से किसी काम का अनुरोध बाद में करते थे, पहले उस पर खुद अमल करते थे।

गांधी अपने मैले की सफाई खुद करते थे और अपने साथियों को भी इसके लिए प्रेरित करते थे। 11 फरवरी, 1938 को हरिपुरा अधिवेशन में सफाई कार्यकर्ताओं को संबोधित करते हुए गांधीजी ने कहा था, "मुझे यह देखकर बड़ी खुशी हुई है कि आप

लोगों ने यह काम अपने हाथ में ले लिया है। यह काम प्रेम से और बुद्धिमत्तापूर्वक किया जाना चाहिए। प्रेम से इसलिए कि जो लोग गंदगी फैलाते हैं, उन्हें यह नहीं मालूम कि वे क्या बुराई कर रहे हैं और बुद्धिमत्तापूर्वक इसलिए कि हमें उनकी यह आदत छुड़ानी है और उनका स्वास्थ्य सुधारना है।"

गांधीजी ने धार्मिक स्थलों में फैली गंदगी की ओर भी ध्यान दिलाया था। अगर आप गौर करें तो पाएँगे कि आज भी अनेक धार्मिक स्थलों में गंदगी का अंबार लगा रहता है और उनकी सफाई की तत्काल आवश्यकता है।

'यंग इंडिया' के फरवरी, 1927 के अंक में उन्होंने बिहार के पवित्र शहर, गया की गंदगी के बारे में भी लिखा था। उनका कहना था कि उनकी हिंदू आत्मा गया के गंदे नालों में फैली गंदगी और बदबू के खिलाफ विद्रोह करती है।

'गांधी वांग्मय' के अनुसार, 1917 के गुजरात राजनीतिक सम्मेलन में गांधी ने कहा था, "मैं पवित्र तीर्थ स्थान डाकोर गया था। वहाँ की पवित्रता की कोई सीमा नहीं है। मैं स्वयं को वैष्णव भक्त मानता हूँ, इसलिए मैं डाकोरजी की स्थिति की विशेष रूप से आलोचना कर सकता हूँ। उस स्थान पर गंदगी की ऐसी स्थिति है कि स्वच्छ वातावरण में रहनेवाला कोई व्यक्ति वहाँ 24 घंटे भी नहीं ठहर सकता।"

लेकिन यह दुःखद है कि 'गांधी जयंती' से ठीक कुछ दिन पहले राजधानी दिल्ली से खबर सामने आई कि सीवर की सफाई करते हुए दो घटनाओं में छह सफाईकर्मियों की मौत हो गई। दिल्ली समेत देशभर में सीवर और नाले की सफाई के दौरान जहरीली गैसों से हुई मौत को देखते हुए मैनुअल तरीके से नालों और सेप्टिक टैंक की सफाई के खिलाफ आंदोलन भी छेड़ा गया है। यह दुर्भाग्यपूर्ण है कि देश की राजधानी दिल्ली में सात दिनों में सीवर की सफाई के दौरान 11 सफाईकर्मियों की मौतें हुई हैं।

इस साल मई में विश्व स्वास्थ्य संगठन ने वायु प्रदूषण के लिहाज से दुनिया के 15 सबसे प्रदूषित शहरों की सूची जारी की थी, जिसमें 14 शहर भारत के थे। चिंता की बात है कि इसमें बिहार के तीन शहर—गया, पटना और मुजफ्फरपुर शामिल थे।

रिपोर्ट के अनुसार, कानपुर दुनिया का सबसे प्रदूषित शहर है। इस लिस्ट में दिल्ली छठे नंबर पर है और वाराणसी तीसरे नंबर पर है। ये आँकड़े इन शहरों की वायु की गुणवत्ता के आधार पर जारी किए गए हैं। सन् 2013 में दुनिया के 20 सबसे प्रदूषित शहरों की सूची जारी की गई थी, जिसमें अकेले चीन के पेइचिंग समेत 14 शहर शामिल थे।

लेकिन चीन ने कड़े कदम उठाए और प्रदूषण की समस्या पर काबू पा लिया। कहने का आशय यह है कि अगर हम भी उपाय करें तो स्थिति पर काबू पाया जा सकता है। विश्व स्वास्थ्य संगठन ने कहा है कि भारत में 34 फीसदी मौतों के लिए प्रदूषण जिम्मेदार है। इसका आकलन है कि प्रदूषण के कारण हर साल दुनिया भर में 70 लाख

लोगों की मौत हो जाती है, जिसमें 24 लाख लोग भारत के हैं। ये आँकड़े किसी भी देश और समाज के लिए बेहद चिंताजनक हैं।

अगर आप गौर करें तो पाएँगे कि प्रदूषित शहरों की सूची में दक्षिण का कोई शहर शामिल नहीं हैं। हैदराबाद और बेंगलुरु जैसे शहर आबादी के लिहाज से बड़े हैं, लेकिन योजनाबद्ध तरीके से विकास के कारण इन शहरों को प्रदूषण की समस्या से जूझना नहीं पड़ रहा है। औरों को तो छोड़िए, यदि झारखंड के संथाली गाँवों को देखेंगे तो आप पाएँगे कि वे किसी भी शहर से ज्यादा सुंदर और साफ-सुथरे हैं। यह सरकारी प्रयासों से नहीं होता, बल्कि जनभागीदारी से संभव हो पाता है।

नागरिकों में जब तक साफ-सफाई और प्रदूषण के प्रति चेतना नहीं जागेगी, तब तक कोई उपाय कारगर साबित नहीं होंगे। होता यह है कि हम लाखों-करोड़ों रुपए खर्च करके सुंदर मकान तो बना लेते हैं, लेकिन नालियों पर ध्यान नहीं देते। अगर नालियाँ हैं भी तो उन्हें भी पाट देते हैं और गंदा पानी सड़क पर बहता रहता है। यही स्थिति कूड़े की है। हम रास्ता चलते कूड़ा सड़क पर फेंक देते हैं, उसे कूड़े दान में नहीं डालते।

स्वच्छता और सफाई के काम को करने में सांस्कृतिक बाधाएँ भी आड़े आती हैं। देश में ज्यादातर धार्मिक स्थलों के आसपास अकसर बहुत गंदगी दिखाई देती है। इन जगहों पर चढ़ाए गए फूलों के ढेर लगे होते हैं।

कुछेक मंदिरों ने स्वयंसेवी संस्थाओं की मदद से फूलों के निस्तारण और उन्हें जैविक खाद बनाने का प्रशंसनीय कार्य प्रारंभ किया है। अन्य धर्म स्थलों को भी ऐसे उपाय अपनाने चाहिए। स्वच्छता के कार्य में हाथ बँटाकर भी आप गांधी को श्रद्धांजलि अर्पित कर सकते हैं।

1 अक्तूबर, 2018

□

क्यों नाराज हैं अन्नदाता?

दो अक्तूबर को महात्मा गांधी और लाल बहादुर शास्त्री की जयंती पर किसान दिल्ली में धरने पर बैठे थे। हम सबने पुलिस से उनके संघर्ष की तसवीरें देखीं। 'जय जवान, जय किसान' का नारा देश को देनेवाले पूर्व प्रधानमंत्री लाल बहादुर शास्त्री के जन्मदिन के दिन देश के पुलिस बल के जवान और किसान आमने सामने थे।

यह दुर्भाग्यपूर्ण है कि किसानों को अपनी माँगों के लिए सड़कों पर उतरना पड़ा। किसानों की चिंताजनक स्थिति का अंदाज इस बात से लगता है कि पिछले 10 वर्षों में देश की अर्थव्यवस्था में महत्त्वपूर्ण भूमिका निभाने वाले लगभग तीन लाख किसानों ने आत्महत्या की है।

पिछले कुछ अरसे में यह छठा मौका था, जब किसानों ने दिल्ली में अपनी दस्तक दी। महाराष्ट्र, राजस्थान, मध्य प्रदेश और तमिलनाडु के बाद इस बार मुख्य रूप से उत्तर प्रदेश के किसान आंदोलन की राह पर थे। इनमें उत्तराखंड, हरियाणा और पंजाब के भी किसान शामिल थे। हालाँकि इसके पहले भी किसान अपनी माँगों को लेकर मोर्चे निकाल चुके हैं।

मार्च 2018 में बड़ी संख्या में महाराष्ट्र के किसान मुंबई की विधानसभा का घेराव करने वहाँ पहुँचे थे। उन्होंने नासिक से मुंबई की पदयात्रा शुरू की थी और लगभग 200 किलोमीटर की दूरी तय करके वे 11 मार्च को मुंबई पहुँचे थे। रास्ते में उनसे और किसान जुड़ते चले गए और हजारों की संख्या में वे मुंबई पहुँचे थे। किसानों में इस बात को लेकर नाराजगी थी कि महाराष्ट्र सरकार ने पिछले साल कृषि माफी की घोषणा की थी, लेकिन उसे अब तक लागू नहीं किया था।

राजस्थान में भी सरकार से नाराजगी के कारण किसान कई बार सड़कों पर उतर चुके हैं। किसानों ने सीकर से जयपुर तक बड़ा प्रदर्शन किया था। उस दौरान किसानों ने बड़ी संख्या में गिरफ्तारियाँ भी दी थीं। मध्य प्रदेश के मंदसौर में भी बड़ा किसान आंदोलन हुआ था। इस आंदोलन में भी किसान कर्ज माफी और फसल का सही दाम

देने की माँग कर रहे थे। किसानों के उग्र प्रदर्शन पर वहाँ पुलिस ने फायरिंग कर दी थी, जिसमें छह किसानों की मौत हो गई थी और कई अन्य बुरी तरह घायल हो गए थे। इसके बाद यह आंदोलन हिंसक हो गया था और गुस्साए किसानों ने जगह-जगह तोड़-फोड़ की थी, कई गाड़ियाँ जला डाली थीं।

कई जिलों में कर्फ्यू लगाना पड़ा था। अप्रैल 2017 में तमिलनाडु के हजारों किसानों ने जंतर-मंतर पर विचित्र तरह से प्रदर्शन किया था। किसान अपने साथ खोपड़ियाँ लेकर पहुँचे थे। दावा था कि वे खोपड़ियाँ आत्महत्या करनेवाले किसानों की थीं। इन किसानों ने अर्धनग्न होकर, भारी गरमी में सड़क पर लेटकर, सिर के आधे बाल और आधी मूँछें कटाकर भी प्रदर्शन किया था। किसानों का यह प्रदर्शन 41 दिनों तक चला था और तमिलनाडु के मुख्यमंत्री को किसानों से बात करने दिल्ली आना पड़ा था।

मौजूदा किसान आंदोलन की माँगें दस सूत्री थीं, जिनमें सबसे अहम थीं—गन्ना किसानों का भुगतान, स्वामीनाथन कमेटी की रिपोर्ट लागू करना, दस साल पुराने ट्रैक्टरों पर लगे प्रतिबंध हटाना, दुर्घटना के वक्त किसानों को मुआवजा और कृषि कार्यों के लिए मुफ्त बिजली उपलब्ध कराना।

जब इन माँगों को लेकर हजारों किसान उत्तराखंड के हरिद्वार से चलकर दिल्ली-यू.पी. के बॉर्डर पर पहुँचे थे, तो उन्हें दिल्ली में प्रवेश करने से रोक दिया गया, जबकि हरिद्वार से रवाना हुई 'किसान क्रांति यात्रा' दस दिन तक शांतिपूर्वक अपना रास्ता तय करती रही।

जब किसानों ने बलपूर्वक घुसने की कोशिश की, तो पुलिस ने लाठी, आँसू गैस और पानी की बौछारों का इस्तेमाल कर उन्हें रोक दिया। केंद्र सरकार से बातचीत और पूरे दिन चले संघर्ष के बाद आखिरकार किसान देर रात दिल्ली में दाखिल हो पाए। चौधरी चरण सिंह की समाधि पर फूल चढ़ाकर और आंदोलन खत्म करने की घोषणा करके वापस लौट गए।

दरअसल, कर्जमाफी किसानों की समस्या का महज एक पक्ष है। उनकी सबसे बड़ी समस्या फसल का उचित मूल्य है। किसान अपनी फसल में जितना लगाता है कि उसका आधा भी नहीं निकलता है। लिहाजा, किसान कर्ज में डूबा हुआ है। किसानों पर बैंक से ज्यादा साहूकारों का कर्ज है। यह सही है कि मौजूदा केंद्र सरकार ने न्यूनतम समर्थन मूल्य में दो गुना वृद्धि की है, लेकिन खेती में लागत खासी बढ़ गई है।

दूसरी कुछ व्यावहारिक समस्याएँ भी हैं, जैसे—सरकारें बहुत देर से फसल खरीद शुरू करती हैं। तब तक किसान आढ़तियों को फसल बेच चुके होते हैं। कृषि भूमि के मालिकाना हक को लेकर भी विवाद पुराना है। जमीनों का बड़ा हिस्सा बड़े किसानों, महाजनों और साहूकारों के पास है, जिस पर छोटे किसान काम करते हैं। लिहाजा,

फसल अच्छी नहीं होती, तो छोटे किसान कर्ज में डूब जाते हैं।

अगर गौर करें, तो पाएँगे कि जब भी किसान आंदोलन होता है, स्वामीनाथन कमेटी की सिफारिशों की चर्चा जरूर होती है। दरअसल, किसानों की समस्याओं का अध्ययन करने के लिए हरित क्रांति के जनक प्रो. एम.एस. स्वामीनाथन की अगुआई में नवंबर 2004 में एक कमेटी बनी थी।

इस कमेटी ने अक्तूबर 2006 में अपनी रिपोर्ट सौंपी थी, जिसमें खेती और किसानों की दशा में सुधार के लिए अनेक सिफारिशें थीं। इसमें सबसे प्रमुख सिफारिश थी, कृषि को राज्य-सूची से समवर्ती सूची में लाना, ताकि केंद्र व राज्य, दोनों किसानों की मदद के लिए आगे आएँ।

कमेटी ने यह भी सिफारिश की थी कि किसानों को अच्छी क्वालिटी के बीज कम-से-कम दाम पर मुहैया कराए जाएँ और उन्हें फसल की लागत का पचास प्रतिशत ज्यादा दाम मिले। साथ ही, किसानों के कर्ज की ब्याज दर चार प्रतिशत तक लाई जाए, लेकिन आज भी किसान स्वामीनाथन कमेटी की सिफारिशों को अमल में लाने की जद्दोजहद कर रहे हैं।

दरअसल, दशकों से हमारा तंत्र किसानों के प्रति उदासीन रहा है। मीडिया में भी अब किसानों के प्रदर्शन की खबरें सुर्खियाँ नहीं बनतीं। अगर बनती भी हैं, तो अकसर किसानों के आंदोलन और उनकी माँगों को सही परिप्रेक्ष्य में नहीं रखा जाता है। इससे हमारे अन्नदाता के बारे सही छवि नहीं बन पाती है। गौर करें, तो पाएँगे कि विकास की दौड़ में हमारे गाँव लगातार पिछड़ रहे हैं। बिजली, पानी, सड़क, शिक्षा और स्वास्थ्य जैसी बुनियादी सुविधाएँ शहरों में केंद्रित होकर रह गई हैं।

आजादी के 70 साल हो गए, लेकिन गाँवों में बुनियादी सुविधाओं का नितांत अभाव है, जबकि यह उनका बुनियादी हक है। यह बात शिद्दत से महसूस की जा रही है कि गाँवों का जीवन-स्तर सुधरना चाहिए। विकास की प्राथमिकता के केंद्र में गाँव होने चाहिए, उन तक भी विकास की किरणें पहुँचनी चाहिए। इसलिए हम सबको किसानों की मुश्किलों और माँगों को जानना जरूरी है।

8 अक्तूबर, 2018

□

अमृतसर हादसे से कुछ सबक लेंगे

अमृतसर रेल हादसे में आधिकारिक रूप से 59 लोगों की जान जा चुकी है और अनेक लोग गंभीर रूप से घायल हैं। रेलवे मंत्रालय और पंजाब सरकार के बीच तीखी बहस चल रही है कि इस हादसे के लिए कौन जिम्मेदार है।

इस कार्यक्रम की मुख्य अतिथि पंजाब सरकार के मंत्री नवजोत सिंह सिद्धू की पत्नी नवजौत कौर थीं। जो वीडियो और ऑडियो सामने आए हैं और अगर वे सही हैं, तो वे चिंताजनक हैं। इसमें आयोजक मुख्य अतिथि को बता रहे हैं कि अब आप आ जाएँ, क्योंकि पाँच हजार लोगों की भीड़ जुट गई है और किसी भी परिस्थिति में हिलने वाली नहीं है। होगा यह कि इस हादसे पर भी कुछ जाँच कमेटियाँ बैठेंगी, लेकिन नतीजा कुछ नहीं निकलेगा। हम ऐसे हादसों से कुछ सबक लेते नजर नहीं आएँगे।

रेलवे के अधिकारी इस आयोजन की औपचारिक सूचना न होने का दावा कर रहे हैं। सवाल उठ रहे हैं कि चालक ने ट्रेन की गति धीमी क्यों नहीं की? रेल अधिकारियों का कहना है कि जब घटना हुई, उस समय लोग रेलवे लाइन पर थे।

अँधेरा था और पटाखों की आवाज के कारण लोग ट्रेन की आवाज नहीं सुन पाए। चालक भीड़ को पहले नहीं देख पाया, क्योंकि वहाँ पर पटरी का एक घुमाव है। ट्रेन 91 किलोमीटर प्रति घंटे की रफ्तार से चल रही थी। पटरी पर भीड़ देखने के बाद ड्राइवर ने इमरजेंसी ब्रेक लगाकर गति 68 किलोमीटर प्रति घंटे कर दी थी, लेकिन ट्रेन को रोकने में समय लगता है, अचानक रोकने की कोशिश करने से और बड़ा हादसा हो सकता था। रेल अधिकारियों की दलील है कि यह हादसा दो स्टेशनों के बीच हुआ, न कि रेलवे फाटक पर।

बीच के रास्ते पर ट्रेनें अपनी निर्धारित गति से चलती हैं और यह उम्मीद नहीं की जाती कि लोग पटरियों पर मौजूद होंगे। इसमें किसी चूक से स्थानीय प्रशासन भी पल्ला झाड़ रहा है, लेकिन गलती किसी की भी हो, इसका खामियाजा निरीह जनता को उठाना पड़ा है। अगर प्रशासन ने ऐसे कार्यक्रम को मंजूरी दी थी, तो नियमों के अनुसार जनता

के बैठने का सही इंतजाम, लाइट, फायर ब्रिगेड और एंबुलेंस की समुचित व्यवस्था होनी चाहिए थी। अमृतसर में जो हुआ, वह कोई नया नहीं है।

देश में हर साल धार्मिक पर्वों पर हादसों का होना जैसे नियति बन गया है। हादसों को लेकर जो संवेदनशीलता और प्रतिक्रिया होनी चाहिए, वैसी नजर नहीं आती है। जैसे हम मानकर चलने लगे हैं कि इन्हें हम नहीं टाल सकते। अमृतसर हादसे में फर्क इतना भर है कि एक और धार्मिक हादसा नए तरीके से हुआ है।

देश में पूरे वर्ष विभिन्न स्थानों पर धार्मिक आयोजन होते अथवा मेले लगते रहते हैं। आस्था के इन केंद्रों पर भारी भीड़ जमा हो जाती है और अनेक बार प्रबंधन फेल हो जाता है, जिसका नतीजा होता है—दुःखद हादसे। भारत में ज्यादातर धार्मिक उत्सव नदी किनारे अथवा किसी ऊँचाई वाले पहाड़ी स्थल पर होते हैं।

वहाँ तक पहुँचने के रास्ते सँकरे होते हैं और आवागमन की समुचित व्यवस्था संभव नहीं हो पाती है। कुंभ जैसे व्यापक मेलों को छोड़ दें, तो ऐसे आयोजन की जिम्मेदारी स्थानीय प्रशासन को या फिर किसी थाने स्तर पर ही सौंप दी जाती है। इन लोगों को भीड़ नियंत्रित करने में कोई दक्षता हासिल नहीं होती। केवल अनुभव के आधार पर वे व्यवस्थाओं को अनजाम देते हैं।

अध्ययनों में पाया गया है कि भारत में लोग पश्चिम की तुलना में एक-दूसरे को स्थान देने की तब तक पूरी कोशिश करते हैं, जब तक कि परिस्थितियाँ हाथ से न निकल जाएँ।

स्विट्जरलैंड के प्रोफेसर डिर्क हेलबिंग ने भीड़ के व्यवहार का व्यापक अध्ययन किया है। इन अध्ययनों के मुताबिक भारत में प्रति वर्ग मीटर में 10 लोग तक समा जाते हैं, लेकिन इससे ज्यादा में दिक्कत हो जाती है। पश्चिम की तुलना में भारतीय एक-दूसरे को ज्यादा स्थान देते हैं, जबकि अमेरिका अथवा यूरोप में लोग दूसरों पर इतने मेहरबान नहीं होते, लेकिन जब इतनी भीड़ हो कि साँस लेने में ही दिक्कत होने लगे, तो समस्या खड़ी हो जाती है।

इंटरनेशनल जर्नल ऑफ डिजास्टर रिस्क मैनेजमेंट ने कुछ वर्ष पहले पर एक अध्ययन किया था, जिसके अनुसार भारत में भगदड़ की 79 फीसदी घटनाएँ धार्मिक आयोजनों के दौरान होती हैं। इन स्थलों पर क्षमता से अधिक लोग पहुँच जाते हैं। सुरक्षा के पर्याप्त इंतजाम नहीं होते। भीड़ के नियंत्रण के दिशा-निर्देश भी तैयार किए जाते हैं।

इंतजाम करनेवालों की इनकी जानकारी नहीं होती। उदाहरण के तौर पर, अधिक भीड़ होने पर उन्हें सर्पीली घुमावदार लाइन में लगवाना, वैकल्पिक रास्तों की व्यवस्था और अगर किसी नेता अथवा अधिकारी के आने से भीड़ के प्रबंधन में दिक्कत आए, तो उसे स्पष्ट मना करना जैसे उपाय शामिल हैं।

भगदड़ जैसे हादसों की पहली वजह तो प्रशासनिक विफलता होती है। वहीं, भीड़ का व्यवहार भी महत्त्वपूर्ण होता है। गौर करें कि अमृतसर स्थित स्वर्ण मंदिर में रोजाना हजारों लोग आते हैं, लेकिन वहाँ व्यवस्थाएँ बेहद सुचारु रूप से काम करती हैं, क्योंकि लोगों का व्यवहार संयत रहता है।

देखने में आया है कि बहुत बार किसी अफवाह के कारण भी भगदड़ मच जाती हैं। भीड़ में अचानक कोई शख्स फिसल जाता है, तो उससे भी भगदड़ की घटनाएँ सामने आती हैं। कई बार अचानक लाउडस्पीकर से घोषणा और तेज आवाज में गीत भी भीड़ को विचलित कर देते हैं।

कुछ अरसा पहले नेशनल ग्रीन ट्रिब्यूनल ने वैष्णो देवी मंदिर दर्शन का करनेवाले श्रद्धालुओं की संख्या 50 हजार तय कर दी थी। कई महीनों में वहाँ श्रद्धालुओं की संख्या एक लाख को पार कर जाती है।

हालाँकि वहाँ व्यवस्थाएँ बहुत चौकस रहती हैं। यह एक महत्त्वपूर्ण और दूरगामी फैसला था। अगर राज्य सरकारें चाहतीं, तो इस फैसले के आधार पर आस्था के अन्य केंद्रों और भीड़भाड़ वाले स्थलों पर ऐसी पहल कर सकती थीं।

जल्द ही छठ महापर्व आनेवाला है। इस दौरान नदियों और तालाबों के किनारे मेले लगते हैं। प्रशासन और स्वयंसेवी संस्थाओं को यह सुनिश्चित करना चाहिए कि घाट के आसपास पर्याप्त रोशनी हो और घाट तक का मार्ग अवरुद्ध न हो।

याद हो, वर्ष 2012 में पटना में अदालत घाट पर शाम के अर्घ्य के समय भगदड़ मचने से 18 लोगों की जान चली गई थी। 2016 में बिहार के दरभंगा में एक दर्दनाक हादसे में छह महिलाओं की ट्रेन से कटकर मौत हो गई थी। ये महिलाएँ छठ पूजा से लौट रही थीं।

ये ऐसी दुर्घटनाएँ हैं, जिनसे व्यवस्थाओं को थोड़ा दुरुस्त कर बचा जा सकता था। एक और संभावित दुर्घटना की ओर ध्यान दिला दूँ। छठ के दौरान अनेक स्थानों से लोगों के डूबने की खबरें आती हैं। थोड़ी व्यवस्था और सतर्कता से इससे बचा जा सकता है और इन उपायों से हम अपने पर्वों को सुखद बना सकते हैं।

22 अक्तूबर, 2018

□

सी.बी.आई. की साख पर सवाल

किसी भी लोकतांत्रिक व्यवस्था में प्रशासनिक प्रतिष्ठान एक तरह से उसकी नींव होते हैं। लोकतंत्र का भविष्य इससे तय होता है कि ये प्रतिष्ठान कितने मजबूत हैं? इनमें एक प्रतिष्ठान सी.बी.आई. भी है।

यह सच है कि सी.बी.आई. को लेकर समय-समय पर सवाल उठते रहे हैं, लेकिन अब भी लोगों का भरोसा उस पर कायम है। जब भी कोई ऐसा मामला सामने आता है, जिसे राज्य की पुलिस नहीं सुलझा पाती, तो लोग माँग करते हैं कि सी.बी.आई. को जाँच सौंपी जाए। इसकी वजह भी है कि सी.बी.आई. ने अनेक जटिल मामलों को सुलझाया है, लेकिन इन दिनों देश की सबसे बड़ी जाँच एजेंसी सी.बी.आई. में भारी उथल-पुथल मची हुई है।

वह अभूतपूर्व संकट के दौर से गुजर रही है और यह संकट बाहरी नहीं, आंतरिक है। दो आला अधिकारी निदेशक, आलोक वर्मा और विशेष निदेशक राकेश अस्थाना एक-दूसरे से गुत्थमगुत्था हैं। परिस्थिति की गंभीरता का अंदाजा इस बात से लगाया जा सकता है कि यह मामला सुप्रीम कोर्ट से लेकर सड़कों तक जा पहुँचा है। निदेशक के खिलाफ सी.वी.सी. भ्रष्टाचार की जाँच कर रहा है।

इसकी शिकायत विशेष निदेशक अस्थाना ने की है। जवाब में निदेशक ने विशेष निदेशक के खिलाफ भ्रष्टाचार को लेकर एफ.आई.आर. करा दी है और उनका एक मातहत गिरफ्तार कर लिया गया है।

सी.बी.आई. में नंबर एक और नंबर दो अधिकारी के बीच झगड़े के कारण परिस्थितियाँ बेकाबू होती नजर आ रही थीं। इसको देखते हुए केंद्र सरकार ने दोनों अधिकारियों को छुट्टी पर भेज दिया। सुप्रीम कोर्ट ने भी मामले में हस्तक्षेप करते हुए केंद्रीय सतर्कता आयोग से दो सप्ताह में सी.बी.आई. निदेशक पर लगाए भ्रष्टाचार के आरोपों की जाँच करने को कहा है। यह जाँच रिटायर्ड जस्टिस ए.के. पटनायक की निगरानी में चल रही है।

पिछले कुछ दिनों के घटनाक्रम ने सी.बी.आई. की विश्वसनीयता पर असर डाला है। आजाद भारत के इतिहास में ऐसा पहले कभी नहीं हुआ। मीडिया को तो मसाला मिल गया है और इस पर रोजाना बहसें चल रही हैं।

सोशल मीडिया तो बेलगाम है। उस पर सी.बी.आई. को लेकर लतीफे चल रहे हैं। चिंता की बात है कि यह मसला राजनीतिक रंग भी पकड़ता जा रहा है।

कांग्रेस ने देश के सभी सी.बी.आई. दफ्तरों पर प्रदर्शन कर अपने इरादे साफ कर दिए हैं। दिल्ली में ऐसे एक प्रदर्शन का नेतृत्व कांग्रेस अध्यक्ष राहुल गांधी ने खुद किया। इसका नुकसान यह हुआ है कि मूल मुद्दा पीछे छूटता नजर आ रहा है। मुझे लगता है कि इस विवाद के सुलझ जाने तक राजनीतिज्ञों को संयम बरतना चाहिए।

हालाँकि इस विवाद का एक फायदा भी हुआ है कि सी.बी.आई. की सारी खामियाँ उभरकर सामने आ गई हैं। सी.बी.आई. को संस्थागत रूप से सशक्त करने का यह एक अच्छा मौका भी है। देश को एक ऐसी स्वतंत्र और प्रमाणिक एजेंसी की सख्त जरूरत है, जो कि ऊँचे पदों पर बैठे लोगों के खिलाफ जाँच कर सके और बड़े आपराधिक मामले सुलझा सके। भ्रष्टाचार और आपराधिक मामलों में बड़े-से-बड़े लोग भी बच नहीं पाएँ।

यह लोकतंत्र में लोगों की आस्था को और मजबूत करेगा। सरकार को चाहिए कि वह नए सिरे से सी.बी.आई. के पुनर्गठन का प्रयास करे। इसके लिए सी.बी.आई. की मौजूदा व्यवस्था में बदलाव करना जरूरी है। विभिन्न वेबसाइट्स से जो जानकारी मिली है, उसके अनुसार सी.बी.आई. में लगभग 7,274 पद हैं, जिनमें से अनेक खाली हैं। एक तो रिक्त पदों को तत्काल भरे जाने की जरूरत है।

दूसरे, सी.बी.आई. में अंदर और बाहर का अजीब घालमेल है। इसमें 60 फीसदी लोग मूल सी.बी.आई. कैडर के हैं और 40 फीसदी डेपुटेशन पर विभिन्न पुलिस सेवाओं से आते हैं। इसमें कांस्टेबल से लेकर निदेशक तक शामिल हैं।

देखने में आया है कि जब कोई आई.पी.एस. 10-15 साल राज्य में काम करता है, तो उसकी चाहे-अनचाहे किसी राजनेता से निष्ठाएँ जुड़ जाती हैं। ये निष्ठाएँ खत्म नहीं होतीं। इसकी वजह भी है कि सी.बी.आई. में डेपुटेशन दो से पाँच साल तक होता है। उसके बाद अपने मूल कैडर में वापस जाना होता है। मेरा मानना है कि सी.बी.आई. में डेपुटेशन की व्यवस्था तत्काल खत्म होनी चाहिए।

सी.बी.आई. में उसके कैडर के ही लोग हों। आई.पी.एस. चयन में एक कैडर सी.बी.आई. का भी हो। साथ ही, राज्य पुलिस सेवाओं से नीचे के पदों का भी भरा जाना तत्काल बंद हो। सी.बी.आई. कैडर के लोग ही पदोन्नति के जरिए ऊपर तक पहुँचें। अभी सी.बी.आई. के निदेशक, विशेष निदेशक और अंतरिम निदेशक सब किसी ने

किसी राज्य कैडर के आई.पी.एस. अधिकारी हैं। यदि सी.बी.आई. को सुधारना है तो यह व्यवस्था बदलनी होगी।

यह सही है कि नौकरशाही को लेकर आमजन की राय बहुत सकारात्मक नहीं है, लेकिन यह जान लीजिए कि देश का प्रशासन नौकरशाहों के इर्द-गिर्द ही घूमता है। नेता तो पाँच साल के लिए चुनकर आते हैं और चले जाते हैं, लेकिन एक आई.ए.एस. और आई.पी.एस. अफसर अपने पूरे कार्यकाल के दौरान महत्त्वपूर्ण पदों पर रहता है और पूरी व्यवस्था को चलाता है।

एक पुलिस अधिकारी राज्य की कानून-व्यवस्था को सुचारु रूप से चलाने में अहम कड़ी होता है। कोई भी देश अगर ठीक-ठाक ढंग से चल रहा है, तो माना जाता है कि उसके पास एक सुदृढ़ और सुव्यवस्थित नौकरशाही व्यवस्था है। हमारे देश में अशोक खेमका जैसे भी अफसर हैं, जो अपनी ईमानदारी के लिए जाने जाते हैं। हरियाणा कैडर का यह अधिकारी किसी भी व्यवस्था को रास नहीं आता।

कुछ समय पहले खेमका ने रॉबर्ट वाड्रा के कथित भूमि सौदे उजागर किए थे, जिसके बाद उनका कई बार ट्रांसफर किया गया। खेमका का 22 साल में 46 बार ट्रांसफर हुआ है, यानी औसतन साल में दो बार उनका तबादला हुआ है। मुंबई में अवैध निर्माण के खिलाफ अभियान चलाने के कारण खेरनार चर्चित हुए थे।

किरण बेदी जब दिल्ली पुलिस की अधिकारी थीं तो बेहद चर्चित रही थीं। उन्होंने ट्रैफिक व्यवस्था को सुचारु करने और अवैध वाहनों को हटाने के लिए पहली बार दिल्ली में क्रेन का इस्तेमाल किया था, लेकिन सत्ता प्रतिष्ठानों को ऐसे अफसर पसंद नहीं आते और उनके बार-बार तबादले होते हैं, लेकिन ऐसा भी नहीं है कि सभी नौकरशाह दूध के धुले हों।

कुछ समय पहले 1976 बैच की यू.पी. कैडर की रिटायर्ड आई.ए.एस. अफसर प्रोमिला शंकर ने एक किताब लिखी थी—'गॉड्स ऑफ करप्शन', यानी भ्रष्टाचार के भगवान्। इसमें उन्होंने यू.पी. के राजनेताओं और नौकरशाही की मिलीभगत से होने वाले भ्रष्टाचार को रेखांकित किया है, लेकिन सी.बी.आई. का मौजूदा विवाद भ्रष्टाचार से अधिक संस्था के दो शीर्ष व्यक्तियों की नाक की लड़ाई अधिक नजर आता है।

इससे सी.बी.आई. की प्रतिष्ठा पर आँच आई है। उस पर गंभीर सवाल उठ खड़े हुए हैं। इसको जल्द सुलझाने की जरूरत है, ताकि सी.बी.आई. पर से आम लोगों का भरोसा डगमगाए नहीं। यह मामला जितना जल्दी सुलझे, उतना देश के हित में होगा।

29 अक्तूबर, 2018

□

किताबों से अब मुलाकात नहीं होती

गुलजार साहब ने किताबों को लेकर लंबी कविता लिखी है। किताबों से जुड़ी यह कविता मुझे बेहद पसंद है। उसकी चंद लाइनें हैं—

किताबें झाँकती हैं बंद अलमारी के शीशों से
बड़ी हसरत से तकती हैं
महीनों अब मुलाकातें नहीं होतीं
जो शामें उनकी सोहबत में कटा करती थीं
अब अकसर गुजर जाती है कंप्यूटर के परदे पर
बड़ी बैचेन रहती हैं किताबें
उन्हें अब नींद में चलने की आदत हो गई है

गुलजार साहब की यह कविता किताबों से हमारे बदलते रिश्ते को दरशाती है, लेकिन हाल में ब्रिटेन के साउथम्पटन शहर से सुखद खबर मिली। वहाँ अक्तूबर 'बुक्स' नामक एक किताब दुकान को स्थानांतरित किया जाना था। इस स्टोर ने सोशल मीडिया पर अपील की कि उसे इसके लिए लोगों के सहयोग की आवश्यकता है। अपील में स्पष्ट लिखा था कि किताब के भारी बक्सों को लाने ले जाने में मदद की जरूरत है।

उम्मीद थी कि आठ से 10 स्वयंसेवी तो जुट ही जाएँगे, लेकिन उनके आश्चर्य का ठिकाना नहीं रहा, जब सभी आयुवर्ग के 250 से अधिक लोग मदद के लिए जुट गए। स्टोर के प्रबंधकों ने तत्काल अपनी रणनीति बदली और किताबों को बॉक्स में भरकर इधर-से-उधर करने की बजाय मानव श्रृंखला बनवा दी। हजारों किताबें हाथोहाथ एक स्थान से दूसरे स्थान पहुँच गईं। स्टोर अब नए स्थान पर आरंभ हो गया है। लोगों की मदद से किताबों का नया स्टोर भी खरीदा गया है। यह धनराशि लोगों के दान और कर्ज से जुटाई गई है। कर्ज की राशि को स्टोर एक से पाँच साल में लोगों को चुकाएगा।

ऐसे दौर में, जब लोगों ने किताबों को पढ़ना एकदम कम कर दिया है, यह एक

सुखद खबर है। पुरानी कहावत है कि किताबें ही आदमी की सच्चा दोस्त होती हैं, लेकिन अब दोस्ती के रिश्तों में कमी आई है।

किताबों के प्रति लोगों की दिलचस्पी बनाए रखने के लिए बड़े शहरों में पुस्तक मेले और साहित्य उत्सव आयोजित किए जाते हैं, लेकिन ये प्रयास भी बहुत कारगर साबित नहीं हो पा रहे हैं। पिछले साल राँची में 'प्रभात खबर' ने भी टाटा समूह के साथ एक ऐसे ही साहित्य उत्सव का आयोजन किया था, लेकिन लोगों में खास उत्साह नजर नहीं आया। यह सर्वविदित है कि साहित्य में एक जीवन दर्शन होता है और यह सृजन का महत्त्वपूर्ण हिस्सा है।

साहित्य की समाज में एक छोटी, मगर महत्त्वपूर्ण भूमिका है। इसे पढ़े-लिखे अथवा प्रबुद्ध लोगों की दुनिया भी कह सकते हैं। साहित्य की विभिन्न विधाओं ने समाज का मार्गदर्शन किया है और समाज के यथार्थ को प्रस्तुत किया है।

बावजूद इसके, मौजूदा दौर में साहित्य और किताबों को अस्तित्व के लिए संघर्ष करना पड़ रहा है। टेक्नोलॉजी के विस्तार ने किताबों के सामने गंभीर चुनौती पेश की है। यह सही है कि किताबें जीवित हैं और उसने तकनीक के साथ एक रिश्ता कायम कर लिया है, लेकिन समय आ गया है कि हम आत्मचिंतन करें कि इस रिश्ते को कैसे मजबूत करें?

मेरा मानना है कि नई तकनीक ने दोतरफा असर डाला है। इसने किताबों का भला भी किया है और उसे नुकसान भी पहुँचाया है। टेक्नोलॉजी ने लिखित शब्द और पाठक के बीच के अंतराल को बढ़ाया है।

लोग व्हाट्सएप, फेसबुक में ही उलझे रहते हैं। उनके पास पढ़ने का समय ही नहीं है। किताबों को तो छोड़िए, लोग अखबार तक नहीं पढ़ते, केवल शीर्षक देखकर आगे बढ़ जाते हैं। गूगल ने तो किताबों को लेकर एक बड़ी योजना शुरू की है।

उसने सौ देशों से चार सौ भाषाओं में करीब डेढ़ करोड़ किताबें डिजिटलाइज्ड की हैं। उसका मानना है कि भविष्य में अधिकतर लोग किताबें ऑनलाइन पढ़ना पसंद करेंगे। वे सिर्फ इ-बुक्स ही खरीदेंगे, उन्हें वर्चुअल रैक या यूँ कहें कि अपनी निजी लाइब्रेरी में रखेंगे और वक्त मिलने पर मोबाइल, किंडल अथवा कंप्यूटर पर पढ़ेंगे। इ-कॉमर्स वेबसाइटों ने किताबों को उपलब्ध कराने में भारी सहायता की है। किंडल, इ-पत्रिकाओं और ब्लॉग ने इसके प्रचार-प्रसार को बढ़ाया है।

एक शोध के मुताबिक, अमेरिका में इ-बुक डिवाइस का इस्तेमाल करनेवाले लोगों की संख्या दो करोड़ से ज्यादा तक पहुँच जाएगी। ऑनलाइन बिक्री के आँकड़े भी बताते हैं कि हिंदी किताबों की बिक्री बढ़ी है। हिंदीभाषी महानगरों से तो ऐसा आभास होता है कि हिंदी का विस्तार हो रहा है, लेकिन थोड़ा दूर जाते ही हकीकत सामने आ जाती है।

पहले हिंदी पट्टी के छोटे-बड़े सभी शहरों में साहित्यिक पत्रिकाएँ और किताबें आसानी से उपलब्ध हो जाती थीं, लेकिन अब जाने-माने लेखकों की भी किताबें आसानी से नहीं मिलेंगी।

हिंदीभाषी क्षेत्रों की समस्या यह रही है कि वे किताबी संस्कृति को विकसित नहीं कर पाए हैं। नई मॉल संस्कृति में हम किताबों के लिए कोई स्थान नहीं निकाल पाए हैं।

एक बार प्रधानमंत्री नरेंद्र मोदी ने लोगों से अपील की थी कि लोग भेंट में एक-दूसरे को किताबें दें, लेकिन इसका कोई प्रभाव नजर नहीं आया। दीपावली का समय है, इस अवसर पर भी लोग एक-दूसरे को भेंट देते हैं, लेकिन कहाँ कोई किसी को अच्छी किताबें भेंट करता है? हम सभी जानते हैं कि एक अच्छे पुस्तकालय के बिना ज्ञान अर्जित करना मुश्किल है। दुर्लभ किताबें यहीं पर मिलती हैं। अपने आसपास देख लीजिए, अच्छे पुस्तकालय बंद हो गए हैं।

यदि चल भी रहे हैं, तो उनकी स्थिति दयनीय है। लोग निजी तौर पर भी किताबें रखते थे और इसको लेकर लोगों में एक गर्व का भाव होता था कि उनके पास इतनी बड़ी संख्या में किताबों का संग्रह है, लेकिन हम ऐसी संस्कृति नहीं विकसित कर पाए हैं। इसका सबसे बड़ा नुकसान विचारधारा के मोर्चे पर हुआ है। तकनीक ने पढ़ने की प्रवृत्ति को प्रभावित किया है, इसका नतीजा है कि नवयुवक किसी भी विचारधारा के साहित्य को नहीं पढ़ रहे हैं। वे नारों में ही उलझकर रह जा रहे हैं। उन्हें विचारों की गहराई का ज्ञान नहीं हो पा रहा है। इस पर गंभीरता से विचार करने की जरूरत है।

और अंत में, जाने-माने रंगकर्मी सफदर हाशमी की कविता की कुछ लाइनें। कई वर्ष पहले दिल्ली के पास एक नुक्कड़ नाटक करते वक्त उनकी हत्या कर दी गई थी—

किताबें करती हैं बातें, बीते जमानों की, दुनिया की, इनसानों की
आज की, कल की, एक-एक पल की
खुशियों की, गमों की, फूलों की, बमों की
जीत की, हार की, प्यार की, मार की
क्या तुम नहीं सुनोगे, इन किताबों की बातें
किताबें कुछ कहना चाहती हैं, तुम्हारे पास रहना चाहती हैं।

5 नवंबर, 2018

□

समाज को साहित्य की जरूरत

हाल में टाटा स्टील ने 'प्रभात खबर' के सहयोग से राँची में साहित्य उत्सव का आयोजन किया। अब लगभग सभी बड़े शहरों में इस तरह के आयोजन हो रहे हैं। दरअसल, लोगों की साहित्य के प्रति दिलचस्पी कम होती जा रही है।

साहित्य उत्सव के माध्यम से कोशिश रहती है कि साहित्यकारों को एक स्थायी मंच मिल सके और साहित्य को लेकर कुछ हलचल बढ़ सके। पुरानी कहावत है कि किताबें ही आदमी की सच्ची दोस्त होती हैं, लेकिन अब दोस्ती के रिश्ते में कमी आई है।

इसको देखते हुए कई बड़े शहरों में पुस्तक मेले और साहित्य उत्सव आयोजित किए जाते हैं, ताकि लोगों की पठन-पाठन के प्रति दिलचस्पी बनाई रखी जा सके, लेकिन ये प्रयास भी बहुत कारगर साबित नहीं हो पा रहे हैं। हम भी चाहते हैं कि साहित्य उत्सव के माध्यम से पढ़ने-लिखने को बढ़ावा मिले। ऐसे उत्सवों की जरूरत इसलिए भी है कि समाज की ओर से कोई पहल नहीं हो रही है।

मैंने पाया कि इन उत्सवों का फलक बड़ा है। यह लोगों को साहित्य और समाज से जुड़ने का अवसर देता है। अगर गौर करें, तो इन साहित्य-उत्सवों में युवा वर्ग बड़ी संख्या में आ रहा है। साथ ही, ये उत्सव युवा लेखकों को एक मंच भी प्रदान कर रहे हैं। हमें मान लेना चाहिए कि समाज, तकनीक और सोच ने अभिव्यक्ति का आयाम बदल दिया है।

दूसरी ओर, कोई भी स्थापित लेखक संघ युवा लेखकों की परवाह नहीं कर रहा है। सत्य व्यास, दिव्य प्रकाश दुबे, नीलोत्पल मृणाल, नवीन चौधरी, हुसैन हैदरी और पंकज दुबे जैसी नई पौध ने अपने दमखम पर अपनी जगह बनाई है। भले ही आप चेतन भगत और अमीश त्रिपाठी की आलोचना करें, लेकिन यह तो मानना पड़ेगा कि उन्होंने पाठकों का नया संसार सृजित किया है।

यह सर्वविदित है कि साहित्य में जीवन-दर्शन निहित होता है और यह सृजन का महत्त्वपूर्ण हिस्सा है। इसमें समाज प्रतिबिंबित होता है और उसकी दिशा व दशा पर

साहित्य का गहरा प्रभाव होता है। साहित्य की समाज में छोटी, मगर महत्त्वपूर्ण भूमिका है। इसे पढ़े-लिखे अथवा प्रबुद्ध लोगों की दुनिया भी कह सकते हैं। आजादी की लड़ाई हो या जन आंदोलन, सब में साहित्य और किताबों ने महत्त्वपूर्ण भूमिका निभाई है। साहित्य की विभिन्न विधाओं ने समाज का मार्गदर्शन किया है और समाज के यथार्थ को प्रस्तुत किया है।

मौजूदा दौर में साहित्य को कई मोर्चों पर संघर्ष करना पड़ रहा है। पहला भाषा के मोर्चे पर और दूसरा विचार के मोर्चे पर। टेक्नोलॉजी के विस्तार ने किताबों के सामने गंभीर चुनौती पेश की है। यह सही है कि किताबें जीवित हैं और उसने तकनीक के साथ एक रिश्ता कायम कर लिया है, लेकिन अब समय आ गया है कि हम आत्मचिंतन करें कि इस रिश्ते को कैसे मजबूत करें?

यह सच है कि सोशल मीडिया और इंटरनेट जैसी नई टेक्नोलॉजी ने हमारे जीवन के दूसरे क्षेत्रों की तरह साहित्य पर भी गहरा प्रभाव डाला है, किंतु यह प्रभाव दोतरफा है। यह सही है कि इसने साहित्य का कई मायने में उपकार किया है। इसने साहित्य को सर्वसुलभ बनाया है और ग्रामीण अंचल के लेखकों-कवियों को भी वैश्विक स्तर का मंच उपलब्ध कराया है।

उन्हें बड़ी आसानी से अपना पाठक तलाशने और उनकी टिप्पणियों को सीधा ग्रहण कर अपनी रचनाओं को तराशने का इसने अवसर प्रदान किया है। युवा साहित्यकार इसके जरिए अपने पाठकों से सीधा संवाद स्थापित कर पा रहे हैं। इसने युवा, अनजान और नए साहित्यकारों को उभरने के लिए पुराने मीडिया के वर्चस्व से उबारा है और रातोरात अपनी प्रतिभा सिद्ध करने का मौका दिया है।

अगर गौर करें, तो हम पाएँगे कि हमारे युवा साहित्यकार, जिन्हें लेकर हम आज पूरी गंभीरता से चर्चा करने को तैयार हैं, सोशल मीडिया पर पूरी शिद्दत से सक्रिय हैं और उनकी इस सक्रियता की बदौलत हम उनकी ओर आकर्षित भी हैं, लेकिन नई टेक्नोलॉजी ने साहित्य का नुकसान भी बहुत अधिक किया है।

इसने कागज पर छपे शब्दों से साहित्य के सभी क्षेत्र, वर्ग और आयु के पाठकों को बेशक दूर किया है। जो लोग अब भी साहित्य पढ़ने में रुचि रखते हैं, वे भी कागज पर छपी पुस्तक खरीदने की बजाय इंटरनेट के प्रति आकर्षित हैं। किंडल, इ-पत्रिकाओं और ब्लॉग्स का प्रसार इसका सबूत है।

कई प्रतिष्ठित शोध और सर्वेक्षण की रिपोट्र्स भी यही कहती हैं कि भविष्य इ-बुक्स, ऑनलाइन रीडरशिप और वर्चुअल लाइब्रेरी का होगा। लोग इ-बुक्स खरीदेंगे और ऑनलाइन पढ़ेंगे। लिहाजा, गूगल भी किताबों को डिजिटलाइज्ड करने की बड़ी योजना पर काम कर रहा है। इन सबका एक बड़ा नुकसान यह है कि नई पीढ़ी को

पुस्तकों से जोड़ने की गंभीर चुनौती पैदा हो गई है।

दूसरी बात कि जीवन, शिक्षण, सृजन, विमर्श और साधना के लिए जो अनिवार्य उपनिषदीय (समीप उपवेशन यानी एक-दूसरे के समीप बैठने की) परंपरा थी, वह खत्म हो रही है। इससे सामाजिक सरोकार के अपने स्रोत से ही साहित्य के कट जाने का खतरा उत्पन्न हो गया है। जानकारी की नई तकनीक के इस्तेमाल के नाम पर व्हाट्सएप और फेसबुक ने लोगों को अपनी गिरफ्त में ले लिया है और वह भी उस उम्र के बच्चों को भी, जिनमें दादी-नानी की कहानियों, गीतों, कहावतों और मुहावरों से साहित्य के बीज बोए जाते थे, साहित्य का संस्कार गढ़ा जाता था।

व्हाट्सएप और फेसबुक ने उन्हें पैसिव बना दिया है। संभावनाओं के बावजूद हर उम्र का एक बहुत बड़ा वर्ग पढ़ने-रचने से दूर हो गया है। ऐसे लोगों के पास वक्त तो है, मगर उसका सृजनात्मक उपयोग करने की चिंता, गंभीरता लुप्त हो गई है। ऐसे में यह विचार करना ही होगा कि हम नई टेक्नोलॉजी के साथ साहित्य के रिश्तों को कौन सा आयाम देना चाहते हैं, दे सकते हैं।

एक और गंभीर बात है। मुझे लगता है कि अपनी भाषा को लेकर जो गर्व का भाव होना चाहिए, उसकी हम हिंदी भाषियों में बहुत कमी नजर आती है।

हमें अंग्रेजी बोलने, पढ़ने-लिखने और अंग्रेजियत दिखाने में अपना बड़प्पन नजर आता है। अगर आसपास नजर दौड़ाएँ, तो हम पाएँगे कि हमारे नेता, लेखक और बुद्धिजीवी हिंदी की दुहाई तो देते बहुत नजर आते हैं, लेकिन जब अपने बच्चों की पढ़ाई की बात आती है, तो वह अंग्रेजी माध्यम वाले स्कूलों को ही चुनते हैं। वर्षों पहले भारतेंदु हरिश्चंद्र ने अपनी भाषा और संस्कृति के विषय में कहा था, जो आज भी सच है।

निज भाषा उन्नति अहै, सब उन्नति को मूल
बिन निज भाषा ज्ञान के, मिटत न हिय को सूल

लब्बोलुआब यह कि अंग्रेजी पढ़िए जरूर, लेकिन अपनी मातृभाषा की अनदेखी मत करिए।

10 दिसंबर, 2018

□

युवा देश में युवाओं की अनदेखी

कांग्रेस अध्यक्ष राहुल गांधी के सामने इतिहास ने एक अवसर प्रदान किया था कि वह राज्यों की कमान युवाओं को सौंपते, लेकिन राहुल गांधी ने यह मौका खो दिया। उन्होंने मध्य प्रदेश की कमान 72 वर्षीय कमलनाथ को और राजस्थान में 67 वर्षीय अशोक गहलोत को सौंपी।

कांग्रेस के दो युवा नेताओं, ज्योतिरादित्य सिंधिया और सचिन पायलट को किनारे कर दिया गया। मुख्यमंत्री चुने गए दोनों नेता बुजुर्गों की श्रेणी में आते हैं और अपने कॅरियर के ढलान पर हैं। यह मौका था, जब कांग्रेस अध्यक्ष राहुल गांधी पारंपरिक नेताओं की बजाय युवा नेताओं को मौका दे सकते थे। युवाओं में जनाधार बढ़ाने के लिए राहुल गांधी हमेशा तत्पर दिखे हैं। मुझे याद है कि यह खबर सुर्खियाँ बनी थी कि कैसे राहुल गांधी ने अपनी टीम के सदस्यों में युवाओं को रखा है और उनका चयन इंटरव्यू के माध्यम से किया गया है।

इस बार दलील दी जा रही है कि 2019 के लोकसभा चुनावों को ध्यान में रखकर वरिष्ठ लोगों को जिम्मेदारी सौंपी गई है। कांग्रेस अध्यक्ष राहुल गांधी खुद युवा हैं और मुझे लगता है कि यह अवसर था, जब वह युवा नेताओं को मौका देकर राजनीतिक जोखिम उठा सकते थे। किसी युवा नेता को सी.एम. पद की जिम्मेदारी देने से न केवल पीढ़ियों का अंतर हो जाता है, बल्कि सोचने के तरीके भी बदलते हैं।

जीवन के हर क्षेत्र को देख लें। पीढ़ियों का परिवर्तन हमेशा मुश्किल होता है, उसमें बहुत रुकावटें आती हैं। इसके लिए साहसिक पहल की जरूरत होती है। इन विधानसभा चुनावों पर गौर करें, तो जैसे बुजुर्ग नेताओं की लॉटरी खुल गई हो। एक भी युवा नेता के हाथों नेतृत्व की कमान नहीं है। मिजोरम में 74 वर्षीय जोरामथांगा मुख्यमंत्री बने हैं, तो तेलगांना में 64 वर्षीय चंद्रशेखर राव ने मुख्यमंत्री पद की कमान सँभाली है, जबकि भारत आज विश्व में सबसे अधिक युवा आबादी वाला देश है। यह स्थिति बहुत दिनों तक बनी रहनेवाली नहीं है।

अगर राजनीति समेत जीवन के विभिन्न क्षेत्रों में युवाओं को मौका नहीं दिया गया, तो हम इस अवसर को गँवा देंगे। दूसरी ओर, भारत के मुकाबले चीन और अमेरिका बुजुर्गों के देश हैं। भारत में सवा सौ करोड़ की जनसंख्या में 65 फीसदी युवा हैं और इनकी उम्र 19 से 35 वर्ष के बीच है, जबकि चीन में लगभग 21 करोड़ और अमेरिका में लगभग 6.5 करोड़ युवा हैं। आप गौर करें कि युवा होते इस देश में अब भी जीवन के हर क्षेत्र में नेतृत्व की बागड़ोर बुजुर्ग लोगों के हाथों में है।

वर्ष 2014 में लोकसभा के चुने गए 543 सांसदों में से 253 की औसत उम्र 55 साल से अधिक थी। विश्लेषकों का कहना है कि यह सबसे बूढ़े सांसदों वाली लोकसभा है। इसमें युवा वर्ग का प्रतिनिधित्व देश के युवाओं के अनुपात में बेहद कम है। संसद में 45 साल से कम के केवल 79 सांसद हैं।

सरकारी अथवा निजी क्षेत्र की नौकरी से आम आदमी 58 या फिर 60 साल की उम्र में रिटायर कर दिया जाता है और उसके स्थान पर कोई युवा जिम्मेदारी सँभालता है, लेकिन राजनीति में उम्र की कोई सीमा नहीं होती। भले ही आप शारीरिक और मानसिक रूप से उतने चैतन्य न रहें, लेकिन सत्ता का मोह नहीं जाता है।

वर्ष 2014 में भाजपा ने 75 साल से अधिक उम्र के नेताओं से अनुरोध किया था कि वे लोकसभा का चुनाव न लड़ें, लेकिन यह फैसला बुजुर्ग नेताओं को रास नहीं आया। उनकी नाराजगी से बचने के लिए उन्हें टिकट देना पड़ा। सभी दलों में कमोबेश यही स्थिति है।

सार्वजनिक जीवन के हर क्षेत्र में, चाहे वह खेल का मैदान हो अथवा राजनीतिक का रण, हर जगह यह बात नजर आती है। क्रिकेट में भी अकसर जब तक खिलाड़ी को बाहर बैठने के लिए नहीं कह दिया जाता, तब तक उसकी आकांक्षा टीम में बने रहने की होती है।

हालाँकि कई खिलाड़ी इसके अपवाद भी हैं। सचिन तेंडुलकर का मामला आपको याद होगा। उनका प्रदर्शन स्तरीय नहीं चल रहा था, लेकिन वह रिटायर नहीं हो रहे थे। चयनकर्ताओं में साहस नहीं था कि वे कह सकें कि अब आपको रिटायर हो जाना चाहिए। यह फैसला सचिन के ऊपर ही छोड़ दिया गया था और काफी इंतजार के बाद उन्होंने यह फैसला किया।

मैं इस पक्ष में हूँ कि पुरानी पीढ़ी के अनुभव का हमें लाभ उठाना चाहिए, लेकिन पीढ़ियों के परिवर्तन के लिए हमें साहसिक कदम उठाने होंगे, अन्यथा हम एक ऐतिहासिक अवसर गँवा देंगे। 1991 की जनगणना के अनुसार देश में लगभग 34 करोड़ युवा थे, जिनकी 2016 तक बढ़कर 51 करोड़ हो जाने का अनुमान लगाया गया था। 2018 तक इनकी संख्या कुल आबादी का 65 फीसदी होने का अनुमान है।

हमारे यहाँ एक और समस्या है कि अलग-अलग क्षेत्रों में युवा की परिभाषा भिन्न-भिन्न है। राजनीति में तो 50 से 60 साल तक के लोगों को युवा मान लिया जाता है। 2003 में 'राष्ट्रीय युवा नीति' में युवाओं का पारिभाषित किया गया था और 13 से 35 वर्ष की आयु वर्ग के लोगों को युवा माना गया था। आज लगभग 75 करोड़ वयस्कों में लगभग आधे 25 साल के आसपास हैं।

इनमें से भी ग्रामीण युवा कुल युवा आबादी का लगभग 70 फीसदी हैं। माना जा रहा है कि 2020 तक भारत दुनिया के सबसे युवा देश हो जाएगा। इस बदलाव से जहाँ उसके समक्ष बड़े अवसर उपलब्ध होंगे, वहीं शिक्षा और रोजगार उपलब्ध कराने जैसी चुनौतियाँ से भी उसे दो-चार होना पड़ेगा।

संसद में पेश आर्थिक समीक्षा में कहा गया था कि 2020 में भारतीयों की औसत आयु 29 साल होगी, जबकि इस दौरान चीन के लोगों की औसत आयु 37 वर्ष, यूरोप की 45 वर्ष और जापान की 48 वर्ष होगी। इससे अनुमान लगा सकते हैं कि भारत कितना युवा देश होने जा रहा है, लेकिन दुर्भाग्य है कि हमारे सोचने का स्तर पुराना ही है। मेरा मानना है कि मौजूदा दौर की सबसे बड़ी चुनौती है, युवा मन को समझना।

दूसरी बड़ी चुनौती विभिन्न पीढ़ियों में तारतम्य स्थापित करने की है। आज के युवा बदल चुके हैं। उनका आचार-व्यवहार, हाव-भाव और खान-पान, सब बदल गया है। पुरानी पीढ़ी की समस्या यह है कि वह इसे स्वीकार करने को तैयार नहीं है। मुझे युवाओं से संवाद का जब भी मौका मिला है, मैंने पाया कि युवाओं में अविश्वास का भाव है।

अधिकांश युवा मौजूदा व्यवस्था से संतुष्ट नहीं हैं। भारत के युवा होने की खबर पर पूरी दुनिया की निगाहें हैं। ब्रिटेन के जाने-माने अखबार 'गार्डियन' में इयान जैक ने एक विस्तृत लेख लिखा है, जिसमें उन्होंने कहा है कि युवा भारत दुनिया को बदल सकता है। पश्चिमी दृष्टि से लिखे इस लेख में कहा गया है कि युवा भारतीयों में पारंपरिक एशियाई संस्कृति और अमेरिकी युवाओं की आकांक्षाओं का समावेश है। हर तरफ इस बात की चर्चा है, लेकिन हमारे देश में ही इस पर कोई विमर्श नहीं हो रहा है। हम इस बड़े परिवर्तन की ओर आँखें मूँदे बैठे हैं।

17 दिसंबर, 2018

□

विराट कोहली को बदलना होगा

आक्रामक और अहंकारी होने के बीच बहुत बारीक रेखा है। भारतीय कप्तान विराट कोहली इस रेखा को अकसर पार करते नजर आते हैं। वह विरोधी खिलाड़ियों से उलझते हैं, कई बार विरोधी बल्लेबाज के आउट होने पर उस पर टिप्पणी करते हैं और अंपायर के फैसलों पर सार्वजनिक रूप से प्रतिक्रिया देते नजर आते हैं।

अगर ऑस्ट्रेलिया के खिलाफ खेले गए पिछले दो टेस्ट मैचों पर नजर डालें, तो विराट कोहली बेवजह आक्रामक होते दिखाई देते हैं। यह सच्चाई है कि इस वक्त विराट कोहली के स्तर का अंतरराष्ट्रीय क्रिकेट में कोई बल्लेबाज नहीं है, लेकिन उन्हें समझना होगा कि उनके व्यवहार से उनकी गरिमा को ठेस पहुँच रही है।

हाल में कोहली की बेवजह की आक्रामकता पर जाने-माने अभिनेता नसीरुद्दीन शाह ने एक ट्वीट किया था कि भारतीय कप्तान विराट कोहली दुनिया के बेहतरीन क्रिकेट खिलाड़ी हैं, लेकिन वह दुनिया के सबसे खराब व्यवहार वाले खिलाड़ी भी हैं।

उनके अहंकार और खराब व्यवहार के कारण उनकी उपलब्धियाँ कम होती हैं। और अंत में उन्होंने लिखा था कि मेरा भारत छोड़ने का कोई भी इरादा नहीं है। इसके बाद तो खेमे बँट गए और कुछ लोग नसीरुद्दीन शाह के पक्ष में खड़े हो गए, तो कई लोग उनके खिलाफ। नसीरुद्दीन शाह की अंतिम लाइन का रहस्य यह है कि कुछ समय पहले विराट कोहली अपने प्रशंसकों के सवालों का जवाब दे रहे थे। एक शख्स ने कहा कि मौजूदा भारतीय खिलाड़ियों से ज्यादा उसे इंग्लैंड के खिलाड़ी पसंद हैं, तब विराट कोहली ने जवाब दिया—तो उसे भारत छोड़ देना चाहिए। विराट की इस टिप्पणी की कड़ी आलोचना हुई थी। लोगों की राय थी कि उन्हें ऐसा नहीं कहना चाहिए था।

ऑस्ट्रेलिया के साथ दूसरे टेस्ट मैच में विराट कोहली और ऑस्ट्रेलियाई कप्तान टिम पेन के बीच विवाद खासी सुर्खियों में रहा। दोनों के बीच कई बार नोक-झोंक हुई। अंपायरों को मामला शांत कराना पड़ा। खबर है कि कोहली ने बहस के दौरान टिम पेन से कहा था कि मैं दुनिया का नंबर वन बल्लेबाज हूँ और तुम तो सिर्फ कार्यवाहक

कप्तान हो। हालाँकि बी.सी.सी.आई. ने इन खबरों का खंडन किया है।

ये खबरें भी आईं कि ऑस्ट्रेलियाई कप्तान पेन ने मुरली विजय से कहा कि मैं जानता हूँ, विराट तुम्हारे कप्तान हैं, लेकिन एक इनसान के तौर पर तुम उन्हें पसंद नहीं करते हो। दूसरे टेस्ट की पहली पारी में विराट कोहली जमकर बल्लेबाजी कर रहे थे। वह शतक जमा चुके थे।

तभी पैट कमिंस की एक गेंद ने उनके बल्ले का बाहरी किनारा लिया और दूसरी स्लिप में ड्राइव लगाकर कैच पकड़ लिया गया, लेकिन कई रीप्ले देखने के बाद भी यह स्पष्ट नहीं हो पा रहा था कि क्या कोहली का कैच साफ तरह से लिया गया है या नहीं? मैदानी अंपायर का इशारा आउट था, तो थर्ड अंपायर ने उसी फैसले को सही ठहराया। कोहली को यह फैसला रास नहीं आया और उन्होंने जमकर गुस्सा जाहिर किया।

जाने-माने खिलाड़ी सुनील गावस्कर अपनी बेबाक राय के लिए जाने जाते हैं। वह टीम चयन को लेकर कप्तान विराट कोहली और मुख्य कोच रवि शास्त्री की भूमिका पर नाखुश हैं। गावस्कर का कहना है कि अगर भारतीय टीम यह सीरीज नहीं जीतती है, तो कोच और कप्तान पर सवाल उठना लाजमी है।

उनका कहना था कि बॉल टेंपरिंग मामले में दोषी पाए गए डेविड वॉर्नर और स्टीव स्मिथ की गैर मौजूदगी में ऑस्ट्रेलिया को हराना कोई बड़ी बात नहीं है। भारतीय टीम ने एडिलेड टेस्ट में यह साबित भी किया है। अब पर्थ में मिली हार से सबक लेकर भारतीय टीम को अगले दो टेस्ट मैचों को जीतना होगा। गावस्कर का कहना है कि भारतीय टीम नंबर एक टीम बनकर उभरी है, लेकिन विदेशों में टीम इंडिया की हार किसी से छुपी नहीं है। इसमें चयनकर्ताओं की गलतियों की अनदेखी एक बड़ी भूल होगी। दक्षिण अफ्रीका के खिलाफ दौरे से ये गलतियाँ अब तक लगातार जारी हैं।

गावस्कर ने चैंपियंस ट्रॉफी फाइनल में पाकिस्तान के हाथों मिली हार के लिए भी चयनकर्ताओं को जिम्मेदार ठहराया। उनका कहना था कि चैंपियंस ट्रॉफी फाइनल में पहले फील्डिंग करने के अलावा दक्षिण अफ्रीका, इंग्लैंड और ऑस्ट्रेलिया के खिलाफ टेस्ट सीरीज में खिलाड़ियों के चयन में चयनकर्ताओं ने अपना काम बखूबी नहीं निभाया। कोहली के बारे में गावस्कर ने कहा कि हम कोहली को एक बल्लेबाज और एक कप्तान के रूप में देख चुके हैं। अब ऑस्ट्रेलिया के खिलाफ टेस्ट सीरीज गँवाते हैं, तो हमें टीम में बदलाव को लेकर विचार करना होगा।

भारत की पिछले 12 महीनों में तीन विदेशी दौरों के आँकड़ों में यह बात सामने आई है कि टेस्ट क्रिकेट में विराट उतनी कुशलता के साथ लक्ष्य का पीछा नहीं कर पाए हैं, जितना कि वह वन-डे क्रिकेट में कर पाते हैं।

टीम चयन में तो हर बार लोचा हुआ है। दूसरे टेस्ट में भारतीय टीम में तेज गेंदबाजों

को जगह दी गई, कोई स्पिनर नहीं रखा गया। ऑस्ट्रेलिया से भारत यह टेस्ट 146 रनों से हार गया। कप्तान कोहली ने कहा कि पिच को देखते हुए और टीम में चार गेंदबाजों के रहते उन्होंने रवींद्र जडेजा के चयन पर विचार नहीं किया।

दूसरी ओर, ऑस्ट्रेलिया ने ऑफ स्पिनर नाथन लायन को टीम में स्थान दिया और उन्होंने मैच में कुल आठ विकेट लिये तथा उन्हें 'मैन ऑफ द मैच' का पुरस्कार मिला। कोहली ने मैच के बाद कहा कि पिच को देखते हुए हमें अपने चार तेज गेंदबाजों से अच्छे प्रदर्शन की उम्मीद थी, इसलिए जडेजा के चयन पर विचार ही नहीं किया।

आलोचना के बीच विराट कोहली की उपलब्धियों पर नजर डालना भी जरूरी है। बल्लेबाजी में अंतरराष्ट्रीय स्तर पर उनके टक्कर का कोई बल्लेबाज नहीं है। वह विपरीत परिस्थितियों में भी शतक लगाने से नहीं चूकते हैं। पर्थ में खेले गए दूसरे टेस्ट में हार के बाद भी भारतीय कप्तान विराट कोहली का बल्ला जमकर बोल रहा है। आई.सी.सी. की ताजा रैंकिंग में विराट कोहली नंबर एक पायदान पर बरकरार है। रैंकिंग में नंबर दो न्यूजीलैंड के बल्लेबाज केन विलियमसन हैं, लेकिन विलियमसन और विराट कोहली की बीच अच्छा-खासा फासला है।

हम सभी सौरभ गांगुली को आक्रामक कप्तान के रूप में याद करते हैं। उन्होंने भारतीय टीम के सोचने का नजरिया बदला, लेकिन वह कॅरियर में कभी इतने विवादित नहीं रहे, जितने विराट कोहली नजर आ रहे हैं। चिंता की बात यह है कि कोच रवि शास्त्री भी विराट कोहली को नियंत्रित नहीं करते दिखाई दे रहे हैं।

एक बात और कि टीम में ऐसा कोई खिलाड़ी नहीं है, जो उनके फैसलों से असहमत होने की हिम्मत कर सके। सहवाग ने एक टी.वी. चैनल के कार्यक्रम में कहा था कि उन्हें लगता है कि विराट कोहली को एक ऐसे खिलाड़ी की जरूरत है, जो मैदान पर उन्हें उनकी गलतियाँ बता सके।

24 दिसंबर, 2018

□

नए साल के संकल्प

बाबा नागार्जुन की नववर्ष पर कविता है—

बत्तख हों, बगले हों, मेंढक हों, मराल
पूछिए चलकर वोटरों से मिजाज का हाल
मिला टिकट? आपको मुबारक हो नया साल
अब तो बाँटिए मित्रों में कलाकंद!

एक और साल ने दस्तक दी है। पुराना साल खट्टी-मीठी यादें छोड़कर जा रहा है और नया साल नई उम्मीदों के साथ हमारे सामने है। नया साल इस मायने में अहम है, क्योंकि इसमें लोकतंत्र के सबसे बड़े उत्सव आम चुनाव होने जा रहे हैं। आम चुनाव देश की राजनीतिक दिशा और दशा तय करते हैं। इन चुनावों के माध्यम से हम और आप सत्ता की कुंजी किसी दल और व्यक्ति को सौंपते हैं। अटकलों का बाजार गरम है। मौजूदा प्रधानमंत्री नरेंद्र मोदी की वापसी होगी या फिर राहुल गांधी आएँगे या मिली-जुली सरकार बनेगी, भविष्य के गर्भ में इन सारे सवालों के जवाब हैं।

मौजूदा दौर में हमारे समक्ष अनेक चुनौतियाँ हैं। हम अभी तक बुनियादी समस्याओं को हल नहीं कर पाए हैं।

अनेक क्षेत्रों में उल्लेखनीय उपलब्धि के बावजूद प्रति व्यक्ति आय के मामले में हम पिछड़े हुए हैं। हम अब भी शिक्षा, स्वास्थ्य, बिजली और पानी की समस्या से जूझ रहे हैं।

देश के अधिकांश लोग कृषि से जीवन यापन करते हैं, लेकिन कृषि के क्षेत्र में मुश्किलें बढ़ी हैं। यह दुर्भाग्यपूर्ण है कि किसानों को अपनी माँगों के लिए सड़कों पर उतरना पड़ा है। किसानों की चिंताजनक स्थिति का अंदाजा इस बात से लगाया जा सकता है कि पिछले 10 वर्षों में देश की अर्थव्यवस्था में महत्त्वपूर्ण भूमिका निभाने वाले लगभग तीन लाख किसानों ने आत्महत्या की है।

दरअसल, कर्ज-माफी किसानों की समस्या का महज एक पक्ष है। उनकी सबसे

बड़ी समस्या फसल का उचित मूल्य है। किसान अपनी फसल में जितना लगाता है कि उसका आधा भी नहीं निकलता है। यही वजह है कि आज किसान कर्ज में डूबा हुआ है। किसानों पर बैंक से ज्यादा साहूकारों का कर्ज है। कृषि भूमि के मालिकाना हक को लेकर भी विवाद पुराना है। जमीनों का एक बड़ा हिस्सा बड़े किसानों, महाजनों और साहूकारों के पास है, जिस पर छोटे किसान काम करते हैं। ऐसे में अगर फसल अच्छी नहीं होती, तो छोटे किसान कर्ज में डूब जाते हैं।

हमें युवाओं को शिक्षा और रोजगार के अवसर उपलब्ध कराने होंगे। इसमें कोई दो राय नहीं है कि अच्छी शिक्षा के बगैर बेहतर भविष्य की कल्पना नहीं की जा सकती। किसी भी देश की आर्थिक और सामाजिक प्रगति उस देश की शिक्षा पर निर्भर करती है, लेकिन शिक्षा के मामले में हिंदी पट्टी के राज्यों के मुकाबले दक्षिण के राज्य हमसे कहीं आगे हैं।

इसके पिछले 70 वर्षों में हमने अपनी शिक्षा-व्यवस्था की अनदेखी की है। पिछले साल झारखंड, बिहार समेत अनेक बोर्डों के नतीजे आए, लेकिन एक गंभीर बात उभरकर सामने आई है कि बिहार और झारखंड, दोनों राज्यों में विज्ञान पढ़नेवाले आधे से अधिक छात्र फेल हो गए हैं। यह चिंताजनक स्थिति है, क्योंकि देश के अधिकांश बच्चे विज्ञान पढ़ रहे हैं और इंजीनियर बनना चाहते हैं। हमें इस दिशा में सार्थक प्रयास करने होंगे।

यह साल गांधी की 150वीं जन्मशती का वर्ष भी है। यह गांधी के विचारों की ताकत ही है कि उनके विचार आज भी जिंदा हैं और देश-दुनिया में बड़ी संख्या में लोग आज भी उनके विचारों से प्रेरणा लेते हैं। गांधी की बातें सरल और सहज लगती हैं, लेकिन उनका अनुसरण करना बेहद कठिन होता है।

सन् 1909 में गांधीजी ने एक चर्चित पुस्तक 'हिंद स्वराज्य' लिखी थी। उन्होंने यह पुस्तक इंग्लैंड से अफ्रीका लौटते हुए जहाज पर लिखी थी। यह पुस्तक संवाद शैली में लिखी गई है। गांधी इसमें लिखते हैं कि हिंदुस्तान अगर प्रेम के सिद्धांत को अपने धर्म के एक सक्रिय अंश के रूप में स्वीकार करे और उसे अपनी राजनीति में शामिल करे, तो स्वराज स्वर्ग से हिंदुस्तान की धरती पर उतर आएगा। महात्मा गांधी का मानना था कि नैतिकता, प्रेम, अहिंसा और सत्य को छोड़कर भौतिक समृद्धि और व्यक्तिगत सुख को महत्त्व देनेवाली आधुनिक सभ्यता विनाशकारी है।

'गीता' ने गांधीजी को सबसे अधिक प्रभावित किया था। यह उनकी प्रिय आध्यात्मिक पुस्तक थी। 'गीता' के दो शब्दों को को गांधीजी ने आत्मसात् कर लिया था। इनमें एक था—अपरिग्रह, जिसका अर्थ है—मनुष्य को अपने आध्यात्मिक जीवन को बाधित करनेवाली भौतिक वस्तुओं का त्याग कर देना चाहिए। दूसरा शब्द है—समभाव। इसका अर्थ है—दुःख-सुख, जीत-हार सबमें एक समान भाव रखना, उससे प्रभावित नहीं होना।

मौजूदा दौर की सबसे बड़ी चिंता पर्यावरण को बचाए रखने की है। इस चुनौती का विश्वव्यापी आयाम है। हिंदी पट्टी में पर्यावरण की चेतना उतनी नहीं दिखाई देती है।

सामान्य सी दिखनेवाली और बहु-उपयोगी पॉलिथीन हम सबके जी का जंजाल बन गई है। यह पूरे पर्यावरण के लिए बेहद खतरनाक है और इसमें वह जहर घोल रही है। इनसान, जानवर और पेड़-पौधों इसने किसी को नहीं छोड़ा है। प्रकृति के लिए यह अत्यंत घातक है। माना जाता है कि पॉलिथीन अजर-अमर है और इसको नष्ट होने में एक हजार साल लग जाते हैं। इसके नुकसान की लंबी-चौड़ी सूची है। जलाने पर यह ऐसी गैसें छोड़ती है, जो जानलेवा होती हैं।

यह जल चक्र में बाधक बनकर बारिश को प्रभावित करती है। नदी-नालों को अवरुद्ध करती है। खेती की उर्वरा शक्ति को प्रभावित करती है। पशु, खासकर गायें इसको खा जाती हैं और यह उनकी आँतों में अटक जाती है, जिससे गाय की मौत तक हो जाती है। हम लोग अकसर खाने की वस्तुएँ पॉलिथीन में रख लेते हैं, जिससे कैंसर की आशंका बढ़ जाती है। हाल में बिहार सरकार ने इस पर प्रतिबंध की पहल की है।

झारखंड सरकार इस पर पहले ही प्रतिबंध लगा चुकी है। इसमें सहयोग के लिए हम सबको आगे आना होगा और यह प्रण लेना होगा कि पॉलिथीन का इस्तेमाल नहीं करेंगे। तभी यह प्रतिबंध प्रभावी होगा, जब तक हम साफ-सफाई और पर्यावरण के प्रति सचेत नहीं होंगे, कोई उपाय कारगर साबित नहीं होने वाला है। आज समय की माँग है कि हम इस विषय में संजीदा हों। पर्यावरण बचाना एक सामूहिक जिम्मेदारी है।

और अंत में सर्वेश्वरदयाल सक्सेना की कविता की कुछ पंक्तियाँ—

नए साल की शुभकामनाएँ
खेतों की मेंड़ों पर धूल भरे पाँव को
कुहरे में लिपटे उस छोटे से गाँव को
नए साल की शुभकामनाएँ
जाँते के गीतों को बैलों की चाल को
करघे को कोल्हू को मछुओं के जाल को
नए साल की शुभकामनाएँ!

31 दिसंबर, 2018

□

मीडिया को तो बख्श दीजिए

मीडिया पर एकतरफा टीका-टिप्पणी करने का चलन इधर बढ़ता जा रहा है। कोई भी और कभी भी पूरे मीडिया जगत् के विषय में बयान दे देता है और उसकी विश्वसनीयता पर सवाल खड़े कर देता है।

मीडिया ही ऐसा माध्यम है, जो आप तक सूचनाएँ पहुँचाता है, आपके मुद्दे और समस्याएँ उठाता है और किसी भी विषय पर आपको अपनी राय कायम करने में मदद करता है। हम सबके लिए यह जानना भी जरूरी है कि मीडियाकर्मी कितनी कठिन और प्रतिकूल परिस्थितियों में अपने काम को अनजाम देते हैं?

कभी-कभार यह चुनौतीपूर्ण माहौल उनकी जान तक ले लेता है। वह यह चुनौती इसलिए स्वीकार करते हैं, ताकि आप तक निष्पक्ष और सटीक खबरें पहुँच सकें।

हाल में कांग्रेस अध्यक्ष राहुल गांधी ने समाचार एजेंसी ए.एन.आई. की संपादक स्मिता प्रकाश पर प्रधानमंत्री नरेंद्र मोदी के इंटरव्यू को लेकर निशाना साधा। राहुल गांधी ने स्मिता प्रकाश को अंग्रेजी में प्लाइअबॅल यानी लचीला अथवा नमनशील पत्रकार बताते हुए कहा था कि इंटरव्यू में वह सवाल भी खुद ही पूछ रही थीं और जवाब भी खुद दे रही थीं। इस पर एडिटर्स गिल्ड ऑफ इंडिया, प्रेस क्लब ऑफ इंडिया, इंडियन वीमेंस प्रेस कॉर्प्स और प्रेस एसोसिएशन और अन्य अनेक पत्रकार संगठनों ने आपत्ति जताई और राहुल गांधी के बयान की निंदा की है।

एडिटर्स गिल्ड ऑफ इंडिया ने बयान जारी कर कहा कि पत्रकारों को डराना और बदनाम करना एक पसंदीदा रणनीति बन गई है। हमने राजनीतिज्ञों को इसका इस्तेमाल करते देखा है। इस मामले में केवल कांग्रेस ही दोषी नहीं है। पिछले कुछ समय में भाजपा और आप के शीर्ष नेताओं ने भी पत्रकारों के लिए 'प्रेस्टीट्यूट', 'न्यूज ट्रेडर्स', 'बाजारू' या 'दलाल' जैसे अपमानजनक शब्दों का इस्तेमाल किया है।

एडिटर्स गिल्ड ने कहा कि इस पर तत्काल विराम लगना चाहिए। दिल्ली जर्नलिस्ट एसोसिएशन ने माँग की है कि कांग्रेस पार्टी इस पर माफी माँगे और अफसोस जताए।

एसोसिएशन का कहना था कि एक पत्रकार के बारे में केवल इसलिए बुरा-भला कहना, क्योंकि उन्होंने प्रतिद्वंद्वी राजनेता का इंटरव्यू लिया, अनुचित है।

कांग्रेस अध्यक्ष राहुल गांधी ने राफेल मुद्दे पर आयोजित प्रेस कॉन्फ्रेंस में न्यूज एजेंसी ए.एन.आई. को दिए गए प्रधानमंत्री नरेंद्र मोदी के इंटरव्यू को नियोजित बताया था। राहुल गांधी के इस बयान पर स्मिता प्रकाश ने जवाब में ट्वीट किया था कि राहुल गांधी पी.एम. पर हमला करना चाहते हैं तो करें, लेकिन उनका अपमान न करें। स्मिता प्रकाश ने लिखा कि देश की सबसे पुरानी पार्टी के अध्यक्ष से ऐसी उम्मीद नहीं थी।

इसके बाद कांग्रेस और भाजपा के नेताओं के इसके पक्ष और विपक्ष में बयान आने लगे। राहुल गांधी की टिप्पणी के बाद अरुण जेटली ने निशाना साधा, तो कांग्रेस के आधिकारिक ट्विटर हैंडल पर 'प्लेएबल' शब्द का इस्तेमाल करते हुए एक वीडियो जारी किया गया, जिसमें पी.एम. मोदी के पूर्व के कुछ इंटरव्यू को डाला गया था।

ऐसी कुछ घटनाएँ हमारे सामने हैं, जिनमें पत्रकारों को अपनी जान तक गँवानी पड़ी। कुछ समय पहले श्रीनगर में राइजिंग कश्मीर के संपादक शुजात बुखारी की आतंकवादियों ने गोली मारकर हत्या कर दी। त्रिपुरा में पिछले साल दो पत्रकारों की हत्या कर दी गई थी। बेंगलुरु में गौरी लंकेश की हत्या तो चर्चित रही ही है। छोटी जगहों पर पत्रकारिता करना और चुनौतीपूर्ण होता है। वहाँ माफिया से टकराना आसान नहीं होता।

आपको शायद याद हो कि कुछ समय पहले बिहार के सीवान में पत्रकार राजदेव रंजन की हत्या कर दी गई थी। इसके अलावा मध्य प्रदेश के भिंड जिले में पत्रकार संदीप शर्मा की हत्या इसलिए कर दी गई थी, क्योंकि वह रेत माफिया के खिलाफ अभियान छेड़े हुए थे। कुछ ही दिनों पहले दूरदर्शन के मीडियाकर्मी अच्युतानंद नक्सली हमले में मारे गए।

यह कोई दबा-छुपा तथ्य नहीं है कि मीडियाकर्मियों को कई तरह के दबावों का सामना करना पड़ता है। इसमें राजनीतिक और सामाजिक, दोनों दबाव शामिल हैं।

कश्मीर में रिपोर्टिंग करना तो और दुष्कर कार्य है। आतंकवादियों के निशाना बनने का हमेशा खतरा बना रहता है। इतने दबावों के बीच आप अंदाजा लगा सकते हैं कि खबरों में संतुलन बनाए रखना कितना कठिन कार्य होता है ? यह सच है कि मौजूदा दौर में खबरों की साख का संकट है, लेकिन आज भी अखबार खबरों के सबसे प्रामाणिक स्रोत हैं। हालाँकि यह भी सही है कि पत्रकारों को राजनीतिक खेमेबंदी से बचना चाहिए।

हाल में मणिपुर के एक पत्रकार को भाजपा सरकार और प्रधानमंत्री की कटु आलोचना करना महँगा पड़ गया। उसे राष्ट्रीय सुरक्षा कानून के तहत एक साल तक हिरासत में रखने की सजा सुनाई गई है। सबरीमला मंदिर में दो महिलाओं के प्रवेश के विरोध में आयोजित हड़ताल के दौरान विभिन्न जिलों में मीडिया पर हुए हमले हुए।

तिरुवनंतपुरम में हड़ताल के दौरान हिंसा की कवरेज कर रहे तीन मीडियाकर्मी घायल हो गए।

हाल में अंतरराष्ट्रीय संस्था 'रिपोर्टर्स विदाउट बॉर्डर्स' ने इस साल दुनिया में मीडियाकर्मियों पर हुए हमलों और हत्याओं के आँकड़े जारी किए हैं। इसमें भारत भी है।

दुनिया में इस साल 80 मीडियाकर्मियों की हत्या हुई। सबसे ज्यादा 15 मीडियाकर्मी अफगानिस्तान में मारे गए हैं। मध्य-पूर्व में कई स्थानों पर संघर्ष चल रहा है। इस संघर्ष का निशाना मीडियाकर्मीयों भी बने हैं। 2 अक्तूबर को तुर्की के इस्तांबुल शहर में 'वॉशिंगटन पोस्ट' के पत्रकार जमाल खशोगी की हत्या कर दी गई थी। खगोशी क्राउन प्रिंस मोहम्मद बिन सलमान के आलोचक माने जाते थे।

अमेरिका की प्रतिष्ठित पत्रिका 'टाइम' मैगजीन ने इस साल 'पर्सन ऑफ द ईयर' का सम्मान चार पत्रकारों और एक अखबार को संयुक्त रूप से दिया है। उन्हें अभिव्यक्ति की आजादी के संघर्ष के लिए सम्मानित किया गया है।

इसमें सऊदी अरब के दिवंगत पत्रकार जमाल खशोगी के अलावा म्याँमार सरकार द्वारा जेल में बंद किए गए न्यूज एजेंसी 'रॉयटर्स' के दो पत्रकार, वा लोन और क्यो सू ओउ शामिल हैं। उनके ऊपर ऑफिशियल सीक्रेट्स ऐक्ट की धारा लगाकर म्याँमार सरकार ने करीब एक साल से जेल में बंद रखा हुआ है। ये दोनों पत्रकार रोहिंग्या मुसलमानों के बारे में रिपोर्टिंग कर रहे थे, जिससे वहाँ की सरकार उनसे नाराज थी।

इनके अलावा मैरीलैंड के अखबार 'कैपिटल गजेट' को भी चुना गया है। इस अखबार के दफ्तर पर हुए हमले में पाँच लोग मारे गए थे। फिलीपींस की पत्रकार मारिया रेसा को भी इस श्रेणी में रखा गया है, जिन्हें गिरफ्तार कर लिया गया था। 'टाइम' मैगजीन का मानना है कि ये लोग दुनियाभर में लड़ी जा रही अभिव्यक्ति की लड़ाई का प्रतिनिधित्व करते हैं।

7 जनवरी, 2019

□

महिलाओं का सम्मान करना सीखें

पिछले दिनों महिलाओं के अपमान की कई घटनाएँ सामने आई हैं। ये घटनाएँ इस बात की ओर इशारा करती हैं कि देश में यह धारणा अब भी मजबूत है कि स्त्री का दर्जा दोयम है और पुरुष से नीचे है। आश्चर्य तब होता है, जब जाने-माने लोग भी सार्वजनिक रूप से ऐसे बयान देते नजर आते हैं। यह अवधारणा अचानक प्रकट नहीं हुई है। दरअसल, हमारी सामाजिक संरचना ऐसी है, जिसमें बचपन से ही यह बात बच्चों के मन में स्थापित कर दी जाती है कि लड़का, लड़की से बेहतर है।

इन बातों के मूल में यह धारणा है कि परिवार और समाज का मुखिया पुरुष है और महिलाओं को उसकी व्यवस्थाओं का पालन करना है। यह सही है कि परिस्थितियों में भारी बदलाव आया है, लेकिन अब भी ऐसे परिवारों की संख्या कम है, जिनमें बेटे और बेटी के बीच भेदभाव न किया जाता हो। बाद में ये बातें सार्वजनिक जीवन में प्रकट होने लगती हैं।

हाल में भारतीय क्रिकेटर हार्दिक पंड्या और के.एल. राहुल को एक शो के दौरान महिलाओं को लेकर आपत्तिजनक टिप्पणी के कारण टीम से जाँच लंबित रहने तक निलंबित कर दिया गया है।

टॉक शो 'कॉफी विद करण' में हार्दिक पंड्या ने कई महिलाओं के साथ संबंध होने का दावा किया और यह भी बताया कि वह इस मामले में अपने परिजनों के साथ भी खुलकर बातें करते हैं। विवादित बयानों के बाद भारतीय क्रिकेट प्रशासकों की कमेटी ने दोनों खिलाड़ियों को ऑस्ट्रेलिया के खिलाफ वन-डे सीरीज से बाहर कर दिया है, लेकिन उनकी मुश्किलें यहीं खत्म नहीं हुई हैं।

अब लोगों के गुस्से को देखते हुए विज्ञापन कंपनियों ने भी उनसे अपने हाथ खींचने शुरू कर दिए हैं। जाने-माने स्पिनर हरभजन सिंह ने हार्दिक पंड्या और के.एल. राहुल की कड़ी आलोचना की है और कहा कि उन्होंने क्रिकेटरों की साख को दाँव पर लगा दिया है। कप्तान विराट कोहली ने भी उनकी टिप्पणियों को अनुचित करार दिया है।

हरभजन सिंह ने कहा कि वह तो अपने दोस्तों के साथ भी इस तरह की बातें नहीं करते और वे सार्वजनिक तौर पर टेलीविजन पर ऐसी बातें कर रहे हैं! दोनों खिलाड़ियों ने क्रिकेट बोर्ड, प्रशासनिक समिति और सार्वजनिक रूप से माफी माँगी है, लेकिन लोगों का गुस्सा थम नहीं रहा है। यह घटना केवल हार्दिक पंड्या अथवा केएल राहुल तक सीमित नहीं है, बल्कि समाज के एक वर्ग की मानसिकता को दरशाती है, जिसमें महिलाएँ भोग-विलास की वस्तुएँ हैं।

दूसरा मामला, कांग्रेस अध्यक्ष राहुल गांधी का रक्षा मंत्री निर्मला सीतारमण पर दिया बयान है। जयपुर में हुई राहुल गांधी ने राफेल सौदे को लेकर संसद में हुई बहस पर पी.एम. मोदी को घेरा था। राहुल ने कहा, '56 इंच की छाती वाला प्रधानमंत्री लोकसभा में एक मिनट के लिए नहीं आ पाया। ढाई घंटे निर्मला सीतारमण जी ने भाषण दिया। हमने भाषण की धज्जियाँ उड़ाईं।

वह जवाब नहीं दे पाईं। लोकसभा में राफेल पर बहस हो रही थी, मोदी पंजाब भाग गए। चौकीदार राफेल पर एक मिनट भी नहीं बोल पाए... चौकीदार लोकसभा में पैर नहीं रख पाया और एक महिला से कहता है कि निर्मला सीतारमणजी, आप मेरी रक्षा कीजिए, मैं अपनी रक्षा नहीं कर पाऊँगा। आपने देखा कि ढाई घंटे महिला रक्षा नहीं कर पाईं।' राहुल गांधी के इस बयान की पी.एम. नरेंद्र मोदी ने आलोचना की।

मोदी ने कहा कि अब विपक्ष एक महिला का अपमान करने पर उतारू हो गया है। यह देश की महिलाओं का अपमान है। राष्ट्रीय महिला आयोग ने इस बयान को लेकर राहुल गांधी से जवाब-तलब किया है। राष्ट्रीय महिला आयोग की अध्यक्ष रेखा शर्मा का कहना है कि राहुल गांधी इस बयान से क्या साबित करना चाहते हैं? क्या वह यह सोचते हैं कि महिलाएँ कमजोर हैं? फरवरी 2018 में प्रधानमंत्री नरेंद्र मोदी राष्ट्रपति के अभिभाषण पर बोल रहे थे।

इस दौरान कांग्रेस सांसद रेणुका चौधरी जोर-जोर से हँस रही थीं। इस पर सभापति वेंकैया नायडू ने आपत्ति जताई और रेणुका चौधरी से चुप रहने के लिए कहा। इस पर प्रधानमंत्री पी.एम. मोदी ने कहा था, "सभापतिजी, मेरी आपसे विनती है कि रेणुकाजी को कुछ मत कहिए। 'रामायण' सीरियल के बाद ऐसी हँसी सुनने का सौभाग्य आज मिल पाया है।"

सार्वजनिक रूप से दिए ऐसे अनेक बयान है, जहाँ महिलाओं को कमतर बताने की कोशिश हुई है। राजस्थान विधानसभा चुनाव के दौरान शरद यादव ने तत्कालीन मुख्यमंत्री वसुंधरा राजे की सेहत को लेकर बयान दिया था और जब इस पर कड़ी प्रतिक्रिया हुई, तो उन्होंने खेद प्रकट किया। शरद यादव ने कहा था, "वसुंधरा को आराम दो, बहुत थक गई हैं। बहुत मोटी हो गई है, पहले पतली थी। हमारे मध्य प्रदेश की बेटी है।"

वर्ष 1996 में जब पहली बार महिला आरक्षण विधेयक को लोकसभा में पेश करने की कोशिश की गई थी, तब शरद यादव ने विधेयक के प्रावधानों पर आपत्ति जताई थी और कहा था कि इस विधेयक से सिर्फ 'परकटी महिलाओं' को ही फायदा पहुँचेगा। महिलाओं पर दिए गए ऐसे बयानों की सूची अंतहीन है। समाजवादी पार्टी के नेता मुलायम सिंह का 2014 का एक बयान भी खबरों में रहा था, जिसमें उन्होंने कहा था, "क्या रेप में फाँसी दी जाएगी? अरे लड़के हैं। गलती हो जाती है।"

मानुषी छिल्लर के मिस वर्ल्ड बनने पर कांग्रेस नेता शशि थरूर ने उन्हें 'चिल्लर' कहकर उनका मजाक उड़ाया था। ट्वीट कर उन्होंने कहा था, "हमारी मुद्रा का विमुद्रीकरण करना कितनी बड़ी भूल थी।" भाजपा को इस बात का एहसास होना चाहिए कि भारतीय मुद्रा का विश्व भर में वर्चस्व है, देखिए हमारी 'चिल्लर' भी मिस वर्ल्ड बन गई है।

जबकि देखा जाए, तो भारतीय महिलाएँ जिंदगी के सभी क्षेत्रों में सक्रिय हैं। इंदिरा गांधी जैसी सशक्त महिला देश की प्रधानमंत्री रही हैं। भारत का संविधान भी सभी महिलाओं को बिना किसी भेदभाव के सामान अधिकार की गारंटी देता है, लेकिन इन सब बातों के बावजूद देश में महिलाओं की स्थिति अब भी मजबूत नहीं है। उन्हें अकसर निशाना बनाया जाता है। कानून के बावजूद कार्यस्थलों पर उनके साथ भेदभाव किया जाता है। कुछ समय पहले राज्यों के लिए लिंग भेद सूचकांक तैयार किया है और इस कसौटी पर सभी राज्यों की कसा गया।

इसके नतीजों के अनुसार गोवा महिलाओं के लिए सबसे सुरक्षित राज्य है, जबकि देश की राजधानी दिल्ली महिलाओं की सुरक्षा की दृष्टि से खराब राज्यों में से एक है। हिंदी भाषी राज्यों का तो बेहद रिकॉर्ड खराब है। पिछले कुछ वर्षों में महिलाओं की स्थिति में धीरे-धीरे ही सही, मगर सुधार आया है, लेकिन जब तक महिलाओं के प्रति समाज में सम्मान की चेतना पैदा नहीं होगी, तब तक ये सारे प्रयास नाकाफी हैं।

14 जनवरी, 2019

□

धोनी को कितने इम्तिहान देने होंगे?

पिछले कुछ समय में किसी क्रिकेट खिलाड़ी पर इतने सवाल नहीं उठाए गए हैं, जितने महेंद्र सिंह धोनी पर। पहले भी यह बात सामने आई है कि धोनी के खिलाफ, खासकर सोशल मीडिया पर, एक सुनियोजित अभियान चलाया जा रहा है। इसमें यह बताने की कोशिश की जा रही है कि अब वह चुक गए हैं और टीम पर बोझ बन गए हैं।

उनके मुकाबले अन्य खिलाड़ियों को खड़ा करने का प्रयास भी किया गया है। साथ ही, यह संदेश देने की भी कोशिश की गई है कि उन्हें अब विदा करने का वक्त आ गया है। धोनी के खिलाफ इस तरह के अभियान समय-समय पर चलते रहे हैं, लेकिन हर बार धोनी ने अपनी बल्लेबाजी और विकिटकीपिंग, दोनों से अपने आलोचकों को करारा जवाब दिया है। वह एक बार फिर हर कसौटी पर खरे उतरे हैं।

धोनी ने ऑस्ट्रेलिया के खिलाफ शानदार पारी खेलकर न केवल भारतीय टीम को संकट से बाहर निकाला, बल्कि जीत भी दिलाई है। वन-डे सीरीज के तीनों मैचों में लगातार तीन अर्ध-शतक लगाने के कारण उन्हें सीरीज का सर्वश्रेष्ठ खिलाड़ी करार दिया गया है। धोनी ने सीरीज के आखिरी और निर्णायक मैच में नाबाद 87 रन बनाए और टीम को जीत दिलवाई। सीरीज में यह उनका लगातार तीसरा अर्ध-शतक था।

साथ ही, उन्होंने ऑस्ट्रेलिया में एक हजार रन का रिकॉर्ड भी बनाया। धोनी से पहले ऑस्ट्रेलिया में वन-डे मैचों में एक हजार रन बनाने की उपलब्धि सिर्फ तीन भारतीय बल्लेबाज सचिन तेंदुलकर, विराट कोहली और रोहित शर्मा हासिल कर पाए थे। और तो और, 10 वर्ष पहले जिस औसत से धोनी रन बना रहे थे, वह अब भी लगभग उसी औसत से रन बना रहे हैं।

यह प्रसन्नता की बात है कि भारतीय कप्तान विराट कोहली धोनी के पक्ष में खुलकर सामने आए हैं। विराट ने कहा कि लोग बहुत कुछ कहते हैं, लेकिन हमें पता है कि भारतीय क्रिकेट के प्रति धोनी से ज्यादा समर्पित कोई खिलाड़ी नहीं है। लोगों को उनके

प्रति सदाशयता दिखानी चाहिए, क्योंकि उन्होंने भारतीय क्रिकेट को बहुत कुछ दिया है।

यह बात पहले भी सामने आई है और आपने यदि गौर किया हो कि मैदान में आधी कप्तानी धोनी कर रहे होते हैं। वह विकेट के पीछे से गेंदबाजों को कैसी और कहाँ गेंद करें, इसकी लगातार हिदायत देते रहते हैं। स्पिनर के वक्त तो उनकी सक्रियता और बढ़ जाती है।

वह स्पिनरों को लगातार सलाह देते नजर आते हैं। स्टंप में लगे माइक से उनकी बातें साफ सुनाई देती हैं। ऐसा नहीं है कि धोनी पहली बार स्पिनरों की मदद कर रहे हों। हालाँकि सारा श्रेय गेंदबाजों को मिलता है, लेकिन हम धोनी के योगदान की अकसर अनदेखी कर जाते हैं। यह अनुभव और विशेषता किसी अन्य विकेटकीपर में कहाँ मिलेगी ? जब भी कोई रिव्यू लेने की बात आती है, कप्तान विराट कोहली उनके पास जाते हैं और धोनी का निर्णय अंतिम होता है।

यह सही है कि वह विकेट के पीछे रहते हैं और बेहतर स्थिति में होते हैं। दुनिया के सभी विकेटकीपर इसी स्थिति में होते हैं, लेकिन धोनी रिव्यू का सटीक आकलन करते हैं। यही वजह है कि भारतीय टीम के अधिकांश रिव्यू सफल होते हैं।

अंतिम मैच में एक दिलचस्प वाकया हुआ। आमतौर पर होता है कि टीम के खिलाड़ी जीतने के बाद स्टंप उखाड़कर अपने साथ ले जाते हैं, लेकिन जब से एल.ई.डी. स्टंप्स का उपयोग शुरू हुआ है, तब से खिलाड़ी कम ही स्टंप्स ले जाते हैं, लेकिन 87 रन की नाबाद पारी खेलकर और सीरीज 2–1 से जिताने के बाद धोनी गेंद उठाकर ले गए।

धोनी बॉल लेकर पवेलियन की ओर लौटे और उन्होंने टीम के बैटिंग कोच संजय बांगर के हाथों में वह गेंद सौंप दी। बताते हैं कि उन्होंने कहा कि बॉल ले लो, नहीं तो लोग बोलेंगे कि रिटायरमेंट ले रहा है। अधिकांश लोगों के समझ में यह बात नहीं आई कि धोनी ने ऐसा क्यों कहा और इससे उनका आशय क्या था ? दरअसल, 2018 में फॉर्म के लिए संघर्ष कर रहे धोनी इंग्लैंड दौरे पर भी इसी तरह मैच के बाद गेंद उठाकर ले आए थे।

इसके बाद अटकलों का बाजार गरम हो गया था कि वह संन्यास ले रहे हैं, लेकिन बाद में पता चला कि धोनी ने वह सफेद गेंद बॉलिंग कोच को दे दी थी। दरअसल, वह उन्हें गेंद की हालत दिखाना चाहते थे, लेकिन तब तक संन्यास की अटकलों ने जोर पकड़ लिया था और टीम के कोच रवि शास्त्री को इस अफवाह का खंडन करना पड़ा था। एक साल के बाद ऑस्ट्रेलिया दौरे पर धोनी ने बांगर के साथ चुटकी लेते हुए उस घटना की याद ताजा कर दी। साथ ही, यह भी स्पष्ट कर दिया कि वह फिलहाल संन्यास नहीं ले रहे हैं।

भारतीय टीम के मुख्य कोच रवि शास्त्री भी धोनी के मुरीद हैं। उन्होंने कहा कि टीम में महेंद्र सिंह धोनी की जगह कोई और नहीं ले सकता।

धोनी जैसे खिलाड़ी 30-40 साल में एक बार आते हैं। जब तक वह हैं, हर भारतीय को उनके खेल का आनंद उठाना चाहिए। जब वह चले जाएँगे, तो एक बड़ा खालीपन होगा, जिसे भरना मुश्किल होगा। शास्त्री ने कहा कि विकेट के पीछे उनका योगदान शानदार रहता है। वह टीम में पूजे जाते हैं।

यह पूरी टीम उनके द्वारा बनाई हुई है, क्योंकि वह पूरे 10 साल तक टीम के कप्तान रहे हैं। आँकड़े इस बात के गवाह हैं कि धोनी जैसा कोई नहीं है। धोनी के नाम एक-से-एक रिकॉर्ड दर्ज हैं। वह दुनिया के एकमात्र ऐसे कप्तान हैं, जिनके नेतृत्व में किसी टीम ने आई.सी.सी. की तीनों ट्रॉफी जीती हैं। धोनी की कप्तानी में भारत ने 2011 का वर्ल्ड कप और 2007 का आई.सी.सी. वर्ल्ड ट्वेंटी-20 और 2013 में आई.सी.सी. चैंपियंस ट्रॉफी का खिताब जीता है।

उन्होंने 335 वन-डे मैच खेले हैं। इसमें उनके नाम 10,366 रन दर्ज हैं और उनका औसत 50.81 है। उनके नाम 10 वन-डे सेंचुरी हैं और सौ से अधिक हाफ सेंचुरी हैं। वन-डे मैचों में 100 स्टंपिंग करनेवाले वह दुनिया के एकमात्र विकेटकीपर हैं। उनकी तेजी और फुरती में कोई कमी नहीं है। पलक झपकते ही वह बल्लेबाज की गिल्लियाँ उड़ा देते हैं।

यह बात देश और विदेश के सभी के खिलाड़ियों को पता है कि अगर धोनी के हाथ में गेंद आ गई और प्लेयर क्रीज से जरा सा भी बाहर है, तो बल्लेबाज किसी भी सूरत में बच नहीं सकता है। धोनी को दुनिया का 'बेस्ट फिनिशिर', 'मिस्टर कूल' और 'मिस्टर डिपेंडेंट' यूँ ही नहीं कहा जाता है। उन्होंने एक बार फिर साबित किया है कि उनको जो नाम दिए गए हैं, वे उनके एकदम उपयुक्त हैं। मैं पूरी तरह आश्वस्त हूँ कि 2019 में होने वाले क्रिकेट विश्व कप में वह महत्त्वपूर्ण भूमिका निभाएँगे।

21 जनवरी, 2019

□

ई.वी.एम. पर सवाल उठाना बंद करें

दुनिया कंप्यूटर और इंटरनेट के दौर से आगे निकल चुकी है। माना जा रहा है कि अगली सदी आर्टिफिशियल इंटेलिजेंस की है। ऐसे में, हमारे कुछेक राजनेता हमें पुराने दौर में ले जाने की कोशिश कर रहे हैं।

अब तो यह दस्तूर हो गया है कि हर चुनाव से पहले ई.वी.एम. पर सवाल उठाए जाएँ। सदियों तक सत्ता परिवर्तन हमेशा रक्तरंजित रहा है, लेकिन लोकतांत्रिक व्यवस्था ने सत्ता परिवर्तन को सहज कर दिया। लोकतंत्र का बुनियादी तत्त्व है कि मतदान प्रक्रिया निष्पक्ष हो। मतदाता को यह भरोसा हो कि उसका वोट वहीं पड़ा है, जहाँ वह देना चाहता था। ई.वी.एम. में गड़बड़ी के आरोपों में भले ही कुछ दम नहीं है, लेकिन बार-बार इसकी विश्वसनीयता पर सवाल उठाए जाने से लोगों के मन में संशय उत्पन्न होता है।

सैयद शुजा नाम के एक हैकर ने लंदन में एक प्रेस कॉन्फ्रेंस कर यह दावा किया था कि 2014 के आम चुनाव में ई.वी.एम. के साथ छेड़छाड़ की गई थी। उन्होंने इसे हैक करने का दावा भी किया। भारतीय निर्वाचन आयोग ने हैकर के दावे को बेबुनियाद करार दिया है। आयोग का कहना है कि ई.वी.एम. से किसी भी तरह से छेड़छाड़ नहीं हो सकती।

ये मशीनें टेंपर प्रूफ हैं और इनमें वायरलेस माध्यमों से जुड़ने की व्यवस्था ही नहीं है, जबकि हैकर ने ई.वी.एम. में ट्रांसमीटर के जरिए कथित हैकिंग का दावा किया था। आयोग के विशेषज्ञों का कहना है कि एक तो ई.वी.एम. इंटरनेट से जुड़ी नहीं होती हैं और न ही इनमें ऐसा कोई प्रावधान होता है। इसलिए रिमोट या कोई एक कमांड देकर इनको कब्जे में नहीं किया जा सकता है। दूसरे, लाखों मशीनों को खोलकर उनमें हेर-फेर करना संभव नहीं है, जबकि अंतिम समय तक यह पता नहीं होता कि कौन सी मशीन कहाँ इस्तेमाल की जाएगी?

इस पर आरोप-प्रत्यारोप का दौर भी शुरू हो गया। कानून मंत्री रविशंकर प्रसाद ने कहा कि कांग्रेस इस मुद्दे पर ओछी राजनीति कर रही है। उनका आरोप था कि लंदन में

जो प्रेस कॉन्फ्रेंस की गई थी, उसे कांग्रेस ने आयोजित किया था।

उनका सवाल था कि कांग्रेस का अगर इससे कोई लेना-देना नहीं था, तो उस प्रेस कॉन्फ्रेंस में कपिल सिब्बल क्या कर रहे थे? हाल में कोलकाता में हुई ममता बनर्जी की रैली में चुनाव सुधारों पर चार सदस्यीय समिति का गठन किया गया था। यह समिति मुख्य रूप से ई.वी.एम. की कार्यप्रणाली का मूल्यांकन करेगी और चुनाव आयोग को सुझाव देगी। समिति में कांग्रेस के अभिषेक मनु सिंघवी, सपा के अखिलेश यादव, बसपा के सतीश चंद्र मिश्रा और आम आदमी पार्टी के अरविंद केजरीवाल को रखा गया है। नेशनल कॉन्फ्रेंस के नेता फारुक अब्दुल्ला ने तो ई.वी.एम. को 'चोर मशीन' तक ठहरा दिया।

उनका कहना था कि विपक्षी दलों को निर्वाचन आयोग और राष्ट्रपति से संपर्क करना चाहिए, जिससे ई.वी.एम. का इस्तेमाल रोका जा सके और पारदर्शिता के लिए मतपत्रों के इस्तेमाल की पुरानी व्यवस्था को वापस लाया जा सके। हालाँकि, मुख्य निर्वाचन आयुक्त सुनील अरोड़ा ने स्पष्ट कर दिया है कि मतपत्रों से चुनाव कराने का कोई अर्थ नहीं है।

ई.वी.एम. पर जो विवाद है, उस विषय पर निर्वाचन आयोग हर तरह की आलोचना का सामना करने के लिए तैयार है। अगर किसी शख्स या राजनीतिक पार्टी को आपत्ति है, तो वह अपनी शिकायत दर्ज करा सकता है, लेकिन निर्वाचन आयोग किसी दबाव या डर या किसी अन्य वजह से मतपत्रों के जरिए चुनाव नहीं कराएगा।

कुछ समय पहले भी ई.वी.एम. की निष्पक्षता पर सवाल उठाए गए थे। चुनाव आयोग ने इन भ्रांतियों को दूर करने के लिए सभी दलों को इसे हैक कर दिखाने की चुनौती दी थी, लेकिन कोई भी पार्टी और उनका प्रतिनिधि ऐसा नहीं कर पाया।

यह तथ्य भी सबके सामने है, जब मतपत्रों का इस्तेमाल होता था, तो सही स्थान पर मुहर न लगने के कारण लगभग 4 से 5 फीसदी वोट रद्द हो जाते थे। दूसरे, उत्तर प्रदेश, बिहार और पश्चिम बंगाल में बूथ कैप्चरिंग एक बड़ी समस्या थी।

ई.वी.एम. के इस्तेमाल से बूथ कैप्चरिंग संभव नहीं रही। आपको याद होगा कि कैसे कई-कई दिनों तक मतपत्रों की गिनती चलती रहती थी और कितनी देर में पूरे नतीजे आ पाते थे। और, कहीं गिनती पर विवाद हो गया, तो फिर पूरी प्रक्रिया दोहराई जाती थी। मेरा मानना है कि ई.वी.एम. के साथ परची वाली मशीन वीवीपैट को जोड़ने की माँग उचित है।

वीवीपैट ई.वी.एम. की तरह ही होती है, लेकिन इसमें वोटिंग के समय एक परची निकलती है, जिसमें यह जानकारी होती है कि मतदाता ने किस उम्मीदवार को वोट डाला है? इससे मतदाता को यह पता चल जाता है कि उसका वोट सही उम्मीदवार को गया या नहीं?

ऐसा लगता है कि कुछेक राजनीतिक दलों ने एक नई रणनीति अपना ली है। वे जब भी चुनाव हारते हैं, तो हार का जिम्मेदार ई.वी.एम. को ठहरा देते हैं। यह दिलचस्प है कि जो पार्टी जीतती है, वह इसके पक्ष में खड़ी हो जाती है और जो हारती है, वह इसके विरोध में खड़ी हो जाती है।

हाल में राजस्थान, मध्य प्रदेश और छत्तीसगढ़ में कांग्रेस की सरकारें इसी ई.वी. एम. के माध्यम से हुए मतदान से ही बनी हैं। अरविंद केजरीवाल की आम आदमी पार्टी की दिल्ली विधानसभा चुनावों में इसी ई.वी.एम. से भारी जीत हुई थी, तब उन्हें इससे कोई शिकवा नहीं था। ज्यों ही दिल्ली नगर निगम और पंजाब का चुनाव हारी, तो उन्हें इसमें खामियाँ नजर आने लगीं।

उत्तर प्रदेश विधानसभा चुनावों में मिली हार के बाद बहुजन समाज पार्टी और समाजवादी पार्टी ने हार का जिम्मेदार ई.वी.एम. को ठहरा दिया था, लेकिन जब उन्हें गोरखपुर, फूलपुर और कैराना उपचुनावों में भारी जीत मिली, तो उन्होंने ई.वी.एम. की तारीफ में एक शब्द तक नहीं कहा। कर्नाटक में भी विपक्ष की सरकार इसी ई.वी.एम. के माध्यम से बनीं। यह दलील कैसे चलेगी कि जब आप जीतें, तो मशीन ठीक और जब हारें, तो मशीन खराब है।

यह सही है कि समय-समय पर राजनीतिक दल अपनी सहूलियत के अनुसार इस पर अपना रुख बदलते रहे हैं। एक दौर में भाजपा भी ई.वी.एम. की विश्वसनीयता पर सवाल उठा चुकी है। वर्ष 2009 में लोकसभा चुनावों में हार के बाद भाजपा के वरिष्ठ नेता लालकृष्ण आडवाणी ने ई.वी.एम. पर सवाल उठाए थे।

सुब्रमण्यम स्वामी तो इस मामले को लेकर सुप्रीम कोर्ट तक चले गए थे। कई राजनेता तर्क देते हैं कि यूरोप के देशों में अब भी मतपत्र की व्यवस्था जारी है। ये सभी छोटे-छोटे मुल्क हैं, जिनकी जनसंख्या हमारे एक बड़े राज्य से भी कम है। इन देशों में बूथ लूटने और अन्य चुनावी धाँधलियों जैसी कोई समस्या नहीं है।

चुनाव आयोग के अनुसार भारत में 81 करोड़ से अधिक मतदाता हैं। यह संख्या अमेरिका, यूरोप के सभी मतदाताओं को मिला दें, तो उनसे भी ज्यादा है। हमारी चुनौतियाँ यूरोप और अमेरिका से एकदम भिन्न हैं। इसलिए ई.वी.एम. पर बेवजह के सवाल उठाने तत्काल बंद होने चाहिए।

28 जनवरी, 2019

□

किसानों को मिले दीर्घकालिक हल

मोदी सरकार की ओर से पेश किया गया अंतरिम बजट वैसे तो समाज के हर वर्ग को साधने वाला है, लेकिन यह छोटे किसानों पर विशेष मेहरबान है। अंतरिम वित्तमंत्री पीयूष गोयल ने बजट में किसानों, मजदूरों और मध्य वर्ग को ध्यान में रखते हुए कई घोषणाओं का ऐलान किया।

यह मौजूदा सरकार का अंतिम बजट था। वैसे तो अंतरिम बजट में अगली सरकार चुने जाने तक के खर्च की योजना और लेखा-जोखा होता है, लेकिन इस बजट में उससे कहीं अधिक है। इस साल अप्रैल-मई में लोकसभा चुनाव होने की उम्मीद है और मई के अंत तक नई सरकार सत्ता सँभाल लेगी।

जैसी कि उम्मीद की जा रही थी, लोकसभा चुनाव का असर इस बजट में स्पष्ट देखने को मिला। प्रधानमंत्री मोदी हर अवसर का लाभ उठाने में माहिर हैं और उन्होंने इस बार भी इस मौके को यूँ ही जाने नहीं दिया। मोदी सरकार ने बजट के जरिए उन सभी तबकों को साधने की कोशिश की, जो चुनाव नतीजों को प्रभावित कर सकते हैं। वित्तमंत्री ने दो हेक्टेयर तक खेती करनेवाले छोटे किसानों को सालाना 6,000 रुपए की मदद देने की घोषणा की है।

यह रकम 2-2 हजार रुपए की तीन किस्तों में सीधे किसान के खाते में जाएगी। साथ ही, पाँच लाख रुपए तक सालाना आय वाले मध्य वर्ग के लोगों को कर के दायरे से बाहर कर दिया। इतना ही नहीं, उन्होंने असंगठित क्षेत्र के मजदूरों के लिए पेंशन योजना भी शुरू करने की घोषणा की है, जिसके तहत 60 साल की उम्र के बाद उन्हें हर महीने तीन हजार रुपए की पेंशन मिलेगी। किसानों के लिए बजट में कई घोषणाएँ की गई हैं। बजट में कहा गया है कि मछली पालन के लिए अलग विभाग बनाया जाएगा, मछुआरों को क्रेडिट कार्ड से कर्ज पर दो फीसद तथा प्राकृतिक आपदा में किसानों को दो फीसद ब्याज की छूट दी जाएगी और समय से कर्ज लौटाने पर तीन फीसद अतिरिक्त ब्याज माफ किया जाएगा, लेकिन किसानों को हर साल छह हजार रुपए की मदद ज्यादा चर्चा में है।

प्रधानमंत्री नरेंद्र मोदी ने कहा कि पहले किसान योजनाओं का लाभ केवल 2-3 करोड़ किसानों को मिलता था, लेकिन अब 12 करोड़ किसानों को मिलेगा। प्रधानमंत्री ने इसे किसानों को मजबूती देनेवाला बजट बताया है। एक भारतीय परिवार में औसतन पाँच सदस्य होते हैं। इस हिसाब से देखा जाए, तो इस योजना से लगभग 60 करोड़ लोग प्रभावित होंगे। चुनाव की दृष्टि से यह वोट देनेवाली आबादी का एक बड़ा हिस्सा है।

दिलचस्प तथ्य है कि यह योजना 1 दिसंबर, 2018 से लागू मानी जाएगी और इसके तहत मिलनेवाले दो हजार रुपए की पहली किस्त किसानों को 31 मार्च, 2019 से पहले दे दी जाएगी। विपक्षी नेता और कांग्रेस अध्यक्ष राहुल गांधी ने इसे किसानों के साथ मजाक बताया है।

हालाँकि पिछले सप्ताह ही राहुल गांधी ने सत्ता में आने पर एक न्यूनतम आय गारंटी योजना लाने का वादा किया था। मेरा मानना है कि किसानों को लोकसभा चुनावों की दृष्टि से ही सही, यदि कुछ मदद मिल जाए, तो इसमें कोई बुराई नहीं है। अमेरिका से लेकर यूरोप तक, सभी देशों की सरकारें अपने किसानों का खयाल रखती हैं और सब्सिडी के माध्यम से किसानों की भारी मदद करती हैं, पर यह तथ्य भी है कि छह हजार हजार रुपए की आर्थिक सहायता किसानों को तात्कालिक मदद तो प्रदान कर सकती है, लेकिन यह किसानों की समस्याओं का दीर्घकालिक हल नहीं है।

पिछले एक दशक से अपने देश के किसानों की स्थिति बहुत खराब रही है। उन्हें उनकी उपज का उचित मूल्य नहीं मिल पाता है। यह हर साल का दृश्य है कि टमाटर और अन्य सब्जियों के दाम इतने कम हो जाते हैं कि किसान उन्हें सड़कों पर फेंककर चले जाते हैं। ऐसी तसवीरें फिर सामने आने लगी हैं।

किसानों के आंदोलन मोदी सरकार के दौरान विरोध की बड़ी आवाज बने हैं। मध्य प्रदेश, राजस्थान और छत्तीसगढ़ विधानसभा चुनावों में भाजपा की हार में भी किसानों की नाराजगी एक वजह मानी जाती है। किसानों की चिंताजनक स्थिति का अंदाजा इस बात से लगता है कि पिछले 10 वर्षों में देश की अर्थव्यवस्था में महत्त्वपूर्ण भूमिका निभाने वाले लगभग तीन लाख किसानों ने आत्महत्या की है। किसानों की सबसे बड़ी समस्या फसल का उचित मूल्य है। एक किसान अपनी फसल में जितना लगाता है, उसका आधा भी नहीं निकलता है। यही वजह है कि आज किसान कर्ज में डूबे हुए हैं। किसानों पर बैंक से ज्यादा साहूकारों का कर्ज है।

यह सही है कि मौजूदा केंद्र सरकार ने न्यूनतम समर्थन मूल्य में दो गुना की वृद्धि की है, लेकिन मौजूदा समय में खेती में लागत खासी बढ़ गई है। कुछ व्यावहारिक समस्याएँ भी हैं, जैसे सरकारें बहुत देर से फसल की खरीद शुरू करती हैं। तब तक किसान आढ़तियों को फसल बेच चुके होते हैं। कृषि भूमि के मालिकाना हक को लेकर

भी विवाद पुराना है। जमीनों का एक बड़ा हिस्सा बड़े किसानों, महाजनों और साहूकारों के पास है, जिस पर छोटे किसान काम करते हैं। ऐसे में अगर फसल अच्छी नहीं होती, तो छोटे किसान कर्ज में डूब जाते हैं।

जब भी किसानों का आंदोलन होता है, तब स्वामीनाथन कमेटी की सिफारिशों की चर्चा जरूर होती है। दरअसल, किसानों की समस्याओं का अध्ययन करने के लिए हरित क्रांति के जनक प्रो. एम.एस. स्वामीनाथन की अगुआई में नवंबर 2004 में एक कमेटी बनी थी।

इस कमेटी ने अक्तूबर 2006 में अपनी रिपोर्ट सौंपी थी, जिसमें खेती और किसानों की दशा में सुधार के लिए अनेक सिफारिशें की गई थीं। स्वामीनाथन कमेटी की सबसे प्रमुख सिफारिश थी—कृषि को राज्यों की सूची के बजाय समवर्ती सूची में लाया जाए, ताकि केंद्र व राज्य दोनों किसानों की मदद के लिए आगे आएँ। स्वामीनाथन कमेटी ने बीज और फसल की कीमत को लेकर भी सुझाव दिए थे और कहा था कि किसानों को अच्छी क्वालिटी का बीज न्यूनतम मूल्य पर मुहैया कराया जाए और उन्हें फसल की लागत का पचास प्रतिशत ज्यादा दाम मिले।

कमेटी ने अपनी रिपोर्ट में सिफारिश की थी कि किसानों के कर्ज की ब्याज दर 4 प्रतिशत तक लाई जाए, लेकिन किसान आज भी स्वामीनाथन कमेटी की सिफारिशों को अमल में लाने की जद्दोजहद कर रहे हैं। यह देश का दुर्भाग्य है कि दशकों से हमारा तंत्र किसानों के प्रति उदासीन रहा है। अगर आप गौर करें, तो पाएँगे कि विकास की दौड़ में हमारे गाँव लगातार पिछड़ते जा रहे हैं।

बिजली-पानी, सड़क, शिक्षा और स्वास्थ्य जैसी बुनियादी सुविधाएँ शहरों में केंद्रित होकर रह गई हैं। आजादी के 70 साल हो गए, लेकिन गाँवों में बुनियादी सुविधाओं का नितांत अभाव है। गाँवों का जीवन-स्तर सुधरना चाहिए। विकास की प्राथमिकता के केंद्र में गाँव होने चाहिए। बुनियादी सुविधा उनका हक है। हम सबको किसानों की जायज माँगों का समर्थन करना चाहिए।

4 फरवरी, 2019

□

आतंकी हमले से उद्वेलित देश

जम्मू-कश्मीर के पुलवामा में सी.आर.पी.एफ. के काफिले पर हमले में 40 जवानों की शहादत के बाद पूरे देश में गुस्से का माहौल है। पुलवामा में सी.आर.पी.एफ. के जवानों को ले जा रही एक बस से आई.डी. से भरी कार को टकरा दिया गया, जिससे हुए धमाके में 40 जवान शहीद हो गए और अन्य अनेक घायल हो गए। यह पहली बार है कि आत्मघाती हमलावर ने विस्फोटकों से भरी एक गाड़ी को सुरक्षाबलों की गाड़ी से टकरा दिया। ऐसी घटनाएँ अफगानिस्तान अथवा इराक में तो अकसर होती रहती हैं, लेकिन भारत में अब तक ऐसी घटनाएँ नहीं हुई थीं।

सुरक्षाबलों पर यह हमला पिछले तीन दशक का सबसे बड़ा हमला बताया जा रहा है। इस हमले के तत्काल बाद सुरक्षा मामलों की कैबिनेट कमेटी की बैठक बुलाई गई, जिसमें पाकिस्तान से 'मोस्ट फेवर्ड नेशन' का दर्जा छीन लिया गया। इसके तहत पाकिस्तान को आयात-निर्यात में विशेष छूट मिलती थी। डब्ल्यू.टी.ओ. के सदस्य देश मुक्त व्यापार के नियम से बँधे हैं, लेकिन मोस्ट फेवर्ड नेशन के दर्जे के कारण पाकिस्तान को विशेष छूट दी जा रही थी।

पाकिस्तान इस समय आर्थिक संकट से जूझ रहा है और भारत के साथ उसका अच्छा-खासा व्यापार होता है। सीमा पर कितना भी तनाव रहा हो, उसका व्यापार पर असर नहीं पड़ता था, लेकिन इस बार यह दर्जा समाप्त कर दिया गया है। इस फैसले से पाकिस्तान को आर्थिक चोट पहुँचनी तय है।

इसके कूटनीति के मोर्चे पर पाकिस्तान को अंतरराष्ट्रीय स्तर पर अलग-थलग करने की भी रणनीति तय की गई। प्रधानमंत्री नरेंद्र मोदी ने कहा है कि पूरे देश में भारी गुस्सा है और आतंकवादियों ने बड़ी गलती कर दी है, इसकी कीमत उन्हें चुकानी पड़ेगी। इस हमले की अंतरराष्ट्रीय स्तर पर भी कड़ी निंदा हुई है।

लगभग 50 देशों ने इस हमले की कड़ी निंदा की है। अमेरिका और इजराइल जैसे देशों ने तो स्पष्ट रूप से कहा है कि वे भारत के साथ हैं। अमेरिका के राष्ट्रीय सुरक्षा

सलाहकार ने तो स्पष्ट कहा है कि भारत को आत्मरक्षा का अधिकार है। सऊदी अरब ने भी हमले की निंदा की है। सऊदी अरब के क्राउन प्रिंस मोहम्मद-बिन-सलमान पाकिस्तान पहुँचने वाले थे, लेकिन उन्होंने अपने दौरे को एक दिन कम कर दिया है।

इस हमले के विरोध में लोग जगह-जगह सड़कों पर उतरे हैं और उनकी माँग है कि पाकिस्तान के खिलाफ कारर‌वाई हो। इस घटना ने देश के लोगों को उद्वेलित कर दिया है। हर जगह शहीदों के अंतिम संस्कार में भारी भीड़ उमड़ी है। जनभावना है कि पाकिस्तान द्वारा प्रायोजित आतंकवादी हमलों की अति हो गई और अब कारर‌वाई का समय आ गया है।

इस बार लोगों की प्रतिक्रिया बहुत गंभीर है और सरकार पर कारर‌वाई का भारी दबाव है, लेकिन पाकिस्तानी मीडिया के माध्यम से जो खबरें सामने आई हैं, उनसे प्रतीत होता है कि पाकिस्तान इसको हल्के में ले रहा है। उनकी ओर से कोई गंभीर प्रतिक्रिया सामने नहीं आई है। वह पुराना राग अलाप रहा है कि भारत हमले के सबूत दे कि इसमें पाकिस्तानी संगठन शामिल हैं, जबकि हमले की जिम्मेदारी आतंकवादी संगठन 'जैश-ए-मोहम्मद' ने ली है। 'जैश-ए-मोहम्मद' पाकिस्तान स्थित इसलामिक आतंकवादी संगठन है और इसके संस्थापक मसूद अजहर का ठिकाना पाकिस्तान ही है।

खबरें हैं कि वह आजकल रावलपिंडी स्थित सेना के एक अस्पताल में अपना इलाज करवा रहा है और वहीं से आतंकवादियों को निर्देश दे रहा है। मोदी सरकार ने कई बार संयुक्त राष्ट्र से मसूद अजहर को अंतरराष्ट्रीय आतंकवादी घोषित कराने की कोशिश की, लेकिन चीन ने हर बार इसमें अड़ँगा लगाया है। इस बार आत्मघाती हमलावर का वीडियो सबसे बड़ा सबूत है, जिसमें वह खुद कह रहा है कि वह 'जैश-ए-मोहम्मद' से जुड़ा हुआ है।

जैसी कि उम्मीद थी, चीन की ओर से कोई कड़ी प्रतिक्रिया सामने नहीं आई। चीन के विदेश मंत्रालय के प्रवक्ता ने पत्रकारों के पूछे जाने पर इस हमले की निंदा की और कहा कि मारे गए लोगों के परिवारों के प्रति उनकी पूरी संवेदना है, लेकिन उन्होंने मसूद अजहर के सवाल पर कोई स्पष्ट जवाब नहीं दिया।

मैंने पहले भी लिखा है कि पाकिस्तान के प्रधानमंत्री इमरान खान से ज्यादा उम्मीद नहीं करनी चाहिए। वह सेना की कठपुतली के अलावा कुछ भी नहीं हैं। कुछ समय पहले करतारपुर गलियारे की पहल के दौरान इमरान खान ने बड़ी-बड़ी बातें की थीं। गलियारे की आधारशिला पाकिस्तान में वहाँ के प्रधानमंत्री इमरान खान और भारत में उपराष्ट्रपति एम वेंकैया नायडू ने रखी थी। इस मौके पर इमरान खान ने कहा था कि भारत और पाकिस्तान, दोनों तरफ से गलतियाँ हुई हैं।

जब फ्रांस और जर्मनी साथ हैं, फिर हम क्यों नहीं? उन्होंने कहा कि क्या हम

अपना एक मसला हल नहीं कर सकते? कोई ऐसी चीज नहीं, जो हल नहीं हो सकती, लेकिन पाकिस्तानी नेताओं की कथनी और करनी में बहुत अंतर है। 'जैश-ए-मोहम्मद' और 'लश्कर-ए-तैयबा' के आतंकवादी वहाँ खुलेआम घूमते हैं और उन पर कोई रोक-टोक नहीं है।

यह तथ्य जगजाहिर है कि पाकिस्तानी सेना ने पिछले चुनाव में पूरी ताकत लगाकर इमरान खान को जितवाया था। इसके लिए सेना ने चुनावों में जितनी हेराफेरी हो सकती थी, वह की। चुनाव प्रचार से लेकर मतदान और मतगणना तक सारी व्यवस्था को सेना ने अपने नियंत्रण में रखा।

पाक सुरक्षा एजेंसियाँ ने चुनावी कवरेज को प्रभावित करने के लिए लगातार अभियान चलाया। जो भी पत्रकार, चैनल अथवा अखबार नवाज शरीफ के पक्ष में खड़ा नजर आया, खुफिया एजेंसियों ने उसे निशाना बनाया।

कई पत्रकारों का अपहरण हुआ है और उन्हें प्रमाणित किया गया। चुनाव से ठीक पहले भ्रष्टाचार के एक मामले में नवाज शरीफ को 10 साल और उनकी बेटी मरियम को सात साल की जेल की सजा सुना दी गई, ताकि इमरान खान सत्ता तक पहुँच सकें। लब्बोलुआब यह कि इमरान खान की हैसियत सेना की कठपुतली भर है और वह सेना की नीतियों से इधर-उधर जाने की सोच भी नहीं सकते।

पाकिस्तान में सेना ही विदेश नीति तय करती है, खासकर भारत के साथ रिश्ते कैसे हों, इसका निर्धारण वही करती है। पाकिस्तानी सेना के सहयोग से ही आतंकवादी संगठन फलते-फूलते हैं और वह उन्हें नियंत्रित करती है। सेना ही उनका इस्तेमाल भारत के खिलाफ करती है।

शांति की किसी भी पहल को वह कामयाब नहीं होने देती। अमन की आशा रखनेवालों को यह स्पष्ट हो जाना चाहिए कि पाकिस्तानी सेना की दुम सीधी होने वाली नहीं है। मौजूदा परिस्थितियों में पाकिस्तान के साथ संवाद की गुंजाइश नहीं है। सीमा पर मोमबत्ती जलाने से संबंध सुधरने वाले नहीं हैं, क्योंकि पाक सेना केवल सर्जिकल स्ट्राइक की ही भाषा समझती है।

18 फरवरी, 2019

□

सबक सिखाना है, पर धैर्य न खोएँ

पुलवामा हमले के बाद पूरा देश उद्वेलित हैं। देश के लोगों में आतंकवादियों और पाकिस्तान के खिलाफ भारी गुस्सा है। इतनी बड़ी संख्या में हमारे सुरक्षाबल के भाइयों के शहीद होने से हम-आप सभी का उद्वेलित होना स्वाभाविक है, लेकिन इस उत्तेजना में हम आप आपा न खोएँ।

इससे हमें बचना है। पिछले दिनों कुछ स्थानों से ऐसी खबरें आईं कि देश में कश्मीरियों को निशाना बनाया गया। यह चिंताजनक स्थिति है। ऐसी घटनाओं को तत्काल रोकना होगा। प्रधानमंत्री नरेंद्र मोदी ने कश्मीरियों पर हुए हमले की सही वक्त पर निंदा की है।

उन्होंने स्पष्ट रूप से कहा है कि हमारी लड़ाई कश्मीर के लिए है, कश्मीरियों के खिलाफ नहीं है। एक जनसभा में प्रधानमंत्री ने कहा कि कश्मीरी बच्चों की सुरक्षा की जिम्मेदारी हमारी है। कश्मीर का बच्चा-बच्चा आतंकवादियों के खिलाफ है। हमें उसे अपने साथ रखना है। अमरनाथ की यात्रा करने लाखों श्रद्धालु जाते हैं, उनकी देखभाल कश्मीर का बच्चा करता है। अमरनाथ यात्रियों को जब गोली लगी, तो कश्मीर के मुसलमान खून देने के लिए कतार लगाकर खड़े हो गए थे।

पिछले दिनों कश्मीरी बच्चों के साथ हिंदुस्तान के किसी कोने में क्या हुआ, क्या नहीं हुआ, घटना छोटी थी या बड़ी, मुद्दा यह नहीं है। इस देश में यह नहीं होना चाहिए। कश्मीर में जैसे हमारे जवान शहीद होते हैं, वैसे ही कश्मीर के लाल भी इन आतंकवादियों की गोलियों के शिकार होते हैं। नरेंद्र मोदी ने कहा कि अगर हमें आतंकवाद को जड़ से उखाड़ना है, तो गलती नहीं करनी है। आम कश्मीरी भी आतंकवाद से मुक्ति चाहता है।

मोदी ने कहा कि कश्मीर के पंच-सरपंचों ने मुझसे किया वादा निभाया है। मैंने उनसे कहा था कि जब आतंकवादी स्कूल जलाते हैं, तब वे इमारत नहीं जलाते, आपके बच्चों का भविष्य जलाते हैं। आज गर्व हैं कि कश्मीर घाटी के पंच-सरपंचों ने एक भी स्कूल जलने नहीं दिया है। कहा कि वह दुनियाभर में आतंकियों का दाना-पानी बंद

करने में जुटे हैं। दुनिया में तब तक शांति संभव नहीं है, जब तक आतंक की फैक्टरियाँ चलती रहेंगी।

हमें धैर्य रखना चाहिए और प्रधानमंत्री के वादे पर भरोसा करना चाहिए। यह जान लीजिए कि पाकिस्तान 70 साल पुराना रोग है और यह धीरे-धीरे ही ठीक होगा।

इसमें कभी सैन्य काररवाई करनी होगी, कभी कूटनीतिक रूप से पाकिस्तान को अलग-थलग करना होगा, तो कभी पानी को हथियार की तरह इस्तेमाल करना होगा और कभी-कभी परदे के पीछे बातचीत भी करनी होगी। पूर्व प्रधानमंत्री अटल बिहारी वाजपेयी ने एक बार कहा था कि आप अपना दोस्त बदल सकते हैं, लेकिन पड़ोसी नहीं बदल सकते हैं। अंतरराष्ट्रीय जगत् भी यह स्वीकार कर रहा है कि भारत में भारी गुस्सा है।

अमेरिकी राष्ट्रपति ट्रंप ने भी मीडिया से बातचीत में स्वीकार किया है कि इस समय भारत और पाकिस्तान के बीच हालात बेहद खराब हैं। दोनों देशों के बीच एक खतरनाक स्थिति है।

उनका कहना था कि वह तनाव के हालात जल्द खत्म होते देखना चाहते हैं। ट्रंप ने कहा कि बहुत लोगों को मार दिया गया है। हम इस प्रक्रिया पर नजर रखे हुए हैं। भारत बहुत सख्त कदम उठाने पर गौर कर रहा है। परिस्थितियाँ बहुत ही नाजुक हालात की ओर जाते दिख रही हैं। कश्मीर में जो कुछ हुआ, उससे भारत-पाकिस्तान के बीच बहुत सी समस्याएँ खड़ी हो गई हैं।

इस आतंकी हमले की जिम्मेदारी पाकिस्तान स्थित आतंकी संगठन 'जैश-ए-मोहम्मद' ने ली थी। यह कितना हास्यास्पद है कि बावजूद इसके पाकिस्तान के प्रधानमंत्री इमरान खान सबूत माँग रहे हैं।

यह जगजाहिर है कि 'जैश-ए-मोहम्मद' ने पाकिस्तान के बहावलपुर शहर में अपना मुख्यालय बना रखा है और इसका मुखिया मसूद अजहर यहीं से अपनी आतंकी गतिविधियाँ संचालित करता है। इसके पहले तत्कालीन पाक पी.एम. नवाज शरीफ ने अपने देश की विदेश नीति पर सवाल उठाते हुए स्वीकार किया था कि पाकिस्तान में अब भी आतंकवादी संगठन सक्रिय हैं। नवाज शरीफ ने कहा था कि आप उन्हें गैर-सरकारी किरदार कह सकते हैं, लेकिन हम उन पर मुकदमा क्यों नहीं चलाते?

नवाज शरीफ का बयान सार्वजनिक होने के बाद पाक सेना उनके खिलाफ हो गई थी और उसने उन्हें जेल तक पहुँचा दिया। हम आप जानते हैं कि 26 नवंबर, 2008 को लश्कर के आतंकवादियों ने मुंबई पर हमला किया था, जिसमें 166 लोग मारे गए थे। उनमें से एक अजमल कसाब जिंदा पकड़ लिया गया था। भारत द्वारा पुख्ता सबूत देने के बावजूद पाकिस्तान हमेशा इस हमले में अपनी भूमिका को खारिज करता आया है।

हमें एक और पड़ोसी देश चीन पर भी निगाह रखनी होगी, जिसकी मदद से

पाकिस्तान अंतरराष्ट्रीय स्तर पर दबावों से बचता आ रहा है। देश की जनता को भी इस बात को लेकर जागरूक करना होगा कि चीन आपका शुभचिंतक नहीं है। चीन के अड़ंगे के कारण आत्मघाती हमले के एक हफ्ते बाद संयुक्त राष्ट्र सुरक्षा परिषद् इसकी कड़ी निंदा कर पाया।

चीन ने पाकिस्तान को बचाने के लिए पूरा जोर लगा दिया था। चीन ने इस बात की पूरी कोशिश की थी कि यह बयान जारी न हो पाए। भारतीय प्रयासों और अमेरिका के समर्थन के कारण ही सुरक्षा परिषद् के सभी सदस्यों को इसकी मंजूरी मिल सकी। पुलवामा आतंकी हमले को लेकर सुरक्षा परिषद् में एक हफ्ते भारी खींच-तान चली।

पुलवामा पर 15 फरवरी को निंदा का बयान जारी होने वाला था, लेकिन चीन इसमें बदलाव करने के लिए लगातार इसे आगे बढ़वाता रहा। सुरक्षा परिषद् के सदस्य देश 15 फरवरी को अपना बयान जारी करनेवाले थे, लेकिन चीन ने इसे आगे बढ़वाते हुए 18 फरवरी तक का समय माँगा। प्रकिया को टालने के लिए चीन ने दो बार इसमें बदलाव के प्रस्ताव रखे।

चीन चाहता था कि आतंकी संगठन 'जैश-ए-मोहम्मद' को दोषी ठहराए जाने का जिक्र न किया जाए। बावजूद इसके, सुरक्षा परिषद् ने पुलवामा के आतंकी हमले की कड़ी निंदा की है और अपने बयान में जैश का जिक्र किया है। चीन आतंकी सरगना मसूद अजहर पर वैश्विक प्रतिबंध लगाने की भारत की कोशिशों में बार-बार अड़ंगा लगाता आया है।

भारत और पाकिस्तान को अलग हुए 70 साल से अधिक का अरसा हो गया, लेकिन रिश्ते आज तक सामान्य नहीं हो पाए हैं। विभाजन के रूप में हमने आजादी की बहुत बड़ी कीमत चुकाई है। विभाजन के दौरान हुई हिंसा में लगभग पाँच लाख लोग मारे गए थे और करीब डेढ़ करोड़ लोगों को अपना घर-बार छोड़कर शरणार्थी बनना पड़ा था। दुनिया में आजादी की इतनी बड़ी कीमत कहीं अदा नहीं करनी पड़ी है। इतिहास के इस काले अध्याय को हमें विस्मृत नहीं करना चाहिए।

25 फरवरी, 2019

□

सैन्य कारवाई की नई लक्ष्मण रेखा

विंग कमांडर अभिनंदन की सकुशल वापसी से पूरा देश प्रसन्न है। होना भी चाहिए। अभिनंदन ने अदम्य साहस का परिचय देते हुए भारतीय सीमा में घुसे पाकिस्तान के एफ-16 विमान को मार गिराया था, लेकिन इस संघर्ष में उनका मिग-21 विमान भी गिर गया और वह पाकिस्तान के कब्जे वाले कश्मीर में जा पहुँचे।

पाकिस्तानी सेना ने उन्हें बंधक बना लिया, लेकिन भारतीय व अंतरराष्ट्रीय दबाव काम आया और आखिरकार वह रिहा हो गए। जाँबाज सैनिक की वापसी को पाकिस्तान ने काफी उलझाए रखा। ऐसी सूचनाएँ हैं कि पाकिस्तानी सेना के कुछ जनरल और आई.एस.आई. के कुछ अफसर अभिनंदन की रिहाई को लेकर नाखुश थे। आखिरी वक्त तक वे अड़चनें खड़ी करते रहे। दबाव देकर अभिनंदन से एक वीडियो भी रिकॉर्ड करवाया गया और रिहाई से ठीक पहले उसे पाकिस्तानी मीडिया को रिलीज कर दिया गया। इस संघर्ष में पाकिस्तान का एक एफ-16 विमान अभिनंदन ने मार गिराया था, लेकिन पाकिस्तान ने इसे अभी तक स्वीकार नहीं किया है। पाकिस्तानी विमान एफ-16 के पायलट को भीड़ ने भारतीय समझकर पीट-पीट कर मार डाला। सूचना क्रांति के इस युग में कुछ भी छुपा नहीं है।

जो एफ-16 विमान मार गिराया गया, वह पाक वायुसेना की 19वीं स्क्वाड्रन का पायलट शहजाजुद्दीन उड़ा रहा था। भारतीय सेना की यह परंपरा रही है कि वह अपने शहीद सैनिकों के नाम कभी नहीं छुपाती। दूसरी ओर, पाकिस्तान हमेशा अपने सैनिकों की मौत की बात छुपाता है। अगर आपको याद हो, करगिल युद्ध के दौरान भारतीय सेना के जो भी जवान शहीद होते थे, पूरे सैन्य सम्मान के साथ उनका अंतिम संस्कार होता था, लेकिन पाकिस्तान सेना अपने सैनिकों की मौत की बात कभी नहीं कबूलती थी और दबे-छुपे तरीके से उनका अंतिम संस्कार कर दिया जाता था।

भारत पाकिस्तान के साथ संबंध सुधारने की लगातार कोशिशें करता आया है, लेकिन कभी कामयाबी नहीं मिली। कभी मुंबई में हमला हुआ तो कभी उड़ी, पठानकोट

और पुलवामा में सैन्य प्रतिष्ठानों को निशाना बनाया गया। पाकिस्तान के प्रधानमंत्री इमरान खान अब भी वही पुराना राग अलाप रहे हैं कि भारत सबूत दे कि हमले में पाकिस्तानी संगठन शामिल हैं, तो कारवाई करेंगे, जबकि हमले की जिम्मेदारी आतंकवादी संगठन 'जैश-ए-मोहम्मद' ने ली है। 'जैश-ए-मोहम्मद' पाकिस्तान स्थित इसलामिक आतंकवादी संगठन है। इसके सरगना मसूद अजहर का ठिकाना पाकिस्तान ही है।

पाकिस्तान के विदेश मंत्री शाह महमूद कुरैशी स्वीकार कर रहे हैं कि मसूद पाकिस्तान में है। कह रहे हैं कि वह बीमार है, उसका इलाज चल रहा है। इस बार आत्मघाती हमलावर का वीडियो सबसे बड़ा सबूत है, जिसमें वह खुद कह रहा है कि वह 'जैश-ए-मोहम्मद' से जुड़ा हुआ है।

हमले के बाद पाकिस्तान में 'जैश-ए-मोहम्मद' ने हमले की जिम्मेदारी सार्वजनिक रूप से स्वीकार की थी। इसके बाद भी पाकिस्तान को किन सबूतों की जरूरत है, यह समझ से परे है। मुंबई, पठानकोट और उड़ी सबके सबूत दिए गए हैं, लेकिन आज तक कोई कारवाई नहीं की। 'जैश-ए-मोहम्मद' और 'लश्कर-ए-तैयबा' के आतंकवादी वहाँ खुलेआम घूमते हैं। मैंने पहले भी लिखा है कि पाकिस्तान के पी.एम. इमरान खान सेना के मुखौटा भर हैं। वह सेना की नीतियों से इधर-उधर जाने की सोच भी नहीं सकते। पाकिस्तानी सेना के सहयोग से ही आतंकवादी संगठन फलते-फूलते हैं और वह उन्हें नियंत्रित करती है। सेना ही उनका इस्तेमाल भारत के खिलाफ करती है।

शांति की किसी भी पहल को वह कामयाब नहीं होने देती। दिलचस्प तो यह है कि पाकिस्तान अब इमरान खान को शांति दूत के रूप में पेश कर रहा है। वहाँ की संसद में सूचना मंत्री फवाद चौधरी ने प्रस्ताव पेश किया है कि इमरान खान को नोबेल शांति पुरस्कार दिया जाए, जबकि पाकिस्तान में शांति की बात करनेवाले राजनेता ज्यादा दिन नहीं चलते हैं,।

दरअसल, 1971 की जंग में पाकिस्तान को हराने के बाद भारत में मानस बन गया था कि पाक अध्याय अब हमेशा के लिए समाप्त हो गया है। दूसरी ओर, पाकिस्तानी सेना ने मान लिया था कि भारत को पारंपरिक युद्ध में हराना संभव नहीं है और उन्होंने आतंकवादियों का सहारा लेना प्रारंभ कर दिया। 1998 के परमाणु परीक्षणों के बाद तो भारत ने पारंपरिक युद्ध के विकल्प पर विचार करना ही छोड़ दिया और सेना के आधुनिकीकरण का काम लगभग बंद कर दिया। रही-सही कसर रक्षा खरीद में घोटालों के सामने आने के बाद पूरी हो गई।

दूसरी ओर, परमाणु हथियारों को लेकर पाकिस्तान ने खौफ का ऐसा माहौल खड़ा कर दिया कि हम उसके झाँसे में आ गए। मौजूदा संघर्ष को देखें, तो अभिनंदन तीन

दशक से अधिक पुराने मिग–21 विमान से पाकिस्तान के एफ–16 विमान का मुकाबला कर रहे थे, जिसे संग्रहालय में रख दिया जाना चाहिए था। सैन्य साजो–सामान की खरीद की प्रक्रिया शुरू हुई है, तो राफेल विमान पर जमकर राजनीति हो रही है, उसे चुनावी मुद्दा बनाने की कोशिश हो रही है।

इस संघर्ष के दौरान कई नई बातें सामने आईं। एक संघर्ष भारत और पाकिस्तान के बीच युद्ध मैदान में हुआ। दूसरा भारत और पाकिस्तान के टी.वी. स्टूडियो और सोशल मीडिया में लड़ा जा रहा है। इस हो–हल्ले में भारतीय काररवाई का पूरा विश्लेषण नहीं हो पाया है। पुलवामा हमले के बाद के घटनाक्रम ने भारत और पाकिस्तान संघर्ष की नई लक्ष्मण रेखा खींच दी है। पुलवामा आतंकी हमले के जवाब में भारतीय वायु सेना ने 'जैश–ए–मोहम्मद' के जिस कैंप को निशाना बनाया वह पाकिस्तान के खैबर पख्तूनख्वाह प्रांत के बालाकोट में स्थित है। पहले इस बात को लेकर भ्रम था कि हमला पुंछ के नजदीक बालाकोट पर हुआ है या फिर खैबर पख्तूनख्वाह प्रांत के बालाकोट में, लेकिन जल्द ही यह बात साफ हो गई। यह बालाकोट पाकिस्तान के मानशेरा जिले का हिस्सा है। भारतीय लड़ाकू विमान वहाँ काररवाई कर सकुशल वापस आ गए और पाकिस्तानी वायु सेना सोती रही।

उरी के हमले के बाद भारतीय सेना ने सीमा के नजदीक के आतंकी शिविरों को निशाना बनाया था। इसके आगे सेना नहीं बढ़ी थी, लेकिन पहली बार यह लक्ष्मण रेखा पार की गई है। इस विषय पर बहस हो सकती है कि कितने आतंकवादी मारे गए, लेकिन पाकिस्तान में कितने अंदर घुसकर काररवाई की जाए, इसकी जो लक्ष्मण रेखा भारत ने खींच रखी थी, वह इस बार तोड़ दी गई। और यह जान लीजिए कि एक बार बाँध टूटा तो फिर बहाव को कोई नहीं रोक सकता है।

अब पाकिस्तान की ओर से किसी भी आतंकवादी घटना का जवाब भारत पाकिस्तान में आतंकी अड्डों को निशाना बनाकर दे सकता है। प्रधानमंत्री नरेंद्र मोदी ने जो लकीर खींच दी है, कोई भी भारतीय सरकार उससे पीछे नहीं हट पाएगी।

4 मार्च, 2019

□

आखिर हम चिंतित क्यों नहीं होते?

प्रदूषण को लेकर एक के बाद एक रिपोर्टें आ रही हैं, जिनमें भारत के शहरों की चिंताजनक स्थिति की ओर इशारा किया जा रहा है। बावजूद इसके, हम इस ओर आँख मूँदे हैं। कोई चिंता नहीं जताई जा रही है। समाज में भी इसको लेकर कोई विमर्श नहीं हो रहा है।

अगले महीने आम चुनाव हैं, लेकिन उनमें भी यह कोई मुद्दा नहीं है और न ही पर्यावरण संरक्षण किसी पार्टी के घोषणा-पत्र में स्थान पाता है। आई.क्यू. एयर विजुअल और ग्रीनपीस ने हाल में अध्ययन प्रकाशित किया है, जिसके अनुसार दुनिया के सबसे ज्यादा प्रदूषित 10 शहरों में से सात भारत के हैं। इनमें पाँच तो राष्ट्रीय राजधानी क्षेत्र दिल्ली के ही हैं। प्रदूषण स्तर के मामले में टेक्नोलॉजी का क्षेत्र का हब माने जाने वाला गुरुग्राम प्रदूषण के मामले में दुनिया में टॉप पर है। रिपोर्ट के मुताबिक दूसरे नंबर पर गाजियाबाद है। हरियाणा का फरीदाबाद चौथे, यू.पी. का नोएडा छठवें और राजधानी दिल्ली 11वें नंबर पर है। इस सूची में पटना सातवें नंबर पर और मुजफ्फरपुर 13वें स्थान पर है।

देश में प्रदूषण का स्तर कितना ज्यादा है, इसका अंदाजा इसी बात से लगाया जा सकता है कि इस सूची में प्रदूषित शीर्ष 10 शहरों में से सात भारत के हैं।

दुनियाभर के देशों की राजधानियों से तुलना करें, तो भारत की राजधानी दिल्ली सबसे ज्यादा प्रदूषित है। दिल्ली को लेकर लगातार रिपोर्टें आ रही हैं, लेकिन स्थिति जस-की-तस है। प्रदूषण के मामले में दिल्ली के बाद नंबर आता है बांग्लादेश की राजधानी ढाका और अफगानिस्तान की राजधानी काबुल का। इससे पता चलता है कि आप किस श्रेणी में हैं? ये आँकड़े किसी भी देश और समाज के लिए बेहद चिंताजनक हैं।

सन् 2013 में दुनिया के 20 सबसे प्रदूषित शहर में चीन के पेइचिंग समेत 14 शहर शामिल थे, लेकिन चीन ने कड़े कदम उठाए और प्रदूषण की समस्या पर काबू पा लिया।

दरअसल, विकास के नाम पर औद्योगिक इकाइयों को धुआँ फैलाने की खुली मिल जाती है। औद्योगिक इकाइयाँ, बिल्डर और खनन माफिया पर्यावरण संरक्षण कानूनों की खुलेआम अनदेखी करते हैं। औद्योगिक इकाइयों के अलावा वाहनों की बढ़ती संख्या, धुआँ छोड़ती पुरानी डीजल गाड़ियाँ, निर्माण कार्य और टूटी सड़कों की वजह से भी हवा में धूल का उड़ना भी प्रदूषण की बड़ी वजह हैं। प्रदूषण को लेकर सख्त नियम हैं, लेकिन उनको लागू करनेवाला कोई नहीं है।

जनता से जुड़े इस विषय पर विस्तृत विमर्श होना चाहिए, लेकिन ऐसा भी होता नजर नहीं आता है। सोशल मीडिया पर रोजाना कितने घटिया लतीफे चलते हैं, लेकिन पर्यावरण जागरूकता को लेकर संदेशों का आदान-प्रदान नहीं होता है। टी.वी. चैनलों पर रोज शाम बहस होती है, लेकिन बढ़ते प्रदूषण पर कोई सार्थक चर्चा नहीं होती।

वायु प्रदूषण के शिकार सबसे ज्यादा बच्चे और बुजुर्ग होते है। वायु प्रदूषण से हर वर्ष 70 लाख लोगों की जान चली जाती है, जिनमें छह लाख बच्चे हैं। दुनिया में औसतन सात में से एक बच्चा जहरीली हवा में साँस लेने को मजबूर है।

कई वर्षों तक प्रदूषित हवा में साँस लेने के कारण कैंसर, हृदय और श्वास संबंधी बीमारियाँ हो जाती हैं और लोग अपनी जान गँवा बैठते हैं। पर्यावरण और मानवाधिकारों पर संयुक्त राष्ट्र के विशेष दूत डेविड बॉयड का कहना है कि लोगों को स्वच्छ हवा में साँस लेने का बुनियादी अधिकार है और कोई भी समाज पर्यावरण की अनदेखी नहीं कर सकता है। दुनिया के 155 देश इस अधिकार को मान्यता देते हैं।

अपने देश में स्वच्छता और प्रदूषण का परिदृश्य वर्षों से निराशाजनक है। इसको लेकर समाज में जैसी चेतना होनी चाहिए, वैसी नहीं है। एक बात स्पष्ट है कि यह काम केवल केंद्र अथवा राज्य सरकार के बूते का नहीं है।

इसमें जनभागीदारी जरूरी है। केवल सरकार या नगर निगमों के सहारे यह काम नहीं छोड़ा जा सकता है। प्रदूषण मुख्य रूप से मानव निर्मित होता है। इसलिए इसमें सुधार एक सामूहिक जिम्मेदारी है। साथ ही, हमारी जनसंख्या जिस अनुपात में बढ़ रही है, उसके अनुपात में सरकारी प्रयास हमेशा नाकाफी रहनेवाले हैं। हमें प्रदूषण को नियंत्रित करने के प्रयासों में योगदान करना होगा। बिहार, झारखंड और पश्चिम बंगाल के हमारे अन्य अनेक शहरों की स्थिति भी कोई बहुत अच्छी नहीं है।

स्वच्छता और सफाई के काम को करने में सांस्कृतिक बाधाएँ भी आड़े आती हैं। देश में ज्यादातर धार्मिक स्थलों के आसपास अकसर बहुत गंदगी दिखाई देती है। इन जगहों पर चढ़ाए गए फूलों के ढेर लगे होते हैं। कुछेक मंदिरों ने स्वयंसेवी संस्थाओं की मदद से फूलों के निस्तारण और उन्हें जैविक खाद बनाने का प्रशंसनीय कार्य प्रारंभ किया है।

झारखंड के विश्व प्रसिद्ध बासुकीनाथ मंदिर के ऐसे फलों और बेलपत्रों से दुमका जिला प्रशासन ने 'बासुकीनाथ' अगरबत्ती बनाने का काम शुरू किया है। इसके लिए वहाँ के गाँव की महिलाओं को प्रशिक्षित कर उनका 'सखी मंडल' नाम से ग्रुप तैयार किया गया है।

इससे जहाँ इन फूल-बेलपत्रों को इधर-उधर फेंक देने से पैदा होने वाली गंदगी की समस्या खत्म हो गई, वहीं फूलों का उपयोग भी होने लगा है और गाँव की महिलाओं को नियमित रोजगार मिला है। इस ग्रुप में ज्यादातर महिलाएँ आदिवासी हैं, जो इससे पहले बदबूदार 'हड़िया' (कच्ची शराब) बेचकर अपने घर चलाती थीं। मंदिर में उपयोग के बाद फेंक दिए जाने वाले फूल-बेलपत्रों से अब उनकी जिंदगी में खुशबू आई है।

इस अगरबत्ती की सालों भर बिक्री होती है और जिला प्रशासन की पहल पर फिल्म निर्माता-निर्देशक महेश भट्ट ने भी इसकी ब्रांडिंग की है। अन्य धर्म स्थलों को भी ऐसे उपाय अपनाने चाहिए। होता यह है कि हम लाखों-करोड़ों रुपए खर्च करके सुंदर मकान तो बना लेते हैं, लेकिन नालियों पर ध्यान नहीं देते और गंदा पानी सड़क पर बहता रहता है। यही स्थिति कूड़े की है। हम रास्ता चलते कूड़ा सड़क पर फेंक देते हैं।

दलील दी जाती है कि बिहार के शहरों के प्रदूषण की एक बड़ी वजह जनसंख्या घनत्व है, लेकिन दुनिया के कई ऐसे शहर हैं, जो उच्च जनघनत्व के बावजूद प्रदूषण की मुक्त हैं। सिंगापुर दुनिया का आठवाँ सबसे अधिक जन घनत्व वाला शहर है, लेकिन अपने बेहतरीन रख-रखाव के कारण यह दुनिया का सबसे स्वच्छ शहर है। विदेशी शहरों को तो छोड़ें, अपने देश में ही देखें कि इस सूची में दक्षिण का कोई शहर शामिल नहीं हैं।

बिहार के शहरों के मुकाबले हैदराबाद, बेंगलुरु जैसे शहर आबादी के लिहाज से बड़े हैं, लेकिन योजनाबद्ध तरीके से विकास के कारण इन शहरों को प्रदूषण की समस्या से जूझना नहीं पड़ रहा है। लोगों में जब तक साफ-सफाई और प्रदूषण के प्रति चेतना नहीं आएगी, तब तक कोई उपाय कारगर साबित नहीं होंगे। यह चेतना सरकार और समाज को जाग्रत् करनी होगी।

11 मार्च, 2019

□

और अब श्वेत आतंकवाद का उभार

न्यूजीलैंड के क्राइस्ट चर्च में दो मसजिदों पर अंधाधुंध गोलीबारी कर 50 लोगों की जान लेने की घटना ने पूरी दुनिया को स्तब्ध कर दिया है। मौत का खेल खेलने वाले श्वेत आतंकवादी ब्रेंटन टैरेंट को जब कोर्ट में पेश किया गया और हत्या के आरोप तय किए गए, तो वह कोर्ट में खड़ा मुसकरा रहा था। उसे किसी तरह का पछतावा नहीं था। 28 वर्षीय आतंकी ब्रेंटन टैरेंट ऑस्ट्रेलिया का रहनेवाला है और उसने न्यूजीलैंड में इस घटना को अंजाम दिया।

आतंकवादी ने महिलाओं और बच्चों को भी नहीं बख्शा। हमले में 39 लोग गंभीर रूप से घायल हुए। इनमें से कई की हालत नाजुक है। इस हमले में बांग्लादेश की क्रिकेट टीम बाल-बाल बच गई। भारत भी इस हमले से प्रभावित हुआ है। इस आतंकवादी हमले में छह भारतीयों की मौत हो गई है।

मरने वालों में चार गुजरात के और दो हैदराबाद के हैं। हैदराबाद का एक अन्य शख्स घायल है और अस्पताल में भर्ती है। यह गंभीर चिंता का विषय है कि कई पश्चिमी मीडिया संस्थान गोरे को आतंकवादी न कहकर हमलावर बता रहे हैं। यह पश्चिमी मीडिया का घटनाओं को नस्लवादी नजरिए से देखने का नतीजा है, जबकि न्यूजीलैंड की प्रधानमंत्री जेसिंडा अर्डर्न ने शुरू में ही इसे आतंकवादी हमला करार दिया था। साथ ही, इसे न्यूजीलैंड के इतिहास का सबसे काला दिन बताया था।

यह हमला जुमे की नमाज के दौरान किया गया। उस दिन मसजिद में बड़ी संख्या में लोग मौजूद रहते हैं। आतंकवादी अति दक्षिणपंथी विचारधारा से प्रभावित है और इस हमले को श्वेत राष्ट्रवाद के खतरे के उभार रूप में देखा जा रहा है।

दरअसल, दुनिया भर में अब नस्ली मानसिकता तेजी से पाँव पसार रही है। आतंकवादी ब्रेंटन टैरेंट पर श्वेत वर्चस्व कायम करने की सनक सवार थी। राष्ट्रपति ट्रंप ने हमले की कड़ी निंदा की, लेकिन कहा कि न्यूजीलैंड की मसजिदों में नरसंहार नहीं दरशाता कि विश्व में श्वेत अतिवाद एक बढ़ती समस्या है। हालाँकि उन्होंने स्वीकार

किया कि दुनिया में एक छोटा समूह है, जो श्वेत अतिवाद का पक्षधर है। टैरेंट ने इस आतंकवादी हमले के पहले एक घोषणा-पत्र तैयार किया, जिसमें उसने यूरोपीय नागरिकों की आतंकवादी हमलों में गई जान का बदला लेने के साथ-साथ श्वेत वर्चस्व को कायम करने के लिए अप्रवासियों को बाहर निकालने की बात की है।

आतंकी ने अपना एक घोषणा-पत्र 'दि ग्रेट रिप्लेसमेंट' तैयार किया, जिसमें उसने अमेरिकी राष्ट्रपति डोनाल्ड ट्रंप को श्वेत पहचान का प्रतीक बताया है। आतंकवादी ने लिखा है कि आक्रमणकारियों को दिखाना है कि हमारी जमीन कभी उनकी जमीन नहीं होगी। वे कभी हमारे लोगों का स्थान नहीं ले पाएँगे। श्वेत आतंकवादी ने लिखा है कि यूरोपीय लोगों की संख्या कम हो रही है। साथ ही, वे बूढ़े और कमजोर होते जा रहे हैं। उसका कहना है कि हमारी प्रजनन दर कम है, लेकिन बाहर से आए अप्रवासियों की प्रजनन दर ज्यादा है। लिहाजा, एक दिन ये लोग श्वेतों से उनकी जमीन छीन लेंगे।

यह चिंताजनक है कि पश्चिमी देशों में नस्ली आधार पर संदेह करने और विशेष समुदायों के खिलाफ हिंसा की घटनाएँ बढ़ रही हैं। इस तरह की छिट-पुट घटनाएँ अमेरिका और ऑस्ट्रेलिया में होती रही हैं, लेकिन इस तरह का नरसंहार पहली बार देखने में आया है। पश्चिमी देशों में अब शरणार्थी और प्रवासी विरोधी हिंसा के मामले भी बढ़ रहे हैं।

उदारवादी माने जानेवाले देशों में भी अब विदेशी लोगों को नापसंद किए जाने की घटनाओं में तेजी से इजाफा हुआ है। पश्चिमी देशों में अतिवादियों का हाल के उभार के लिए वहाँ के कुछ राजनीतिक दलों को दोषी ठहराया जा रहा है।

यूरोप में कई कट्टर दक्षिणपंथी दलों ने अप्रवासी विरोधी और विशेष रूप से मुसलिम विरोधी रुख को प्रचारित और प्रसारित किया है। ये दल बहुसंस्कृतिवाद को राष्ट्रीय पहचान के खतरे के रूप में देखते हैं। इनमें से कुछ दल हिंसक तौर-तरीकों से श्वेत वर्चस्व कायम करने के पक्षधर हैं। भारत हमेशा से धार्मिक समरसता और विविधता में एकता की मिसाल रहा है, लेकिन दुर्भाग्य है कि देश में असहिष्णुता की कुछेक घटनाएँ सामने आई हैं, जो चिंताजनक हैं। समरसता भारत की बहुत बड़ी पूँजी है और यह हम सबकी जिम्मेदारी है कि इसे बचाकर रखें।

विशेषज्ञ मानते हैं कि इस तरह के हमलों का एक कारण आर्थिक अनिश्चितता भी है। आर्थिक दुश्वारियों ने भी विभिन्न समुदायों के रिश्तों में तनाव पैदा किया है। आमतौर पर देखा गया है कि आर्थिक स्थिति अच्छी रहती है, तो इस तरह की घटनाएँ कम होती हैं, लेकिन ब्रेक्जिट के बाद यूरोपीय देशों की अर्थव्यवस्था में अनिश्चितता का दौर चल रहा है।

न्यूजीलैंड हमले के बाद दुनियाभर से कड़ी प्रतिक्रियाएँ सामने आई हैं। ईरान ने

पश्चिमी सरकारों पर इसलामोफोबिया को बढ़ावा देने का लगाया आरोप लगाया है। ईरान के राष्ट्रपति हसन रूहानी ने एक बयान में कहा कि गोलीबारी दरशाती है कि कुछ पश्चिमी सरकारें इसलामोफोबिया को बढ़ावा दे रही हैं, जिसका हम सबको मिलकर मुकाबला करने की जरूरत है। इस हमले की एक और खतरनाक बात सामने आई है। आतंकवादी ब्रेंटन टैरेंट ने मसजिद में घुसने से पहले फेसबुक पर लाइव स्ट्रीमिंग शुरू कर दी थी।

सोशल मीडिया पर वायरल वीडियो में आतंकी मसजिद के अंदर घुसकर लोगों पर गोलियाँ बरसाते नजर आ रहा है। हमले का यह वीडियो कुछ ही देर में दुनिया भर में वायरल हो गया। यह इस बात का एक उदाहरण है कि सोशल मीडिया का इस्तेमाल कैसे गलत कार्यों के लिए भी किया जा सकता है।

यह शायद पहला मौका था, जब आतंकवादी ने फेसबुक के जरिए हमले को लाइव दिखाया। इतने बड़े आतंकवादी हमले की दुनिया ने पहली बार लाइव स्ट्रीमिंग देखी। इस बात की चिंता जताई जा रही है कि यह घटना भविष्य में कहीं सोशल मीडिया के इस्तेमाल को लेकर गलत चलन न स्थापित कर दे और कहीं ऐसी दिल दहलाने वाली वारदातों को न दिखाया जाने लगे।

आसपास की घटित हो रही इन घटनाओं से आभास होता कि अविश्वास की यह भावना दुनियाभर में कितने गहरे तक पैठ कर चुकी है। अंतरराष्ट्रीय परिदृश्य पर नजर डालें, तो हम पाएँगे कि पूरी दुनिया उथल-पुथल के दौर से गुजर रही है, खासकर मध्य-पूर्व के कुछ हिस्सों में धार्मिक विचारधारा के आधार पर भौगोलिक सत्ता कायम करने की कोशिश की जा रही है।

हमारा यह सौभाग्य है कि अब तक हम इन सबसे प्रभावित नहीं हुए हैं, लेकिन यह बात भी हम सब लोगों को स्पष्ट होनी चाहिए कि आर्थिक हो या फिर सामाजिक, किसी भी तरह की प्रगति को शांति के बिना हासिल करना नामुमकिन है। इसलिए हमें अपने सामाजिक ताने-बाने को हर कीमत पर बनाए रखना होगा।

18 मार्च, 2019

□

आइए, वोट करें और देश गढ़ें

चुनाव किसी भी लोकतंत्र का आधार स्तंभ होता है। इसलिए इसे लोकतंत्र का महापर्व कहा जाता है। इसकी खूबसूरती यह है कि हर खासोआम के वोटों से सरकार का चयन होता है। इसलिए मतदाता लोकतंत्र की रीढ़ माने जाते हैं। हर शख्स को यह समझना चाहिए कि उसके वोट का कितना महत्त्व है।

यही वजह है कि 'प्रभात खबर' ने मतदाताओं को जागरूक और प्रेरित करने के लिए 'वोट करें, देश गढ़ें' अभियान छेड़ा हुआ है। विसंगतियों के बावजूद दुनिया भर में लोकतांत्रिक व्यवस्था सर्वश्रेष्ठ मानी जाती है।

अत: हम सबका दायित्व है कि हम चुनाव में भागीदार बनें और वोट कर लोकतंत्र को समृद्ध करें। चुनावों में हरेक एक वोट की अहमियत है। ऐसे कई अवसर आए हैं कि एक वोट के कारण सरकारें चली गई हैं और लोग चुने जाने से वंचित रह गए हैं।

बहुत पुरानी बात नहीं है। केवल एक वोट के कारण अटल बिहारी वाजपेयी की सरकार गिर चुकी है। वर्ष 1999 में केंद्र में भाजपा गठबंधन की सरकार थी और उसका नेतृत्व प्रधानमंत्री अटल बिहारी वाजपेयी कर रहे थे। अन्नाद्रमुक का नेतृत्व दिवंगत जयललिता के हाथों में था।

केंद्र सरकार से अन्नाद्रमुक ने अपना समर्थन वापस ले लिया। इसके बाद सरकार की ओर से विश्वास प्रस्ताव लाया गया। भाजपा गठबंधन के सामने बहुमत साबित करने की चुनौती थी। केवल एक वोट की कमी की वजह से अटलजी की नेतृत्व वाली 13 महीने पुरानी भाजपा गठबंधन सरकार इस चुनौती को पार नहीं कर पाई।

सरकार के विश्वास प्रस्ताव के पक्ष में 269 और विरोध में 270 वोट डाले गए थे। दूसरा मामला कांग्रेस के नेता सी.पी. जोशी का है। 2008 में राजस्थान विधानसभा का चुनाव था। जोशी प्रदेश कांग्रेस अध्यक्ष थे व मुख्यमंत्री पद के दावेदार थे। वह विधानसभा चुनाव भी लड़ रहे थे, लेकिन सिर्फ एक वोट से हार गए और उनकी दावेदारी भी खत्म हो गई।

सी.पी. जोशी को 62,215 और उनके प्रतिद्वंद्वी कल्याण सिंह चौहान को 62, 216 वोट मिले थे। पता नहीं इसमें कितनी सच्चाई है, लेकिन कहा जाता है कि उस चुनाव में जोशी की माँ, पत्नी और ड्राइवर वोट नहीं डालने नहीं गए थे। अगर ये लोग वोट डालने गए होते, तो तसवीर कुछ और ही होती।

उपलब्ध तथ्यों के अनुसार, 2004 में कर्नाटक विधानसभा चुनाव था और जनता दल (यूनाइटेड) की ओर से के कृष्णामूर्ति मैदान में थे। उनका मुकाबला कांग्रेस के आर ध्रुवनारायण से था, लेकिन कृष्णामूर्ति सिर्फ एक वोट से चुनाव हार गए। उन्हें 40,751 वोट और ध्रुवनारायण को 40,752 वोट मिले। इस मामले में भी कहा जाता है कि कृष्णमूर्ति ने ड्राइवर को वोट डालने जाने नहीं दिया था।

वर्ष 2015 में पंजाब के मोहाली नगर निगम के चुनाव में कांग्रेस की कुलविंदर कौर रागी ने अपनी प्रतिद्वंद्वी निर्मल कौर को सिर्फ एक वोट से हराकर जीत हासिल की थी। मुंबई नगर निगम के चुनाव किसी विधानसभा चुनावों से कम नहीं होते। 2017 के चुनाव में वार्ड 220 से शिव सेना के सुरेंद्र बगलकर और भाजपा के अतुल शाह के बीच मुकाबला था। दोनों दलों को बराबर 5,946 वोट मिले हैं।

फैसला लॉटरी से हुआ और अतुल शाह विजयी हुए। सुरेंद्र बगलकर के पक्ष में अगर एक वोट और पड़ गया होता, तो तसवीर कुछ और ही होती। लब्बोलुआब यह है कि आपका दिया एक-एक वोट लोकतंत्र को मजबूत करता है।

चिंता का एक और विषय है कि अब जनता से जुड़े विषय चुनावी मुद्दे नहीं बनते। किसानों की समस्याएँ, रोजगार, स्वास्थ्य सेवाओं और शिक्षा की स्थिति, राज्यों का विकास जैसे विषय उभरकर सामने नहीं आ पाते हैं।

पिछले लोकसभा चुनावों में हिंदी पट्टी में भाजपा का दबदबा रहा है और वह दूसरा कार्यकाल हासिल करना चाहती है। दूसरी ओर, कांग्रेस अपनी वापसी करना चाहती है।

यही वजह है कि दोनों पार्टियों के लिए ये लोकसभा चुनाव प्रतिष्ठा का प्रश्न बन गए हैं। चुनाव के मुद्दों पर नजर डालें, तो शुरुआत विकास के मुद्दे से हुई थी, लेकिन जल्द यह मुद्दा पीछे छूटता नजर आ रहा है। राहुल गांधी राफेल की खरीद में भ्रष्टाचार का मुद्दा प्रमुख रूप से उठा रहे हैं।

कांग्रेस एक तरफ जी.एस.टी. और नोटबंदी जैसे मुद्दे उठा रही है, वहीं भाजपा पाकिस्तान के खिलाफ कड़ी काररवाई और सरकार के विकास कार्यों का हवाला दे रही है। पी.एम. नरेंद्र मोदी और पार्टी अध्यक्ष अमित शाह सघन प्रचार के जरिए भाजपा हवा का रुख अपने पक्ष में करने की कोशिश कर रहे हैं, लेकिन स्थानीय फैक्टर पार्टियों के गणित पर असर डाल सकते हैं।

हर सब जानते हैं कि संसद लोकतांत्रिक व्यवस्था का आधार स्तंभ है। संविधान

निर्माताओं ने ऐसी परिकल्पना की थी कि संसद के माध्यम से कानून बनेंगे और उनके द्वारा जनता की अपेक्षाओं को पूरा किया जाएगा।

सदन सार्थक चर्चा और जनता की समस्याओं के निराकरण का मंच भी है। सांसद जनहित के मुद्दों को उठाते हैं और सरकार को जवाब देना होता है।

यह सारी प्रक्रिया हम सबके लिए महत्त्वपूर्ण है। एक तथ्य और जान लीजिए कि संसद की काररवाई हमारे-आपके द्वारा जमा किए टैक्स से चलती है। इसको चलाने में जो लंबा-चौड़ा खर्चा आता है, उसकी पूर्ति हमारे आपके टैक्स के भुगतान से की जाती है। संसद की प्रति मिनट काररवाई पर औसतन ढाई लाख रुपए का खर्च आता है।

एक दौर था, जब संसद में विभिन्न विषयों पर लंबी और गंभीर बहसें होती थीं। यह बहुत पुरानी बात नहीं है, लेकिन अब उनका अभाव साफ नजर आता है। एक तो अनेक सांसद सदन के विधायी नियमों का पालन नहीं करते हैं और बहुत से अवसरों पर उन्हें इसकी जानकारी ही नहीं होती।

एक और चिंतनीय विषय है कि सदन में अमर्यादित आचरण और शब्दों का इस्तेमाल बढ़ता जा रहा है। विधानसभाओं की स्थिति तो और भी चिंताजनक है। वहाँ विधायकों में मार-पीट तक की घटनाएँ घटित होने लगी हैं।

पिछली बार एक पुरुष सांसद अपने राज्य को विशेष दर्जे की माँग को लेकर महिला का वेष धारण कर संसद भवन परिसर पहुँच गए थे। ऐसी नौटंकी लोकतंत्र के लिए कतई मुफीद नहीं है। इस सबके लिए हम और आप जिम्मेदार है, क्योंकि हम श्रेष्ठ लोगों का चयन ही नहीं करते हैं।

यह जान लीजिए, जैसा बीज रोपिएगा, वैसी ही फसल काटनी पड़ेगी। इसलिए एक तो मतदान अवश्य करें। दूसरे, ऐसे व्यक्ति का चयन करें, जो क्षेत्र का विकास कर सके और आपकी समस्याओं को देश की सबसे बड़ी पंचायत में उठा सके।

भारत दुनिया का सबसे बड़ा लोकतांत्रिक देश है और लोकतांत्रिक व्यवस्था की एक मिसाल है। यही वजह है कि लोकसभा चुनावों पर देश और दुनिया, दोनों की निगाहें लगी हुई हैं। हमें इसे और मजबूत करना है। आइए, हम सब प्रतिज्ञा करें कि लोकतंत्र के इस महापर्व पर अपने मताधिकार का प्रयोग अवश्य करेंगे।

1 अप्रैल, 2019

□

ऑनलाइन गेम की गिरफ्त में बच्चे

हम लोगों को इस बात का एहसास नहीं है कि टेक्नोलॉजी युवा पीढ़ी को कितनी तेजी से अपनी गिरफ्त में लेती जा रही है? पिछले दिनों एक बेहद चिंताजनक खबर आई कि हैदराबाद के मलकाजगिरी में एक 16 वर्षीय लड़के को ऑनलाइन गेम पबजी (प्लेयर अननोन्स बैटलग्राउंड्स) खेलने को लेकर माँ ने डाँटा, तो उसने आत्महत्या कर ली। माँ–बाप ने पुलिस को दिए बयान में कहा है कि बच्चे का अगले दिन अंग्रेजी का इम्तिहान था और वह पबजी खेल रहा था। इस पर माँ ने उसे डाँटा।

इतनी सी बात पर बच्चे ने पंखे से लटककर जान दे दी। अगर आप पबजी से नावाकिफ हों, तो बता दूँ कि यह ऑनलाइन गेम है। इसमें हिस्सा लेनेवाले खिलाड़ी को खुद को जीवित रखने और गेम जीतने के लिए दूसरों को मारना पड़ता है।

यह गेम आपको एक ऐसी आभासी दुनिया में ले जाता है, जहाँ गोलियों की बौछारों के बीच आपको अपने खिलाड़ी को जिंदा रखना होता है। यह हिंसक खेल बच्चों और किशोरों को अपनी गिरफ्त में एक लत के रूप में लेता जा रहा है। इस गेम का दुष्परिणाम यह है कि इसके कारण बच्चा एक आभासी दुनिया में जीने लगता है। मैंने जब अखबारों की विभिन्न खबरों पर गौर किया, तो वे और चिंतित करनेवाली हैं।

पिछले दिनों खबर आई कि महाराष्ट्र में रेल ट्रैक पर खड़े होकर फोन पर पबजी खेल रहे दो नवयुवकों की ट्रेन से कटकर मौत हो गई थी। वे फोन पर गेम खेलने में इतने व्यस्त थे कि उन्हें ट्रेन की आवाज सुनाई नहीं दी और वे ट्रेन की चपेट में आ गए। उत्तर प्रदेश के गाजियाबाद के दसवीं का एक छात्र इस खेल के चक्कर में अपना घर छोड़कर चला गया। मुंबई के कुर्ला इलाके में एक युवक ने इसी के कारण अपनी जान दे दी थी।

जालंधर में इसके लिए एक किशोर ने अपने पिता के खाते से 50 हजार रुपए निकाल लिये थे। मध्य प्रदेश के छिंदवाड़ा में एक युवक पबजी खेलने में इतना व्यस्त था कि उसने पानी की जगह एसिड पी लिया था। गनीमत थी कि एसिड ज्यादा प्रभावी नहीं था। दुनिया भर में 40 करोड़ बच्चे और युवा इस गेम को हर दिन खेल रहे हैं। अनुमान

है कि भारत में भी इनकी संख्या करोड़ों में होगी। चीन ने 13 साल तक के बच्चों के लिए इसे खेलने पर पाबंदी लगा दी है।

भारत में गुजरात एकमात्र ऐसा राज्य है, जिसने इस पर पाबंदी लगाई है। गुजरात के राजकोट और अहमदाबाद में पबजी गेम खेलने पर प्रतिबंध लगा दिया गया है। यहाँ मोबाइल पर पबजी गेम खेलने के आरोप में दस नवयुवकों को हिरासत में भी लिया गया था, जिन्हें बाद में रिहा कर दिया गया। अनेक शिक्षण संस्थानों ने भी पबजी गेम खेलने में प्रतिबंध लगा दिया है।

ये घटनाएँ हम सभी के लिए खतरे की घंटी हैं और इन पर तत्काल गौर करने की जरूरत है। दुनिया भर में पबजी पर प्रतिबंध की माँग उठ रही है। कोई गेम यदि बच्चों की जान के लिए खतरा बन जाए, तो उस पर प्रतिबंध लगाने पर विचार करना ही होगा।

दुनिया में ऐसी अनेक कंपनियाँ हैं, जो केवल युवाओं के लिए गेम्स ही बनाती हैं। यह करोड़ों डॉलर का धंधा है। कुछेक गेम्स का दुष्प्रभाव यह है कि वह लत बन जाता है। बच्चे दिन-रात ऑनलाइन गेम्स में लगे रहते हैं।

उनके सोना-जागना, पढ़ना-लिखना और खान-पान—सब प्रभावित हो जाता है और वे बेगाने से हो जाते हैं। इसके लिए कुछ हद तक माता-पिता भी दोषी हैं। माँ-बाप को लगता है कि वे बच्चों को सँभालने का सबसे आसान तरीका सीख गए हैं। दो-ढाई साल की उम्र के बच्चे को कहानी सुनाने की बजाय मोबाइल पकड़ा दिया जाता है।

कुछ अरसा पुरानी खबर है कि दिल्ली के 16 साल के एक बच्चे में वीडियो गेम्स की लत इतनी बढ़ गई कि उसे अस्पताल में भरती कराना पड़ा। एडिक्शन के कारण यह बालक स्कूल में फिसड्डी होता जा रहा था। खेल-कूद बंद होने और घर से बाहर न निकलने के कारण छह महीनों में उसका वजन 10 किलो बढ़ गया था और वह आक्रामक हो गया था। जब बच्चा माँ पर आक्रामक हुआ, तब उसे अस्पताल में भर्ती कराना पड़ा।

यह जान लीजिए कि टेक्नोलॉजी दोधारी तलवार है। टेक्नोलॉजी की ताकत इतनी है कि उसके प्रभाव से कोई मुक्त नहीं रह सकता है।

आप चाहें कि बच्चों को इसकी हवा न लगे, तो यह भूल जाइए। दिक्कत यह है कि हम सब यह चाहते हैं कि देश में आधुनिक टेक्नोलॉजी आए, लेकिन उसके साथ किस तरह तारतम्य बिठाना है, इस पर विचार नहीं करते। हमें नई परिस्थितियों से तालमेल बिठाने के विषय में सोचना होगा। यह समस्या पूरी दुनिया की है।

सभी देश इससे जूझ रहे हैं, लेकिन वे समस्या का समाधान निकाल रहे हैं। कई देशों ने इस दिशा में कदम उठाने शुरू भी कर दिए हैं कि बच्चे सीमित समय तक ही ऑनलाइन गेम्स खेल पाएँ। जापान में तो जब बच्चे जरूरत से ज्यादा समय किसी गेम

पर बिताते हैं, तो कंप्यूटर अथवा मोबाइल पर अपने आप चेतावनी सामने आ जाती है, लेकिन भारत में अब तक इस दिशा में कोई विचार नहीं हुआ है।

शायद आपने गौर नहीं किया कि टेक्नोलॉजी ने आपके बच्चे में बहुत परिवर्तन कर दिया है। मोबाइल और इंटरनेट ने बच्चों का बचपन छीन लिया है। उसके सोने, पढ़ने के समय, हाव-भाव और खान-पान सब बदल चुका है। हम या तो आँख मूँदे हैं या इसे स्वीकार नहीं करते हैं, लेकिन आपके रोकने से ये परिवर्तन रुकने वाले नहीं हैं। थोड़ा करीब से देखें तो पाएँगे कि आज के बच्चे बदल चुके हैं। आप सुबह पढ़ते थे, बच्चा देर रात तक जगने का आदी है। यह व्हाट्सएप की पीढ़ी है।

लड़के-लड़कियाँ दिन-रात आपस में चैट करते रहते हैं। पहले माना जाता था कि पीढ़ियाँ 20 साल में बदलती है, उसके बाद तकनीक ने इस परिवर्तन को 10 साल कर दिया और अब नई व्याख्या है कि पाँच साल में पीढ़ी बदल जाती है। इसका मतलब यह कि पाँच साल में दो पीढ़ियों में आमूल-चूल परिवर्तन हो जाता है। अब बच्चे, किशोर नवयुवक जैसी उम्र की सीढ़ियाँ चढ़ने की बजाय सीधे वयस्क बन जाते हैं।

शारीरिक रूप से भले ही वे वयस्क नहीं होते, लेकिन मानसिक रूप से वे वयस्क हो जाते हैं। उनकी बातचीत, आचार-व्यवहार में यह बात साफ झलकती है। टेक्नोलॉजी का एडिक्शन तो साफ नजर आता है। वे घर के किसी अँधेरे कमरे में हर वक्त मोबाइल अथवा कंप्यूटर में उलझे रहते हैं। अब खेल के मैदानों में आपको बच्चों की कम संख्या नजर आएगी। मुझे कई अवसरों पर किशोरों से संवाद का मौका मिला है।

मैंने पाया है कि बच्चों में माता-पिता को लेकर अविश्वास का भाव उत्पन्न हो रहा है जो बेहद चिंताजनक है। एक बात और मैंने नोटिस की कि माता-पिता भी बच्चे से कुछ कहने से डरते हैं कि वह कहीं कुछ न कर ले। एक गंभीर संवादहीनता की स्थिति निर्मित होती जा रही है। किसी भी समाज और देश के लिए यह बेहद चिंताजनक है।

8 अप्रैल, 2019

□

यू.पी.-बिहार में जनसंख्या की चुनौती

संयुक्त राष्ट्र ने जनसंख्या को लेकर एक रिपोर्ट जारी की है, जिसमें बताया गया है कि 2019 में दुनिया की आबादी बढ़कर 7.7 अरब हो गई है, जबकि 2018 में यह आबादी 7.6 अरब थी। रिपोर्ट में कहा गया है कि 2010 से 2019 के बीच भारत की जनसंख्या चीन की तुलना में दोगुनी रफ्तार से बढ़ी है। भारत की जनसंख्या 1.2 फीसदी औसत वार्षिक दर से बढ़कर 136 करोड़ हो गई है।

दूसरी ओर, चीन की आबादी हर साल 0.5 फीसदी दर से बढ़कर 142 करोड़ हो गई है, जबकि जनसंख्या वृद्धि की वैश्विक औसत दर 1.1 फीसदी है। जनसंख्या वृद्धि में भारत चीन से आगे है, लेकिन औसत उम्र के मामले में पीछे है। भारत में औसत उम्र 69 साल है, जबकि चीन की औसत उम्र 77 साल है। वैश्विक औसत उम्र 72 साल है। रिपोर्ट के अनुसार, भारत की 27 प्रतिशत आबादी 10-24 वर्ष की और 67 प्रतिशत आबादी 15-64 आयु वर्ग की है। देश के छह प्रतिशत लोग 65 वर्ष और उससे अधिक आयु के हैं।

सकारात्मक बात है यह है कि रिपोर्ट में देश की स्वास्थ्य व्यवस्था में सुधार की बात स्वीकार की गई है। रिपोर्ट में कहा गया है कि 1994 में देश में मातृ मृत्यु दर प्रति एक लाख बच्चों के जन्म में 488 मौत से घटकर 2015 में 174 तक आ गई है। इससे बहुत खुश होने की जरूरत नहीं है। प्रगति के दावों के बावजूद भारत में बच्चों की स्थिति दयनीय बनी हुई है। भारत में हर साल अकेले कुपोषण से 10 लाख से ज्यादा बच्चों की मौत हो जाती है और विभिन्न कारणों से लगभग 10 करोड़ बच्चे स्कूल पढ़ाई पूरी नहीं कर पाते हैं।

संयुक्त राष्ट्र की रिपोर्ट में कहा गया है कि चार राज्यों—यू.पी., बिहार, पश्चिम बंगाल और केरल में आबादी का घनत्व सबसे ज्यादा है। एक और अहम आँकड़ा है कि दो हिंदी भाषी राज्यों—बिहार और उत्तर प्रदेश में 30.4 करोड़ से ज्यादा लोग बसते हैं, यानी देश की एक-चौथाई आबादी केवल दो राज्यों में बसती है।

यह तथ्य चौंकाता तो नहीं है, लेकिन हालात की गंभीरता की ओर जरूर इशारा करता है। यह सही है कि बड़ी जनसंख्या राजनीतिक दृष्टि से महत्त्वपूर्ण हो सकती है, लेकिन इससे उत्पन्न होने वाली समस्याएँ अत्यंत गंभीर हैं। अभी लोकसभा चुनाव चल रहे हैं, लेकिन किसी भी राजनीतिक दल के एजेंडे में बढ़ती जनसंख्या नहीं है और न ही यह कोई चुनावी मुद्दा है। गंभीर बात यह भी है कि समाज में भी इसको लेकर कोई विमर्श भी नहीं है।

हम सब देख रहे हैं कि हमारी जनसंख्या दिनोदिन बढ़ रही है, तो दूसरी ओर प्राकृतिक संसाधन लगातार घटते जा रहे हैं। यदि इसी तरह से जनसंख्या बढ़ती रही तो रोजगार की समस्या और गंभीर होती चली जाएगी। बढ़ती जनसंख्या को नागरिक सुविधाएँ उपलब्ध कराने की चुनौती पर कोई चर्चा नहीं हो रही है। जनसंख्या के लिहाज से इन राज्यों के विकास का खाका कैसा हो, यह भी हमारे सामने नहीं है।

जनसंख्या के भारी दबाव का नतीजा प्रदूषण भी है। कुछ समय पर पहले एक रिपोर्ट आई थी, जिसमें कहा गया था कि दुनिया के 20 सबसे अधिक प्रदूषित शहरों में बिहार के पटना, मुजफ्फरपुर, गया और यू.पी. के गाजियाबाद, नोएडा, लखनऊ, वाराणसी, मुरादाबाद और आगरा शामिल हैं, लेकिन यू.पी., बिहार और पश्चिम बंगाल के हमारे अन्य अनेक शहरों की स्थिति भी कोई बहुत अच्छी नहीं है। ये तथ्य किसी भी देश और समाज के लिए बेहद चिंताजनक हैं।

स्थिति की गंभीरता का अंदाजा इस बात से लगाया जा सकता है कि वायु प्रदूषण के कारण हर वर्ष 70 लाख लोगों की जान चली जाती है। इनमें छह लाख बच्चे शामिल हैं। दुनिया में औसतन सात में से एक बच्चा जहरीली हवा में साँस लेने को मजबूर है। कई वर्षों तक प्रदूषित हवा में साँस लेने के कारण कैंसर, हृदय और साँस संबंधी बीमारियाँ हो जाती हैं और लोग अपनी जान गँवा बैठते हैं।

यू.पी. और बिहार जैसे बड़ी आबादी वाले राज्यों में हम अभी बुनियादी समस्याओं को हल नहीं कर पाए हैं। अनेक क्षेत्रों में उल्लेखनीय उपलब्धि के बावजूद बिहार, उत्तर प्रदेश और झारखंड प्रति व्यक्ति आय के मामले में पिछड़े हुए हैं। हम अब भी शिक्षा, स्वास्थ्य, बिजली और पानी की समस्या से जूझ रहे हैं। बिहार के अधिकांश लोग कृषि से जीवन यापन करते हैं, लेकिन बिहार का एक बड़ा इलाका हर साल बाढ़ में डूबता आया है।

कोसी और सीमांचल के इलाके की बाढ़ से आज भी हमें मुक्ति नहीं मिल पाई है। देश का कोई कोना नहीं है, जहाँ यू.पी., बिहार के लोग नहीं पाए जाते हैं। यू.पी., बिहार के लोग मेहनतकश हैं और गुजरात, महाराष्ट्र, पंजाब, हरियाणा और दिल्ली की जो चमक-दमक नजर आती है, उसमें बिहारियों का भारी योगदान है।

इन राज्यों की विकास की कहानी बिना बिहारियों के योगदान के नहीं लिखी जा सकती है, लेकिन महाराष्ट्र, कर्नाटक, असम, जम्मू-कश्मीर की घटनाएँ हमारे सामने हैं, जहाँ बिहार के लोगों को बेइज्जत किया गया। स्थानीय नेता राजनीतिक स्वार्थ के लिए बिहारियों को निशाना बनाते हैं। देश में यू.पी. और बिहार के लोगों की जैसी इज्जत होनी चाहिए, वैसी नहीं है।

हमें यू.पी. और बिहार में ही शिक्षा और रोजगार के अवसर उपलब्ध कराने होंगे, ताकि लोगों को बाहर जाने की जरूरत ही न पड़े, लेकिन जनसंख्या इस काम में आड़े आ जाती है। इसमें कोई दो राय नहीं है कि अच्छी शिक्षा के बगैर बेहतर भविष्य की कल्पना नहीं की जा सकती।

आज हर साल दिल्ली और दक्षिण के राज्यों में पढ़ने के लिए यू.पी., बिहार के हजारों बच्चे जाते हैं। साथ ही, राजस्थान के कोटा में बिहार, यू.पी. और झारखंड के हजारों बच्चे कोचिंग के लिए जाते हैं। हमें यू.पी., बिहार और झारखंड को शिक्षा के केंद्र के रूप में विकसित करने की जरूरत है।

आज जरूरत है कि हम ऐसा ढाँचा विकसित करें कि हमारे बच्चों को पढ़ाई और कोचिंग के लिए बाहर जाने की आवश्यकता न पड़े। इस दिशा में हमें प्रयास करने होंगे। मेरा मानना है कि यू.पी., बिहार और झारखंड में काफी साम्यता है। ये राज्य मिलकर विकास का नया मॉडल स्थापित कर सकते हैं। बिहार के पास उद्योग नहीं हैं, लेकिन बड़ी संख्या में प्रशिक्षित कामगार हैं। झारखंड में उद्योग हैं और यहाँ तेजी से औद्योगीकरण हो रहा है। बिजली उत्पादन के क्षेत्र में भी झारखंड आगे बढ़ रहा है। इसका फायदा बिहार उठा सकता है।

इसके लिए दोनों राज्यों को साझा विषयों पर बात करनी होगी। वक्त आ गया है कि यू.पी., बिहार और झारखंड भविष्य पर चिंतन करें। मेरा मानना है कि यू.पी., बिहार और झारखंड जैसे हिंदीभाषी राज्य आगे बढ़ेंगे, तभी देश भी आगे बढ़ेगा।

15 अप्रैल, 2019

□

क्रिकेट विश्व कप की खराब ओपनिंग

हम जानते हैं कि पूरा ही देश क्रिकेट का दीवाना है। ज्यों ही 30 मई से क्रिकेट विश्व कप शुरू होगा, फिर देखिए, कैसे पूरे देश पर इसका बुखार चढ़ता है? चुनावी बुखार उतरेगा और क्रिकेट का बुखार चढ़ जाएगा।

देश को भारतीय टीम से बेहद उम्मीदें हैं, पर विश्व कप जैसे बड़े टूर्नामेंट में आपको अपने हर मैच में सर्वश्रेष्ठ प्रदर्शन करना होगा, लेकिन यह कोई रहस्य नहीं है कि भारतीय टीम के पहले तीन खिलाड़ी आप सस्ते में आउट कर दीजिए, उसके बाद टीम को धराशायी होने में देर नहीं लगेगी।

चौथे नंबर के बल्लेबाज की खोज के लिए काफी दिनों से मशक्कत चल रही थी, लेकिन जब टीम की घोषणा हुई, तो समस्या जस-की-तस। जब मुकाबला बेहद कड़ा हो, तो खिलाड़ियों का चयन बहुत अहम हो जाता है, लेकिन भारतीय चयनकर्ता हमेशा से ही कुछ-न-कुछ लोचा करते आए हैं। चयनकर्ताओं की ऋषभ पंत और अंबाती रायडू की अनदेखी भारतीय टीम को भारी पड़ सकती है। चयनकर्ताओं की इस फैसले के कारण कड़ी आलोचना हो रही है।

हम जानते हैं कि लंबे समय से महेंद्र सिंह धोनी के उत्तराधिकारी की खोज चल रही है। उम्र का असर होता है और यह सच है कि वह अब पुराने धोनी नहीं रहे हैं, लेकिन मौजूदा खिलाड़ियों पर नजर डालें, तो अब भी किसी खिलाड़ी में धोनी जैसी खूबियाँ नहीं हैं। कुछ समय पहले धोनी के खिलाफ सोशल मीडिया में एक सुनियोजित अभियान चला था। यह बताने की कोशिश की गई कि वे चूक गए हैं।

उनके मुकाबले अन्य खिलाड़ियों को खड़ा करने का प्रयास भी हुआ था। यह साबित करने की भी कोशिश हुई थी कि उन्हें विदा करने का वक्त आ गया है, पर हर बार धोनी ने अपनी बल्लेबाजी और विकेटकीपिंग, दोनों से अपने आलोचकों को करारा जवाब दिया है। उन्होंने हर बार यह साबित किया है कि भारतीय टीम में अब भी उनका कोई विकल्प नहीं है। सब मानते हैं कि भविष्य में धोनी के आसपास यदि कोई खिलाड़ी

जा सकता है, तो वह केवल ऋषभ पंत ही हैं, पर पंत को विश्व कप में 15 खिलाड़ियों में स्थान नहीं दिया गया है। उनके स्थान पर दिनेश कार्तिक को विकेटकीपर के रूप में भारतीय टीम में शामिल किया गया है।

दिनेश कार्तिक 33 साल के हैं और मुझे याद नहीं कि उन्होंने कभी अपनी ताबड़तोड़ बल्लेबाजी से किसी खेल का नतीजा पलटा दिया हो। दूसरी ओर, अंबाती रायडू की भी दावेदारी बनती थी, लेकिन उनकी भी अनदेखी कर दी गई है।

जब कड़ी आलोचना हुई, तो चयनकर्ताओं की ओर से बयान आया कि ऋषभ पंत, अंबाती रायडू और तेज गेंदबाज नवदीप सैनी को विश्व कप के लिए स्टैंडबॉय रखा गया है। अगर प्लेइंग इलेवन के खिलाड़ी चोटिल होते हैं, तो इन खिलाड़ियों को खेलने का मौका मिल सकता है। विश्व कप टीम में अपना नाम न होने के बाद रायडू का एक ट्वीट काफी चर्चित हुआ था।

रायडू ने ट्वीट में लिखा था कि विश्व कप देखने के लिए अभी तत्काल 3डी चश्मे के लिए ऑर्डर किया है। दरअसल, चयन समिति के अध्यक्ष एम.एस.के. प्रसाद ने रायडू पर विजय शंकर को प्राथमिकता देते हुए कहा था कि उनमें थ्री डाइमेंशनल क्वालिटी है।

मौजूदा दौर में सुनील गावस्कर जैसा कोई क्रिकेट विशेषज्ञ नहीं है। गावस्कर ने कहा कि वह युवा विकेटकीपर ऋषभ पंत के भारत की विश्व कप टीम से बाहर होने से हैरान हैं, क्योंकि वह बेहतरीन बल्लेबाजी फार्म में हैं और उसके विकेटकीपिंग कौशल में काफी सुधार हो रहा है।

गावस्कर ने कहा कि यह कदम हैरानी भरा है। वह सिर्फ आई.पी.एल. में ही नहीं, बल्कि इससे पहले भी काफी बेहतरीन बल्लेबाजी कर रहा था। वह विकेटकीपिंग में भी काफी सुधार दिखा रहा था। वह शीर्ष छह में बाएँ हाथ की बल्लेबाजी विकल्प मुहैया कराता, जो गेंदबाजों के खिलाफ काफी कारगर साबित होता।

गावस्कर का मानना है कि गेंदबाजों को बाएँ हाथ के बल्लेबाजों के लिए अपनी लाइन व लेंथ में बदलाव करना पड़ता और कप्तान को मैदान में काफी इंतजाम करने होते। पंत ने इस मौजूदा आई.पी.एल. में अभी तक कार्तिक से दोगुने से अधिक रन बनाए हैं। पूर्व भारतीय बल्लेबाज आकाश चोपड़ा ने भी इस फैसले पर आश्चर्य प्रकट किया। उन्होंने कहा कि पंत को केंद्रीय अनुबंध में शीर्ष वर्ग में शामिल किए जाने से उन्हें लगा था कि यह युवा खिलाड़ी भारत की विश्व कप टीम में जगह बना लेगा।

भारत ने चौथे स्थान के विकल्प के लिए विजय शंकर को चुना है, लेकिन पता नहीं कि यह कारगर साबित होगा या नहीं? दिनेश कार्तिक तभी खेलेंगे, जब धोनी उपलब्ध नहीं होंगे। रायडू के बाहर रहने पर गौतम गंभीर ने भी सवाल खड़ा किया है। आश्चर्य है कि कप्तान विराट कोहली ने भी कुछ दिन पहले अंबाती रायडू को विश्व कप में नंबर

चार पर बल्लेबाजी के लिए उपयुक्त बताया था।

भारतीय क्रिकेट टीम के मुख्य कोच रवि शास्त्री ने कहा है कि वह टीम चयन मामलों में पड़ना नहीं चाहते हैं। वह 16 खिलाड़ियों को शामिल करना चाहते थे, लेकिन आदेश 15 खिलाड़ियों का ही था। जो खिलाड़ी 15 सदस्यीय टीम में शामिल नहीं हो पाए हैं, उन्हें निराश नहीं होना चाहिए, क्योंकि उन्हें और मौके मिलेंगे। जाहिर है कि शास्त्री का इशारा पंत की ओर था।

विदेशों में भारतीय टीम की हार में चयनकर्ताओं की गलतियों का बड़ा योगदान रहा। दक्षिण अफ्रीका दौरे से शुरू हुई ये गलतियाँ अब तक जारी हैं।

दक्षिण अफ्रीका, इंग्लैंड और ऑस्ट्रेलिया के खिलाफ टेस्ट सीरीज में खिलाड़ियों के चयन में हर बार लोचा हुआ। क्रिकेट विश्व कप में भारत का पहला मैच दक्षिण अफ्रीका से है। अगर आपको दक्षिण अफ्रीका के दौरे पर गई भारतीय टीम के प्रदर्शन की याद हो, तो वहाँ बल्लेबाजी में टीम की हालत खस्ता थी। भारत ने तीन टेस्ट मैचों की सीरीज में अंतिम टेस्ट जीतकर किसी तरह इज्जत बचाई। विकेटकीपिंग में तो टीम की कमजोरी सबके सामने उभरकर आ गई थी। पहले टेस्ट में साहा थे, फिर पार्थिव पटेल आए और तीसरे टेस्ट में सब्स्टीट्यूट के रूप में दिनेश कार्तिक विकेटकीपिंग करते दिखाई दिए थे। तीनों बेअसर साबित हुए थे।

हम कोहली को एक बल्लेबाज और एक कप्तान के रूप में देख चुके हैं। यह सच्चाई है कि इस वक्त विराट कोहली के स्तर का अंतरराष्ट्रीय क्रिकेट में कोई बल्लेबाज नहीं है। वह विपरीत परिस्थितियों में भी शतक लगाने से नहीं चूकते हैं, लेकिन यह भी सच है कि धोनी के बिना विराट कोहली अधूरे हैं।

फील्ड की जमावट से लेकर गेंदबाज के चयन तक में उनकी अहम भूमिका होती है, पर माना जा रहा है कि विश्व कप के बाद धोनी संन्यास ले सकते हैं। हमें उनके उत्तराधिकारी को स्थापित करना था और विश्व कप इसका मौका था, लेकिन पंत की अनदेखी कर चयनकर्ताओं ने भारी भूल कर दी है।

22 अप्रैल, 2019

□

जल संकट के प्रति गंभीर प्रयास हों

हालत यह है कि गरमी ने अभी दस्तक भर दी है और हमारे गाँव, कस्बे और शहर पानी की कमी से जूझने शुरू हो गए हैं। अभी मई और जून की गरमी बाकी है और कुएँ और सामान्य चापाकल सूखने लग गए हैं।

आंध्र प्रदेश, बिहार, गुजरात, झारखंड, कर्नाटक, महाराष्ट्र, राजस्थान, तमिलनाडु और तेलंगाना के कई हिस्सों में जल संकट शुरू हो गया है। बिहार के 19 जिलों—बेगूसराय, भोजपुर, बक्सर, पूर्वी चंपारण, गया, गोपालगंज, जहानाबाद, कटिहार, मधेपुरा, मुजफ्फरपुर, नालंदा, नवादा, पटना, पूर्णिया, समस्तीपुर, सारण, सीतामढ़ी, सीवान और वैशाली के 102 ब्लॉक क्रिटिकल जोन में हैं, जबकि उत्तर बिहार में नदियों का जाल है। गंडक, बूढ़ी गंडक, बागमती, कमला, कमला बलान, बाया, अधवारा समूह आदि कई नदियाँ हैं। गंगा नदी बिहार को दो हिस्सों में बाँटती है। पूर्वी बिहार में कोसी नदी बहती है। दक्षिण बिहार में सोन, पुनपुन आदि हैं, लेकिन नदियों के किनारे के इलाके भी गंभीर जल संकट से जूझ रहे हैं।

बारिश की कमी भी समस्या की एक बड़ी वजह है। मौसम विभाग के आँकड़े बताते हैं कि बिहार में पिछले 13 वर्षों से औसत बारिश 800 मि.मी. से थोड़ी अधिक हो रही है। वहीं डेढ़ दशक पहले बिहार में 1,200 से 1,500 मि.मी. बारिश होती थी। बारिश में कमी होने से सिंचाई व पेयजल के लिए ग्राउंड वाटर पर निर्भरता बढ़ी है। साथ ही, कम बारिश होने से जमीन के अंदर कम पानी जा रहा है। ऐसे में जमीन के नीचे से जितनी मात्रा में पानी निकाला जा रहा है, उतनी मात्रा में उसकी भरपाई नहीं हो पा रही है। कमोबेश यही स्थिति झारखंड की भी है।

कम बारिश की तो एक समस्या है ही, जल संरक्षण की कमी इसकी दूसरी बड़ी वजह है। हमने अपने तालाबों को पाट दिया है। महज 20 साल पहले तक बिहार में लगभग ढाई लाख तालाब हुआ करते थे, पर आज इनकी संख्या 93 हजार रह गई है। शहरों के तालाबों पर भू-माफियाओं की काली नजर पड़ गई।

एक झटके में डेढ़ लाख के अधिक तालाब काल कलवित हो गए। उनके स्थान पर इमारतें खड़ी हो गईं। तालाबों के शहर माने जानेवाले बिहार के दरभंगा का उदाहरण इस स्थिति की गंभीरता को समझने के लिए काफी है। सरकारी आँकड़ों के अनुसार, 1964 में जिले में नदियों की 29 धाराएँ जीवंत थीं, इनमें से अब सिर्फ 13 ही बची हैं। नगर में 364 तालाबों का उस समय अस्तित्व था।

अब इनकी संख्या घटकर लगभग 90 रह गई है, यानी 55 साल में नदियों की 16 धाराएँ विलुप्त हो गईं और 274 तालाब गायब हो गए। इन्हें भर दिया गया और अधिकतर पर मकान बन गए। चार दशक पूर्व दरभंगा जिले में 12,141 हेक्टेयर में मोइन व तालाब था। अब क्षेत्रफल घटकर 3,924 हेक्टेयर रह गया है। उस समय जिले में 1,623 सरकारी व 2,301 निजी तालाब चिह्नित किए गए थे। इसकी संख्या में भी काफी गिरावट आई है। जल संरक्षण के इन स्थलों के समाप्त हो जाने से जिले में भू-जलस्तर काफी नीचे चला गया है।

अब हालत यह है कि दरभंगा में सामान्य चापाकलों से पानी नहीं निकल रहा है। लोग समरसिबुल पंप लगा रहे हैं, जिससे भू-जल का दोहन हो रहा है, लेकिन ऐसा कब तक चलेगा? भू-जल का स्तर लगातार नीचे जाएगा और फिर जल संकट और गंभीर होगा। कमोबेश यही स्थिति अन्य शहरों की भी है।

झारखंड की मिसाल लें, तो यहाँ साल में औसतन 1,400 मिलीमीटर बारिश होती है। यह किसी भी पैमाने पर अच्छी बारिश मानी जाएगी, लेकिन बारिश का पानी बहकर निकल जाता है, उसके संचयन का कोई उपाय नहीं है।

इसे चेक डैम अथवा तालाबों के जरिए रोक लिया जाए, तो सालभर खेती और पीने के पानी की समस्या नहीं होगी। दरअसल, हमने जल संरक्षण के पारंपरिक तौर-तरीकों को धीरे-धीरे भुला दिया है और कंक्रीट के जंगल खड़े करते गए है। दूसरी ओर, अंधाधुंध तरीके से भू-जल का दोहन करते जा रहे हैं। तालाब, पोखर, आहर आदि पारंपरिक जलस्रोत न केवल वर्षा के पानी का भंडारण करते थे, बल्कि इनसे भू-जल का स्रोत भी रिचार्ज होता था, लेकिन तालाब लोगों की भौतिकवादी आकांक्षाओं की भेंट चढ़ गए। दिक्कत यह है कि किसी विषय के बारे में हम तभी सोचते हैं, जब समस्या हमारे सिर पर आ खड़ी होती है।

हम लोग गाँवों में जल संरक्षण के उपाय करते थे, वे भी हमने करने छोड़ दिए हैं। पर्यावरणविद् दिवंगत अनुपम मिश्र ने तालाबों पर भारी काम किया। उनका मानना था कि जल संकट प्राकृतिक नहीं मानवीय है। हमारे देश में बस्तियों के आसपास जलाशय-तालाब, पोखर आदि बनाए जाते थे। जल को सुरक्षित रखने की व्यवस्था की जाती थी। यह काम पूरे देश में प्रकृति के अनुकूल किया जाता था, लेकिन हमने तालाब मिटा दिए

और जल संरक्षण का काम छोड़ दिया।

दरअसल, स्थिति की गंभीरता का एहसास हमें नहीं है। भूजल विशेषज्ञों का मानना है कि वर्ष 2030 तक पीने के पानी की माँग और आपूर्ति में भारी अंतर हो जाएगा। अगर देश की जल व्यवस्था पर ध्यान नहीं दिया गया, तो ज्यादातर बड़े शहरों में वर्ष 2020 तक पर्याप्त पानी उपलब्ध नहीं होगा। नीति आयोग की जून 2018 में प्रकाशित जल प्रबंधन सूचकांक की रिपोर्ट कहती है कि 2020 तक बेंगलुरु, दिल्ली, चेन्नई और हैदराबाद सहित 21 शहरों में भू-जल में भारी कमी आएगी, जिससे 10 करोड़ लोग प्रभावित होंगे।

इस सूचकांक के अनुसार, जलसंकट से लगभग 60 करोड़ भारतीयों प्रभावित होंगे। बारिश के कम होने के कारण देश के जलाशयों में पानी पहले से ही कम है। देश भर के 91 प्रमुख जलाशयों में मौजूदा जल स्तर में पाँच महीने में 22 मार्च, 2019 तक 32 प्रतिशत की कमी आई है। वहीं, दक्षिणी राज्यों के 31 जलाशयों का जल स्तर पाँच महीने में 36 प्रतिशत नीचे आ गया है।

दक्षिणी राज्यों के 31 जलाशयों में उसकी कुल क्षमता का 25 प्रतिशत ही जल उपलब्ध है, जबकि बीते वर्ष नवंबर में यह क्षमता 61 प्रतिशत थी। कुछ समय पहले ब्रिटिश मौसम विज्ञानियों ने चेताया था कि अगले पाँच साल पिछले 150 वर्षों के मुकाबले सर्वाधिक गरम रहेंगे। दुनिया में तापमान में तेजी से वृद्धि होगी और औसत वैश्विक तापमान में 1.5 डिग्री तक की वृद्धि का अनुमान है। भारतीय मौसम वैज्ञानिकों ने भी इस बार भारी गरमी की भविष्यवाणी की है।

तापमान बढ़ने का सीधा असर खेती-किसानी पर पड़ेगा और पैदावार कम हो जाएगी। कृषि विशेषज्ञों का कहना है कि देश का एक डिग्री तापमान बढ़ने से गेहूँ, सोयाबीन, सरसों, मूँगफली और आलू की पैदावार में 3 से 7 फीसदी की कमी आ जाएगी। यह जान लीजिए कि जल संरक्षण सीधे तौर से खाद्य सुरक्षा से जुड़ा है। इसलिए इसकी अनदेखी की भारी कीमत चुकानी पड़ सकती है।

29 अप्रैल, 2019

□

फेक न्यूज के दौर में विश्वसनीय हैं अखबार

इन दिनों सोशल मीडिया पर फेक न्यूज की भरमार है। यह भेद कर पाना बेहद कठिन है कि कौन सी खबर सच है, कौन सी खबर फर्जी है? व्हाट्सएप के दौर में सुबह से शाम तक खबरों का आदान-प्रदान होता है और पता ही नहीं चलता कि कितनी तेजी से फेक न्यूज के आप शिकार हो गए और आपने उसे आगे बढ़ाकर कितने और लोगों को प्रभावित कर दिया? एक और मुश्किल है कि इसके स्रोत का पता ही नहीं चलता है। यह फॉरवर्ड होती हुई आप तक पहुँचती है।

फेक न्यूज की समस्या इसलिए भी बढ़ती जा रही है कि देश में इंटरनेट इस्तेमाल करनेवाले लोगों की संख्या लगातार बढ़ रही है। चुनावी मौसम में तो इनकी बाढ़ आ गई है। अभी भारत की 27 फीसदी आबादी यानी लगभग 35 करोड़ से अधिक लोग इंटरनेट का इस्तेमाल कर रहे हैं। चीन के बाद दुनिया में सबसे ज्यादा इंटरनेट इस्तेमाल करनेवाले लोग भारत में हैं।

हाल में ऐसी कई खबरें आई हैं, जब लोगों को गुमराह करनेवाली खबरें सोशल मीडिया पर वायरल हो गईं। हाल में फेसबुक, ट्विटर और व्हाट्सएप पर हेमामालिनी की दो तसवीरें वायरल हुई थीं। एक में वह हेलीकॉप्टर से उतरती हुई दिख रही हैं और दूसरी में खेत में गेहूँ की फसल काट रही हैं।

दोनों तसवीरों के साथ वायरल था कि 'मोदीजी पर गर्व है। महिला किसानों को हेलीकॉप्टर दिए जा रहे हैं, जिससे वे खेत तक पहुँच रही हैं।' पड़ताल में पाया गया कि ये दोनों तसवीरें इस साल की नहीं हैं। हेलीकॉप्टर वाली तसवीर 2015 की है और दूसरी तसवीर 2014 की। दोनों तसवीरों को मिलाकर फेक तसवीर तैयार की गई।

इन दिनों सोशल मीडिया पर एक वीडियो वायरल हो रहा है, जिसमें एक व्यक्ति कांग्रेस और राहुल गांधी की कड़ी आलोचना करता दिखाई दे रहा है।

दावा किया जा रहा है कि व्यक्ति वाराणसी संसदीय क्षेत्र से पी.एम. नरेंद्र मोदी के खिलाफ चुनाव लड़ रहे कांग्रेस के प्रत्याशी अजय राय हैं, जबकि यह सही नहीं है।

पड़ताल में पता चला कि यह वीडियो भोपाल के कारोबारी अनिल बूलचंदानी का है।

कुछ दिनों पहले सोशल मीडिया में एक और खबर जोर-शोर से चली थी कि अगर कोई वोट नहीं डालेगा, तो उसके बैंक अकाउंट से 350 रुपए कट जाएँगे। प्रमाण के रूप में अखबार की एक फेक न्यूज नत्थी कर दी गई थी। इस फेक न्यूज ने अनेक लोगों को विचलित कर दिया। बाद में स्पष्टीकरण आया कि ऐसा कोई प्रस्ताव नहीं है। सोशल मीडिया पर पिछले दिनों एक और पोस्ट वायरल हुई थी, जिसमें कहा जा रहा था कि पहली जून से सभी बैंक हर शनिवार को बंद रहेंगे।

दावा किया जा रहा था कि रिजर्व बैंक ऑफ इंडिया ने सभी बैंकों को सिर्फ पाँच दिन काम करने की मंजूरी दे दी है। बैंकों के काम-काज का समय सोमवार से शुक्रवार तक समय सुबह 9:30 बजे से शाम 5:30 बजे तक रहेगा। इस फेक न्यूज को एक न्यूज चैनल की ब्रेकिंग न्यूज के रूप में पेश किया गया था। बाद में आर.बी.आई. को इसका खंडन करना पड़ा।

ऐसे अनेक उदाहरण हैं, जिनमें फेक न्यूज को तथ्यों के आवरण के साथ लपेट कर पेश किया गया, ताकि आम व्यक्ति उस पर भरोसा कर ले। इनके अलावा ऐसी भी खबरें फैलाई जाती रही हैं, जिनसे जातिगत और धार्मिक वैमनस्यता फैलने का खतरा उत्पन्न हो गया है। ऐसी कई घटनाएँ हैं, जिनमें सोशल मीडिया की खबर ने इलाके में तनाव फैला दिया है। दरअसल, भारत सोशल मीडिया कंपनियों के लिए एक बड़ा बाजार है। विभिन्न स्रोतों से मिले आँकड़ों के अनुसार, दुनिया भर में व्हाट्सएप के एक अरब से अधिक सक्रिय यूजर्स हैं। इनमें से 16 करोड़ भारत में ही हैं।

फेसबुक इस्तेमाल करनेवाले भारतीयों की संख्या लगभग 15 करोड़ है और ट्विटर अकाउंट्स की संख्या 2 करोड़ से ऊपर है। लगभग 40 करोड़ भारतीय आज इंटरनेट सेवाओं का लाभ उठा रहे हैं। हमें करना यह चाहिए कि कोई भी सनसनीखेज खबर की एक बार जाँच अवश्य करें। मैं जानता हूँ कि यह करना आसान नहीं है। इससे कैसे निबटा जाए, यह अपने आप में बड़ी चुनौती है।

दूसरी ओर, अखबारों की ओर नजर दौड़ाएँ। आज भी ये सूचनाओं के सबसे विश्वसनीय स्रोत हैं। अखबार अपनी छपी खबर से पीछे नहीं हट सकता है।

अखबार की खबरें काफी जाँच-पड़ताल के बाद प्रकाशित की जाती हैं। अखबारों के खिलाफ एकतरफा फैसला सुनाने वाले आपको बहुत से लोग मिल जाएँगे, लेकिन यह भी जानना जरूरी है कि पत्रकार कितनी कठिन परिस्थितियों में अपने काम को अनजाम देते हैं ?

कुछ समय पहले श्रीनगर में राइजिंग कश्मीर के संपादक शुजात बुखारी की आतंकवादियों ने गोली मारकर हत्या कर दी। त्रिपुरा में पिछले साल दो पत्रकारों की हत्या

कर दी गई थी। बेंगलुरु में गोरी लंकेश की हत्या तो चर्चित रही ही है। म.प्र. के भिंड इलाके में रेत माफिया और पुलिस का गठजोड़ उजागर करने पर एक पत्रकार को ट्रक से कुचलकर मार दिया गया था। यह कोई दबा-छुपा तथ्य नहीं है कि मीडियाकर्मियों को कई तरह के दबावों का सामना करना पड़ता है। इसमें राजनीतिक और सामाजिक, दोनों दबाव शामिल हैं।

इतने दबावों के बीच आप अंदाजा लगा सकते हैं कि खबरों में संतुलन बनाए रखना कितना कठिन कार्य होता है। 'प्रभात खबर' की बात करें, तो हमने सबसे अधिक घपले-घोटाले उजागर किए हैं, जिसके कारण कई पूर्व मुख्यमंत्रियों और मंत्रियों तक को जेल तक जाना पड़ा है। यही वजह है कि हाल में मीडिया रिसर्च यूजर्स काउंसिल द्वारा आयोजित इंडियन रीडरशिप सर्वे, 2019 की पहली तिमाही का परिणाम आया है, जिसमें टोटल रीडरशिप में 'प्रभात खबर' 1 करोड़ 41 लाख पाठकों के साथ हिंदी अखबारों में देश का 5वाँ सबसे अधिक पढ़ा जाने वाला अखबार बन गया है। सभी भाषाओं के अखबारों में 'प्रभात खबर' 10वें स्थान पर है। झारखंड में करीब 48 लाख पाठकों के साथ प्रभात खबर अन्य अखबारों की तुलना में राज्य का सबसे बड़ा अखबार बना हुआ है।

ऑडिट ब्यूरो ऑफ सर्कुलेशन की जुलाई-दिसंबर 2018 की रिपोर्ट के आधार पर भी प्रभात खबर झारखंड का नंबर वन अखबार है। बिहार में 'प्रभात खबर' 88 लाख 20 हजार पाठकों के साथ राज्य का दूसरा सबसे पढ़ा जाने वाला अखबार है। पिछले सर्वेक्षण की तुलना में वर्ष 2019 की पहली तिमाही के सर्वेक्षण के आधार पर बिहार में 6 लाख 10 हजार नए पाठक जुड़े हैं। एवरेज इश्यू रीडरशिप, 2019 की पहली तिमाही के अनुसार, पश्चिम बंगाल के हिंदी अखबारों में 'प्रभात खबर' 1 लाख 65 हजार पाठकों के साथ दूसरे स्थान पर है। प्रभात खबर ही नहीं, अन्य अनेक अखबारों के पाठकों की संख्या लगातार बढ़ रही है। यह दिखाता है कि अखबार आज भी खबरों के सबसे विश्वसनीय स्रोत हैं।

6 मई, 2019

□

सीमित चरणों में हों आम चुनाव

चुनाव किसी भी लोकतंत्र के आधार स्तंभ होते हैं। हर आम चुनाव लोकतंत्र को समृद्ध कर जाता है। सदियों तक सत्ता परिवर्तन हमेशा रक्तरंजित रहा है, लेकिन लोकतांत्रिक व्यवस्था ने सत्ता परिवर्तन को सहज कर दिया है। लोकसभा चुनाव वास्तव में लोकतंत्र का महाकुंभ है। इतनी व्यापकता, इतनी विविधता की मिसाल दुनिया भर में कहीं नहीं है।

यदि चुनावों की व्यापकता पर नजर डालें, तो 17वीं लोकसभा के लिए 90 करोड़ लोग मतदान के योग्य थे और इनमें से लगभग 60 फीसदी लोगों ने मतदान में हिस्सा लिया।

महत्त्वपूर्ण बात यह है कि 18 से 19 साल के डेढ़ करोड़ मतदाताओं ने इस चुनाव में पहली बार हिस्सा लिया और लगभग आठ करोड़ 43 लाख नए मतदाताओं ने इस बार अपने मताधिकार का इस्तेमाल किया। सात चरणों में हुए मतदान में 10 लाख पोलिंग बूथ पर वोट डाले गए। लोकसभा के लिए मतदान सकुशल संपन्न हो गया और अब बस नतीजों का इंतजार है।

नतीजे किस करवट बैठेंगे, इसको लेकर नेताओं और पार्टी समर्थकों की धड़कनें तेज हैं। चुनाव सात चरणों में और लगभग छह सप्ताह चला और यह सभी के लिए थकाऊ साबित हुआ। पिछले दो महीने से केंद्र सरकार और राज्य सरकारों की गतिविधियाँ ठप पड़ी हैं। पूरी मशीनरी चुनाव संपन्न कराने में व्यस्त है। नेता, मंत्री और संत्री—सब चुनाव में जुटे हुए हैं। रही-सही कसर चुनाव आचार-संहिता ने पूरी कर दी।

यह सही है कि निष्पक्ष चुनाव जरूरी है, लेकिन आचार-संहिता के कारण पिछले दो महीने से सरकारी निर्णय अटके पड़े हैं। हमें इस पर विचार करना होगा कि कैसे चुनाव को सीमित समय में कराया जा सके, क्योंकि इस दौरान देश लगभग स्वत: संचालित अवस्था में होता है। हर पार्टी के लिए आम चुनाव प्रतिष्ठा का प्रश्न होता है और पार्टियाँ पूरी ताकत झोंककर उसे जीतने की कोशिश करती हैं।

यही वजह है कि सभी राजनीतिक दल अपने चुनावी अस्त्रागार में से किसी अस्त्र को दागने से नहीं चूकते हैं। इस बार अंतिम दौर तक आते-आते बात मुद्दों तक नहीं रह गई और नेताओं की बयानबाजी राजनीतिक मर्यादा को तार-तार कर गई। चुनावों के दौरान पश्चिम बंगाल में हुई हिंसा ने लोकतांत्रिक प्रक्रिया की गरिमा को ठेस पहुँचाई है।

जाने-माने समाज-सुधारक ईश्वरचंद्र विद्यासागर की मूर्ति को तोड़ा जाना शर्मनाक है। साथ ही, महात्मा गांधी के हत्यारे गोडसे के पक्ष में प्रज्ञा ठाकुर का बयान मर्यादा की सभी हदों को पार कर गया। मेरा मानना है कि चुनाव की इतनी लंबी प्रक्रिया ठीक नहीं है। लंबे चुनाव के संचालन की अपनी अलग चुनौतियाँ हैं।

चुनावों के दौरान जो घटनाएँ घटित हुईं, जिनको लेकर बार-बार आयोग सवालों के घेरे में रहा। एक तरह से चुनाव आयोग का भी यह कड़ा इम्तिहान था। उसकी साख पर भी बार-बार सवाल उठाए गए। मेरा मानना है कि अगर चुनाव पाँच चरणों में ही संपन्न होते तो शायद बेहतर होता।

यह सही है कि हरेक आम चुनाव राजनीति का एक नया संदेश देकर जाता है। पिछले लोकसभा चुनाव में प्रधानमंत्री नरेंद्र मोदी और विकास के उनके वादे पर लोगों ने वोट किया था, लेकिन इस बार राष्ट्रीय सुरक्षा आम चुनाव का मुख्य मुद्दा बन गया। यह सच्चाई है कि अब चुनाव जमीनी मुद्दों पर नहीं लड़े जाते।

चुनावों में किसानों की समस्याएँ, रोजगार, स्वास्थ्य सेवाओं और शिक्षा की स्थिति जैसे विषय प्रमुख मुद्दे नहीं बनते। इस बार के चुनाव पर नजर डालें तो पूरा चुनाव प्रधानमंत्री नरेंद्र मोदी पर केंद्रित था कि या तो आप उनके साथ हैं, उनके समर्थक हैं अथवा आप उनके धुर विरोधी हैं। कई स्थानों पर यह ध्रुवीकरण बहुत गहरा था।

कई स्थानों पर ऐसा देखने में आया कि लोगों ने भाजपा उम्मीदवार को नहीं, बल्कि नरेंद्र मोदी को वोट दिया। चुनाव संसदीय प्रणाली की बजाय राष्ट्रपति प्रणाली जैसे ज्यादा नजर आया। जैसे दो उम्मीदवार ही मैदान में थे—एक नरेंद्र मोदी, तो दूसरे राहुल गांधी। हालाँकि कई राज्यों में गठबंधन के नेताओं का दबदबा साफ नजर आया। चुनाव में इस बार कई अन्य दिलचस्प बातें देखने को आईं।

कांग्रेस ने अल्पसंख्यकों से दूरी बनाते हुए नरम हिंदुत्व की राह पकड़ी और दोनों भाई बहन—राहुल गांधी और प्रियंका गांधी वाड्रा मंदिरों में मत्था टेकते नजर आए, जबकि यह भाजपा का कार्यक्षेत्र रहा है। इसके पहले भाजपा कांग्रेस पर अल्पसंख्यकों की तरफदारी करने का आरोप लगाती रही है, लेकिन कांग्रेस ने इस बार उनसे दूरी बनाए रखी।

सोशल मीडिया में भाजपा का पलड़ा हमेशा भारी रहता आया है, पर इस बार ऐसा नहीं था। कांग्रेस भी सोशल मीडिया में सक्रिय थी। कांग्रेस ने राफेल, किसानों

की नाराजगी, जी.एस.टी. और नोटबंदी के मुद्दे उठाए, वहीं भाजपा ने राष्ट्रीय सुरक्षा, विकास और केंद्र सरकार की कल्याणकारी योजनाओं के अलावा अपने मजबूत संगठन के जरिए बूथ लेवल पर काम किया। सघन प्रचार और ध्रुवीकरण भाजपा का मजबूत पक्ष रहा।

वर्ष 2014 के लोकसभा चुनावों में हिंदी पट्टी के राज्यों यू.पी., बिहार, मध्य प्रदेश, राजस्थान, छत्तीसगढ़ और झारखंड का केंद्र में भाजपा की सरकार बनवाने में बड़ा योगदान रहा है। चुनाव परिणामों से साफ होगा कि हिंदी पट्टी के ये गढ़ क्या अब भी भाजपा के साथ हैं अथवा महागठबंधन ने इनमें सेंध लगा ली है?

इस चुनाव में सोशल मीडिया पर फेक न्यूज की भरमार रही। यह भेद कर पाना बेहद कठिन था कि कौन सी खबर सच है और कौन सी खबर फर्जी है? व्हाट्सएप के दौर में सुबह से शाम तक खबरों का आदान-प्रदान होता है और पता ही नहीं चलता कि कितनी तेजी से फेक न्यूज के आप शिकार हो गए! एक ओर तो दुनिया कंप्यूटर और इंटरनेट के दौर से आगे निकल चुकी है। माना जा रहा है कि यह सदी आर्टिफिशियल इंटेलिजेंस की है।

अब बात इंटरनेट से मतदान की चल रही है। ऐसे में हमारे कुछेक राजनेता हमें पुराने दौर में ले जाने की कोशिश कर रहे हैं। अब तो यह दस्तूर हो गया है कि हर चुनाव के पहले ई.वी.एम. पर सवाल उठाए जाते हैं, लेकिन लोकतंत्र का बुनियादी तत्त्व है कि मतदान प्रक्रिया निष्पक्ष हो। मतदाता को यह भरोसा हो कि उसका वोट वहीं पड़ा है, जहाँ वह देना चाहता था।

इतनी बड़ी चुनाव प्रक्रिया में कुछेक ई.वी.एम. में तकनीकी खराबी आ सकती है और उसे तत्काल बदला जाता है, लेकिन हर बार उसकी विश्वसनीयता पर सवाल उठाए जाने से लोगों के मन में संशय होता है। विपक्षी दल ई.वी.एम. को लेकर सुप्रीम कोर्ट तक गए, लेकिन वहाँ भी उनकी आपत्तियों को खारिज कर दिया गया। अनेक विपक्षी दल चाहते हैं कि मतपत्रों की पुरानी व्यवस्था को वापस लाया जाए।

यह तथ्य भी सबके सामने है, जब मतपत्रों का इस्तेमाल होता था तो सही स्थान मुहर न लगने के कारण लगभग 4 से 5 फीसदी वोट रद्द हो जाते थे। दूसरे, यू.पी., बिहार और पश्चिम बंगाल में बूथ कैप्चरिंग बड़ी समस्या थी। कुछ समय पहले राजस्थान, एम.पी. और छत्तीसगढ़ में कांग्रेस की सरकारें इसी ई.वी.एम. के माध्यम से हुए मतदान से ही बनीं। यह दलील कैसे चलेगी कि जब आप जीतें तो ठीक अन्यथा मशीन खराब है?

20 मई, 2019

□

चिंताजनक है कांग्रेस का पराभव

सोशल मीडिया पर एक मैसेज वायरल है कि अगर आप मुंबई के चर्च गेट से उत्तर भारत की ओर जा रहे हैं, तो आपको पंजाब से पहले कांग्रेस का कोई सांसद नहीं मिल पाएगा। मैसेज भले ही एक तंज हो, लेकिन इसमें कोई शक नहीं है कि लोकसभा चुनाव के नतीजे कांग्रेस के लिए बेहद निराशाजनक हैं। कई राज्यों में तो कांग्रेस का सूपड़ा साफ है। ऐसे राज्यों की सूची खासी लंबी है।

कांग्रेस दिल्ली, गुजरात, आंध्र प्रदेश, राजस्थान, हरियाणा, हिमाचल प्रदेश, उत्तराखंड, अरुणाचल प्रदेश, जम्मू-कश्मीर, ओडिशा, त्रिपुरा, मणिपुर, मिजोरम, नागालैंड, सिक्किम, दमन दीव, दादरा नगर हवेली, लक्षद्वीप और चंडीगढ़ में अपना खाता तक नहीं खोल पाई।

और तो और, कांग्रेस अध्यक्ष राहुल गांधी अपनी अमेठी सीट को भी नहीं बचा पाए। इसके पहले राहुल गांधी अमेठी से लगातार तीन बार सांसद चुने गए थे। अमेठी से पहले भी गांधी परिवार लड़ता रहा है। इमरजेंसी के बाद हुए चुनावों में संजय गांधी के हारने के बाद यह दूसरा मौका है, जब अमेठी से गांधी परिवार का कोई सदस्य हारा है।

एक और रोचक तथ्य है कि इमरजेंसी के बाद 1977 में हुए लोकसभा चुनावों में राज नारायण ने इंदिरा गांधी को रायबरेली से हरा दिया था। इसके बाद से इस परिवार का कोई सदस्य चुनाव नहीं हारा था। इस बार कांग्रेस को पूरे देश में मात्र 52 सीटें मिलीं। 80 सीटों वाले उ.प्र. से मात्र रायबरेली से सोनिया गांधी जीत पाईं। कांग्रेस की इन सीटों में 19 केरल और तमिलनाडु की 10 सीटें हटा दें, तो वह बाकी 34 राज्यों और केंद्र शासित प्रदेशों से मात्र 23 सीटें जीत पाई हैं।

कांग्रेस को इस बार भी लोकसभा में नेता प्रतिपक्ष बनाने का मौका नहीं मिलेगा। इसके लिए कम-से-कम 55 सीटें जरूरी हैं। यह दूसरा मौका होगा, जब लोकसभा में विपक्ष का नेता नहीं होगा। वर्ष 2014 में भी कांग्रेस को 44 सीटें ही मिली थीं। लोकतंत्र में मजबूत विपक्ष जरूरी होता है। लिहाजा, कांग्रेस का सूपड़ा साफ होना चिंताजनक

है। सन् 1885 में स्थापित यह पार्टी आज अपनी प्रासंगिकता के लिए संघर्ष कर रही है।

चुनाव में इस बार बहुत दिलचस्प बातें दिखीं। कांग्रेस ने अल्पसंख्यकों से दूरी बनाते हुए नरम हिंदुत्व की राह पकड़ी थी। राहुल गांधी हर छोटे-बड़े मंदिर में मत्था टेकते नजर आ रहे थे, जबकि कांग्रेस पर अल्पसंख्यकों की तरफदारी के आरोप लगते रहे हैं। कांग्रेस ने इस बार उनसे दूरी बनाए रखी। राहुल गांधी ने चुनाव में पार्टी की हार स्वीकार करते हुए पी.एम. नरेंद्र मोदी को बधाई दी।

उन्होंने कहा कि इस पराजय की 100 फीसदी जिम्मेदारी उनकी है। लड़ाई विचारधारा की है और पार्टी की विचाराधारा जीतेगी। इन सबके बावजूद कांग्रेस के लिए ये नतीजे खतरे की घंटी हैं। वह अपने गढ़ों—कर्नाटक, राजस्थान, म.प्र. और छत्तीसगढ़ में भी बुरी तरह हारी है। उ.प्र. में कांग्रेस का हश्र तो हम सबके सामने है।

इस लोकसभा चुनाव में पार्टी के प्रचार की कमान खुद कांग्रेस अध्यक्ष राहुल गांधी ने सँभाली थी और उन्होंने आक्रामक प्रचार भी किया था। उन्होंने कर्ज माफी, 'न्याय' और राफेल को चुनावी मुद्‍दा बनाने की कोशिश की। सैकड़ों रैलियाँ और रोड शो किए। इनमें भीड़ भी जुट रही थी।

इससे आभास हुआ था कि राहुल गांधी कांग्रेस को पुनर्जीवित करने में सफल हो जाएँगे, पर ऐसा नहीं हुआ। भीड़ वोट में तब्दील नहीं हो पाई। राहुल ने सबसे ज्यादा प्रचार उ.प्र. में किया, जहाँ कांग्रेस केवल एक सीट रायबरेली से जीत पाई। प्रियंका गांधी को पूर्वी उ.प्र. और ज्योतिरादित्य सिंधिया को पश्चिमी उ.प्र. की कमान सौंपे जाने की रणनीति भी कामयाब नहीं हो पाई।

राहुल गांधी की नेतृत्व क्षमता पर सवाल उठ रहे हैं। कुछ समय पहले कांग्रेस अध्यक्ष राहुल गांधी के सामने एक ऐतिहासिक अवसर आया था, जब वह म.प्र. और राजस्थान में सत्ता की कमान युवाओं को सौंप सकते थे, लेकिन राहुल गांधी ने यह ऐतिहासिक मौका गँवा दिया।

उन्होंने म.प्र. की कमान 72 वर्षीय कमलनाथ को सौंपी और राजस्थान में 67 वर्षीय अशोक गहलोत को मुख्यमंत्री बना दिया, जबकि राहुल गांधी युवा नेतृत्व को मौका देकर राजनीतिक जोखिम उठा सकते थे। इन नतीजों का एक और संदेश भी है कि वंशवाद की राजनीति का दौर उतार पर है। इसे जितनी जल्दी कांग्रेस स्वीकार कर लेगी, उसके लिए उतना बेहतर होगा।

एक बात और स्पष्ट हो गई है कि लगातार प्रयासों के बावजूद राहुल गांधी को देश की जनता कांग्रेस के नेता के बतौर स्वीकार करने को तैयार नहीं हैं। प्रियंका गांधी भी कुछ कमाल नहीं दिखा पाईं। परिवारवाद की राजनीति से आनेवाले सभी बड़े नेता इन चुनावों में हार गए। इनमें ज्योतिरादित्य सिंधिया, महबूबा मुफ्ती, डिंपल यादव, मीसा

भारती, जयंत चौधरी, वैभव गहलोत, अशोक चव्हाण, मिलिंद देवड़ा और राहुल गांधी आदि शामिल हैं।

सपा-बसपा-रालोद के महागठबंधन के बावजूद एन.डी.ए. उ.प्र. में 64 सीटों जीतने में कामयाब रहा। आँकड़ों के अनुसार, भाजपा को यू.पी. में 49.5 प्रतिशत वोट मिले हैं, जबकि महागठबंधन को 38.97 प्रतिशत हासिल हुए हैं। कांग्रेस का वोट प्रतिशत मात्र 6.26 प्रतिशत रहा।

माना जा रहा था कि गठबंधन उ.प्र. में भाजपा का विजयी रथ रोकने में कामयाब हो जाएगा, लेकिन सपा-बसपा का वोट आपस में ट्रांसफर नहीं हुआ और इसका सीधा फायदा भाजपा को मिला। नतीजों से स्पष्ट है कि कांग्रेस के अलग चुनाव लड़ने का नुकसान भी गठबंधन को हुआ। आकलन के अनुसार, यदि कांग्रेस गठबंधन में शामिल होती, तो भाजपा की आठ सीटें कम हो जातीं।

कांग्रेस बार-बार यह कह रही थी कि वह गठबंधन के वोट नहीं काटेगी, लेकिन भाजपा प्रत्याशियों को मिली जीत के अंतर से पता चलता है कि कांग्रेस ने गठबंधन के वोट ज्यादा काटे हैं। एक बात और, कांग्रेस ने कई राज्यों में गठबंधन किए। इनमें महाराष्ट्र, कर्नाटक, बिहार, झारखंड, केरल और तमिलनाडु शामिल हैं, लेकिन इन प्रदेशों में आखिरी वक्त तक सीट को लेकर सहयोगियों से सामंजस्य का अभाव रहा।

कुछ महीने पहले राजस्थान, म.प्र. और छत्तीसगढ़ में कांग्रेस ने जीत दर्ज की थी, उन राज्यों में भी पार्टी का प्रदर्शन वर्ष 2014 से भी खराब रहा। मौजूदा लोकसभा चुनाव कांग्रेसी नेताओं के सामने बड़ा अवसर था, लेकिन खींच-तान की खबरें खूब सामने आई थीं। जैसा कि कांग्रेसी भी कहते हैं, उन्हें विपक्ष की जरूरत नहीं होती, उनकी अपनी पार्टी के लोग इस कमी को पूरा कर देते हैं।

इन चुनावों में मतदाताओं ने कांग्रेस को स्पष्ट संदेश दिया है कि उसे राहुल गांधी की नेतृत्व क्षमता पर भरोसा नहीं है, लेकिन कांग्रेस का ऐसे लोगों की कमी नहीं है, जो यह मानते हैं कि नेहरू-गांधी परिवार के बिना कांग्रेस का वजूद नहीं रहेगा। कांग्रेस को यदि प्रासंगिक रहना है, तो उसे नेतृत्व, संगठन, रणनीति और कार्य संस्कृति में तत्काल बदलाव करने होंगे, अन्यथा उसके अप्रासंगिक होने का खतरा है।

27 मई, 2019

□

प्रचंड गरमी और बढ़ता जल संकट

इन दिनों आसमान से जैसे आग बरस रही है। एक ओर तो प्रचंड गरमी का प्रकोप है, तो दूसरी ओर हमारे गाँव, कस्बे और शहर पानी की कमी से जूझ रहे हैं। चापाकल सूखने लगे हैं। कूपों का जल स्तर गिर गया है। गरमी के साथ-साथ पेय जल का भारी संकट भी उत्पन्न हो गया है।

इन दिनों लगभग आधा देश प्रचंड गरमी की चपेट में है। देश के 10 राज्यों में तापमान 44 डिग्री सेल्सियस को पार कर गया है।

इनमें राजस्थान, मध्य प्रदेश, उत्तर प्रदेश, छत्तीसगढ़, पंजाब, दिल्ली, हरियाणा, जम्मू-कश्मीर, तेलंगाना, बिहार, झारखंड और महाराष्ट्र के अनेक शहर शामिल हैं। राजस्थान के श्रीगंगानगर में पारा 49.6 डिग्री सेल्सियस पर पहुँच गया, जो 75 साल का सर्वाधिक तापमान है। इससे पहले वहाँ 30 मई, 1944 को अधिकतम तापमान 49.4 डिग्री सेल्सियस दर्ज किया गया था। राजस्थान के ही चूरू में तापमान 48.5 और बीकानेर में 46.6 डिग्री सेल्सियस दर्ज किया गया। मौसम विभाग को राजस्थान के 27 जिलों में तीन दिन के लिए रेड अलर्ट जारी करना पड़ा है।

झारखंड में भी कई इलाकों में गरमी चरम पर है। पलामू और गढ़वा जिलों में पारा 46 डिग्री सेल्सियस को पार कर गया। उधर, बिहार में भी गरमी का प्रकोप जारी है। पटना, गया और भागलपुर सहित कई शहर तपते रहे। पटना में अधिकतम तापमान ने मई माह के तीन साल के रिकॉर्ड को तोड़ दिया। पटना का तापमान 43.6 डिग्री सेल्सियस तक जा पहुँचा, जबकि गया का तापमान 44.2 डिग्री सेल्सियस रहा। मौसम विभाग के आँकड़े के अनुसार, बिहार में पिछले तीन सालों में मई महीने में इतनी गरमी नहीं पड़ी थी।

उ.प्र. में प्रयागराज में तापमान 48 के पार पहुँच गया। वाराणसी में 46 डिग्री तापमान को पार कर गरमी ने कई वर्षों का रिकॉर्ड तोड़ दिया। राजधानी दिल्ली में 46.8 डिग्री सेल्सियस तापमान दर्ज किया गया, जो पिछले कई वर्षों का अधिकतम तापमान है। दक्षिण भारत के तेलंगाना में लू और भीषण गरमी से 22 दिनों में 17 लोगों की मौत हो चुकी है।

मौसम विभाग का अनुमान है कि इस बार तापमान पिछले सारे रिकॉर्ड तोड़ सकता है। दूसरी ओर, इस बार मॉनसून कमजोर है और एक हफ्ते देरी से छह जून तक केरल पहुँचेगा। इसके बाद ही राहत मिलने की उम्मीद है। मान लें कि यह प्राकृतिक आपदा है, पर इसमें हमारा-आपका भी योगदान है। हमने जंगल उजाड़ दिए और उनकी जगह क्रंकीट के जंगल खड़े कर दिए। अब उसका खामियाजा भुगतना पड़ रहा है।

कुछ समय पहले जलवायु परिवर्तन को लेकर एक चेतावनी सामने आई थी। नासा के मुताबिक, वर्ष 2018 में वैश्विक तापमान 1951 से 1980 के औसत तापमान से 0.83 डिग्री सेल्सियस अधिक रहा। 1880 के बाद से धरती की सतह का औसत तापमान तकरीबन एक डिग्री सेल्सियस तक बढ़ गया है।

नासा का कहना है, यह गरमी कार्बन डाइऑक्साइड उत्सर्जन, ग्रीनहाउस गैसों और पर्यावरण के साथ छेड़छाड़ के कारण उत्पन्न हुई है। जंगलों की अंधाधुंध कटाई ने इस समस्या को गंभीर कर दिया है। जो कार्बन डाइऑक्साइड पेड़-पौधे सोख लेते थे, वह अब वातावरण में घुल रही है।

दूसरी ओर, ब्रिटिश मौसम वैज्ञानिकों ने चेताया है कि अगले पाँच साल पिछले 150 वर्षों के मुकाबले सर्वाधिक गरम रहेंगे। 2014 से 2023 के दशक में पाँच साल सर्वाधिक गरम रहने के आसार हैं। आपने यदि गौर किया हो कि पिछले कुछ वर्षों में जलवायु परिवर्तन के कारण गरमियाँ लंबी और सर्दियाँ छोटी होती जा रही हैं। इसका सीधा असर खेती-किसानी पर पड़ता है। पैदावार में कमी आ जाती है।

इधर, कम बारिश और प्रचंड गरमी के कारण जलस्तर तेजी से नीचे खिसक रहा है। चापाकलों से पानी निकलना बंद हो गया है। बड़ी संख्या में आहर, नहर, पोखर, तालाब और कुएँ सूख रहे हैं।

समस्या कम वर्षा की ही नहीं है, जल संचयन की भी है। मौसम विभाग के आँकड़े बताते हैं कि बिहार में पिछले 13 वर्षों से औसत बारिश 800 मि.मी. से थोड़ी अधिक हो रही है, जबकि डेढ़ दशक पहले 1,200 से 1,500 मि.मी. बारिश होती थी। बारिश में कमी होने से सिंचाई व पेयजल के लिए ग्राउंड वाटर पर निर्भरता बढ़ी है।

साथ ही, कम बारिश होने से जमीन के अंदर कम पानी जा रहा है। बिहार के 19 जिले—बेगूसराय, भोजपुर, बक्सर, पूर्वी चंपारण, गया, गोपालगंज, जहानाबाद, कटिहार, मधेपुरा, मुजफ्फरपुर, नालंदा, नवादा, पटना, पूर्णिया, समस्तीपुर, सारण, सीतामढ़ी, सीवान और वैशाली क्रिटिकल जोन में हैं, यानी इन जिलों में भूजल का स्तर लगातार नीचे जा रहा है। कमोबेश यही स्थिति झारखंड की भी है। झारखंड में औसतन 1,400 मिलीमीटर बारिश होती है, जो किसी भी पैमाने पर अच्छी बारिश मानी जाएगी, पर बारिश का पानी जो बहकर निकल जाता है, उसके संचयन का कोई उपाय नहीं है। इसके कारण

जल संकट उत्पन्न हो रहा है।

कुछ समय पहले केंद्रीय जल आयोग ने जलाशयों के गिरते जलस्तर पर चिंता व्यक्त की थी। पिछले एक दशक में जलाशयों में औसत जल संग्रहण में 20 प्रतिशत की कमी आ गई है। हमने तालाबों को पाट दिया है। शहरों में उनके स्थान पर बहुमंजिले अपार्टमेंट्स खड़े हो गए हैं। दो दशक पहले तक बिहार में लगभग ढाई लाख तालाब थे, पर आज इनकी संख्या घटकर लगभग 90 हजार रह गई है।

डेढ़ लाख के अधिक तालाबों का अस्तित्व समाप्त हो गया। नतीजा यह हुआ कि शहरों का जलस्तर तेजी से घटने लगा। साथ ही, हमने जल संरक्षण के उपाय करने जाने कब के छोड़ दिए हैं? बस्ती के आसपास तालाब, पोखर आदि बनाए जाते थे, पर हमने तालाब मिटा दिए और जल संरक्षण का काम छोड़ दिया। जहाँ पानी उपलब्ध है, वहाँ हम उसके इस्तेमाल में सावधानी नहीं बरतते हैं, उसे फिजूल में बहाते हैं। शहरों में यह समस्या! अधिक गंभीर है। मौजूदा परिस्थिति में यह अपराध से कम नहीं है।

मौजूदा जल संकट तो हमारी-आपकी देन है और अब भी अगर हम नहीं चेते, तो वह दिन दूर नहीं कि पानी के लिए हम सब लाइन में खड़े नजर आएँगे। महाराष्ट्र में तो यह स्थिति आ गई है। राज्य के ज्यादातर हिस्सों में भूजल नहीं है और वहाँ टैंकरों के माध्यम से पानी पहुँचाया जा रहा है। मौजूदा मंत्रिमंडल के गठन में मोदी सरकार ने नए जल-शक्ति मंत्रालय सृजित कर एक अच्छी पहल की है। इस मंत्रालय की जिम्मेदारी राजस्थान के गजेंद्र सिंह शेखावत को कैबिनेट मंत्री बनाकर सौंपी गई है।

ऐसे वक्त में, जब लगभग पूरा देश पानी की कमी की समस्या से जूझ रहा है, जल-शक्ति मंत्रालय और मंत्री गजेंद्र सिंह शेखावत की चुनौती बड़ी है। इस समस्या का कोई अल्पकालिक समाधान नहीं है। जल संचयन के माध्यम से कमी से निबटने के दीर्घकालिक उपाय करने होंगे। साथ ही, लोगों को पानी की बरबादी रोकने और जल संचयन के प्रति जागरूक बनाना होगा।

3 जून, 2019

□

जल संकट को लेकर चेत जाएँ

पूरे देश में जल संकट गहराता जा रहा है। हम सब लोग बेसब्री से मॉनसून का इंतजार कर रहे हैं। केरल से थोड़ी राहत की खबर आई है कि देर से ही सही, वहाँ मॉनसून पहुँच गया है। दूसरी ओर जल संकट को लेकर देश के विभिन्न हिस्सों से विचलित कर देनेवाली खबरें सामने आ रही हैं।

ये खबरें इस बात का संकेत हैं कि आनेवाले समय में हमें किन परिस्थितियों का सामना करना पड़ सकता है? हाल में महाराष्ट्र के औरंगाबाद के फूलंबरी की महिलाओं का एक वीडियो वायरल हुआ, जिसमें दिखाया गया है कि अपनी बाल्टी को भरने के लिए महिलाएँ एक पानी के टैंकर के पीछे कैसे बेतहाशा दौड़ रही हैं? तमिलनाडु के त्रिची से खबर आई कि पानी को लेकर हुए विवाद में एक युवक की पीट-पीट कर हत्या कर दी गई। मृतक पानी का एक टैंकर चलाता था।

उसे एक परिवार के चार लोगों ने बेरहमी से पीट-पीट कर मार डाला। उसकी गलती महज इतनी थी कि उसने परिवार के लोगों को बड़े प्लास्टिक कंटेनर में सार्वजनिक टंकी से पानी भरने से मना किया था और कहा था कि इतना ज्यादा पानी आप ले जाओगे, तो बाकियों को पानी नहीं मिल पाएगा। इतनी सी बात पर उसकी हत्या कर दी गई। राँची में भी पानी भरने को लेकर हुए विवाद में चाकूबाजी की घटना सामने आई है। जल विवाद की इस घटना में एक महिला समेत छह लोग घायल हो गए। पानी भरने को लेकर 'पहले हम-पहले हम' के कारण विवाद हुआ और उसी में चाकूबाजी हुई और लोग घायल हो गए।

राजस्थान के अलवर जिले के कोल गाँव व घासोली गाँवों के लोगों के बीच पानी को लेकर हुई खूनी संघर्ष की खबर है। वहाँ आर.ए.सी. को तैनात करना पड़ा। कोल गाँव के ग्रामीण ने घासोली तक पाइप लाइन डालने का विरोध कर रहे थे। घासोली गाँव में जलस्तर नीचे चले जाने के कारण वहाँ के सभी ट्यूबवेल सूख गए हैं। समस्या गहराने पर पड़ोस के कोल गाँव में जल विभाग ने नई बोरिंग कराकर घासोली में जल आपूर्ति की व्यवस्था की।

इसका कोल गाँव के लोग विरोध कर रहे थे कि पानी निकासी से उनके क्षेत्र में जलस्तर गिर जाएगा। यह विवाद इतना गहरा गया कि दोनों गाँवों के लोगों में संघर्ष छिड़ गया और शांति व्यवस्था के लिए आर.ए.सी. को तैनात करना पड़ा। म.प्र. से भी गंभीर जल संकट है। लोगों को कई-कई किलोमीटर का रास्ता तय करने के बाद ही पानी मिल पा रहा है, जिससे संघर्ष की आशंका बढ़ गई है।

इसके मद्देनजर म.प्र. गृह विभाग ने जल स्रोतों पर पहरा लगाने के पुलिस अधिकारियों को निर्देश दिए हैं। गृह विभाग ने सभी जिलों के पुलिस अधीक्षकों को निर्देश दिए हैं कि वे कानून-व्यवस्था बनाए रखने के लिए जल स्रोतों पर सुरक्षाबलों की तैनाती करें।

गुजरात में भारी जल संकट से जूझ रहा है। बी.बी.सी. की खबर के अनुसार, वहाँ के एक इलाके में तो शादी के मुहूर्त पानी के टैंकर के हिसाब से तय होते हैं। उत्तर गुजरात के गाँव भाखरी में पानी के टैंकर की उपलब्धता के हिसाब से मुहूर्त निकाला जाता है। भाखरी एकमात्र तालाब सूख चुका है। गाँव में अगर शादी हो तो 25 कि.मी. दूर से पानी का टैंकर लाना पड़ता है और एक टैंकर पानी के 2,000 रुपए चुकाने पड़ते हैं।

अगर टैंकर नहीं मिलता तो शादी नहीं हो पाती। इसलिए विवाह टैंकर की उपलब्धता के अनुसार होता है। भारत-पाकिस्तान की सीमा पर स्थित यह इलाका दशकों से सूखाग्रस्त है। कर्नाटक के कई जिलों ने तो पानी की कमी के कारण स्कूलों को एक सप्ताह के लिए बंद कर देना पड़ा था। आदमी ही नहीं, जानवर भी जल संकट से प्रभावित हैं।

म.प्र. के देवास जिले में भीषण गरमी के दौरान पानी न मिलने की वजह से 15 बंदरों की मौत हो गई। देवास की पुंजापुरा रेंज के जंगल के जिस इलाके में बंदरों की मौत हुई, वहाँ एक जल स्रोत है, जिसमें बहुत ही कम पानी रह गया है। इस जल स्रोत पर 50 से 60 हट्टे-कट्टे बंदरों की एक टोली ने कब्जा कर रखा है और उन्होंने दूसरी टोली के बंदरों को वहाँ पानी नहीं पीने दिया, जिससे प्यास से उनकी मौत हो गई।

ये सारी सूचनाएँ विचलित करने वाली हैं और गंभीर जल संकट का प्रमाण हैं। ऐसा नहीं कि ऐसी परिस्थिति का निर्माण अचानक हुआ या ऐसी चेतावनी पहली बार सामने आ रही हो। पिछले साल नीति आयोग ने कहा था कि देश अब तक के सबसे बड़े जल संकट से गुजर रहा है और अगर तुरंत कदम नहीं उठाए गए, तो 2030 तक देश में सबको पीने का पानी देना संभव नहीं होगा। केंद्र सरकार की एक रिपोर्ट में भी चेताया गया है कि अगर अच्छी बारिश नहीं हुई, तो पानी की भारी किल्लत के लिए तैयार रहें।

केंद्रीय जल आयोग की रिपोर्ट के अनुसार, देश के 91 जलाशयों में सिर्फ 20 फीसदी पानी ही बचा है। पश्चिम और दक्षिण भारत के जलाशयों में पानी तो पिछले 10

वर्षों के औसत से भी नीचे चला गया है। पानी की कमी की वजह से देश का करीब 42 प्रतिशत हिस्सा सूखाग्रस्त है, जो पिछले साल की तुलना में 6 प्रतिशत अधिक है।

आंध्र प्रदेश, तेलंगाना, महाराष्ट्र, कर्नाटक, गुजरात और राजस्थान आदि राज्य सूखे से बुरी तरह प्रभावित हैं। चिंता की बात है कि इस बार मॉनसून की रफ्तार धीमी है। अभी यह केरल तक ही पहुँचा है। भारत के 80 प्रतिशत हिस्से में वर्षा के लिए जिम्मेदार दक्षिण पश्चिम मॉनसून इस वर्ष देर से पहुँचेगा और उत्तर-पश्चिम भारत और पूर्वोत्तर भारत में सामान्य से कम बारिश होने की अनुमान है।

पानी की कमी का बड़ा कारण जल का अत्यधिक दोहन और जल संचयन न करना है। पर्यावरण दिवस के मौके पर प्रभात खबर ने रांची में विशेषज्ञों के साथ एक विमर्श किया और एक एजेंडा तैयार किया है कि हम और आप इस संकट से कैसे निबट सकते हैं? पहली बात है कि पर्यावरण संरक्षण और जल संकट से बचने के लिए जन भागीदारी बढ़ाने की जरूरत है।

नीतियाँ जनोपयोगी और पर्यावरण के अनुकूल बनें। पानी के लिए धरती का दोहन करने की बजाय सतह के वाटर बॉडी संरक्षित हो। सिर्फ सरकार के भरोसे पर्यावरण संरक्षण का काम नहीं हो सकता है। इसकी शुरुआत घर से करनी होगी।

सिविल सोसाइटी को राज्य सरकार के साथ मिलकर काम करना होगा। बिहार, झारखंड और पश्चिम बंगाल में तालाबों का संरक्षण करना बेहद जरूरी है। स्कूलों में पर्यावरण संबंधी जानकारी बच्चों को देनी होगी। बच्चों के माध्यम से उनके घरों तक पहुँचना होगा। संकल्प लेना होगा कि न केवल पेड़ लगाएँगे, बल्कि इसे बचाएँगे भी। जल स्रोतों के पुनरुद्धार के लिए कार्य योजना बनाकर काम हो।

राज्य और केंद्र स्तर पर पर्यावरण संरक्षण के लिए कई नीतियाँ और कानून हैं। उनका पालन सही ढंग से हो, इसके लिए दबाव बनाना होगा। जनसंख्या का पर्यावरण पर दबाव बढ़ता जा रहा है। लिहाजा, इस पर भी हमें सोचना होगा। हम सभी को जल संचय का संकल्प लेना होगा, अन्यथा यह आपदा का रूप ले लेगा।

10 जून, 2019

□

समाज में बुजुर्गों की अनदेखी

देश की बड़ी आबादी तेजी से बुजुर्ग हो रही है। बेहतर खान-पान और स्वास्थ्य सेवाओं ने लोगों की उम्र बढ़ा दी है, लेकिन हालात बदल रहे हैं और पुराना सामाजिक ताना-बाना टूटता जा रहा है। संयुक्त परिवारों का दौर चला गया। एकल परिवारों में माँ-बाप के लिए स्थान नहीं है।

बुजुर्गों की देखभाल एक व्यापक समस्या के रूप में सामने आ रही है। सबसे चिंताजनक पहलू है कि समाज ने बुजुर्गों का सम्मान करना बंद कर दिया है। उनके अनुभव का लाभ उठाने की बजाय उन्हें बोझ समझा जाने लगा है। यह नई सामाजिक व्यवस्था की कड़वी सच्चाई है।

बिहार के मुख्यमंत्री नीतीश कुमार सामाजिक सुधार के मामले में अव्वल हैं। राज्य में शराबबंदी, दहेज प्रथा और बाल-विवाह जैसी सामाजिक कुरीतियों को समाप्त करने की पहल के बाद उन्होंने बुजुर्गों को सम्मान की दिशा में भी महत्त्वपूर्ण कदम उठाया है।

बेटे-बेटियों से प्रताड़ित होनेवाले माता-पिता को यह अधिकार दिया गया है कि अब वे डी.एम. के पास अपील कर सकेंगे। उन्हें शिकायत के लिए अब परिवार न्यायालय में जाने की जरूरत नहीं होगी। ऐसे मामलों की अपील की सुनवाई करने का अधिकार अब डी.एम. को सौंपा गया है। बिहार कैबिनेट ने माता-पिता के भरण-पोषण तथा कल्याण अधिनियम, 2007 के तहत गठित अपील अधिकरण के अध्यक्ष डी.एम. को बनाने की मंजूरी दे दी है।

इसके पहले यह प्रक्रिया जटिल थी। माता-पिता भरण-पोषण की जिम्मेदारी किसी संतान द्वारा न निभाने पर अनुमंडल स्तर पर एस.डी.ओ. की अध्यक्षता में गठित ट्रिब्यूनल में हस्तक्षेप का निवेदन कर सकते थे। ट्रिब्यूनल के फैसले का पालन नहीं होने पर उन्हें जिले के परिवार न्यायालय के मुख्य न्यायाधीश के कोर्ट में अपील के लिए जाना पड़ता था। उपलब्ध सूचनाओं के अनुसार यह कानून 2007 में बना, लेकिन जटिल प्रक्रिया के कारण अब तक कोई भी वरिष्ठ नागरिक परिवार अपील में नहीं गया है। बुजुर्गों के पास या तो

साधन नहीं थे या वे अदालत जाने का साहस नहीं जुटा पाए। इसे देखते हुए नीतीश सरकार ने इसमें परिवर्तन किया। इससे यह सुविधा होगी कि समाज कल्याण विभाग समय-समय पर माता-पिता व वरिष्ठ नागरिकों की समस्याओं की मॉनीटरिंग भी कर सकेगा।

इसके पहले सुनवाई का अधिकार परिवार न्यायालय में होने के कारण विभाग उसकी समीक्षा नहीं कर सकता था। माता-पिता और वरिष्ठ नागरिकों का भरण-पोषण तथा कल्याण अधिनियम, 2007 की धारा 25 (2) में सजा का प्रावधान है। इस प्रकार का अपराध संज्ञेय और जमानतीय है। इस कानून के तहत ट्रिब्यूनल बेटे-बेटी को पैतृक संपत्ति से बेदखल भी कर सकता है।

दरअसल, नई अर्थव्यवस्था और टेक्नोलॉजी के साथ भारत भी ग्लोबल हो रहा है। हम पश्चिम का मॉडल तो अपना रहे हैं, लेकिन उससे उत्पन्न हो रही समस्याओं पर हमारा ध्यान नहीं गया है। जब भारत में वैश्वीकरण का दौर शुरू हुआ था, तो इसके असर के बारे में गंभीर विमर्श नहीं हुआ। अगर वैश्वीकरण के फायदे हैं, तो अनेक नुकसान भी हैं।

यह संभव नहीं है कि आप विदेशी पूँजी निवेश की अनुमति दें और आपकी संस्कृति में कोई बदलाव न आए। कुछ समय पहले तक भारत में संयुक्त परिवार की व्यवस्था थी, जिसमें बुजुर्ग परिवार के अभिन्न हिस्सा थे। यह खंडित हो गई। नई व्यवस्था में परिवार एकल हो गए—पति, पत्नी और बच्चे। यह पश्चिमी देशों का मॉडल है।

इसमें माता-पिता का कोई स्थान नहीं हैं। जब भी मौका मिलता है, मैं अपने इस अनुभव को साझा करता हूँ। बी.बी.सी. में नौकरी के दौरान मुझे लंदन में रहने का अवसर मिला। बी.बी.सी. बेहद प्रतिष्ठित और उदार मीडिया संस्थान है। उस दौरान पूरे परिवार को लंदन जाने के लिए आश्रित वीजा और हवाई यात्रा का टिकट मिला, तो मैंने कहा कि कि मेरी माँ मुझ पर निर्भर है और मैं अकेला बेटा हूँ, उन्हें भी आश्रित वीजा और यात्रा का टिकट चाहिए। बी.बी.सी. ने बताया कि पश्चिम के सभी देशों में परिवार की परिभाषा है—पति, पत्नी और 18 साल से कम उम्र के बच्चे।

बूढ़े माँ-बाप और 18 साल से अधिक उम्र के बच्चे परिवार का हिस्सा नहीं माने जाते हैं। अगर आप गौर करें, तो पाएँगे कि भारत में भी अनेक संस्थान और विदेशी पूँजी निवेश वाली हेल्थ इंश्योरेंस कंपनियाँ परिवार की इसी परिभाषा पर काम करने लगी हैं। सामाजिक व्यवस्था में आए इस बदलाव को हमने नोटिस नहीं किया है।

जीवन के दो पड़ाव है—बचपन और बुढ़ापा, जब हर शख्स को सहारे की जरूरत पड़ती है। कुछ समय पहले विश्व फोटोग्राफी दिवस पर बी.बी.सी. की वेबसाइट ने वृद्धाश्रम में रोती दादी-पोती की तसवीर को सबसे प्रभावशाली तसवीरों में से एक माना था।

स्कूली बच्चों को अहमदाबाद के एक वृद्धाश्रम ले जाया गया था। वहाँ मौजूद फोटोग्राफर ने अनुरोध किया कि अगर बच्चे और वृद्धाश्रम की महिलाएँ एक साथ बैठेंगे, तो तसवीर अच्छी आएगी, लेकिन इस दौरान एक बच्ची एक वृद्धा से मिलकर जोर-जोर से रोने लगी। पता चला कि वे तो दादी-पोती हैं और बच्ची को पता ही नहीं था कि दादी वृद्धाश्रम में रह रही है।

माता-पिता ने उसे झूठ बोला था कि दादी उन्हें छोड़कर गाँव चली गई है। यह तसवीर देश में वृद्धजनों को लेकर समाज की सोच में आए बदलाव को दरशाती है। ऐसा अनुमान है कि भारत में अभी छह फीसदी आबादी 60 साल या उससे अधिक की है, लेकिन वर्ष 2050 तक बुजुर्गों की इस संख्या के बढ़कर 20 फीसदी तक होने का अनुमान है।

पश्चिमी देशों में वृद्धजनों के सामने चुनौती है, लेकिन अलग किस्म की है। उनके लिए पर्याप्त पेंशन की व्यवस्था है। उनके सामने मुख्य समस्या एकाकीपन की है।

वयस्क होने पर बच्चे अलग रहने लगते हैं और केवल विशेष अवसरों पर ही उनसे मिलने आते हैं। पश्चिमी देशों में बुजुर्गों की देखभाल के लिए ओल्ड एज होम जैसी व्यवस्था है, लेकिन भारत में ऐसी कोई व्यवस्था नहीं है। पश्चिमी देशों की आबादी भी कम है, छोटे देश हैं, वहाँ व्यवस्था करना आसान है। भारत जैसे बड़ी आबादी और बड़े भू-भाग वाले देश में कोई भी व्यवस्था करना बेहद कठिन काम है।

बुजुर्ग यदि आर्थिक रूप से आत्मनिर्भर नहीं हुए, तो समस्या और जटिल हो जाती है। उम्र के इस पड़ाव पर स्वास्थ्य पर खर्च बढ़ जाता है। संगठित क्षेत्र में काम करनेवालों को तो पेंशन या रिटायरमेंट के बाद की अन्य वित्तीय सुविधाएँ मिल जाती हैं। असंगठित क्षेत्र में काम करनेवालों की स्थिति सबसे अधिक चिंताजनक है।

उन्हें ऐसी कोई सुविधा हासिल नहीं होती। केंद्र और राज्य सरकारें वृद्धावस्था पेंशन देती हैं, पर उसकी राशि नाकाफी है। आगामी कुछ वर्षों में यह समस्या और व्यापक और गंभीर होती जाएगी। इसके समाधान में सरकार और सामाजिक संस्थाओं को जुटना होगा, तभी कोई रास्ता निकल पाएगा।

17 जून, 2019

□

मनमोहन सिंह की मौन विदाई

पूर्व प्रधानमंत्री डॉ. मनमोहन सिंह का राज्यसभा का कार्यकाल बजट सत्र से ठीक पहले 14 जून को समाप्त हो गया। वह 28 साल तक राज्यसभा के सदस्य रहे। उनकी विदाई को लेकर कोई आयोजन नहीं हुआ।

मीडिया में भी एक छोटी सी खबर आई। किसी हिंदी टी.वी. चैनल ने उनके कार्यकाल का लेखा–जोखा पेश नहीं किया। कोई शख्स तीन दशकों तक राज्यसभा का सदस्य, 10 साल तक प्रधानमंत्री, विपक्ष का नेता और देश का वित्तमंत्री रहा हो, जो देश की अर्थव्यवस्था को नेहरूवादी मॉडल से उदारीकरण की दिशा में ले गया हो, उसके बारे में कोई विमर्श तक न होना आश्चर्यजनक है। मनमोहन सिंह 2004 से 2014 तक प्रधानमंत्री रहे। वह 1998 से 2004 तक विपक्ष के नेता थे।

उन्होंने 1991 में नरसिम्हा राव सरकार में सीधे वित्तमंत्री के रूप में राजनीति के मैदान में कदम रखा। उनके वित्तमंत्री बनने की कहानी दिलचस्प है। विनय सीतापति अपनी किताब 'हाऊ पी.वी. नरसिम्हा राव ट्रांसफॉर्म्ड इंडिया' में लिखते हैं कि 1991 में राव रिटायरमेंट मोड में चले गए थे, लेकिन 21 मई, 1991 को श्रीपेरंबदूर में राजीव गांधी की हत्या हो गई।

कुछ दिनों बाद सोनिया गांधी ने इंदिरा गांधी के पूर्व प्रधान सचिव पी.एन. हक्सर को बुलाया और पूछा कि पी.एम. पद के लिए कौन सबसे उपयुक्त व्यक्ति हो सकता है? हक्सर ने तत्कालीन उपराष्ट्रपति शंकरदयाल शर्मा का नाम सुझाया, लेकिन वह तैयार नहीं हुए। इसके बाद नरसिम्हा राव का नाम सुझाया गया।

विनय सीतापति का कहना है कि नरसिम्हा राव अनेक मंत्रालयों के काम में दक्ष थे, पर वित्तीय मामलों में उनका हाथ तंग था। पी.सी. एलेक्जेंडर उनके करीबी थे। राव ने उनसे कहा कि वह एक ऐसे शख्स को वित्तमंत्री बनाना चाहते हैं, जिसे आर्थिक मामलों की गहरी समझ हो।

एलेक्जेंडर ने आई.जी. पटेल का नाम सुझाया, जो आर.बी.आई. के गवर्नर रह

चुके थे और उस दौरान लंदन स्कूल ऑफ इकोनॉमिक्स के निदेशक थे, पर पटेल ने यह प्रस्ताव स्वीकार नहीं किया। तब मनमोहन सिंह का नाम सुझाया गया। शपथ-ग्रहण समारोह से एक दिन पहले 20 जून को एलेक्जेंडर ने मनमोहन सिंह को फोन किया। उस समय वह सो रहे थे।

उन्हें जगाकर बताया गया कि वह भारत के अगले वित्तमंत्री होंगे। मनमोहन सिंह को विश्वास नहीं हुआ। वह अगले दिन रोजाना की तरह यू.जी.सी. के दफ्तर पहुँच गए। तब नरसिम्हा राव का फोन आया कि 12 बजे शपथ-ग्रहण समारोह है, आप तत्काल आइए।

वित्तमंत्री के रूप में नरसिम्हा राव ने मनमोहन सिंह को खुली छूट दी और उन्होंने आर्थिक उदारीकरण की शुरुआत की और भारतीय अर्थव्यवस्था को वैश्विक बनाया। उन्होंने आयात-निर्यात व्यवस्था को सरल किया और निजी पूँजी निवेश को प्रोत्साहित किया।

इस दौरान आर्थिक नीतियों को लेकर मनमोहन सिंह लगातार निशाने पर रहे, लेकिन जल्द ही उदारीकरण के बेहतर परिणाम सामने आने लगे। देश की आज जो मजबूत अर्थव्यवस्था नजर आ रही है, उसकी नींव मनमोहन सिंह ने ही रखी थी।

कुछ लोगों को यह भ्रम है कि मनमोहन सिंह अचानक प्रधानमंत्री पद तक पहुँच गए थे। मनमोहन सिंह ने कैंब्रिज विश्वविद्यालय से शिक्षा पाई। ऑक्सफोर्ड यूनिवर्सिटी से अर्थशास्त्र में डी.फिल. किया। पंजाब विश्वविद्यालय और दिल्ली स्कूल ऑफ इकोनॉमिक्स में शिक्षक रहे। 1971 में वाणिज्य मंत्रालय में आर्थिक सलाहकार बने।

वर्ष 1972 में वित्त मंत्रालय में मुख्य आर्थिक सलाहकार बनाए गए। वह वित्त मंत्रालय के सचिव, योजना आयोग के उपाध्यक्ष, आर.बी.आई. के गवर्नर, पी.एम. के सलाहकार, यू.जी.सी. के अध्यक्ष रहे। 1991 से 1996 तक देश के वित्तमंत्री रहे। उनका यह कार्यकाल उनके कॅरियर का स्वर्णिम दौर माना जाता है। देश के आर्थिक इतिहास में इतने साहसिक और निर्णायक कदम किसी वित्तमंत्री ने नहीं उठाए हैं।

सोशल मीडिया पर उन्हें 'मौन प्रधानमंत्री', 'मौनी बाबा', 'मौन मोहन' जैसे विशेषणों से नवाजा जाता है। इसमें आंशिक सच्चाई भी है। उन्होंने 22 मई, 2004 को पहली बार और 22 मई, 2009 को दूसरी बार पी.एम. पद की शपथ ली थी, पर पी.एम. के रूप में उनके अच्छे कार्य दब गए। उनकी ही पार्टी कांग्रेस ने उन्हें श्रेय नहीं लेने दिया। घोटालों और विवादों ने उनके कार्यकाल पर ग्रहण लगा दिया। दूसरे कार्यकाल में तो कांग्रेसी मंत्री अनियंत्रित थे।

उनकी पार्टी भी उन्हें कमतरी का एहसास कराती रही। सोनिया गांधी का राष्ट्रीय सलाहकार परिषद् सुपर कैबिनेट की तरह काम करता था। सभी सामाजिक सुधारों के

कार्यक्रमों की पहल करने का श्रेय उसे ही दिया जाता था। मनमोहन सिंह के मीडिया सलाहकार रहे डॉ. संजय बारू ने उन पर एक किताब 'एक्सीडेंटल प्राइम मिनिस्टर' लिखी है।

उनका मानना है कि हालाँकि सोनिया गांधी उनसे बहुत आदर से पेश आती थीं, लेकिन मनमोहन सिंह ने यह मान लिया था कि पार्टी अध्यक्ष का पद पी.एम. के पद से अधिक महत्त्वपूर्ण है। ऐसा देश में पहली बार हुआ। पी.एम. मनमोहन सिंह को इस बात की छूट नहीं थी कि वह अपने मंत्रियों का खुद चयन करें। संजय बारू ने एक दिलचस्प वाकये का जिक्र किया था।

मंत्रिमंडल में फेर-बदल होना था। राष्ट्रपति को मंत्रियों के नाम भेजे जाने से ठीक पहले सोनिया गांधी का नामों में परिवर्तन का संदेश आया। लिस्ट टाइप करने का समय नहीं था। इसलिए मूल लिस्ट में एक नाम पर व्हाइटनर लगाकर दूसरा नाम लिख दिया गया। आंध्र के एस. रेड्डी को शपथ दिलाई गई और हरीश रावत का नाम काट दिया गया। कांग्रेसी नेता खुलेआम कहते थे कि पार्टी पी.एम. से बड़ी है।

मनमोहन सिंह ने कभी इसका प्रतिवाद नहीं किया। लिहाजा, पी.एम. पद का रुतबा खत्म हो गया। रही-सही कसर राहुल गांधी ने पूरी कर दी थी। सितंबर 2013 में एक प्रेस कॉन्फ्रेंस के दौरान उन्होंने आपराधिक छवि वाले नेताओं से संबंधित अपनी ही सरकार के एक अध्यादेश की प्रति को फाड़ दिया था। वह अध्यादेश मंत्रिमंडल द्वारा स्वीकृत था।

मनमोहन सिंह भाषण देने में झिझकते हैं। उनकी आवाज भी पतली है। उन्हें हिंदी पढ़नी नहीं आती है। वह भाषण या तो गुरमुखी में लिखते हैं या उर्दू में। हाल में उन्होंने एक समारोह में खुद पर चुटकी लेते हुए कहा था कि वह भारत के एक्सीडेंटल प्राइम मिनिस्टर ही नहीं हैं, एक्सीडेंटल वित्तमंत्री भी हैं। वह 1991 में पहली बार असम से राज्यसभा सांसद चुने गए थे।

इसके बाद से वह लगातार पाँच बार राज्यसभा के लिए चुने जाते रहे। एक बार लोकसभा का चुनाव भी लड़ा, लेकिन हार गए। ऐसी खबरें हैं कि असम विधानसभा में कांग्रेस के पर्याप्त सदस्य नहीं है, इसलिए कांग्रेस ने डी.एम.के. से उन्हें तमिलनाडु से राज्यसभा में भेजने का अनुरोध किया है। देखना होगा कि मनमोहन सिंह की ब्रेक के बाद संसद में वापसी हो पाती है या नहीं?

24 जून, 2019

□

हमें भीड़ तंत्र से बचना होगा

आजादी के 70 साल बाद देश में भीड़ की हिंसा जैसे मुद्दे हमारे सामने आ खड़े हुए हैं। सभ्य समाज में इसका कोई स्थान नहीं है। समाज को इस पर चिंतन करना होगा कि भीड़ तंत्र हमें किस दिशा में ले जाएगा? हम भीड़ की हिंसा को रोकने की बजाय उसका हिस्सा बन जाते हैं। यह गंभीर स्थिति है। इन घटनाओं से सीधे तौर से हम और आप जैसे आम लोग जुड़े हैं, प्राथमिक रूप से इनसे कोई राजनेता नहीं जुड़ा है।

हिंसा भारतीय लोकतंत्र की मूल भावना के विरुद्ध है। भारतीय लोकतंत्र धार्मिक समरसता और विविधता में एकता की मिसाल है। यहाँ अलग-अलग जाति, धर्म, संस्कृति को मानने वाले लोग वर्षों से बिना किसी भेदभाव के रहते आए हैं। भारत जैसी विविधता दुनिया में कहीं देखने को नहीं मिलती। यह भारत की बहुत बड़ी पूँजी है और यह हम सबकी जिम्मेदारी है कि इसे बचाकर रखें, लेकिन दुर्भाग्य यह है कि भीड़ की हिंसा के मामले रह-रहकर हमारे सामने आ रहे हैं।

जब किसी व्यक्ति की पीट-पीटकर हत्या कर दी जाए, जब भीड़ उन्मादी हो जाए, अनियंत्रित हो जाए, तो निश्चित रूप से यह गहरी चिंता का विषय है। ऐसी घटनाओं से देश का माहौल तो खराब होता ही है, साथ ही, राज्य की छवि पर भी दाग लगता है। समय के बदलाव के साथ समाज में कभी-कभी कुछ विकृतियाँ आ जाती हैं, लेकिन सभ्य समाज में ऐसी घटनाएँ स्वीकार्य नहीं हैं। भारतीय समाज हमेशा से मर्यादाओं को मानने वाला समाज रहा है। पुरातन काल को देखें, तो हम पाएँगे कि 'महाभारत' के इतने बड़े संघर्ष के दौरान भी मर्यादाओं का हमेशा ध्यान रखा जाता था।

संघर्ष के दौरान एक-दूसरे के सम्मान में कहीं कोई कमी नहीं रहती थी। भीष्म पितामह दूसरे पक्ष से लड़ रहे थे, लेकिन पांडव उनके पास जाते थे और पूरे संघर्ष के दौरान एक संवाद कायम रहा था, लेकिन चिंता तब और बढ़ जाती है, जब ऐसे गंभीर विषय पर राजनीति शुरू हो जाती है। हम सब मिल-बैठकर इसका कोई समाधान निकालते नजर नहीं आते।

प्रधानमंत्री नरेंद्र मोदी ने संसद में स्पष्ट शब्दों में कहा कि झारखंड की हिंसा की घटना से उन्हें पीड़ा पहुँची है, वह आहत हुए हैं, दोषियों को कड़ी सजा मिलनी चाहिए, लेकिन साथ ही, प्रधानमंत्री ने स्पष्ट शब्दों में कहा कि इस मुद्दे पर किसी राज्य को बदनाम करने की कोशिश नहीं होनी चाहिए। यह राज्य की जनता का अपमान है।

ऐसे मुद्दे पर राजनीति नहीं होनी चाहिए। देश का कानून ऐसी घटनाओं से निबटने में सक्षम है। हिंसा की घटनाओं को लेकर सरकार का देशभर में एक ही मापदंड है और हर नागरिक की सुरक्षा की गारंटी सरकार की जिम्मेदारी है।

ऐसे में यह सवाल उठना लाजिमी है कि इससे निकलने का रास्ता क्या है? मेरा मानना है कि जब कोई रास्ता नहीं सूझ रहा हो, कोई राह नहीं दिखाई दे रही हो, तो ऐसे में एक ही व्यक्ति राह दिखा सकता है और वे हैं—महात्मा गांधी।

ऐसे भी लोग हो सकते हैं, जो गांधी को आज के दौर में अप्रासंगिक मान बैठे हों। वे तर्क दे सकते हैं कि मौजूदा दौर में अहिंसा का सिद्धांत अव्यावहारिक है। मेरा मानना है कि गांधी के पास आज भी देने के लिए बहुत कुछ है। मौजूदा दौर में गांधी के सिद्धांतों और आदर्शों की जरूरत एक बार फिर बड़ी शिद्दत से महसूस की जा रही है। मौजूदा दौर की चुनौतियों की काट महात्मा गांधी के पास ही है।

गांधी को अपने हिंदू होने पर गर्व था और वह अत्यंत धर्मनिष्ठ हिंदू थे, परंतु उन पर अन्य धर्मों का प्रभाव भी था। गांधी का कहना था कि उनकी आस्था सहिष्णुता पर आधारित है। महात्मा गांधी के पास 'अहिंसा', 'सत्याग्रह' और 'स्वराज' नाम के तीन हथियार थे। सत्याग्रह और अहिंसा के उनके सिद्धांतों ने न केवल भारत, बल्कि पूरी दुनिया के लोगों को अपने अधिकारों और अपनी मुक्ति के लिए संघर्ष करने की प्रेरणा दी। यही वजह है कि इतिहास का सबसे बड़ा आंदोलन अहिंसा के आधार पर लड़ा गया।

महात्मा गांधी धार्मिक व्यक्ति होने के साथ-साथ एक समाज-सुधारक भी थे। वह विपरीत परिस्थितियों में भी ऐसा रास्ता निकालने में सक्षम थे, जो दुनिया को प्रेम की राह पर ले जाता है। उनका पूरा आंदोलन हिंसा के खिलाफ रहा और उन्हें सफलता मिली। उन्होंने अपने जीवन का उद्‌देश्य अहिंसक समाज के निर्माण को बनाया। गांधी कहा करते थे कि हिंसा करनेवाले दो व्यक्तियों के बीच मुकाबला होता है, तो जीत अधिक हिंसक की होती है।

चंपारण किसान आंदोलन, अहमदाबाद के श्रमिकों की सफल हड़ताल, खेड़ा किसान आंदोलन, सार्वजनिक अवज्ञा आंदोलन, चौरी-चौरा की हिंसा के बाद आंदोलन को स्थगित कर अहिंसा का संदेश, दांडी यात्रा में नमक कानून के खिलाफ पहल और 1942 का 'भारत छोड़ो आंदोलन' जैसे अनेक अहिंसक आंदोलन इसके उदाहरण हैं।

कहा जाता है कि गांधी को समझना आसान भी है और मुश्किल भी। सन् 1909 में

गांधीजी ने चर्चित पुस्तक 'हिंद स्वराज' लिखी थी। उन्होंने यह पुस्तक इंग्लैंड से अफ्रीका लौटते हुए जहाज पर लिखी थी। जब उनका एक हाथ थक जाता था, तो वह दूसरे हाथ से लिखने लगते थे।

यह पुस्तक संवाद शैली में लिखी गई है। गांधी इसमें लिखते हैं कि हिंदुस्तान के दुःखों का इलाज हिंसा नहीं है। उनका कहना था कि हिंदुस्तान अगर प्रेम के सिद्धांत को अपने धर्म के एक सक्रिय अंश के रूप में स्वीकार करे और उसे अपनी राजनीति में शामिल करे, तो स्वराज स्वर्ग से हिंदुस्तान की धरती पर उतर आएगा।

महात्मा गांधी का मानना था कि नैतिकता, प्रेम, अहिंसा और सत्य को छोड़कर भौतिक समृद्धि और व्यक्तिगत सुख को महत्त्व देनेवाली आधुनिक सभ्यता विनाशकारी है। यही कारण है कि वह किसी सभ्यता के साथ थोपे जा रहे प्रभुत्व, हिंसा और सांस्कृतिक दासता का हमेशा विरोध करते थे। अंतरराष्ट्रीय परिदृश्य पर नजर डालें, तो हम पाएँगे कि पूरी दुनिया उथल-पुथल के दौर से गुजर रही है, खासकर मध्य पूर्व के कुछ हिस्सों में धार्मिक विचारधारा के आधार पर भौगोलिक सत्ता कायम करने की कोशिश की जा रही है।

हमारा यह सौभाग्य है कि अब तक हम इन सबसे प्रभावित नहीं हुए हैं, लेकिन यह बात भी हम सब लोगों को साफ होनी चाहिए कि आर्थिक हो या फिर सामाजिक, किसी भी तरह की प्रगति शांति के बिना हासिल करना नामुमकिन है। इसलिए हमें अपने सामाजिक ताने-बाने को हर कीमत पर बनाए रखना होगा।

1 जुलाई, 2019

□

बेमिसाल हैं महेंद्र सिंह धोनी

महेंद्र सिंह धोनी 38 वर्ष के हो गए। ऐसी अटकलें हैं कि वह विश्व कप के बाद संन्यास की घोषणा कर सकते हैं। वैसे हमेशा से एक लॉबी धोनी के खिलाफ सक्रिय रही है और वह सोशल मीडिया में एक सुनियोजित अभियान चलाती रही है।

इसमें यह बताने की कोशिश की जाती है कि अब वह चुक गए हैं, टीम पर बोझ बन गए हैं। उन्हें अब विदा करने का वक्त आ गया है। उनके मुकाबले अन्य खिलाड़ियों को भी खड़ा करने की कोशिश की जाती है, लेकिन हर बार धोनी ने अपनी बल्लेबाजी और विकेटकीपिंग, दोनों से अपने आलोचकों को करारा जवाब दिया है। उन्होंने हर बार यह साबित किया है कि भारतीय टीम में उनका कोई विकल्प नहीं है। उनकी आक्रामकता में भले ही कमी आ गई हो, लेकिन उनकी लय आज भी बरकरार है। संन्यास की अटकलों पर धोनी ने कहा कि उन्हें खुद नहीं पता है कि वह कब संन्यास लेंगे, लेकिन कुछ लोग चाहते थे कि वह श्रीलंका के मैच से पहले ही संन्यास ले लें।

यह प्रसन्नता की बात है कि भारतीय कप्तान विराट कोहली खुलकर धोनी के पक्ष में सामने आए हैं। विराट ने कहा कि लोग बहुत कुछ कहते हैं, लेकिन हमें पता है कि भारतीय क्रिकेट के प्रति धोनी से ज्यादा समर्पित कोई खिलाड़ी नहीं है। उन्होंने भारतीय क्रिकेट को बहुत कुछ दिया है।

मेरा मानना है कि जन्मदिन एक अवसर भी है, जब हम क्रिकेट में उनके योगदान की समीक्षा कर सकते हैं। धोनी ने क्रिकेट की चाल, चरित्र और चेहरा बदल दिया। भारतीय क्रिकेट टीम में केवल मुंबई और दिल्ली के खिलाड़ियों का बोलबाला था।

झारखंड से निकले इस क्रिकेटर ने न केवल टीम में जगह बनाई, बल्कि उसे नई ऊँचाइयों तक ले गया। उसने टीम का न केवल सफल नेतृत्व किया, बल्कि छोटी जगहों से आनेवाले प्रतिभाशाली खिलाड़ियों के लिए टीम में आने का रास्ता भी खोला। कपिल देव को छोड़ दें, तो इसके पहले टीम में ज्यादातर बड़े शहरों से आए अंग्रेजीदाँ खिलाड़ियों का ही बोलबाला रहा है।

धोनी ने इस परंपरा को बदला और भारतीय क्रिकेट टीम को तीनों फॉर्मेट में सफल नेतृत्व भी प्रदान किया। इसमें तो कोई दो राय नहीं है कि उन्होंने झारखंड को राष्ट्रीय और अंतरराष्ट्रीय स्तर पर पहचान दी है। मेरे परिवार के युवा जब कभी राँची आते हैं, तो उनमें से कइयों का अनुरोध होता है कि क्या धोनी से मुलाकात करा देंगे? अंत में धोनी के घर के बाहर खड़े होकर, सेल्फी लेकर वे संतुष्ट हो जाते हैं। यह दरशाता है कि धोनी को नवयुवक किस हद तक चाहते हैं?

जन्मदिन से ठीक पहले क्रिकेट की अंतरराष्ट्रीय संस्था आई.सी.सी. ने ट्वीट किया और एक वीडियो भी शेयर किया, जिसमें यह बताया गया है कि अंतरराष्ट्रीय और भारतीय क्रिकेट में उनका क्या योगदान रहा है।

आई.सी.सी. ने धोनी की तारीफ में लिखा—एक नाम, जिसने भारतीय क्रिकेट का चेहरा बदल दिया, एक नाम, जो दुनिया भर में लोगों को प्रेरणा दे रहा है, एम.एस. धोनी, सिर्फ एक नाम नहीं है। आई.सी.सी. के वीडियो में आम क्रिकेट फैंस के अलावा टीम के साथी खिलाड़ी और कुछ विदेशी क्रिकेटर्स धोनी के बारे में अपनी राय रख रहे हैं।

वीडियो में भारतीय कप्तान विराट कोहली कह रहे हैं कि जब वह पहली बार भारतीय टीम के ड्रेसिंग रूम में गए थे, तब महेंद्र सिंह धोनी उनके कप्तान थे और वह हमेशा उनके कप्तान बने रहेंगे। क्रिकेट के विशेषज्ञ भी मानते हैं कि धोनी इसलिए महान् हैं, क्योंकि वह दबाव में भी सटीक निर्णय ले सकते हैं। उनमें मुश्किल परिस्थितियों में भी खुद को शांत रखने का गजब का कौशल है।

अगर आपने विश्व कप के मैचों पर गौर किया हो, तो आप पाएँगे कि मैदान में विराट कोहली आधे कप्तान हैं और आधे धोनी हैं। वह विकेट के पीछे से गेंदबाजों को कैसी और कहाँ गेंद करें, इसकी लगातार हिदायत देते रहते हैं।

स्पिनर के वक्त तो उनकी सक्रियता और बढ़ जाती है। इसी का नतीजा है कि हम-आप अपने गेंदबाजों से कुछ शानदार विकेट देख पा रहे हैं, साथ ही, धोनी की स्टंपिंग का लुत्फ उठा पा रहे हैं। वे युवा स्पिनर्स चहल और कुलदीप यादव को लगातार सलाह देते नजर आते हैं। धोनी गेंदबाजों को खराब गेदें डालने पर झिड़कते भी हैं। हालाँकि विकेट का सारा श्रेय गेंदबाजों को मिलता है, लेकिन हम धोनी के योगदान की अकसर अनदेखी कर जाते हैं।

यह अनुभव और विशेषता किसी अन्य विकेटकीपर में कहाँ मिलेगी? जब भी कोई रिव्यू लेने की बात आती है, कप्तान विराट कोहली उनके पास जाते हैं और धोनी का निर्णय अंतिम होता है। यह सही है कि वह विकेट के पीछे रहते हैं और बेहतर स्थिति में होते हैं। दुनिया के सभी विकेटकीपर इसी स्थिति में होते हैं, लेकिन धोनी रिव्यू का सटीक आकलन करते हैं। यही वजह है कि भारतीय टीम के अधिकांश रिव्यू सफल भी होते हैं।

भारतीय टीम के मुख्य कोच रवि शास्त्री भी धोनी के मुरीद हैं। उन्होंने कुछ समय पहले कहा था कि धोनी जैसे खिलाड़ी 30-40 साल में एक बार आते हैं। जब तक वह सक्रिय हैं, हर भारतीय को उनके खेल का आनंद उठाना चाहिए। जब वह खेल के मैदान से चले जाएँगे, तो एक बड़ा खालीपन होगा, जिसे भरना मुश्किल होगा। वह टीम में पूजे जाते हैं।

यह पूरी टीम उनके द्वारा बनाई हुई है, क्योंकि वह पूरे 10 साल तक टीम के कप्तान रहे हैं। धोनी के नाम एक-से-एक रिकॉर्ड दर्ज हैं। वह दुनिया के एकमात्र ऐसे कप्तान हैं, जिनके नेतृत्व में किसी टीम ने आई.सी.सी. की तीनों ट्रॉफियाँ जीती हैं। धोनी की कप्तानी में भारत ने वर्ष 2011 का वर्ल्ड कप और 2007 का आई.सी.सी. वर्ल्ड ट्वेंटी-20 और 2013 में आई.सी.सी. चैंपियंस ट्रॉफी का खिताब जीता है। उनके नाम 10 वन-डे सेंचुरी हैं और 100 से अधिक हाफ सेंचुरी हैं। वन-डे मैचों में 100 स्टंपिंग करनेवाले वह दुनिया के एकमात्र विकेटकीपर हैं।

उनकी तेजी और फुर्ती में कोई कमी नहीं है। पलक झपकते ही वह बल्लेबाज की गिल्लियाँ उड़ा देते हैं। यह बात देश और विदेश के सभी खिलाड़ियों को पता है कि अगर धोनी के हाथ में गेंद आ गई और प्लेयर क्रीज से जरा सा भी बाहर है, तो बल्लेबाज किसी भी सूरत में बच नहीं सकता है।

सोशल मीडिया धोनी की ऐसी स्टंपिंग से भरा पड़ा है। जब वह अपने रंग में होते हैं, तो बड़े-से-बड़े बल्लेबाजों को मैदान के बाहर का रास्ता दिखा देने में देर नहीं लगाते। मेरा मानना है कि उन पर जब भी कभी टीका-टिप्पणी की जाए, तो उनके योगदान को जरूर याद कर लिया जाना चाहिए।

8 जुलाई, 2019

□

मझधार में कांग्रेस पार्टी

किसी भी लोकतंत्र में मजबूत विपक्ष जरूरी होता है, लेकिन लोकसभा चुनावों में कांग्रेस और अन्य दलों की जो गत हुई है, उसने विपक्ष को बेहद कमजोर कर दिया है। अब हालत यह है कि सन् 1885 में स्थापित कांग्रेस पार्टी आज अपनी प्रासंगिकता के लिए संघर्ष कर रही है। राहुल गांधी कांग्रेस अध्यक्ष पद से इस्तीफा देकर पार्टी को मझधार में छोड़कर चले गए हैं।

कांग्रेस असमंजस में है। नतीजा यह है कि कर्नाटक में कांग्रेस गठबंधन सरकार संकट में है और गोवा में कांग्रेस के 10 विधायक भाजपा में शामिल हो गए हैं। वहाँ पार्टी के अस्तित्व पर संकट गहरा गया है। सोशल मीडिया पर एक लतीफा चल रहा है कि मॉनसून गोवा एवं कर्नाटक पहुँच गया है और मध्य प्रदेश व राजस्थान पहुँचने वाला है, लेकिन नेतृत्व के अभाव में कांग्रेस पार्टी कोई ठोस कदम नहीं उठा पा रही है। यह सब इसलिए, क्योंकि कांग्रेस राहुल गांधी के उत्तराधिकारी को लेकर ऊहापोह की स्थिति में है।

हालाँकि इन चुनाव नतीजों से एक बात स्पष्ट हो गई है कि लगातार प्रयासों के बावजूद राहुल गांधी को देश की जनता कांग्रेस के नेता के बतौर स्वीकार करने को तैयार नहीं हैं। साथ ही, एक और संदेश साफ है कि वंशवाद की राजनीति का दौर उतार पर है। प्रियंका गांधी को इन चुनावों में जोर-शोर से उतारा गया था, लेकिन वह कोई कमाल नहीं दिखा पाईं। इसे जितनी जल्दी कांग्रेस स्वीकार कर लेगी, उतना उसके लिए बेहतर होगा, लेकिन कांग्रेस में ऐसे लोगों की कमी नहीं है, जो यह मानते हैं कि नेहरू-गांधी परिवार के बिना कांग्रेस का वजूद नहीं रहेगा। कुल मिलाकर, लोकतांत्रिक व्यवस्था में मुख्य विपक्षी दल की यह स्थिति शुभ संकेत नहीं है।

सबसे पहले राहुल गांधी ने शुरुआत में ट्विटर के माध्यम से अपने इस्तीफे की जानकारी दी। लोकसभा चुनाव में उन्हें पारंपरिक सीट अमेठी से हार का मुँह देखना पड़ा था, हालाँकि वह केरल की वायनाड सीट से जीत गए।

25 मई को कांग्रेस कार्यसमिति की बैठक में राहुल गांधी ने लोकसभा चुनाव में

कांग्रेस को मिली हार की नैतिक जिम्मेदारी लेते हुए इस्तीफा दे दिया था, जिसे शुरुआत में किसी ने गंभीरता से नहीं लिया। माना गया कि यह हार के बाद की तात्कालिक प्रक्रिया है और वह कुछ समय बाद इस्तीफा वापस ले लेंगे, लेकिन राहुल गांधी ने स्पष्ट कर दिया कि वह अपने फैसले पर अडिग हैं।

उन्होंने बाद में चार पन्नों का लंबा पत्र भी जारी कर दिया। इस पत्र में उन्होंने लिखा कि अध्यक्ष के नाते लोकसभा चुनाव में हार के लिए वह जिम्मेदार हैं। इसलिए इस्तीफा दे रहे हैं। पत्र में लिखा कि पार्टी को बुनियादी रूप से बदलना होगा। पार्टी अपने प्रतिद्वंद्वियों को तब तक नहीं हरा सकती, जब तक नेता सत्ता की चाहत नहीं छोड़ देते और विचारधारा की लड़ाई नहीं लड़ते।

'भाजपा सदस्यता अभियान' के प्रमुख और मध्य प्रदेश के पूर्व मुख्यमंत्री शिवराज सिंह चौहान ने राहुल गांधी पर तंज कसा कि वह कांग्रेस को बचाने की अंत तक कोशिश करने की बजाय पार्टी के डूबते जहाज को छोड़कर जाने वाले पहले शख्स हैं। कोई नहीं जानता है कि कांग्रेस का मौजूदा अध्यक्ष कौन है ? उन्होंने कहा कि हमने सुना था कि जब जहाज डूबता है, तो कप्तान इसे बचाने के लिए सबसे अंत तक रहता है, लेकिन कप्तान कांग्रेस के जहाज से कूदने वाले पहले व्यक्ति हैं।

यह सही है कि बेहतर होता कि राहुल गांधी तब तक पार्टी अध्यक्ष बने रहते, जब तक उनका उत्तराधिकारी तय नहीं हो जाता या फिर एक ऐसी व्यवस्था होती, जिसमें एक कार्यवाहक नेता होता, जो आए दिन के राजनीतिक फैसलों को लेता। अब स्थिति यह है कि कांग्रेस में फैसला लेने की प्रक्रिया ठप हो गई है। दरअसल, एक समस्या यह भी है कि कांग्रेस को बिना नेहरू-गांधी परिवार के नेतृत्व के कार्य करने की आदत नहीं रही है और यही वजह है कि पार्टी की यह स्थिति है। दूसरी ओर भाजपा को देखें। पार्टी अध्यक्ष अमित शाह जैसे ही गृह मंत्री बने, तत्काल जे.पी. नड्डा ने कार्यकारी अध्यक्ष का पद सँभाल लिया।

राहुल गांधी के नेतृत्व में पार्टी की लोकसभा चुनावों में बहुत बुरी हार हुई है। कई राज्यों में तो कांग्रेस पार्टी का सूपड़ा साफ हो गया है। ऐसे राज्यों की सूची खासी लंबी है।

कांग्रेस दिल्ली, गुजरात, आंध्र प्रदेश, राजस्थान, हरियाणा, हिमाचल प्रदेश, उत्तराखंड, अरुणाचल प्रदेश, जम्मू-कश्मीर, ओडिशा, त्रिपुरा, मणिपुर, मिजोरम, नागालैंड, सिक्किम, दमन दीव, दादरा नगर हवेली, लक्षद्वीप और चंडीगढ़ में अपना खाता खोलने में भी नाकाम रही है। और तो और, कांग्रेस अध्यक्ष राहुल गांधी अपनी अमेठी सीट को भी नहीं बचा पाए। इसके पहले राहुल गांधी अमेठी से लगातार तीन बार सांसद चुने गए थे। अमेठी से उनसे पहले भी गांधी परिवार के लोग लड़ते रहे हैं। इमरजेंसी के बाद हुए चुनाव में संजय गांधी के हारने के बाद यह दूसरा मौका है, जब

अमेठी से गांधी परिवार का कोई सदस्य हारा है।

इन लोकसभा चुनावों में कांग्रेस को पूरे देश में मात्र 52 सीटें मिली हैं और 80 सीटों वाले उत्तर प्रदेश से एकमात्र सीट रायबरेली से सोनिया गांधी जीत पाई हैं। हालत यह है कि कांग्रेस को इस बार भी लोकसभा में नेता प्रतिपक्ष बनने का भी मौका नहीं मिलेगा, क्योंकि इसके लिए कम-से-कम 55 सीटें जरूरी हैं। यह दूसरा मौका है, जब लोकसभा में विपक्ष का नेता नहीं होगा।

कांग्रेस के लिए लोकसभा चुनावों के नतीजे खतरे की घंटी हैं, क्योंकि कुछ महीने पहले जिन तीन राज्यों—राजस्थान, मध्य प्रदेश और छत्तीसगढ़ में कांग्रेस ने जीत दर्ज की थी, उनमें भी उसका प्रदर्शन बेहद खराब रहा। उ.प्र. में कांग्रेस का हश्र तो हम सबके सामने है। इस लोकसभा चुनाव में पार्टी के प्रचार की कमान खुद राहुल गांधी ने सँभाली थी।

उन्होंने सैकड़ों रैलियाँ और रोड शो किए। लगा कि राहुल गांधी कांग्रेस को शायद पुनर्जीवित करने में सफल होंगे, लेकिन ऐसा नहीं हुआ। उन्होंने सबसे ज्यादा प्रचार उ.प्र. में किया, जहाँ कांग्रेस केवल एक सीट रायबरेली से जीत पाई। प्रियंका गांधी भी कामयाब नहीं हो सकीं।

राहुल गांधी की नेतृत्व क्षमता पर लगातार सवाल उठते रहे हैं, लेकिन पार्टी लगातार उनकी अनदेखी कर रही थी। कुछ समय पहले राहुल गांधी के सामने एक ऐतिहासिक अवसर आया था, जब वह म.प्र. और राजस्थान में सत्ता की कमान युवाओं को सौंप सकते थे, पर उन्होंने म.प्र. की कमान 72 वर्षीय कमलनाथ को और राजस्थान में 67 वर्षीय अशोक गहलोत को सौंपा।

ज्योतिरादित्य सिंधिया और सचिन पायलट जैसे युवा नेताओं को किनारे कर दिया गया। राहुल गांधी युवा नेतृत्व को मौका देकर राजनीतिक जोखिम उठा सकते थे, पर वह चूक गए। मौजूदा दौर में यदि कांग्रेस को प्रासंगिक रहना है, तो उसे पार्टी नेतृत्व व कार्य-संस्कृति में बदलाव लाना होगा और संगठन को मजबूत करना होगा, अन्यथा उसके अप्रासंगिक होने का खतरा है।

15 जुलाई, 2019

□

युवा प्रतिभाओं का हो सम्मान

कुछ समय पहले 10वीं और 12वीं के नतीजे आए थे। इन परीक्षाओं में बच्चे पूरी ताकत से जुटते हैं, रात-दिन पढ़ते हैं, जमकर मेहनत करते हैं। नतीजे बताते हैं कि उनकी मेहनत रंग लाई है और सभी बोर्डों के नतीजे इस बार अच्छे रहे हैं।

इन दिनों प्रभात खबर भी इन युवा प्रतिभाओं को सम्मानित कर रहा है। बिहार, झारखंड और पश्चिम बंगाल में कई स्थानों पर प्रतिभा सम्मान के कार्यक्रमों का आयोजन हुआ है। कई स्थानों पर ऐसे आयोजित होने वाले हैं। प्रतिभाशाली युवा ही आगे जाकर देश की बागडोर सँभालेंगे, देश को नई ऊँचाइयों पर ले जाएँगे। यह सच है कि नई पीढ़ी के बच्चे अत्यंत प्रतिभाशाली हैं। वे अपने कॅरियर के प्रति बेहद जागरूक हैं। इसमें भी दो राय नहीं है कि अच्छी शिक्षा के बगैर बेहतर भविष्य की कल्पना नहीं की जा सकती।

किसी भी देश की आर्थिक और सामाजिक प्रगति उस देश की शिक्षा पर निर्भर करती है। अगर शिक्षा नीति अच्छी नहीं होगी, तो विकास की दौड़ में वह देश पीछे छूट जाएगा। राज्यों के संदर्भ में देखें, तो पाएँगे कि बेहतर शिक्षा की वजह से दक्षिण के राज्य हिंदी पट्टी के राज्यों के मुकाबले आगे हैं। हम यह तथ्य बखूबी जानते हैं। बावजूद इसके, हमने अपनी अपनी शिक्षा-व्यवस्था की घोर अनदेखी की है।

बोर्ड की ये परीक्षाएँ कितनी अहम होती हैं, इसका अंदाजा इस बात से लगाया जा सकता है कि बच्चों को परीक्षा दिलवाने के लिए माता-पिता अपने दफ्तर से छुट्टी लेते हैं। हम सब जानते हैं कि 10वीं और 12वीं की परीक्षाओं को लेकर बच्चे भारी तनाव में रहते हैं। कई बार यह तनाव दु:खद हादसों को जन्म दे देता है।

हर साल पूरे देश से बोर्ड के नतीजों के बाद बच्चों के आत्महत्या करने की दु:खद खबरें भी सामने आती हैं। परीक्षा परिणामों के बाद हर साल अखबार मुहिम चलाते हैं, बोर्ड और सामाजिक संगठन हेल्प लाइन चलाते हैं, लेकिन छात्र-छात्राओं की आत्महत्या के मामले रुक नहीं रहे हैं। जाहिर है कि ये प्रयास नाकाफी हैं। बच्चे संघर्ष करने के बजाय हार मानकर आत्महत्या का रास्ता चुन रहे हैं।

यह चिंताजनक स्थिति है, जबकि ऐसे सैकड़ों उदाहरण हैं कि इम्तिहान में बेहतर न करनेवाले छात्र-छात्राओं ने जीवन में सफलता के मुकाम हासिल किए हैं। दरअसल, कम अंकों का दबाव बच्चे इसलिए भी महसूस कर रहे हैं, क्योंकि हमारे कुछेक बोर्ड टॉपर्स के नंबर का स्तर हर साल बढ़ाकर एक अनावश्यक प्रतिस्पर्धा को जन्म देते जा रहे हैं।

एक बोर्ड में बच्चों के 500 में 500 अंक आ रहे हैं, तो दूसरे बोर्ड में 500 में 499 अंक लानेवाले बच्चों की संख्या लगातार बढ़ती जा रही है। दूसरी ओर बिहार, झारखंड और पश्चिम बंगाल के बोर्ड उनकी तुलना में कम नंबर देते हैं। प्रभात खबर के साथियों ने हाल में पड़ताल की, तो पाया कि झारखंड में से इंटर की परीक्षा में टॉपर रहे विद्यार्थियों का दिल्ली विश्वविद्यालय में प्रवेश नहीं हो पाया है, जबकि झारखंड में प्रति वर्ष लगभग ढाई लाख परीक्षार्थी इंटर की परीक्षा में सफल होते हैं।

इसकी वजह यह है कि झारखंड के इंटर टॉपर के अंक दिल्ली विश्वविद्यालय की तीनों कट ऑफ लिस्ट से बहुत कम हैं। वर्ष 2019 की इंटर के तीनों संकायों में सबसे अधिक अंक प्राप्त करनेवाली उर्सुलाइन इंटर कॉलेज की अमीषा कुमारी का दिल्ली विश्वविद्यालय में प्रवेश नहीं हो पाया। उसे दिल्ली में मनपसंद कॉलेज नहीं मिला। अमीषा के 93 फीसदी अंक हैं।

वह श्रीराम कॉलेज, हिंदू कॉलेज, हंसराज कॉलेज, इंद्रप्रस्थ कॉलेज में से किसी एक में प्रवेश लेना चाहती थी, लेकिन किसी में उसका नंबर नहीं आया। आर्ट्स की टॉपर मनाली ने दिल्ली वि.वि. में प्रवेश के लिए आवेदन ही नहीं किया था, क्योंकि उसके इंटर में 87 फीसदी अंक आए थे। श्रीराम कॉलेज में बी.कॉम. ऑनर्स में सामान्य वर्ग के लिए फर्स्ट कट ऑफ मार्क्स 98.75 और थर्ड कट ऑफ 97.75 प्रतिशत रहा। सत्यवती कॉलेज में बी.कॉम. का थर्ड कट ऑफ 94.25 प्रतिशत और शहीद भगत सिंह कॉलेज में बी.कॉम. के लिए 96.25 प्रतिशत कट ऑफ रहा।

वहीं, झारखंड बोर्ड के इंटरमीडिएट के टॉपर परीक्षार्थियों के अंक कभी 95 फीसदी से ऊपर नहीं गए। पिछले तीन वर्ष के स्टेट के टॉप थ्री विद्यार्थियों के प्राप्तांकों को देखा जाए, तो टॉपर्स को अधिकतम 93 फीसदी अंक ही मिले हैं। ऐसे में अंकों की एकरूपता न होने का खामियाजा झारखंड, बिहार के विद्यार्थियों को झेलना पड़ता है।

हम सब यह अच्छी तरह से जानते हैं कि शिक्षा और रोजगार का चोली-दामन का साथ है। यही वजह है कि बिहार और झारखंड में माता-पिता बच्चों की शिक्षा को लेकर बेहद जागरूक हैं।

उनमें ललक है कि उनका बच्चा अच्छी शिक्षा पाए, ताकि उसे रोजगार मिल सके। यहाँ तक कि वे बच्चों की शिक्षा के लिए अपनी पूरी जमा-पूँजी लगा देने को तैयार रहते

हैं। बिहार और झारखंड में श्रेष्ठ स्कूलों का अभाव तो नहीं है, लेकिन इनकी संख्या बेहद कम है। हर जिले में एक जिला स्कूल है। एक वक्त था, इनमें प्रवेश के लिए मारामारी रहती थी और ये माध्यमिक शिक्षा के श्रेष्ठ केंद्र हुआ करते थे। अब इन्होंने अपनी चमक खो दी है।

इनके स्तर में भारी गिरावट आ गई है। यह सही है कि मौजूदा दौर में बच्चों का पढ़ाना अब कोई आसान काम नहीं रहा है। शिक्षा के बाजारीकरण के इस दौर में न तो शिक्षक पहले जैसे रहे, न ही छात्रों से उनका पहले जैसा रिश्ता रहा। पहले शिक्षक के प्रति न केवल विद्यार्थी, बल्कि समाज का भी आदर और कृतज्ञता का भाव रहता था। अब तो ऐसे आरोप लगते हैं कि शिक्षक अपना काम ठीक तरह से नहीं करते हैं।

इसमें आंशिक सच्चाई भी है कि बड़ी संख्या में शिक्षकों ने दिल से अपना काम करना छोड़ दिया है, लेकिन यह भी सही है कि 'देश के भविष्य निर्माता' कहे जाने वाले शिक्षक का समाज ने भी सम्मान करना बंद कर दिया है। दूसरी ओर, तकनीक ने हम सबकी जिंदगी बदल दी है। यदि आपने गौर किया हो, तो आप पाएँगे कि बड़ी संख्या में बच्चों के हाथों में मोबाइल नजर आने लगे हैं। यह जान लीजिए कि टेक्नोलॉजी दोधारी तलवार है। एक ओर जहाँ यह वरदान है, तो दूसरी ओर घातक भी है।

यह देखने में आ रहा है कि मोबाइल एक बीमारी की तरह हम सबको जकड़ता जा रहा है। हम सब यह चाहते हैं कि देश में आधुनिक टेक्नोलॉजी आए, लेकिन उसके साथ किस तरह तारतम्यता बिठानी है, यह हम सब पर निर्भर करता है। यह वरदान बने, कहीं अभिशाप न बन जाए। युवाओं को मेरी सलाह है कि वे मोबाइल का नियंत्रित इस्तेमाल करें।

22 जुलाई, 2019

□

बड़बोले और झूठे हैं राष्ट्रपति ट्रंप

यह आश्चर्यजनक, किंतु सत्य है कि दुनिया के सबसे ताकतवर देश का राष्ट्रपति अकसर असत्य बोलता है। यह बात अमेरिकी मीडिया खुलेआम कहता आया है और अब धीरे-धीरे दुनिया यह जानने लगी है कि राष्ट्रपति ट्रंप न केवल बड़बोले हैं, बल्कि वह अकसर झूठ भी बोलते हैं।

दुनिया हतप्रभ है कि ऐसे शख्स का सामना कैसे किया जाए! हमें यह अचंभित करता है, क्योंकि इस देश में शुरुआत से ही सत्य बोलने पर भारी जोर दिया जाता है—सत्यं वद् धर्मम चर। इस देश का सूत्र वाक्य भी सत्य पर आधारित है—सत्यमेव जयते अर्थात् सत्य की हमेशा जीत होती है।

शायद यही वजह है कि ऐसा अनुभव हमें चौंकाता है। इसका कटु अनुभव भारत को तब हुआ, जब अमेरिकी राष्ट्रपति ट्रंप ने कश्मीर पर मध्यस्थता की बात कही और उसमें प्रधानमंत्री नरेंद्र मोदी को भी घसीट लिया। हाल में पाकिस्तान के प्रधानमंत्री इमरान खान ने अमेरिका के राष्ट्रपति डोनाल्ड ट्रंप से मुलाकात की। उसके बाद जैसी कि परंपरा है, एक साझा प्रेस कॉन्फ्रेंस हुई। इमरान ने सुनियोजित तरीके से ट्रंप की भारी प्रशंसा की। जिसे भदेस भाषा में कहते हैं—चने के झाड़ पर चढ़ा दिया।

इमरान खान ने कहा कि ट्रंप कश्मीर मामले में मध्यस्थता कर उपमहाद्वीप में शांति स्थापित करने में अहम भूमिका निभा सकते हैं। यह बात अमेरिकी मीडिया में सामने आ चुकी है कि राष्ट्रपति ट्रंप शांति का नोबेल पुरस्कार पाने के बेहद इच्छुक है। शांति और मध्यस्थता की बात आते ही वह झाड़ पर चढ़ जाते हैं। इसके लिए वह उत्तर कोरिया जाकर वहाँ के तानाशाह किम जोंग—उनसे मुलाकात कर सकते हैं।

दरअसल, उनके पूर्ववर्ती राष्ट्रपति ओबामा को नोबेल शांति पुरस्कार मिल चुका है। इमरान खान की बात पर बड़बोले ट्रंप तुरंत चढ़ गए और उन्होंने कहा कि पिछली मुलाकात में भारत के प्रधानमंत्री नरेंद्र मोदी उनसे मिले थे और उन्होंने भी उनसे कश्मीर में मध्यस्थता का अनुरोध किया था और वह तैयार हैं, लेकिन इस बार उन्होंने कश्मीर

जैसे संवेदनशील मसले को लेकर ऐसा दावा किया, जिसे लेकर अमेरिकी प्रशासन भी सकते में आ गया। इसका असर भारत-अमेरिका संबंधों पर भी पड़ सकता है। अमेरिका को आनन-फानन में सफाई देनी पड़ी और पूरे मामले की लीपा-पोती करनी पड़ी।

अमेरिकी प्रशासन की समस्या यह है कि वह अपने ही राष्ट्रपति के बयान का खंडन कर उन्हें झूठा नहीं ठहरा सकता है। हालाँकि राष्ट्रपति ट्रंप के इस बयान के बाद अमेरिकी विदेश मंत्रालय ने इस मामले पर सफाई देते हुए ट्वीट किया कि कश्मीर भारत-पाकिस्तान के बीच द्विपक्षीय मुद्दा है। ट्रंप प्रशासन पाकिस्तान और भारत के साथ इस मुद्दे पर सहयोग करने को तैयार है।

भारत के लिए भी धर्म संकट है कि कूटनीतिक दृष्टि से राष्ट्रपति ट्रंप को सीधे-सीधे झूठा कह देना उचित नहीं है। हालाँकि भारत के विदेश मंत्री एस. जयशंकर ने संसद के दोनों सदनों में ट्रंप के बयान का दो टूक शूब्दों में खंडन किया और कहा कि पी.एम. मोदी ने ऐसी कोई बात कही ही नहीं थी।

भारत की वर्षों से स्थापित नीति रही है कि उसे कश्मीर मुद्दे पर किसी तीसरे पक्ष की मध्यस्थता स्वीकार नहीं है। उन्होंने कहा कि भारत का लगातार यह पक्ष रहा है कि वह पाकिस्तान के साथ सभी मुद्दों पर द्विपक्षीय वार्त्ता के लिए हमेशा तैयार है, लेकिन बातचीत की शर्त यह है कि पहले सीमा पार से आतंकवाद बंद हो। उन्होंने कहा कि शिमला समझौता और लाहौर घोषणा-पत्र पाकिस्तान और भारत के बीच के सभी मुद्दों के द्विपक्षीय समाधान का आधार प्रदान करते हैं।

दरअसल, यह समय की कसौटी पर जाँची-परखी भारत की नीति रही है। अमेरिकी राष्ट्रपति ट्रंप के दावे के बाद भारत में लेकर हंगामा मचना तय था। संसद में विपक्ष ने सरकार को घेरने का प्रयास किया और प्रधानमंत्री नरेंद्र मोदी से सदन में इस विषय पर स्पष्टीकरण देने की माँग की। विपक्षी सदस्यों ने इस मुद्दे पर सदन में हंगामा और वॉकआउट किया।

ऐसा नहीं है कि ट्रंप ने पहली बार झूठ बोला हो। अमेरिका के जाने-माने अखबार 'वॉशिंगटन पोस्ट' के फैक्ट चेकर्स डेटाबेस के अनुसार, डोनाल्ड ट्रंप ने राष्ट्रपति बनने के बाद से अपने कार्यकाल के 869 दिनों में 10,796 बार झूठ बोला और हवा-हवाई दावे किए। यानी बतौर राष्ट्रपति ट्रंप औसतन रोजाना 12 बार झूठ बोले हैं। 'वॉशिंगटन पोस्ट' ने एक रिपोर्ट प्रकाशित की थी, जिसमें कहा गया कि ट्रंप ने अपने कार्यकाल के पहले साल हर दिन औसतन करीब 6 झूठे दावे किए। दूसरे साल उन्होंने तीन गुना तेजी से हर दिन ऐसे करीब 17 झूठे दावे किए।

इन दावों में से लगभग पाँचवाँ हिस्सा आव्रजन के बारे में है। उन्होंने चुनाव के दौरान वादा किया था कि अमेरिका से सटे मैक्सिको की सीमा पर वह दीवार खड़ी करवा

देंगे। इस विषय में ट्रंप ने सबसे ज्यादा 172 बार झूठा दावा किया कि बस, अब दीवार बनाई जा रही है। इसके अलावा, उन्होंने अमेरिकी राष्ट्रपति चुनाव में रूस के दखल के विषय में भी अनेक बार झूठ बोला है।

ये बातें अमेरिकी और भारतीय अखबारों में समय-समय पर छपती रही हैं। मैं कोई नया खुलासा नहीं कर रहा हूँ। मीडिया के संदर्भ से मैं उन्हें पेश कर रहा हूँ, लेकिन भारतीयों ने अभी तक इस पर विशेष ध्यान नहीं दिया है।

अमेरिकी मीडिया रिपोर्ट की मानें, तो ट्रंप अपनी रैलियों में ही जो दावे करते हैं, उनमें लगभग 22 फीसदी झूठे होते हैं। यही नहीं, अपने ट्विटर हैंडल पर भी वह झूठे दावे करने में संकोच नहीं करते हैं। उन्होंने ट्वीट कर जापान, चीन और यूरोपियन यूनियन के साथ व्यापार घाटे पर झूठ बोला था। एक बार ट्रंप ने यहाँ तक कहा था कि पूर्व अमेरिकी राष्ट्रपति बराक ओबामा अमेरिका में पैदा ही नहीं हुए।

बाद ट्रंप ने मिशेल ओबामा पर यह आरोप लगाया कि उन्होंने ही ओबामा के जन्म को लेकर अफवाह फैलाई थी। ट्रंप ने दावा किया था कि सऊदी अरब और अमेरिका के बीच 450 अरब डॉलर के रक्षा सौदे हुए, जिसे रक्षा विशेषज्ञों ने झूठा बता दिया था। अपने बयानों में वह अमेरिका में बेरोजगारी की दर कभी 5 फीसदी तो कभी 24 फीसदी तक बताते हैं। मुंबई हमले के मास्टरमाइंड पाकिस्तानी आतंकवादी हाफिज सईद को लेकर भी वह गलत बयानी कर चुके हैं। सईद की गिरफ्तारी के बाद ट्रंप ने ट्वीट किया था कि दस वर्षों तक तलाश करने के बाद आखिरकार सईद को गिरफ्तार कर लिया गया है।

अमेरिका की विदेश मामलों की समिति ने जवाब ट्वीट किया कि हाफिज सईद पाकिस्तान में खुलेआम घूम रहा था। उसे कोई खोज नहीं रहा था। उसे कई बार गिरफ्तार किया गया और छोड़ भी दिया गया। यह सही है कि राष्ट्रपति ट्रंप अकसर झूठ बोलते हैं, लेकिन यह भी सच है कि वह दुनिया के सबसे ताकतवर देश के राष्ट्रपति हैं। यह केवल भारत की नहीं दुनिया के सभी देशों के लिए चुनौती है कि उनसे कैसे निबटा जाए, क्योंकि उनकी अनदेखी करने का जोखिम दुनिया का कोई देश भी नहीं उठा सकता है।

29 जुलाई, 2019

□

सामाजिक ताना-बाना बनाए रखें

जब किसी के सर्विस के मामले में धार्मिक आधार पर फैसला किया जाने लगे, तो निश्चित रूप से यह गहरी चिंता का विषय है। इसे एक महज एक अलग–थलग घटना मानकर नजरअंदाज किया जाना उचित नहीं है।

इसमें छुपे संकेत देश के लिए ठीक नहीं हैं। पिछले दिनों ऑनलाइन खाना पहुँचाने वाली कंपनी जोमैटो एक विवाद में घिर गई। मध्य प्रदेश के जबलपुर के रहनेवाले अमित शुक्ला ने जोमैटो से खाना मँगाया। जब उन्हें पता चला कि खाना पहुँचाने वाला शख्स मुसलमान है, तो उसने जोमैटो से हिंदू डिलिवरी बॉय भेजने को कहा। जब कंपनी ने ऐसा करने से मना कर दिया, तो अमित शुक्ला ने खाना लेने से ही मना कर दिया।

इसके बाद उन्होंने ट्वीट किया कि उन्होंने जोमैटो का ऑर्डर रद्द कर दिया है। उन्होंने लिखा—मेरा खाना गैर हिंदू व्यक्ति के हाथों भेजा था और कहा कि वे इसे न तो बदल सकते हैं और न ही ऑर्डर रद्द करने पर पैसा वापस कर सकते हैं। मैंने कहा कि आप मुझे खाना लेने के लिए बाध्य नहीं कर सकते हैं। मुझे पैसा वापस नहीं चाहिए, बस ऑर्डर रद्द करो। जोमैटो ने इस ट्वीट का जवाब दिया कि खाने का कोई धर्म नहीं होता है। खाना खुद ही एक धर्म है।

जोमैटो के संस्थापक दीपेंद्र गोयल ने ट्वीट किया कि हमें भारत की विविधता और अपने उपभोक्ताओं पर गर्व है। अपने सिद्धांतों के कारण यदि हमारे कारोबार को कुछ नुकसान भी होता है, तो उन्हें उसका अफसोस नहीं होगा। इस मामले में जोमैटो के डिलिवरी ब्वॉय फैयाज का प्रतिक्रिया भी सामने आई है। फैयाज ने इस पूरे घटनाक्रम के बाद कहा कि इस घटना से मुझे काफी दुःख पहुँचा है, लेकिन मैं क्या कर सकता हूँ? हम काफी गरीब लोग हैं और हमारे साथ ऐसा होता रहता है।

लेकिन जोमैटो के जवाब के बाद कि खाने का कोई धर्म नहीं होता, खाना खुद एक धर्म है, यह विवाद और गहरा गया। कुछेक ग्राहकों ने सोशल मीडिया पर जमैटो के खिलाफ पोस्ट में लिखा कि जोमैटो हलाल मीट की माँग स्वीकार करता है। कई ग्राहकों

ने ट्विटर पर स्क्रीनशॉट शेयर किए, जिनमें जोमैटो ने नॉन-हलाल मीट देने के लिए ग्राहकों से माफी माँगी थी।

इतना ही नहीं, जोमैटो के बहिष्कार की अपील भी सामने आई। कंपनी ने हलाल मीट को लेकर सफाई दी है कि यह टैग ऐप की ओर से नहीं, बल्कि रेस्तराँ की ओर से लगाया जाता है। जोमैटो ने कहा कि वह सभी धर्मों का सम्मान करता है और यही वजह है कि ग्राहकों की जरूरत के हिसाब से सभी संभावित विकल्प उनको उपलब्ध कराता है, ताकि वे अपनी पसंद का खाना चुन सकें। इसलिए इसमें जैन थाली, शाकाहारी खाना और नवरात्रि थाली जैसे टैग भी दिखते हैं।

अगर ग्राहक को ऐप से कोई गलत ऑर्डर मिलता है, तो हम उसकी जिम्मेदारी लेते हैं। जोमैटो के संस्थापक दीपेंद्र गोयल ने स्पष्ट किया है कि जोमैटो पर ऐसे लोगों की कोई जगह नहीं है, जो धर्म के आधार पर भेदभाव करते हैं। उन्होंने ऐसे ग्राहकों से ऐप छोड़ने को कहा, जो धर्म के आधार पर डिलिवरी बॉय चुनने का विकल्प चाहते हैं।

पिछले साल अप्रैल में एक शख्स ने मुसलिम ड्राइवर होने के कारण टैक्सी की बुकिंग रद्द कर दी थी। हालाँकि ये घटनाएँ थोड़ी पुरानी हैं, लेकिन ये भी काफी चर्चा में रही थीं। पहली घटना में ईद मनाने के बाद पत्रकार असद अशरफ ने दक्षिणी दिल्ली के जामिया नगर स्थित अपने घर जाने के लिए ओला कैब ली थी। दिल्ली का जामिया नगर मुसलिम बहुल इलाका है। कैब में बैठने के थोड़ी देर बाद ही उन्हें लगा कि ड्राइवर सही दिशा में नहीं ले जा रहा है। असद अशरफ ने जब इस बारे में कैब के ड्राइवर से पूछा, तो उसने कहा कि वह वहाँ नहीं जाएगा।

असद का कहना है कि इसके बाद ड्राइवर उन्हें एक सुनसान जगह पर उतारकर भाग गया। घटना के एक दिन बाद कैब कंपनी ने माफी माँगी और ट्वीट कर कहा कि वह किसी भी तरह का भेदभाव को स्वीकार नहीं करती है और घटना में शामिल ड्राइवर को सेवा से हटा दिया गया है। दूसरी घटना एक टेलीकॉम कंपनी से संबंधित थी। एक लड़की ने कंपनी को ट्वीट किया—मैंने डी.टी.एच. से जुड़ी एक शिकायत की, लेकिन सर्विस इंजीनियर ने मेरे साथ बुरा सलूक किया।

इस ट्वीट पर जवाब दिया गया—हम जल्द आपसे इस शिकायत के संदर्भ में बात करेंगे—शोएब। इसके जवाब में लड़की ने ट्वीट किया—प्रिय शोएब, आप मुसलिम हैं और मेरा अनुरोध है कि मुझे एक हिंदू प्रतिनिधि उपलब्ध कराया जाए। इसके बाद टेलीकॉम कंपनी की ओर से एक हिंदू शख्स ने जवाब दिया। इस बातचीत का स्क्रीनशॉट वायरल हो गया और दोनों तरफ से इस पर प्रतिक्रियाएँ आने लगीं। कुछ लोग लड़की के पक्ष में खड़े थे, तो कुछ उसके विरोध में थे।

इन घटनाओं की मिसाल मैंने इसलिए दी, क्योंकि ये घटनाएँ हम सबके लिए चिंता

का विषय हैं। घटनाएँ बताती है कि अविश्वास का भाव कितने गहरे तक जा पहुँचा है? इन घटनाओं से सीधे तौर से हम और आप जैसे आम लोग जुड़े हैं। प्राथमिक रूप से इनसे कोई राजनेता नहीं जुड़ा है। आसपास की घटित हो रही इन घटनाओं से आभास होता कि अविश्वास की यह भावना समाज में कितने गहरे तक जा पहुँची है, जबकि असहिष्णुता भारतीय लोकतंत्र की मूल भावना नहीं है।

भारतीय लोकतंत्र धार्मिक समरसता और विविधता में एकता की मिसाल है। यहाँ अलग-अलग जाति, धर्म, संस्कृति को माननेवाले लोग वर्षों से बिना किसी भेदभाव के रहते आए हैं। भारत जैसी विविधिता दुनिया में कहीं देखने को नहीं मिलती। यह भारत की बहुत बड़ी पूँजी है और यह हम सबकी जिम्मेदारी है कि इसे बचाकर रखें, लेकिन दुर्भाग्य यह है कि ऐसे मामले रह-रहकर हमारे सामने आ रहे हैं।

अंतरराष्ट्रीय परिदृश्य पर अगर नजर डालें, तो हम पाएँगे कि पूरी दुनिया उथल-पुथल के दौर से गुजर रही है। हमारा यह सौभाग्य है कि अब तक हम इस सबसे प्रभावित नहीं हुए हैं, लेकिन यह बात भी हम सब लोगों को साफ होनी चाहिए कि आर्थिक हो या फिर सामाजिक, किसी भी तरह की प्रगति शांति के बिना हासिल करना नामुमकिन है।

इसलिए यह हम सबके हित में है कि अपने सामाजिक ताने-बाने को हर कीमत पर बनाए रखें। महात्मा गांधी का जन्मदिवस 2 अक्तूबर नजदीक आ रहा है और हम सब उनके जन्म के 150 वर्ष का उत्सव मनाने जा रहे हैं। महात्मा कहा करते थे कि हिंसा हिंदुस्तान के दुःखों का इलाज नहीं है। हिंदुस्तान अगर प्रेम के सिद्धांत को अपने धर्म के एक सक्रिय अंश के रूप में स्वीकार करे और उसे अपनी राजनीति में शामिल करे, तो स्वराज स्वर्ग से हिंदुस्तान की धरती पर उतर आएगा।

5 अगस्त, 2019

□

जन पत्रकारिता के 35 साल

प्रभात खबर अपनी यात्रा के 35 वर्ष पूरे कर रहा है। यह एक बड़ी उपलब्धि है। 14 अगस्त, 1984 को प्रभात खबर ने राँची से अपने सफर की शुरुआत की थी, लेकिन कुछ ही समय में प्रभात खबर ने राष्ट्रीय फलक पर अपनी जगह बना ली। आज प्रभात खबर दस स्थानों—राँची, जमशेदपुर, धनबाद, देवघर, पटना, मुजफ्फरपुर, भागलपुर, गया, कोलकाता और सिलीगुड़ी से एक साथ प्रकाशित होता है। वर्ष 2019 के इंडियन रीडरशिप सर्वे के मुताबिक प्रभात खबर के पाठकों की संख्या 1.41 करोड़ है।

केवल तीन राज्यों से प्रकाशित होने के बावजूद देश के शीर्ष हिंदी अखबारों में प्रभात खबर छठे स्थान पर है। अपनी यात्रा के दौरान अखबार ने कई उतार-चढ़ाव देखे, लेकिन अखबार की यात्रा निरंतर जारी है। पिछले 35 वर्षों के दौरान राजनीति बदली और अर्थनीति में भी भारी परिवर्तन आया है। अखबार निकालना पहले भी चुनौतीपूर्ण था, लेकिन मौजूदा दौर में और भी चुनौतीपूर्ण हो गया है।

इसके बावजूद प्रभात खबर पूरी मजबूती से आगे बढ़ रहा है। सामाजिक सरोकारों के प्रति प्रतिबद्धता ही प्रभात खबर की पत्रकारिता की पहचान रही है और उसने अपने सामाजिक दायित्व को बखूबी निभाया है। प्रभात खबर ने पर्यावरण और जल संरक्षण के लिए अभियान चलाया और पॉलिथीन के इस्तेमाल के खिलाफ मुहिम चलाई है। आजादी के 70 साल हो गए, लेकिन गाँवों में बुनियादी सुविधाओं का अब भी नितांत अभाव है।

प्रभात खबर इस बात को शिद्दत से महसूस करता है कि गाँवों का जीवन-स्तर सुधरना चाहिए। प्रभात खबर झारखंड में गाँवों पर केंद्रित अखबार 'पंचायतनामा' निकालता है। साथ ही, ग्रामीण, खासकर महिलाओं को हमने गाँव में बदलाव की खबरें देने के लिए प्रशिक्षित किया है। ये महिलाएँ 'पंचायतनामा' की रिपोर्टर हैं। वे अपने गाँवों से खबरें भेजती हैं। साथ ही, वे ग्रामीणों को उनके अधिकारों और सरकारी योजनाओं की जानकारी देती हैं।

कुछ समय पहले एक प्रयोग के रूप में प्रभात खबर के बिहार और झारखंड के

आठ संस्करणों ने एक-एक गाँव को गोद लिया था। हमारा मानना है कि एक चेतन समाज और अखबार का भी दायित्व बनता है कि वह ऐसे कामों में भी हाथ बँटाए। हमने जनप्रतिनिधियों और सरकारी योजनाओं के माध्यम से इन गाँवों तक विकास योजनाओं को पहुँचाने की पुरजोर कोशिश की है।

आज खबरों के अनेक स्रोत हो गए हैं, लेकिन यह सच है कि मौजूदा दौर में खबरों की साख का संकट है। आपने गौर किया होगा कि सोशल मीडिया पर रोजाना कितनी सच्ची-झूठी खबरें चलती हैं? टी.वी. चैनल तो रोज शाम एक छद्म विषय पर बहस कराते है। टी.वी. में एक और विचित्र बात स्थापित हो गई है।

वहाँ जो एंकर जितने जोर से चिल्लाए, उसे उतना ही सफल माना जाता है। ऐसा नहीं है कि अखबारों में कमियाँ नहीं हैं। अखबारों ने भी जनसरोकार के मुद्दों को उठाना कम कर दिया है। बाजार के दबाव में वे शहर केंद्रित हो गए हैं।

दूसरी ओर, सरकारें बड़ी विज्ञापनदाता हो गई हैं। वह दबाव अलग है, पर इधर देखने में आया है कि मीडिया पर एकतरफा टीका-टिप्पणी करने का चलन बढ़ता जा रहा है। कोई भी और कभी भी पूरे मीडिया जगत् के विषय में बयान दे देता है और उसकी विश्वसनीयता पर सवाल खड़े कर देता है। पत्रकारों के लिए 'प्रेस्टीट्यूट', 'न्यूज टेडर्स', 'बाजारू' या 'दलाल' जैसे अपमानजनक शब्दों का इस्तेमाल किया गया है।

कुछ समय पहले एक व्हाट्सएप मैसेज चला, जिसमें कहा गया था—पहले अखबार छप के बिका करते थे, अब बिक के छपा करते हैं। इस संदेश में मीडिया की विश्वसनीयता पर ही सवाल खड़ा कर दिया गया, लेकिन हम सबके लिए यह जानना जरूरी है कि मीडियाकर्मी कितने दबाव और प्रतिकूल परिस्थितियों में काम करते हैं?

और कई बार यह दबाव उनकी जान भी ले लेता है। वह यह चुनौती इसलिए स्वीकार करते हैं, ताकि लोगों तक निष्पक्ष और सटीक खबरें पहुँच सकें। उनके काम करने के घंटे निर्धारित नहीं होते। वे सुबह 9 से शाम 5 बजे तक की सुकून भरी नौकरी नहीं करते।

अखबार में खबरें जुटाने का काम दिनभर चलता है और फिर अखबार को तैयार करने का काम देर शाम शुरू होकर आधी रात तक चलता है। जब आप सो रहे होते हैं, तब मीडियाकर्मी आपके लिए अखबार तैयार कर रहे होते हैं। आपको हर रोज सुबह अखबार चाहिए और टी.वी., वेबसाइट पर ताजा-तरीन खबरें चाहिए, इसलिए मीडियाकर्मी लगभग 365 दिन काम करते हैं।

छोटी जगहों पर पत्रकारिता करना और चुनौतीपूर्ण होता है। वहाँ दबंगों से टकराना आसान नहीं होता है। इन स्थानों से पत्रकारों पर हमले की खबरें अकसर आती रहती हैं। यह कोई दबा-छुपा तथ्य नहीं है कि मीडियाकर्मियों को कई तरह के दबावों का सामना

करना पड़ता है। इसमें राजनीतिक और सामाजिक, दोनों दबाव शामिल हैं।

इतने दबावों के बीच आप अंदाजा लगा सकते हैं कि खबरों में संतुलन बनाए रखना कितना कठिन कार्य होता है? हालाँकि यह भी सही है कि पत्रकारों को खेमेबंदी से बचना चाहिए। पिछले कुछ समय से पत्रकार दो खेमों में बँटे हुए नजर आ रहे हैं। आप किसी भी राजनीतिक विचारधारा से जुड़े हो सकते हैं, लेकिन समाचारों में यह नहीं झलकना चाहिए।

हाल में तकनीक के विस्तार ने अखबारों के समक्ष नई चुनौती पेश की है। इसका असर देश-विदेश के सभी अखबारों पर पड़ा है। मुझे ब्रिटेन में रहने और बी.बी.सी. के साथ काम करने का अनुभव रहा है। ब्रिटेन के 'गार्डियन' जैसे प्रतिष्ठित अखबार संघर्ष कर रहे हैं, जबकि ब्रिटेन के अखबारों का मॉडल दूसरी तरह का है। वहाँ लोग खबरें पढ़ने के लिए पूरी कीमत अदा करने को तैयार रहते हैं।

वहाँ 'गार्जियन', 'टाइम्स' और 'इंडपेंडेंट' जैसे अखबार हैं, जो लगभग दो पाउंड, यानी लगभग 180 रुपए में बिकते हैं, लेकिन हिंदी पाठक अखबार के लिए सामान्य कीमत भी अदा करने को तैयार नहीं होते हैं, जबकि एक अखबार को तैयार करने में लगभग 20 से 25 रुपए की लागत आती है।

अखबारी कागज का दाम लगातार बढ़ता जा रहा है। उसका दबाव अलग है। दुनिया में संभवत: यह एकमात्र उत्पाद है, जो अपनी लागत से कम मूल्य पर बिकता है। विज्ञापनों के जरिए इस लागत को पूरा करने की कोशिश की जाती है, लेकिन उसकी कीमत भी अदा करनी पड़ती है।

अखबार को चलाना अब बड़ी पूँजी का खेल हो गया है। जाहिर है कि इसके लिए मीडिया को बाजार के अनुरूप ढलना पड़ता है। सबसे गंभीर बात है कि समय के साथ पाठक भी बदल गए हैं। अखबार पहले खबरों के लिए पढ़े जाते थे, लेकिन मार्केटिंग के इस दौर में अखबार फ्री कूपन और मुफ्त लोटा-बाल्टी के आधार पर निर्धारित किए जाने लगे हैं। पाठकों को भी इस विषय में गंभीरता पूर्वक विचार करना होगा।

12 अगस्त, 2019

□

जनसंख्या नियंत्रण की चुनौती

प्रधानमंत्री नरेंद्र मोदी ने स्वतंत्रता दिवस पर लाल किले से अपने संबोधन में देश की बढ़ती जनसंख्या पर चिंता जाहिर की। उन्होंने कहा कि तेजी से बढ़ती जनसंख्या पर हमें विचार करना होगा। सीमित परिवार से न केवल हम अपना, बल्कि देश का भी भला करेंगे। प्रधानमंत्री ने कहा कि जो छोटे परिवार की अहमियत समझ रहे हैं और लोगों को समझा रहे हैं, उन्हें सम्मानित करने की जरूरत है। छोटा परिवार रखनेवाले देशभक्त की तरह हैं। प्रधानमंत्री ने कहा कि बच्चे को लाते वक्त हम नहीं सोचते कि उसे कैसा जीवन देंगे, उसकी शिक्षा का क्या इंतजाम करेंगे, उसके पोषण का सामर्थ्य हमारे पास है भी या नहीं?

किसी भी बच्चे के आने से पहले यह अवश्य सोचें कि हम उसकी जरूरतों को पूरा करने के लिए तैयार हैं कि नहीं? इसमें कोई शक नहीं है कि देश में बढ़ती जनसंख्या एक बड़ी चुनौती है। देश के विकास की राह में यह सबसे बड़ी बाधा है। जिस तेजी से हमारे देश की जनसंख्या बढ़ रही है, उतनी तेजी से संसाधनों का विकास संभव नहीं है।

आजादी के बाद देश में पहली जनगणना सन् 1951 में हुई थी और उस समय देश की आबादी थी 36 करोड़। इसके बाद हुई जनगणना में देश की जनसंख्या में लगातार वृद्धि हुई है। सन् 1961 की जनगणना में देश की आबादी लगभग 44 करोड़ हो गई। 1971 में यह बढ़कर 55 करोड़ हो गई। 1981 की जनगणना में पता चला कि देश की आबादी 68 करोड़ है।

सन् 1991 की जनगणना में यह आबादी बढ़कर 85 करोड़ हो गई। 2001 में देश की आबादी 100 करोड़ पार कर गई। 2011 की जनगणना में देश की जनसंख्या बढ़कर 121 करोड़ हो गई। अभी माना जा रहा है कि देश की आबादी लगभग 135 करोड़ है। बढ़ती आबादी का असर बहुआयामी है। इसका देश की अर्थव्यवस्था पर विपरीत असर पड़ता है।

इससे खाद्यान्न संकट व बेरोजगारी की समस्या उत्पन्न होती है। इतनी बड़ी

जनसंख्या के लिए रोजगार के अवसर उत्पन्न करना नामुमकिन है। इससे अनेक सामाजिक समस्याएँ पैदा हुई हैं। भूमि पर बोझ बढ़ा है, जिसने पारिवारिक संघर्षों को जन्म दिया है। जनसंख्या के पक्ष में एक तर्क दिया जाता है कि इसने हमें दुनिया का दूसरा सबसे बड़ा बाजार बना दिया है, जिससे हर विदेशी कंपनी भारत में आना व यहाँ निवेश करना चाहती है।

इतिहास के पन्ने पलटें तो हम पाएँगे कि इमरजेंसी के दौरान संजय गांधी ने जनसंख्या नियंत्रण के लिए व्यापक पैमाने पर जबरन नसबंदी करने की कोशिश की थी। पुष्ट आँकड़े तो नहीं हैं, लेकिन अनुमान है कि इस दौरान लगभग 60 से 65 लाख लोगों की नसबंदी कर दी गई थी।

देश भर में जबरन नसबंदी हुई। नतीजा यह निकला कि इंदिरा गांधी की सरकार चली गई, लेकिन सबसे ज्यादा नुकसान यह हुआ कि नेता जनसंख्या नियंत्रण के नाम से ही भय खाने लगे और उन्होंने इसका जिक्र ही बंद कर दिया। लंबे समय तक देश के विमर्श से जनसंख्या नियंत्रण गायब रहा।

अरसे बाद पी.एम. नरेंद्र मोदी ने लाल किले से घोषणा कर जनसंख्या नियंत्रण को राष्ट्रीय विमर्श के केंद्र में लाया है। इसमें कोई शक नहीं है कि जनसंख्या पर नियंत्रित रखना लोगों की जिम्मेदारी है। जागरूकता फैलाने में केंद्र और राज्य सरकारें इसमें पहल कर सकती हैं, लेकिन एक सीमा के आगे इस संवेदनशील विषय पर सरकार की भूमिका सीमित हो जाती है।

लोग स्वयं ही एक या दो बच्चे ही पैदा करें, तो बेहतर होगा। लोगों में यह भाव पैदा हो कि छोटा परिवार रखना भी एक तरह की देशभक्ति है। जनसंख्या का सीधा संबंध शिक्षा से भी है। अधिकांश शिक्षित परिवारों में आप बच्चों की संख्या सीमित ही पाएँगे, लेकिन शिक्षा के अभाव में 'जितने हाथ, उतनी अधिक कमाई' जैसा तर्क चल पड़ता है और अशिक्षित माता-पिता अधिक बच्चे पैदा करने लगते हैं। हमें इस ओर भी ध्यान देना होगा।

कुछ समय पहले संयुक्त राष्ट्र ने जनसंख्या को लेकर एक रिपोर्ट जारी की थी, जिसमें बताया गया था कि दुनिया की 7.7 अरब हो गई है, जबकि 2018 में यह 7.6 अरब थी। रिपोर्ट में कहा गया है कि 2010 से 2019 के बीच भारत की जनसंख्या चीन की तुलना में दोगुनी रफ्तार से बढ़ी है। भारत की जनसंख्या 1.2 फीसदी औसत वार्षिक दर से बढ़कर 136 करोड़ हो गई है।

दूसरी ओर, चीन की आबादी हर साल 0.5 फीसदी दर से बढ़कर 142 करोड़ हुई, जबकि जनसंख्या वृद्धि की वैश्विक औसत दर 1.1 फीसदी है। रिपोर्ट के अनुसार भारत की 27 प्रतिशत आबादी 10-24 वर्ष की और 67 प्रतिशत आबादी 15-64 आयु वर्ग की

है। देश के छह प्रतिशत लोग 65 वर्ष और उससे अधिक आयु के हैं।

रिपोर्ट में देश की स्वास्थ्य व्यवस्था में सुधार की बात स्वीकार की गई है। कहा गया है कि 1994 में देश में मातृ मृत्यु दर प्रति एक लाख बच्चों के जन्म में 488 मौत से घटकर 2015 में 174 तक आ गई है, पर प्रगति के दावों के बावजूद बच्चों की स्थिति दयनीय है। भारत में हर साल अकेले कुपोषण से 10 लाख से ज्यादा बच्चों की मौत होती है। अन्य कारणों से लगभग 10 करोड़ बच्चे स्कूल पढ़ाई पूरी नहीं कर पाते हैं।

संयुक्त राष्ट्र की रिपोर्ट में कहा गया है कि चार राज्यों—यू.पी., बिहार, पश्चिम बंगाल और केरल में आबादी का घनत्व सबसे ज्यादा है। एक और अहम आँकड़ा है कि दो हिंदी भाषी राज्यों—बिहार और उ.प्र. में 30.4 करोड़ से ज्यादा लोग बसते हैं, यानी देश की एक-चौथाई आबादी केवल दो राज्यों में है।

यह तथ्य चौंकाता तो नहीं है, पर हालात की गंभीरता की ओर जरूर इशारा करता है। यह सही है कि बड़ी जनसंख्या राजनीतिक दृष्टि से महत्त्वपूर्ण हो सकती है, पर इससे उत्पन्न होने वाली समस्याएँ अत्यंत गंभीर हैं। यू.पी. और बिहार जैसे बड़ी आबादी वाले राज्यों में हम अभी बुनियादी समस्याओं को हल नहीं कर पाए हैं। अनेक क्षेत्रों में उल्लेखनीय उपलब्धि के बावजूद बिहार, उ.प्र. और झारखंड प्रति व्यक्ति आय के मामले में पिछड़े हुए हैं। हम अब भी शिक्षा, स्वास्थ्य, बिजली और पानी की समस्या से जूझ रहे हैं।

बिहार के अधिकांश लोग कृषि से जीवन यापन करते हैं, पर एक बड़ा इलाका साल-दर-साल बाढ़ में डूबता आया है। कोसी और सीमांचल के इलाके की बाढ़ से आज भी हमें मुक्ति नहीं मिल पाई है। गंभीर बात यह भी है कि समाज में भी इसको लेकर कोई विमर्श भी नहीं है। हम सब देख रहे हैं कि हमारी जनसंख्या दिनोदिन बढ़ रही है, तो दूसरी ओर प्राकृतिक संसाधन लगातार घटते जा रहे हैं। यदि इसी तरह से जनसंख्या बढ़ती रही, तो रोजगार की समस्या और गंभीर होती चली जाएगी।

बढ़ती जनसंख्या को नागरिक सुविधाएँ उपलब्ध कराने की चुनौती पर कोई चर्चा नहीं हो रही है। जनसंख्या के लिहाज से इन राज्यों के विकास का खाका कैसा हो, यह भी हमारे सामने नहीं है। ये तथ्य किसी भी देश और समाज के लिए बेहद चिंताजनक हैं।

19 अगस्त, 2019

□

भाजपा के संकटमोचक थे जेटली

भारतीय जनता पार्टी में एक ऐसे नेता का नाम बता सकते हैं, जो अटल बिहारी वाजपेयी के जिनता करीब हो, उतना ही लालकृष्ण आडवाणी के नजदीक हो और उतना ही करीब प्रधानमंत्री नरेंद्र मोदी के भी हो, उस शख्स का नाम था—अरुण जेटली। यह उनकी विशेषता थी कि अपनी खूबियों के कारण वह पार्टी के सभी नेताओं के करीबी बन जाते थे। वह भाजपा के संकटमोचक थे। पार्टी का अंदरूनी मामला हो अथवा विपक्षी दलों से तालमेल का सवाल हो, उनके पास हर संकट की चाबी थी।

जब भी किसी गंभीर विषय पर मीडिया रू-ब-रू होना होता था, तब उसकी जिम्मेदारी उन्हें ही सौंपी जाती थी। भाजपा में वह 'अरुणजी' के नाम से जाने जाते थे। भाजपा के शीर्ष नेताओं से तो उनके नजदीकी रिश्ते थे ही, कांग्रेस से लेकर कम्युनिस्ट नेताओं तक से उनके निजी संबंध थे। मीडिया में भी उनका व्यापक संपर्क था। पत्रकार उन्हें इसलिए पसंद करते थे, क्योंकि वह किस्सों की खान थे।

इमरजेंसी से लेकर मौजूदा दौर तक के सत्ता के गलियारों के सैकड़ों किस्से वह रोचक ढंग से सुनाते थे। यही वजह थी कि चाहे संसद हो या भाजपा कार्यालय, पत्रकार हमेशा उन्हें घेरे लेते थे। अरुण जेटली का हिंदी और अंग्रेजी, दोनों भाषाओं पर समान अधिकार था। वह बहुत सहजता से एक भाषा से दूसरी भाषा में प्रभावी ढंग से अपनी बात रखते थे। संसद और पत्रकारवार्त्ता में इसका एहसास होता था।

वह वकालत से राजनीति में आए थे। इसलिए वकालत पेशे से जुड़े लोगों से भी उनका नजदीकी रिश्ता था। आशय यह कि उनका हर क्षेत्र के लोगों से व्यापक संपर्क था। जब तक स्वस्थ रहे, वह दिल्ली के लोधी गार्डन में सुबह टहलने जरूर जाते थे। वहाँ उनकी पूरी मित्रमंडली मौजूद रहती थी।

वहाँ गपशप भी होती थी। अरसे तक उन्हें भाजपा के अशोक रोड स्थित पुराने केंद्रीय कार्यालय से सटा आवास आवंटित था, लेकिन वह रहते अपने निजी आवास में

थे। सरकारी आवास पार्टी के काम आता था। कई बार मित्रों के बेटे-बेटियों के शादी-विवाह भी उनके इस घर से संपन्न हुए। इनमें खेल जगत् से लेकर पत्रकार बिरादरी तक के लोग शामिल हैं।

प्रधानमंत्री नरेंद्र मोदी से उनके रिश्तों का पता इससे चलता है कि पी.एम. देश के बाहर थे और उन्होंने वहाँ से अरुण जेटली को श्रद्धांजलि देते हुए लगातार चार ट्वीट किए। उन्होंने लिखा—मैंने एक अहम दोस्त खो दिया है, जिन्हें दशकों से जानने का सम्मान मुझे प्राप्त था।

मुद्दों पर उनकी समझ बहुत अच्छी थी। वह अनेक सुखद स्मृतियाँ छोड़ गए हैं। हम उन्हें याद करते रहेंगे। प्रधानमंत्री मोदी ने लिखा कि भाजपा और अरुण जेटली के बीच एक न टूटनेवाला बंधन था। एक तेजस्वी छात्र नेता के तौर पर उन्होंने आपातकाल के समय हमारे लोकतंत्र की सबसे आगे आकर रक्षा की थी।

वह हमारी पार्टी के लोकप्रिय चेहरा थे, जिन्होंने समाज के अलग-अलग तबकों तक पार्टी के कार्यक्रमों और विचारों को स्पष्ट रूप से पहुँचाया। गृहमंत्री अमित शाह ने भी ट्वीट कर अरुण जेटली के निधन पर शोक व्यक्त किया और इसे निजी क्षति बताया। उन्होंने लिखा है कि हमने न केवल संगठन का एक वरिष्ठ नेता खोया है, बल्कि परिवार का एक ऐसा अभिन्न सदस्य भी खोया है, जिनका साथ और मार्गदर्शन हमें वर्षों तक प्राप्त होता रहा। रक्षा मंत्री राजनाथ सिंह ने ट्वीट कर जेटली को श्रद्धांजलि दी।

उन्होंने लिखा—जेटलीजी को हमेशा अर्थव्यवस्था को संकट से निकालने और पटरी पर लाने के लिए याद किया जाएगा। भाजपा को अरुणजी की कमी खलेगी। अरुण जेटलीजी ने कई क्षमताओं में देश की सेवा की और वह सरकार और पार्टी के लिए एक संपदा की तरह थे। हर मुद्दे पर उनकी गहरी समझ होती थी। उन्होंने अपने ज्ञान और स्पष्टवादिता की बदौलत कई दोस्त बनाए।

अरुण जेटली लंबे समय से बीमार चल रहे थे। उन्हें 9 अगस्त को दिल्ली के एम्स में भर्ती कराया गया था। उसके बाद उनके स्वास्थ्य में उतार-चढ़ाव आते रहे। वह पिछले कई वर्षों से किडनी से संबंधित बीमारी से पीड़ित थे।

उन्होंने 2018 में किडनी प्रत्यारोपण भी करवाया था। इसके बाद वह कई अन्य गंभीर बीमारियों से घिर गए थे। उन्हें अपने इलाज के लिए अमेरिका भी जाना पड़ा था। इस कारण वह मोदी सरकार के पहले कार्यकाल का अंतरिम बजट भी पेश नहीं कर पाए थे। नरेंद्र मोदी सरकार के पहले कार्यकाल में जेटली के पास वित्तमंत्री का दायित्व था। इसके अलावा, वह राज्यसभा में भाजपा के नेता सदन भी थे।

उन्होंने मोदी सरकार के दूसरे कार्यकाल में स्वास्थ्य कारणों से खुद को राजनीति से अलग रखने का फैसला किया था। जेटली ने 1980 से भाजपा में सक्रिय थे और भाजपा

के थिंक टैंक थे। उन्होंने दिल्ली विश्वविद्यालय के छात्र नेता के रूप में राजनीतिक पहचान बनाई थी।

वह लगभग चार दशक तक भारतीय राजनीति में छाए रहे। सबसे दिलचस्प बात यह है कि उन्होंने संसद अथवा विधानसभा का कभी कोई चुनाव नहीं जीता। बावजूद इसके, उनका राजनीति कद भारी-भरकम था। 2014 के आम चुनाव में वह अमृतसर लोकसभा सीट से चुनाव लड़े, पर कांग्रेस के कैप्टन अमरिंदर सिंह से हार गए थे। वह पहले गुजरात से राज्यसभा सांसद थे। उन्हें मार्च 2018 में उ.प्र. से राज्यसभा के लिए चुना गया। वह चौथी बार राज्यसभा सांसद बने थे।

अरुण जेटली विद्यार्थी जीवन से ही राजनीति में सक्रिय रहे थे। वह 1974 में 'अखिल भारतीय विद्यार्थी परिषद्' के नेता के रूप में दिल्ली विश्वविद्यालय छात्र संघ के अध्यक्ष रहे। 1975 में आपातकाल के दौरान 19 महीनों तक जेल में रहे। 1977 में वह वकालत के क्षेत्र में सक्रिय हुए।

जेटली को 1989 में वी.पी. सिंह सरकार में अतिरिक्त सॉलिसिटर जनरल नियुक्त किया था। वह 1991 से भाजपा के राष्ट्रीय कार्यकारिणी के सदस्य बने। 1999 के दौरान उन्होंने भाजपा प्रवक्ता की जिम्मेदारी सँभाली। इसके बाद पार्टी में लगातार उनका कद बढ़ता गया। 1999 में वाजपेयी सरकार में उन्हें सूचना प्रसारण राज्यमंत्री की जिम्मेदारी सौंपी गई। इसी सरकार में उन्होंने कानून मंत्रालय का दायित्व भी सँभाला।

भाजपा की केंद्र सरकार से सत्ता जाने के बाद जेटली लगातार संसद में और सदन के बाहर पार्टी की आवाज बने रहे। यू.पी.ए. सरकार की नीतियों को सड़क से संसद तक घेरते रहे। 2014 को जब केंद्र में मोदी सरकार बनी, तो अरुण जेटली को वित्त, रक्षा और कॉरपोरेट मामलों के मंत्रालय की अहम जिम्मेदारी सौंपी गई। साथ ही उन्हें राज्यसभा में पार्टी का नेता सदन भी बनाया गया। 2019 में स्वास्थ्य कारणों से उन्होंने खुद को राजनीति से अलग कर लिया। पहले सुषमा स्वराज, फिर अरुण जेटली का जाना भाजपा के लिए दोहरा झटका है। इन दोनों नेताओं की कमी आसानी से पूरी नहीं हो पाएगी।

26 अगस्त, 2019

□

किताबें कुछ कहना चाहती हैं

आपको द्रोणाचार्य के वध का आख्यान शायद याद हो। द्रोणाचार्य पांडव सेना का संहार करते जा रहे थे। इस पर श्रीकृष्ण ने द्रोणाचार्य का वध करने के लिए योजना बनाई। युद्ध भूमि में यह बात फैला दी गई कि अश्वत्थामा मारा गया है।

जब द्रोणाचार्य ने धर्मराज युधिष्ठिर से अश्वत्थामा की मृत्यु की सत्यता जाननी चाही, तो युधिष्ठिर ने जवाब दिया—अश्वत्थामा हतो नरो वा कुंजरो वा (अश्वत्थामा मारा गया है, लेकिन मुझे पता नहीं कि वह नर था या हाथी)।

अंतिम शब्द द्रोणाचार्य को सुनाई न दे, इसके लिए श्रीकृष्ण ने अपना शंख बजा दिया। यह सुन गुरु द्रोण पुत्र मोह में शस्त्र त्यागकर युद्ध भूमि में बैठ गए और उसी अवसर का लाभ उठाकर पाँचाल नरेश द्रुपद के पुत्र धृष्टद्युम्न ने उनका वध कर दिया। कुछ दिनों पहले एक खबर आई कि बंबई हाईकोर्ट के जज ने नक्सलवाद को समर्थन देने के आरोपी वेरनोन गोंजाल्विस से पूछा था कि उन्होंने 'वार एंड पीस' जैसी आपत्तिजनक किताब अपने घर में क्यों रखी ?

न्यायाधीश की इस कथित टिप्पणी पर ट्विटर पर हजारों प्रतिक्रियाएँ आईं। सोशल मीडिया पर यह विषय सुर्खियों में रहा, लेकिन अगले ही दिन न्यायाधीश ने स्पष्ट किया कि वह जानते हैं कि लियो टॉलस्टॉय की किताब 'वार एंड पीस' एक उत्कृष्ट कृति है। जब आरोप-पत्र से समूची सूची को पढ़ा जा रहा था, तो उन्होंने पाया कि यह बहुत ही खराब लिखावट में लिखी गई थी।

वह पुलिस द्वारा साक्ष्य के रूप में उपलब्ध कराई पूरी सूची पर सवाल कर रहे थे, तब बचाव पक्ष के वकील ने अदालत को बताया कि 'वार एंड पीस', जिसका अदालत ने जिक्र किया था। यह विश्वजीत रॉय द्वारा संपादित निबंधों का संग्रह है और इसका शीर्षक 'वार एंड पीस इन जंगलमहल : पीपुल, स्टेट एंड माओइस्ट' है। जो किताब पुलिस ने कोर्ट के सामने रखी थी, वह विश्वजीत रॉय की किताब है। जिस किताब को लेकर खबरें चलीं, वह लियो टॉलस्टॉय की किताब है।

इन दोनों ही किताबों में कोई साम्य नहीं है। टॉलस्टॉय महान् लेखकों में से एक हैं। उनकी विश्व विख्यात कृति 'वॉर एंड पीस' (युद्ध और शांति) 19वीं सदी की महान् कृति है। रूस की जारशाही के उथल-पथल के दौर में टॉलस्टॉय ने 1869 में 'वॉर एंड पीस' लिखी थी। इसमें एक मुख्य कथानक है और उसके इर्द-गिर्द घूमती अनेक उपकथाएँ हैं। इन अनेक पात्रों के साथ चलता यह महा उपन्यास युद्ध की विभीषिकाओं के बीच मानवीय सभ्यता के लिए शांति के महत्त्व को रेखांकित करता है।

जाने-माने फ्रांसीसी लेखक रोमां रोलां ने इसे '19वीं सदी की भव्य कृति' कहा था। मैक्सम गोर्की ने टॉलस्टॉय को दुनिया का महान् लेखक घोषित बताया था। विश्वजीत रॉय इस विमर्श के दूसरे किरदार हैं। जो किताब विश्वजीत रॉय ने लिखी है और जिसे पुलिस ने अदालत में पेश किया गया है, वह पूरी तरह भारतीय है और जो सूचनाएँ उपलब्ध हैं, उनके अनुसार इसमें नक्सलवाद और क्रांति से जुड़े लेख संकलित हैं।

बहरहाल, इस बहाने किताबों के पठन-पाठन पर भी विमर्श शुरू होना चाहिए। यह बात स्पष्ट है कि टेक्नोलॉजी के इस दौर में किताब पढ़ने की परंपरा कम हो गई है। साहित्य सृजन का एक महत्त्वपूर्ण हिस्सा है।

साहित्य की विभिन्न विधाओं ने समाज का मार्गदर्शन किया है और समाज के यथार्थ को प्रस्तुत किया है। मौजूदा दौर में किताबों को अस्तित्व के लिए संघर्ष करना पड़ रहा है। टेक्नोलॉजी के विस्तार ने किताबों के सामने गंभीर चुनौती पेश की है।

मेरा मानना है कि नई तकनीक ने दोतरफा असर डाला है। इसने किताबों का भला भी किया है और नुकसान भी। इसने लिखित शब्द और पाठक के बीच के अंतराल को बढ़ाया है। लोग व्हाट्सएप, फेसबुक में ही उलझे रहते हैं। उनके पास पढ़ने का समय ही नहीं है। लोग अखबार तक नहीं पढ़ते, केवल शीर्षक देखकर आगे बढ़ जाते हैं। गूगल ने तो किताबों को लेकर एक बड़ी योजना शुरू की है। उसने सौ देशों से चार सौ भाषाओं में करीब डेढ़ करोड़ किताबें डिजिटलाइज की हैं।

उसका मानना है कि भविष्य में अधिकतर लोग किताबें ऑनलाइन पढ़ना पसंद करेंगे। वे सिर्फ इ-बुक्स ही खरीदेंगे, उन्हें वर्चुअल रैक, या यूँ कहें कि अपनी निजी लाइब्रेरी में रखेंगे। एक पक्ष यह भी है कि इंटरनेट ने किताबों को सर्वसुलभ कराने में मदद की है। एक शोध के मुताबिक, अमेरिका में इ-बुक डिवाइस का इस्तेमाल करनेवाले लोगों की संख्या लगभग दो करोड़ तक पहुँच जाएगी। ऑनलाइन बिक्री के आँकड़े तो बताते हैं कि हिंदी किताबों की बिक्री बढ़ी है।

हिंदी भाषी महानगरों से तो ऐसा आभास होता है कि हिंदी का विस्तार हो रहा है, लेकिन थोड़ा दूर जाते ही हकीकत सामने आ जाती है। पहले हिंदी पट्टी के छोटे बड़े सभी शहरों में साहित्यिक पत्रिकाएँ और किताबें आसानी से उपलब्ध हो जाती थीं। लोग

उन्हें पढ़ते भी थे, लेकिन परिस्थितियाँ बदल गई हैं।

हिंदी के जाने-माने लेखकों की भी किताबें आपको आसानी से नहीं मिलेंगी। हिंदीभाषी क्षेत्रों की समस्या यह रही है कि वे किताबी संस्कृति को विकसित नहीं कर पाए हैं। नई मॉल संस्कृति में हम किताबों के लिए कोई स्थान नहीं निकाल पाए हैं। आप अपने आसपास के मॉल पर नजर डालिए, आपको एक भी किताबों की दुकान नजर नहीं आएगी।

एक बार प्रधानमंत्री नरेंद्र मोदी ने लोगों से अपील की थी कि लोग भेंट में एक-दूसरे को किताबें दें, लेकिन इसका कोई प्रभाव नजर नहीं आया। दुर्गा पूजा और दीपावली का समय नजदीक आ रहा है। इस अवसर पर मित्रों और रिश्तेदारों को अच्छी किताबों का सेट भेंट किया जा सकता है। यह जान लीजिए कि एक अच्छे पुस्तकालय के बिना सूचनाएँ तो मिल जाएँगी, लेकिन ज्ञान अर्जित नहीं किया जा सकता है। अपने आसपास देख लीजिए, जो अच्छे पुस्तकालय थे, वे बंद हो रहे हैं।

यदि चल भी रहे हैं, तो उनकी हालत खस्ता है। एक दौर था, जब लोगों की निजी लाइब्रेरी हुआ करती थी और इसको लेकर एक गर्व का भाव होता था कि उनके पास इतनी बड़ी संख्या में किताबों का संग्रह है, लेकिन हम ऐसी संस्कृति नहीं विकसित कर पाए हैं। इसका सबसे बड़ा नुकसान विचारधारा के मोर्चे पर उठाना पड़ रहा है। चूँकि तकनीक ने पढ़ने की प्रवृत्ति को सबसे ज्यादा नुकसान पहुँचाया है।

इसका नतीजा है कि नवयुवक किसी भी विचारधारा के साहित्य को नहीं पढ़ रहे हैं। वे नारों में ही उलझकर रह जा रहे हैं। उन्हें विचारों की गहराई का ज्ञान नहीं हो पाता है। यह सच्चाई है, जिस पर गंभीरता से विचार करने की जरूरत है। और अंत में गुलजार साहब की कविता की चंद लाइनें—

किताबें झाँकती हैं बंद आलमारी के शीशों से, बड़ी हसरत से तकती हैं।
महीनों अब मुलाकातें नहीं होतीं
जो शामें इन की सोहबत में कटा करती थीं
अब अकसर गुजर जाती हैं कंप्यूटर के परदों पर
बड़ी बेचैन रहती हैं किताबें''

2 सितंबर, 2019

□□□